古典文獻研究輯刊

二六編

潘美月・杜潔祥 主編

第 5 冊

《四庫全書總目》詩話提要述評

楊雅筑 著

國家圖書館出版品預行編目資料

《四庫全書總目》詩話提要述評／楊雅筑 著 — 初版 — 新北市：
花木蘭文化事業有限公司，2018〔民 107〕
目 4+230 面；19×26 公分
（古典文獻研究輯刊 二六編；第 5 冊）
ISBN 978-986-485-349-6（精裝）
1. 四庫全書 2. 目錄 3. 研究考訂
011.08   107001757

ISBN-978-986-485-349-6

9 789864 853496

古典文獻研究輯刊
二六編　第 五 冊   ISBN：978-986-485-349-6

《四庫全書總目》詩話提要述評

作　　者	楊雅筑
主　　編	潘美月　杜潔祥
總 編 輯	杜潔祥
副總編輯	楊嘉樂
編　　輯	許郁翎、王筑　美術編輯 陳逸婷
出　　版	花木蘭文化事業有限公司
發 行 人	高小娟
聯絡地址	235 新北市中和區中安街七二號十三樓
	電話：02-2923-1455／傳真：02-2923-1452
網　　址	http://www.huamulan.tw 信箱 hml810518@gmail.com
印　　刷	普羅文化出版廣告事業
初　　版	2018 年 3 月
全書字數	257063 字
定　　價	二六編 25 冊（精裝）新台幣 48,000 元

《四庫全書總目》詩話提要述評

楊雅筑 著

作者簡介

楊雅筑，國立臺灣師範大學國文所博士，學術研究曾獲中醫典籍學會經學論文獎、道家道教青年學者論文獎、文淵閣四庫全書學術成果獎。文學創作曾獲中時藝文村徵文獎、新北市文學獎、五虎崗文學獎。現任實踐大學、亞東技術學院兼任助理教授。曾開設古典詩詞、古典小說、現代文學、大一國文等課程。著有《圖解紅樓夢》。

提　　要

《四庫全書總目》問世之後，被認為是闡明學術、考鏡源流的重要著作，許多文人學者經由《四庫全書總目》認識古典文學作品。然而，《總目》夾帶官修目錄書的包袱，成於眾手，仍然有一些問題值得追問與商榷。

是以本文從《總目》出發，研究其中書寫詩話的面向，梳理《總目》詩話作品的提要，並且和不同時代的詩話論述交互比對，審視四庫館臣對於「詩話」這一個文類，在內容、形式和分類上的種種看法。並進一步梳理《總目》對於詩話作品的評價，叩問提要形成的原因，是否包含了政治因素的考量和清代學風的習氣。

藉由此一論題，希冀能方便其他的研究者，在閱讀《總目》詩話提要之時，能夠有更清楚的前理解，避免和館臣一樣，重覆背上清代政治和學風的包袱，甚至淪陷於錯誤的考證之中。

第壹章 緒 論

第一節 研究的背景及目的

　　乾隆三十八年（1773），清高宗（1735～1796）下旨編纂《四庫全書》〔註1〕，在漫長的編纂過程中，催生了《四庫全書總目》（以下簡稱《總目》〔註2〕）的萌發。《四庫全書總目》是清初的官修目錄書，在中國文學史、目錄學史、文獻學史、學術思想史占有重要的地位，也是新興的「四庫學」最重要的研究課題之一。本文透過《總目》凝視「詩話」這一個特別的文體，藉由這個研究，回顧宋、元、明代與清初詩話的延革，深入解析《總目》對於詩話作品的敘述與評論。

〔註1〕趙爾巽等撰：《清史稿》（臺北：鼎文書局，1981年），頁494。本文所引此書，均據此版本，為行文簡潔，其後引用，僅在文末註明頁數，不另註明版本。
〔註2〕根據崔富章的考證：乾隆時期的《四庫全書總目》傳本，各本的卷首均題「欽定四庫全書總目」，僅浙本的扉頁題有《欽定四庫全書總目提要》的字樣，此後的流傳和刊印，加上「提要」二字為題名的書籍多集中於二十世紀前期約二十餘年之間。參見崔富章：〈二十世紀四庫學研究之誤區——以「四庫全書總目」為例〉（《書目季刊》第36卷第1期，2002年6月），頁2～3。為編修《四庫全書》，乾隆曾下旨廣收書籍，每種書籍由分纂官審閱，並且書寫「分纂稿」提要；《四庫全書》付梓，所收圖書也在書前置有「提要」一篇，是為「書前提要」。乾隆四十三年所選輯的《四庫全書薈要》亦同。本文所用的《四庫全書總目》，以《武英殿本四庫全書總目》為主，以下簡稱《總目》，一方面還原最初的題名，一方面避免與書前提要、薈要提要和分纂稿提要相互混淆。

一、研究背景

　　《四庫全書》在清高宗乾隆三十八年（1773）開始編輯，於四十七年（1782）成書〔註3〕，高宗「特命紀昀等撰《四庫全書總目》，著錄三千四百五十八種，存目著錄六千七百八十八種，計一萬二百四十六種」〔註4〕，於是《四庫全書》的纂修官在處理規模浩大的文獻整理工程期間，逐步編寫成一本目錄學的專著，直到乾隆六十年（1795）終於完成了《四庫全書總目》的修訂。

　　清代撰修《四庫全書》的同時，產生了許多不同的提要，諸如「分纂稿提要」（以下稱《稿本》）、「書前提要」（以下稱《庫本》）、《四庫全書簡明目錄》（以下稱《簡目》）、《四庫全書薈要》的提要（以下稱《薈要》）、《武英殿聚珍版叢書》提要（以下稱《聚珍本》）、《四庫全書總目》等等。「分纂稿提要」是分纂官分別執筆書寫的提要，現存姚鼐（1731～1815）、翁方綱（1733～1818）、余集（1738～1823）、邵晉涵（1743～1796）⋯⋯等人的稿本；「書前提要」又稱為「原本提要」、「閣本提要」、「庫本提要」，是列在《四庫全書》所收各書卷首的提要，分別由文溯、文津、文匯、文源、文宗、文瀾、文淵七閣收藏，現存文溯、文津、文淵三閣與文瀾閣殘本；《薈要》是纂修《四庫全書》時，高宗恐懼自己年事已高，來不及目睹《四庫全書》書成，故下令擷其菁華另行刊印一部規模較小的叢書，所收的每一種書籍都有一篇提要；《簡目》則是簡單介紹《四庫全書》所收書籍的作者、卷數、版本與大旨；《聚珍本》是武英殿以活字排版印刷的一百三十四種書籍，加上最初由雕版印刷的四種書籍，總計有一百三十八種。而《武英殿本四庫全書總目》成書較晚，擷取各書提要最完善的部分，修訂考正，最後送交總編纂官裁正後刊印〔註5〕，可見《總目》是集大成之作，後出轉精，值得詳細檢閱研究。

　　《總目》問世之後，受到當時與後世無數學者的重視和稱道，認為是「規模最宏大，體制最完善，編製最出色的一部目錄書」〔註6〕、「闡明學術，考鏡源流，成為中國古代最為重要的學術文化史」〔註7〕，由此牽動日

〔註3〕 《清史稿》，頁521。
〔註4〕 《清史稿》，頁4264。
〔註5〕 陳曉華：〈《四庫全書》三種提要之比較〉，《首都師範大學學報（社會科學版）》，2005年第3期，頁61～62。
〔註6〕 林時民：〈紀昀與「史通削繁」——以史學批評為中心的探討〉，《臺灣師大歷史學報》第30期（2002年6月），頁61。
〔註7〕 司馬朝軍：《四庫全書總目研究・引言》（北京：社會科學文獻出版社，2004

後認識文學作品的視野。百年以來，許多學者經由《總目》擬定對中國古典文學作品的評價，經由《總目》的提要，得窺學問的門徑，一如余嘉錫所述，在中國古籍浩瀚的書海之中，「駭其浩博，茫乎失據，不知學之所從入」〔註8〕之時，得見《總目》，無疑爲一座明燈。許多藏書家與目錄學家也將《總目》的分類體系與編寫方式一再延用或仿效〔註9〕，足見《總目》的重要性。

陳寅恪：「華夏民族之文化，歷數千年之演進，造極於兩宋之世」〔註10〕，「詩話」一體創始於宋，有宋一朝，重文輕武，文士儒生主導了這一個時期的主要政治運作，是歷史上少見的、文人發聲極爲響亮的一個時代，在這個時代所誕生的詩話，不只是評詩，而且記事，受到文人雅士的喜愛，綿延至元、明、清，一直到現代，仍舊有詩話的著作刊行，可說是一種盛行不墜的文體。詩話在四部分類中屬於集部，在《四庫全書》的分類體系中，最適合歸於「詩文評類」，「詩文評」這一個類目包含了所有的詩評和文論的著作，但在《四庫全書》的著錄之中，詩評的份量遠遠超過文評，足見詩話作品在《四庫全書》的重量。《總目》「詩文評類・序」：

> 宋明兩代，均好爲議論，所撰尤繁。雖宋人務求深解，多穿鑿之詞；明人喜作高談，多虛憍之論。然汰除糟泊，採擷菁英，每足以考證舊聞，觸發新意。《隋志》附總集之內，《唐書》以下，則並於集部之末，別立此門，豈非以其討論瑕瑜，別裁眞僞，博參廣考，亦有裨於文章歟。〔註11〕

這段序言道出宋、明二代詩文評類的作品繁多，但有附會虛憍的文字夾雜在其中，必需經過擷選，才能考證舊聞，萌生新意。其所以別立出詩文評類，是爲了便利評比這些書籍資料的眞假、論述優劣，供後世參考。張舜徽論此段：

〔註8〕　余嘉錫：《四庫提要辨證・序》（昆明：雲南人民出版社，2004年11月），頁43。
〔註9〕　周積明：《文化視野下的《四庫全書總目》》（北京：中國青年出版社，2001年10月），頁6。
〔註10〕　陳寅恪：《鄧廣銘宋史職官志考證序》（收於《金明館叢稿二編》，臺北：里仁書局，1959年），頁245。
〔註11〕　【清】永瑢、紀昀等：《武英殿本四庫全書總目》（臺北：臺灣商務印書館，2001年2月，初版2刷），〈詩文評類・序〉，頁5-215左下。本文所引此書，均據此版本，爲行文簡潔，其後引用簡稱《總目》，僅在文末註明卷數、頁數，不另註出版本年月。

年12月），頁1。

言宋明兩代學弊，是矣。然其好爲議論，非盡發之於詩話也。況宋人詩話，信多佳者又未可與明人之作並論也……大抵自詩話體兼說部以後，實已成爲筆記之一種。所記彌廣，足以裨益見聞、考證舊事者，所在皆是。〔註12〕

詩文評類之中，大部分是詩話作品，但宋、明二代好爲議論的習氣，並非專以詩話爲發聲的工具，張氏提出了與四庫館臣不同的見解，認爲詩話的可信度是很高的，所記的範圍非常廣泛，有助於增進見聞、考查舊事。清代的劉聲木也說：

雖宋人詩話雜記他事，往往體參小說，是其所短。然予觀宋人自撰詩話，收入《四庫》者，僅廿餘家，類皆各能自抒心得，臚舉佳句，標新領異，語多中肯，文筆亦言簡意賅，不事鋪張，洵可爲法。袁簡齋明府枚謂宋人詩可存，詩話可廢，實爲謬論。〔註13〕

劉氏將四庫所收宋人詩話的優點，逐一列舉，認爲在「體參小說」這項缺失之外，宋詩話仍有其難以磨滅的價值。而劉氏提到，宋人詩話收入《四庫》者僅廿餘家，事實上《總目》所收錄的宋詩話應該不止此數，即使是詩文評類的著錄書，已經超過了三十部〔註14〕，加上詩文評存目以及史部、子部具

〔註12〕張舜徽：《四庫提要敘講疏》（臺北：臺灣學生書局，2002年3月），頁216～217。

〔註13〕【清】劉聲木撰、劉篤齡點校：《萇楚齋隨筆續筆三筆四筆五筆》（北京：中華書局，2007年8月），頁240。

〔註14〕宋詩話著錄於《總目》並以「詩話」爲題名者有：歐陽修《六一詩話》、司馬光《續詩話》、劉攽《中山詩話》、陳師道《後山詩話》、魏泰《臨漢居詩話》、吳开《優古堂詩話》、阮閱《詩話總龜》、許顗《彥周詩話》、呂本中《紫微詩話》、張表臣《珊瑚鉤詩話》、葉夢得《石林詩話》、吳可《藏海詩話》、朱弁《風月堂詩話》、張戒《歲寒堂詩話》、陳巖肖《庚溪詩話》、黃徹《䂬溪詩話》、吳聿《觀林詩話》、不著撰人《環溪詩話》、周紫芝《竹坡詩話》、周必大《二老堂詩話》、楊萬里《誠齋詩話》、嚴羽《滄浪詩話》、劉克莊《後村詩話》、趙與虤《娛書堂詩話》、蔡夢弼《草堂詩話》、何汶《竹莊詩話》等共二十六部書籍，然另有數本並非以詩話爲題名，但實爲詩話：計有功《唐詩紀事》，《總目》云：「於唐一代詩人或錄名篇，或紀本事，兼詳其世系爵里，凡一千一百五十家」，應爲專記唐代的詩話；葛立方《韻語陽秋》，館臣云：「是編雜評諸家之詩，不甚論句格工拙，而多論意旨之是非」，亦爲詩話；3、胡仔《苕溪漁隱叢話》，館臣云是書與《詩話總龜》二相參看，「北宋以前之詩話，大抵略備矣」，是爲叢書性質的詩話；魏慶之《詩人玉屑》，館臣云：「宋人喜爲詩話，裒集成編者至多，傳於今者，惟阮閱《詩話總龜》、蔡正孫《詩林廣記》、胡仔《苕溪漁隱叢話》及慶之是編，卷帙爲富」，亦爲叢書型的詩話；范希文

備詩話性質的書籍，宋人詩話收錄《四庫全書》遠超過廿餘家。劉聲木所謂的「廿餘家」可能是單指書籍題名帶有「詩話」二字的作品，又或者，劉氏計算詩話的方式，突顯了另一個問題，那就是學者對於「詩話」的界義各各不同，於是產生了數量上的歧異。

在多位學者為宋詩話抱屈的同時，元、明、清三代的詩話，又應該如何定位？在與宋詩話相較的同時，元、明、清三代的詩話又展現了什麼樣的特色？吳文治提到：「遼、金、元詩話，在中國詩話發展史上，可以說是個低谷」〔註15〕，然《總目》詩文評類仍可見元代詩話的著錄與存目，著錄書之中僅有的一部元代詩話置身於詩文評類的同時，是否能成為遼金元詩話的代表作？四庫館臣是用什麼樣的標準，將之放置在詩文評類？這也是非常有趣的問題。

至於明代，四庫館臣認為明人喜作高談，多虛憍之論，似乎對於明代的詩文評作品帶有強烈的偏見，張舜徽也說：「惟明人之作，稍涉濫雜，空談為多，未足以厭人意」〔註16〕，也同樣表示明代的詩話作品價值不高。那麼《總目》如何選擇明代詩話並著錄於詩文評類？對於收錄的詩話如何評價？也是一個值得研究的議題。

清初詩話力矯明代空談之弊，發揚實事求是的治學精神，創造新的風貌，一如郭紹虞所言：

> 一到清代，由于受到當時學風的影響，遂使清詩話的特點，更重在系統性、專門性和正確性，比以前各時代的詩話，可說更廣更深，而成就也更高。儘管清詩話中不免仍有一些濫的作品，只能看作「以資閑談」的作品，但就一般發展的總傾向而言，清詩話的成就可說是超越以前任何時代的。〔註17〕

在郭紹虞的看法中，「系統性」、「專門性」和「正確性」，似乎是詩話進步的三大指標，這三大指標建築在「學風」的影響下，不得不讓人再三玩味，所

《對床夜話》，館臣云「皆論詩話」，當為詩話；蔡正孫《詩林廣記》，對照上述《詩人玉屑》所引提要文字可知，亦為詩話作品。此六書加上上述題名為詩話者二十六書，總共三十二部詩話，收錄於《總目》的著錄之中。姑且不計存目與《荊溪林下偶談》、《浩然齋雅談》等論詩論文各半的書籍，《總目》所著錄的宋詩話已超過三十本，與劉氏所言「廿餘家」有點差距。

〔註15〕吳文治：《遼金元詩話全編·前言》（南京：鳳凰出版社，2006年12月），頁1。
〔註16〕張舜徽：《四庫提要敘講疏》（臺北：臺灣學生書局，2002年3月），頁217。
〔註17〕郭紹虞：《清詩話·前言》（上海：上海古籍出版社，1999年6月），頁3～4。

謂的「學風」是樸學嗎？學風如何影響詩話的創作？郭紹虞在於詩話研究擁有極高的學術地位，在他的看法中，「以資閑談」的作品彷彿等同於「濫的作品」，然而詩話一體的起源，其實就是「以資閑談」，如何讓詩話這個文體更廣更深，並且迴避「以資閑談」的起源，根據郭氏的文字推敲，也許能在清代詩話中找到答案。四庫館臣並沒有在詩文評類的序言中敘述元代、清代詩話的定位，而元、清二代的詩話作品還是在《總目》框架的知識譜系中有一席之地，從《總目》對於元、清詩話的述評，應該可以進一步廓清館臣對於元、清二代詩話作品的觀感。

二、研究目的

　　清高宗為纂修《四庫全書》，投入了難以計算的人力、物力，《四庫全書總目》在那樣的環境中誕生，一方面展現了清初盛世的氣魄，一方面言說了清代對於前代文學作品的認知。研究《四庫全書總目》對於詩話作品的述評，是一個多層次的問題，第一個層次是四庫館臣對於這些詩話作品的敘述，第二個層次是這些詩話作品原本的面貌，第三個層次是四庫館臣的述評與詩話作品原本的面貌出現歧異時，應該如何詮解？根據這樣的理路，本文的研究目的約可分為下列數端：

（一）詩話作品的收錄與歸類

　　《總目》分為二百卷，分「經」、「史」、「子」、「集」四部，集部總敘言：「集部之目，楚辭最古，別集次之，總集次之，詩文評又晚出，詞曲則其閏餘也」〔註18〕，乍看之下，最切合詩話作品的編類，應當是屬於「詩文評類」，但是利用今人對於詩話的定義，檢視《總目》所收錄的、相符詩話定義的作品，所得的結果，常常溢出了「詩文評」這個分類，甚至歸屬於「經部」、「史部」、「子部」。例如：魏泰《東軒筆錄》，隸屬「子部‧小說家」類，長達十五卷的內容之中，記載「宋太祖到神宗六朝舊事」〔註19〕，所述的人物都是當時活躍於政壇的文人，所以也幾乎都是知名詩人，例如王安石（1021～1086）、歐陽修（1007～1072）、蘇舜欽（1008～1048）……等，即使不是直接記錄評論詩歌，也算是「記述詩人軼事」，算是「論詩及事」的材料，但

〔註18〕《總目‧集部總敘》，卷一四八，頁 4-1 右下。
〔註19〕【宋】魏泰撰、李裕民點校：《東軒筆錄‧點校說明》（北京：中華書局 1997 年 12 月），頁 1。

《總目》仍將此作置於子部，可見《四庫全書總目》自然有其分類和排序的優先性，作品可能因為其他的性質，壓低了詩話的特色，而被分類到其他的屬性，諸如偏向《詩經》而歸類於「經部·詩類」、偏重訓詁而入「經部·小學類」、內容包融龐雜而入「子部·雜家類」……等等。

　　在《總目》之前，「詩文評類」在目錄學上並沒有獨立的位置，有時附於總集之中，有時附於集部之末，直到《總目》「別立此門，豈非以討論瑕瑜、別裁真偽、博參廣考，亦有禆於文章」〔註20〕，這才賦予「詩文評類」獨立的地位，《總目》對於詩文評類所著錄的作品有「褒多於貶」〔註21〕的狀況，似乎認為著錄於詩文評的作品，瑕不掩瑜、真多於偽，而有博參廣考的價值，那麼《總目》如何分辨詩話作品，為何將帶有詩話性質的著作分置其他類別？《總目》的分判類別的結果是否帶有真偽、瑕瑜評定？性質相同、評價一如的二種詩話：《珊瑚鉤詩話》與《冷齋夜話》，為何一部置入詩文評類，另一部卻分類到「子部·雜家類」？這些都是本文探討的範圍。

　　詩話本著「以資閑談」的性質發端，詩話的內容與語錄、筆記、說部、小說的分野到底如何劃清界線？四庫館臣將部分詩話收入詩文評類，是否表現了其他選評的意識？這些都是有待追問的疑點。研究《總目》收錄與分類詩話的課題，不但再一次正視《總目》分類的判準，也可以重新審查「詩話」的定義，比較《總目》和現今研究者對於「詩話」的定義，斟酌損益，可以完善「詩話」一體的界說，從而能撿選《總目》之中，符合「詩話」界義的作品，以便進行《總目》詩話提要的各項研究。

　　《總目》在評論《述古堂書目》一書時，曾經對於其中的書籍分類大表不滿，因此，在提要之中逐一指證此書歸類上的錯謬：

> 其分隸諸書，尤舛謬顛倒，不可名狀……《容齋五筆》本說部，《群書歸正集》本儒家，《滄海遺珠》本總集，而入之類書。《詩律武庫》本類書，《滄浪吟卷》本別集，而入之詩話。《文章軌範》本總集，而入之詩文評。（卷八七，《述古堂書目·提要》，頁 2-796 右上～右下）

可見「類書」、「別集」和「總集」是不可入於「詩話」及「詩文評」類的，

〔註20〕《總目·詩文評類序》，卷一九五，頁 5-215 左下。

〔註21〕司馬朝軍：《《四庫全書總目》研究》（北京：社會科學文獻出版社，2004 年12 月），頁 163。然而所謂的「褒多於貶」多發生於著錄書籍，對於詩話作品的存目書籍而言，《總目》多半是「貶多於褒」。

錯置的結果，使四庫館臣在閱讀的時候，感覺舛謬顛倒、不可名狀，可見《總目》對於書籍分類，自有詳盡的考量，不容紊亂。那麼《總目》對於「詩話」作品的分類，又是採用何種判準，「詩話」和「雜記」、「說部」如何區分？「詩文評類」和子部的「雜家類」、「小說家類」如何劃清？這許多問題都值得繼續追問探討。

研究《四庫全書總目》之中的詩話，是以「詩話」的視野檢視作品，以「是否具有詩話性質」，作為選取作品的第一要件，並且凌駕作品的其它特性。經由詩話的角度觀察《總目》的分類，可以細究四庫館臣對於分類的判準，從而補強《總目》在詩話史、目錄學史、四庫文獻學的研究成果。

（二）《總目》的詩學思想

《總目》問世之後「乾、嘉諸儒於《四庫總目》不敢置一詞，間有不滿，微文譏刺而已。道咸以來，信之者奉為三尺法，毀之者又頗過當」〔註22〕，可見《總目》吸引了眾多學者的注目。周積明認為《總目》的出現，代表文化瓜熟蒂落的結果，並且說《總目》：「本質上是一種文化產品、一種客觀化的精神，因而必蘊含著鮮明的價值取向和特定的學術文化觀念」〔註23〕，這部耗費了眾多人力心血的鉅作，到底該如何使用？如何辨別？才能在「信之」與「毀之」的中間，找到安頓的位置。《總目》匯集的豐富資料與考證，自然有可資參考的文獻價值，然而認識《總目》的價值取向和特定的學術文化觀念，更是在使用《總目》之前就必需具備的條件。

四庫館臣指出：胡仔的《苕溪漁隱叢話》與魏慶之《詩人玉屑》，即表現出宋人論詩的概要，那麼，《總目》為詩話所書寫的提要，更深一層的評斷了不同詩學主張的優劣，分疏瑕瑜高下，也表現了清初詩學的種種見解，與其盡數相信，奉為三尺法，不如透顯其中的評論判準與學術立場，輔翼讀者對於詩學的深層研究；與其廢而不用，避免毀之太過，不如取其長處去其短處，站在《總目》已開發的視野上，繼續延伸擴展。故本文擬從《總目》對於歷代詩話的評析之中，剖析其詩學主張，以便了解《總目》褒貶詩歌、詩人、詩話寫作、詩學理論的根據，並且詳加討論其中主觀與客觀的成分，

〔註22〕余嘉錫：《四庫提要辨證》（昆明：雲南人民出版社，2004年11月），〈序錄〉，頁44。

〔註23〕周積明：〈《四庫全書總目》與十八世紀中國文化的流向〉（收於淡江大學中國文學系主編：《兩岸四庫學——第一屆中國文獻學學術研討會論文集》，臺北：臺灣學生書局，1998年9月），頁56。

釐清《總目》推崇或貶抑詩歌、詩人的文字，究竟是產生於朋黨的好惡，亦或本身的詩學主張，便利日後的研究者，使其在運用《總目》的時候，能夠率先分別文字背後的價值取向與學術立場。

余嘉錫提到紀昀以漢學爲宗，「攻擊宋儒，而不肯細讀其書」〔註24〕，言下之意，已將《總目》與紀昀劃上等號，紀昀雖爲總纂官，但《總目》成於眾手，由分纂官書寫初稿、纂修官修正，總纂官釐定，清高宗御覽，最後總纂官修成，繁瑣的步驟雜染了各種各樣的聲音。各種版本的不同，也顯示成稿時間的差異，加上總纂官不只紀昀一人，還有陸錫熊（1734～1792）、孫士毅（1720～1796）等人也在名單之列，要追究《總目》之中紀昀的思想，最好的方式，還是觀察紀昀修正《總目》的份量。二零一一年三月，北京國家圖書館影印出版了《紀曉嵐刪定《四庫全書總目》稿本》全九冊（以下稱「紀稿」），將《總目》中紀氏修改的文稿完整顯示，尤其詩話作品的提要一篇不少，故本文亦參考《紀稿》，將紀昀更動詩話提要的部分逐條解析，避免《總目》思想與紀昀思想的混淆。

在眾多考據與評論的詩歌的作品之中，四庫館臣考據詩話作者所考據的內容，評論詩話作者所留存的評論，將所有的線索並置在《總目》之中，挾《四庫全書》在文學史、文化史巨大的籠罩性，影響了後代的研究者和閱讀者。《總目》云：

> 宋人喜爲詩話，裒集成編者至多。傳於今者，惟阮閱《詩話總龜》、蔡正孫《詩林廣記》、胡仔《苕溪漁隱叢話》及（魏）慶之是編，卷帙爲富。然《總龜》蕪雜，《廣記》挂漏，均不及胡、魏兩家之書。仔書作於高宗時，所錄北宋人語爲多。慶之書作於度宗時，所錄南宋人語較備。二書相輔，宋人論詩之概亦略具矣。〔註25〕

經由《總目》的介紹可知，四庫館臣認爲詩話作品，可以了解「論詩之概」，在大量的詩話作品中，《總目》在陳舊轉載的文字之中，揀選出令人耳目一新的議論和考證，加以標舉。詩人記一家之言、集眾說之論，將詩學主張表現在詩話之中，四庫館臣也借助《總目》，表述了對詩話的看法，甚至在品騭和論斷之間，透顯了己身的詩學主張。然而，每一代有每一代不同的治學方法

〔註24〕余嘉錫：《四庫提要辨證》（昆明：雲南人民出版社，2004 年 11 月），〈序錄〉，頁 47。
〔註25〕《總目‧詩人玉屑提要》，卷一九五，頁 5-236 右下。

和詩學品味，四庫館臣生於清代，乾嘉學者重視考據的治學方法，桐城派學者主張經世致用的寫作理念，都浸潤了《總目》的書寫。詩話以「以資閒談」的作意產生，碰撞館臣嚴肅的治學態度和經世致用的文學考量時，會使《總目》的詩話提要產生什麼樣的質變，這也是本文關心的議題。

（三）《總目》的評價意識

《總目》在梳理作品的當下，除了文學性的述評之外，對於非文學性的現象，也有所關注，諸如政治、歷史、社會民生之類的種種課題，都能在《總目》之中，透顯四庫館臣的主觀評價。在述評詩話之時，館臣自有其文學性與非文學性的評價意識，這些非文學性的評價意識，是否涉入文學作品的評價？使得文學介紹的背後，產生了其它的陳述？這也是本文關心的另一重焦點。

經過《總目》詩話提要所展現的詩學思想，約略可以勾勒《總目》文學性的評價，但除了文學性的評價之外，《總目》必然有其更深層的非文學性的考量和評比，一如周積明所言：「《總目》的編纂是一項具有『目的取向』或『價值取向』的主體文化實踐活動，從這項實踐活動中產生出來的作品理所當然地打有主體的精神印記，具有文化品性」〔註26〕，諸如宋、明二代黨派分立的問題，可以同時具有文學性和非文學性的透視角度，《總目》在研討各代文學作品的同時，很難避免對非文學性的現象，進行價值評述。

提要經常提及各代文人有「分派互評」的現象，《總目》的敘言也指出宋、明二代文人均「好議論」，表現於評詩論文上，詩文作家群聚成派，黨同伐異，勢如冰炭〔註27〕，因此《總目》對詩文作品的介紹也根據黨派分殊群體，進行批評。研究者經由《總目》認識文學作品，也先驗性地認定這些

〔註26〕周積明：〈《四庫全書總目》文化價值重估〉，（《書目季刊》第 31 卷第 1 期，1997 年 6 月），頁 15。

〔註27〕曾聖益：〈從《四庫全書總目・詩文評類》看中國詩文論著之特性（下）〉，《國立中央圖書館臺灣分館館刊》第 2 卷第 3 期（1996 年 3 月），頁 50。其中說：「宋明二代的詩家文士⋯⋯其結社則務為吹捧，於社外之人則極力摧擊，其結果宗派之間如同冰炭。宋代之『西崑』、『江西』，明代之『唐宋』、『公安』、『竟陵』之間，其爭何止於論文論詩。殆宗派一成，私心好惡已取代理論之探究，互褒互貶，亦隨宗派而言之矣。」但根據宋詩話來看，宋代文人並未將門戶之分訴諸於作品的書寫中，僅有極少數的例子，有黨同伐異的現象。詳情可見拙作：《新舊黨爭與北宋詩話》（淡江大學中國文學所碩士論文，2005 年）

分派互評的特性。在這種既定的前理解之下，《總目》是如何根據門戶之分而權衡優劣？經由對於詩派門風的議論，如何開展四庫館臣的詩學思想？這些問題已經影響到現代的研究者看待詩話，乃至詩文評類著作的角度。《總目》在經、史、子、集四部的敘言中，一再對朋黨問題表現關切：

> 胡瑗、程子始闡明儒理，再變而李光、楊萬里又參證史事，《易》遂日啓其論端，此兩派六宗已互相攻駁。（卷一，〈經部‧易類敍〉，頁1-54左下）

> 蓋宋、明人皆好議論，議論異則門戶分，門戶分則朋黨立，朋黨立則恩怨結。恩怨既結，得志則排擠於朝廷，不得志則以筆墨相報復。（卷四五，〈史部總敍〉，頁2-2左上）

> 迨托克托等修《宋史》，以道學、儒林分爲兩傳，而當時所謂道學者，又自分二派，筆舌交攻。自時厥後，天下惟朱、陸是爭，門戶別而朋黨起，恩讎報復，蔓延者垂數百年。（卷九一，〈子部‧儒家類序〉，頁3-2右下）

> 冷齋曲附乎豫章，石林隱排乎元祐，黨人餘釁，報及文章，又其已事矣。固宜別白存之，各核其實。（卷一四八，〈集部總敍〉，頁4-2右上）

四庫館臣認爲朋黨林立，恩怨報復，訴諸文字的情況是十分不可取的，作品中過激的記述和論斷，有必要分別考量，核定事實。以這些敘言看來，四庫館臣對於朋黨問題，抱持著核實考察的態度處理，而處理的方式，即是在《總目》之中，詳細辨別黨同伐異的意蘊，將作品中沾染門戶與政治對立的紛擾逐一摒除。

　　以北宋詩話爲例，《總目》對於詩話的論述經常性地以黨派做爲區別。諸如詩話作者歐陽修、司馬光、劉攽、陳師道爲標準的舊黨人物，魏泰和葉夢得在四庫館臣的理解中屬於新黨。四庫館臣在述此六人時，語氣和評論是截然二分的：歐陽修《六一詩話》的提要，引歐公所記之詩與其它文獻，辯證其它詩話作品的錯誤〔註28〕，並提到「惟九僧之名，頓遺其八，司馬光續詩

〔註28〕蓋《後山詩話》說歐陽修「不喜杜詩」、葉夢得則謂歐公「力矯西崑體」，四庫館臣以《六一詩話》所載蔡都尉和劉子儀詩爲證，說明上述二種說法，不是那麼絕對。又，魏泰指出《六一詩話》記周朴作「風暖鳥聲碎，日高花影重」的聯語，實爲杜荀鶴所作，四庫館臣引唐人小說證明歐陽修的根據。

話，乃為補之，是則記憶偶疏耳」〔註29〕；館臣評論司馬光《續詩話》提到
此書有許多優點，僅梅堯臣病死一事，與詩無涉，卻記於詩話中，並為其圓
說：「光別有《涑水記聞》一書，載當時雜事，豈二書並修，偶以欲筆於彼冊
者，誤筆於此冊歟」〔註30〕；述劉攽《中山詩話》，說此書「漫無駁正，亦不
可解，所載嘲謔之詞，尤為冗雜」〔註31〕，但為其解釋為「攽好詼諧，嘗坐
是為馬默所彈，殆性之所近，不覺濫收歟」（頁5-221右下）；陳師道《後山詩
話》的提要：因此書之中寫著對蘇軾、黃庭堅、秦觀等人批評，所以四庫館
臣認為並非陳師道所撰，應有後人增補。〔註32〕總而言之，四庫館臣對舊黨
黨人所撰詩話，是持極為正面的觀感，即使詩話中有些許疏失，也極力為之
解說。

　　對於新黨二位作家，四庫館臣卻用了截然不同的語氣書寫提要，魏泰《臨
漢隱居詩話》的提要：四庫館臣認為這本詩話主要是站在新黨的立場上發聲，
而貶抑元祐黨人、讚揚王安石，為了門戶之私，而與一般公論相左。雖然《總
目》末尾也提到此書論及唐詩的時候，亦可「備考證」〔註33〕，但整則提要
呈現的是貶多褒少的比率。至於《石林詩話》的提要，四庫館臣指出葉夢得
的詩話之中，修正歐陽修詩作有二條、批評蘇軾之處有四條，「皆有所抑揚於
其間。蓋夢得出蔡京之門，而其婿章沖則章惇之孫，本為紹述餘黨，故於公
論大明之後，尚陰抑元祐諸人」〔註34〕，雖然於提要隨後也說：「其所評論，
往往深中窾會，終非他家聽聲之見、隨人以為是非者比。略其門戶之私，而
取其精核之論，分別觀之，瑕瑜固兩不相掩矣」（頁5-226右下），但提要的說
法，很明顯認為批評歐、蘇之處，就是門戶之見，根本無法和後來所提到的
「深中窾會」、「精核之論」的評論優點相結合。

　　經過上述的現象陳述，可以清楚地發現，四庫館臣在撰寫詩話提要時，
是將新、舊二黨之爭，漫溢到《總目》的書寫之中，以「元祐派」（舊黨）、
「紹述派」（新黨）區分詩話作者，對於元祐派作品讚不絕口，即使是書有
所疏漏和錯謬，也是「記憶偶疏」、「二書並修，誤筆於此」、「性之所近，不

〔註29〕《總目・六一詩話提要》，卷一九五，頁5-220右下。
〔註30〕《總目・續詩話提要》，卷一九五，頁5-221右上。
〔註31〕《總目・中山提要》，卷一九五，頁5-221右下。
〔註32〕《總目・後山詩話提要》，卷一九五，頁5-221左下～5-222右上。
〔註33〕《總目・臨漢隱居詩話提要》，卷一九五，頁5-222右下。
〔註34〕《總目・石林詩話提要》，卷一九五，頁5-226左上～右下。

覺濫收」、「傳寫之誤」、「好事者以意補之」的關係；但是對於新黨人士所撰寫的詩話，不論其論詩是否有見地，只要批評歐陽修、蘇軾、黃庭堅之處，都是「黨熙寧而抑元祐」、「逞門戶之私」、「陰抑元祐諸人」；對於舊黨門生後學的詩話作品，稱其「得『元祐餘緒』」，全部加以肯定；將新黨作家稱之為「紹述餘黨」，認為書中論述嚴重偏私，這樣的作法，似乎沒有公允地排除宋代詩話的朋黨問題，反而加深了朋黨分立的現象延伸。《總目》書寫《塵史》提要，曾記有下列字句：「書中於他人書官書字書諡，惟王安石獨書名，蓋亦耿介特立之士」〔註35〕，四庫館臣認為對王安石獨書其名的作法，即為耿介特立之士，則館臣心中的好惡，昭然若揭，足以證明四庫在書寫提要時，是典型的「尊元祐、惡紹述」的樣式，非但未曾「各核其實」，反而更加重了「報及文章」的現象。是以《總目》詩話作品的評述，實在有再次檢閱和深思的必要。

　　本文從版本、分類、收錄的問題開始釐清《總目》中的詩話提要，對證各式版本的異同、剖析作品分類的訛誤或錯謬、辨別分類的考量和判準，以確定作品的數量。其次經由四庫館臣敘述詩話的文字，透顯其中的詩學思想；運用《總目》評論詩話的種種記述資料，勾勒出《總目》的抑揚與好惡；並且檢視這樣的標準，是否全然適合評述詩話。最後以上述論題的結果為立基點，深層反省《總目》評述詩話的種種問題點，扣問《總目》的主觀價值取向之中，是否以其特有的文學口味品鑑詩話？是否將非文學性的價值意識也納入評述之中？經由層層分析和歸納，完成增益目錄學、四庫學與詩學研究的目的。

第二節　研究範圍的貞定

　　本文以《總目》中的詩話評述為範圍，然而《總目》所收錄的詩話作品並不一定歸於詩文評類，也許出現在史部或子部。某些作品的性質也有混雜的情況發生，例如一本書籍之中，詩評與文論各半等等。本文研究的範圍以詩文評類著錄書為主，其次為存目書，再其次為其他各部具備詩話成份的書籍。

〔註35〕《總目・塵史提要》，卷一二○，頁 3-604 右下。

一、詩話的定義

　　唐人論詩的著作，多為單篇零札，如司空圖（837～908）《二十四詩品》也沒有出刊為單行本，根據郭紹虞的說法，單行別出者，不外二種：一是受當時隨筆記小說的影響，源本小序，只是供茶餘酒後的談資；另一種則是詩格詩例一類論作詩法的初學入門書，大都是繼承齊梁以後論詩風氣，或迎合當時科場實際應用，所以只重在藝術技巧上的考究，並不能看出當時詩論的主要傾向。〔註36〕其後的詩話叢書，也常收錄有鍾嶸（486～518）《詩品》與司空圖《二十四詩品》，表示符合詩話體的作品，在歐陽修《六一詩話》前已經出現。

　　首創詩話一體的歐陽修在《六一詩話》卷首載明：「居士退居汝陰而集以資閒談也」〔註37〕，可見歐陽修所謂的詩話，是建立在「以資閒談」的概念上，所以寫作的態度是輕鬆而不甚嚴謹的，例如第二則記某位官吏仿效白樂天體作詩，其中一句為：「有祿肥妻子」，有人戲謔地對他說：昨天在街上看見有一輛牛車行走緩慢，似乎承載甚重，難道是足下之「肥妻」，聞者皆笑。〔註38〕由此可見，玩笑戲謔的文字，只要與詩歌相關，都可以收入詩話，歐陽修對於詩話的內容，並沒有精確的規定，《六一詩話》二十八則，其中多是記事兼以評詩，《宋詩話全編》從《文忠集》另輯出六十二則詩話，其中十五則來自書信，十七則來自《詩解》，七篇序跋，其餘自論體、試策……從內容上來看，《六一詩話》中的文字，確實較後來輯出的詩話更有「以資閒談」的意味，輯佚諸則之中，僅有書信類風格語氣篇秩長短與原詩話相近，序跋類冗長、詩解類嚴肅，均與《六一詩話》的內容不盡相似。

　　北宋末許顗（？），字彥周，對「詩話」的內容開始有比較清晰的論述，他的《彥周詩話》載：「詩話者，辨句法，備古今，記盛德，錄異事，正訛誤也」〔註39〕，將詩話內容定義為明辨字詞句法的優劣，完備古今見解，記錄風教盛德和奇聞異事，或者訂正詩歌中的訛誤等。

〔註36〕郭紹虞：《清詩話・前言》（上海：上海古籍出版社，1999年6月），頁2。

〔註37〕【宋】歐陽修：《六一詩話》（收於吳文治主編：《宋詩話全編》第一冊，南京：鳳凰出版社，2006年10月），頁211。

〔註38〕【宋】歐陽修：《六一詩話》（收於吳文治主編：《宋詩話全編》第一冊，南京：鳳凰出版社，2006年10月），頁211。

〔註39〕【宋】許顗：《彥周詩話》，（收入【清】何文煥：《歷代詩話》，臺北：藝文印書館，1991年9月），頁221右上。

遼代立國，與北宋政權分庭抗禮，但遼國文士並不像宋朝文人一樣擅寫詩話，遼代二百年的國祚，「沒有一部像樣的詩話傳世」〔註40〕，吳文治主編《遼金元詩話全編》時，指出遼詩話均爲極簡略的詩本事〔註41〕，可屬於「論事」的層面。至於金、元二代詩話：王若虛的《滹南詩話》是保存最完整、評價也比較高的一本，但是書以評論爲主，並未言及詩話的界義：方回《瀛奎律髓》：「文之精者爲詩，詩之精者爲律。所選，詩格也。所注，詩話也。學者求之，髓由可得也」〔註42〕，按照方回的理路，詩話即爲一種「詩注」。

明胡應麟（1551～1620）在《少室山房筆叢》提及：「如孟棨《本事》、盧瓌《抒情》，例以詩話文評附見集類，究其體製實小說者流也」〔註43〕，指出孟棨《本事詩》等作品，雖然歸入集部詩話文評之類，但仍然與小說家者流十分相近，點明了詩話與小說二者，內容上常出現模糊難辨的相容特質。

清代章學誠（1738～1801）將詩話的內容區分爲「論詩及辭」與「論詩及事」二種〔註44〕，羅根澤亦云：「詩話有兩種作用，一爲記事，一爲評詩」〔註45〕，但是「記事」和「評詩」二者有時也會相互重疊，所以郭紹虞也說：「詩話中間，則論詩可以及辭，也可以及事；而且更可以辭中及事，事中及辭」〔註46〕、「記事貴實事求是，評詩貴闡發詩理；前者爲客觀之記述，後者乃主觀之意見」〔註47〕，所謂「論詩及辭」，是指研究詩人詩作，以理論爲主，劉德重、張寅彭曾經總結前人的說法，指出「論詩及辭」的內容可包括下列五種〔註48〕：

1、談理論：對詩歌創作和發展中帶有普遍性、規律性的問題從理論上加以探討和總結，提出自己的詩學主張和見解，以及不同的詩學觀點進行辯駁論爭等。

〔註40〕 吳文治：《遼金元詩話全編·前言》（南京：鳳凰出版社，2006年12月），頁1。
〔註41〕 吳文治：《遼金元詩話全編·前言》（南京：鳳凰出版社，2006年12月），頁2。
〔註42〕 【元】方回：《瀛奎律髓》（收於《遼金元詩話全編》冊二，南京：鳳凰出版社，2006年12月），頁512。
〔註43〕 【明】胡應麟：《少室山房筆叢正集》（收於《文淵閣四庫全書》冊886，臺北：臺灣商務印書館，1983年6月），卷十三，頁886-305右下。
〔註44〕 【清】章學誠：《文史通義·詩話》（臺北：頂淵文化事業有限公司，2002年9月），頁559。
〔註45〕 羅根澤：《中國文學批評史》（臺北：學海出版社，1978年9月），頁305。
〔註46〕 郭紹虞：《宋詩話輯佚·序》（臺北：華正出版社，1981年12月），頁2。
〔註47〕 羅根澤：《中國文學批評史》（臺北：學海出版社，1978年9月），頁305。
〔註48〕 劉德重、張寅彭：《詩話概說》（臺北：學海出版社，1993年），頁5～6。

2、寓品評：對前代或當代詩人詩作進行分析、評價，指出其風格、成
　　　　　　就、地位及前後繼承關係、品第高低，比較優劣，標舉雋
　　　　　　句，提出批評性或鑑賞性的意見等。

3、述體變：對各種詩歌體制或詩歌流派的形式、發展、演變進行探究，
　　　　　　溯源辨流，闡說它們在內容、形式各方面的特點及要求等。

4、講法式：對詩歌的格律、聲調、音韻、對偶、造語、用事等藝術技
　　　　　　巧問題加以研討，提出一定的作詩法則或規範等。

5、作考辨：對詩歌的創作背景、命題立意、典故出處、字句來歷以及
　　　　　　所涉及的名物制、風土習俗等進行考證詮釋、辨誤糾謬，
　　　　　　旁涉訓詁、校勘等。

至於「論詩及事」則可分為「記述詩歌本事」、「記述詩人軼事」、「記述與詩
有關的各種資料及見聞」等三點〔註49〕，而北宋詩話論事的內容占大多數，
如同蔡鎮楚所言：「主要是沿著歐陽修所開拓的『以資閒談』的路線發展。詩
話以論詩及事為主，屬於閒談隨筆者居其多數」〔註50〕，南宋、明、清代的
詩話作品，論事的成份少，而遼、金、元代論事的成份多。

　　可見現今學者均認為，「詩話」一體，應是圍繞著詩歌展開，延伸出與詩
歌相關的一切討論和記述。現今收錄詩話的書籍，以吳文治主編的《宋詩話
全編》、《遼金元詩話全編》、《明詩話全編》等，搜羅最為齊全，是編選取的
標準非常廣泛：

> 搜羅已成書的詩話之外，遍及別集、隨筆、史書、類書等諸書中的
> 詩歌理論、詩評、詩歌表現方法的研討、詩人事蹟、重要詩篇本事，
> 以至具有理論價值的詩語考辨與詩義疏證。〔註51〕

可見吳氏所認定的詩話內容，有「詩歌理論」……等等七個項目，可與劉德
重等人所界定的詩話內容互相參照。其中《宋詩話全編》收錄原已單獨成書
的詩話一百七十餘種，又新輯入散見的詩話四百餘萬字，近四百家原先無詩
話輯本傳世的詩論家，從此列席詩話作家〔註52〕，可謂現今最完備的宋詩話

〔註49〕劉德重、張寅彭：《詩話概說》（臺北：學海出版社，1993年），頁6。

〔註50〕蔡鎮楚：《中國詩話史》（長沙：湖南文藝出版社，1988年5月），頁50。

〔註51〕羅宗強：《宋詩話全編・序》（收於吳文治主編：《宋詩話全編》，南京：江蘇
　　　　古籍出版社，1998年），頁7。本章所引《宋詩話全編》均據此版本，為求行
　　　　文簡潔，故其後所引，僅註明編者與頁數，其餘不另註出。

〔註52〕吳文治：《宋詩話全編・前言》，頁1。

輯本，被譽爲是極富學術性、系統性、縝密性的出版書籍。〔註53〕遼、金、元是中國詩話史上的低谷，但《遼金元詩話全編》仍收錄詩話四百十九家。〔註54〕《明詩話全編》收錄原以單獨成書的作品一百二十多種，又輯錄明人散見詩話六百多萬字，該書在一九九八年獲得「中國圖書獎」。〔註55〕

　　從北宋到清代，詩話並沒有明顯的界義，直至現今學者，對於詩話的內容開始有詳細的解說，至吳文治主編《全編》系列的詩話叢書從史書、類書……等擷取與詩相關的文句，詩話內容的範圍不但更顯寬廣，也與其他類別模糊難辨，這不禁讓人開始思考，是否只要是與詩相涉，就是詩話？如果從「詩人軼事」著眼，只要是寫詩的文人，其事迹都是詩話的資料，那麼二十四史中所有的文字，也許大半都歸屬於詩話，這麼廣泛的範圍幾乎讓詩話失去獨立存在的意義。

　　四庫館臣在收錄與評述各代詩話作品時，多少透顯了本身對於詩話界義的想法，借鏡《總目》對於詩話的看法，也許可以重新整理對於詩話的規範，將寬廣的範圍稍稍收束，還原詩話應有的存在意義。

　　故本文的研究範圍，以《總目》的視域爲觀察的方向，以《總目》所收詩話爲限，言說的例證以著錄書爲優先，存目次之。《總目》與其他相關提要中，言說館臣「收錄」、「分類」、「選評意識」、「詩學思想」……等等文字，也做爲必要的輔助參考。

二、《總目》所收詩話

　　《四庫全書》的編纂，產生的提要不止《總目》一種，許多相關提要與《總目》的比對，其中的增補刪削，顯示了四庫館臣書寫提要的心路歷程，故筆者以詩話提要爲限，比對《稿本》、《庫本》、《浙本》、《紀稿》與《總目》的異同，期待能將檢視《總目》詩話提要的生成過程。

　　如前所述，《總目》所收詩話的分類遍及經、史、子、集各部，本文述評四庫館臣的詩話提要，故以館臣所認定的詩話作品爲主要研究的目標，符合今人詩話界義，但不被四庫館臣收錄於詩文評類、或提要中並沒有指出具備

〔註53〕 朱野坪：〈古代文學理論研究領域的跨世紀基礎工程——評江蘇古籍出版版《宋詩話全編》〉，《江海學刊》，1999 年 03 期，頁 191～192。

〔註54〕 吳文治：《遼金元詩話全編‧前言》（南京：江蘇古籍出版社，2006 年 12 月），頁 1。

〔註55〕 《明詩話全編‧重印說明》（南京：江蘇古籍出版社，2006 年 1 月），頁 1。

詩話成份的作品，則用做對照組。故研究層次以詩文評類詩話為最主要的觀察對象，參照其他類別中的詩話提要，若是書籍的性質是為一半文評一半詩話（如《修辭鑑衡》），或上卷文論、中卷詩話、下卷詞話（如《浩然齋雅談》），則就提要解說與議題的相關度酌情參考。

第三節　相關議題的研究成果

　　研究《四庫全書總目》之中的詩話述評，簡單的說，是以四庫學的視角、疊合詩話學的視角，但是就本文研究的幅度與關懷的主軸而論，又旁涉詩學、考據學、文體學等等不同的課題，實在很難細述所有相關議題，或羅列每一種相關的研究成果，僅能就大的方向，略述相關研究與本文的交集，以便呈現前人已有的成果，與前人未竟的、本文擬於補全的研究視角。

　　近幾年來，與《總目》相關的研究成果非常豐碩，對於詩話的研究也有相當的份量。與本文相關的研究成果，大約可分為「選錄標準」、「詩學思想」、「評述意識與方法」等，以下逐項細述這些文獻的探討。

一、選錄標準

　　早在漢代，就開始有圖書分類的概念，劉向等學者將圖書分為六藝、諸子、詩賦、兵書、數術、方技六大類，此後又出現了四分法、五分法、七分法，相關中國目錄學對書籍的分類，已經多位學者撰述專書說明。〔註 56〕乾隆：「朕意從來四庫書目，以經、史、子、集為綱領，裒輯分儲，實古今不易之法」〔註57〕，《四庫全書總目》亦按照經、史、子、集四部分類法，四部之下再分大類，大類之中有子目，研究者指出：「清儒於乾隆年間編出的大型分類目錄《四庫全書總目》，它不僅是集四分法之大成著作，同時又是高度總結歷代學術概況的高品位的學術「結晶」」〔註58〕，黃愛平曾研究《總目》的分類，認為《總目》的分類體系相當嚴密，有「折衷諸家」、「循名責實」的優

〔註 56〕 諸如周彥文：《中國目錄學理論》（臺北：臺灣學生書局，1995 年 9 月），第二章〈因書以設的分類法〉、第三章〈四分法的定義及分類準則〉，頁 17〜67。
〔註 57〕 【清】乾隆：〈諭內閣《永樂大典》體例未協著添派王際華裘曰修為總裁官詳定條例分晰校核〉（收於中國第一歷史檔案館編：《纂修四庫全書檔案》，上海：上海古籍出版社，1997 年 7 月），頁 57。
〔註 58〕 葉樹聲、許有才：《清代文獻學簡論》（合肥：安徽大學出版社，2004 年 1 月），頁 189。

點，也提出《總目》有「類目設置不妥」和「類目界限不明」、「歸類不合理」的缺失〔註59〕，已大略說出《總目》分類的優劣。司馬朝軍也認為，《總目》問世後，基本上確立了書目分類體系的新範式，標志著四分法已發展到頂峰，但仍然存在著一些問題，諸如類目設置失當、類目義界不明、圖書歸類失誤等。〔註60〕

　　圖書歸類的失誤，是已知的前人研究成果，但如何的失誤？失誤的背後是否存在著不同的判準？失誤的細部狀況為何？失誤對後世理解書籍會有什麼影響？卻是在現今的研究之中，尚未能夠週全的一些懸案。是以本文以「詩話」為版圖，將《總目》選錄詩話的情況進行詳盡檢視，不但能夠透顯四庫館臣對詩話一體的定義，並能對《總目》的詩話提要，進行詳細的研討。

二、詩學思想

　　《四庫全書總目》可以研究的面相十分廣泛，經學、史學、哲學、文學、目錄學、版本學、校讎學……可謂無所不包。涉及文學類的《總目》研究，已有以詩學〔註61〕、詞學〔註62〕、小說〔註63〕、文學家〔註64〕、文學批評〔註65〕

〔註59〕黃愛平：《四庫全書纂修研究》（北京：中國人民大學出版社，2001年2月），第十三章〈四庫全書總目·下〉，第一節〈《四庫全書總目》的目錄學成就〉，頁342～363。

〔註60〕司馬朝軍：《《四庫全書總目》研究》（北京：社會科學文獻出版社，2004年12月），第三章〈四庫全書總目與分類學〉，頁165～172。

〔註61〕諸如孫微：〈《四庫全書總目》所體現的杜詩學〉《杜甫研究學刊》2003年第1期，頁57～61；岳書法：〈《四庫全書總目》詩類著錄情況分析〉《西華師範學院學報（哲學社會科學版）》，2003年第5期，頁122～126。

〔註62〕諸如包根弟：〈《四庫全書總目提要》歷代詞家評論探析〉《輔仁國文學報》第9期（1993年6月），頁53～108；李劍亮：〈試論《四庫全書總目》詞籍提要的詞學批評成就〉《文學遺產》2001年第5期，頁86～93。

〔註63〕諸如季野：〈開明的迂腐與困惑的固執——《四庫全書總目提要》小說觀的現代觀照〉《小說評論》1997年04期，頁69～73；吳麗珠：〈從《四庫全書總目提要》看紀昀的小說觀〉《國文天地》第19卷第4期（2003年9月），頁67～72；夏翠軍：〈《四庫全書總目》小說類探析〉《山東圖書館季刊》2004年第1期，頁60～62。

〔註64〕劉黎卿：〈論《四庫全書總目提要》評明代前後七子〉《臺中商專學報》第27期（1995年6月），頁151～168。

〔註65〕黃瓊誼：〈淺論紀昀的文學觀——以四庫提要與簡明目錄為中心〉《國立編譯館館刊》第20卷第2期（1991年12月），頁157～188；廖棟樑：〈《四庫全書總目·詩文評類序》對文學批評的認識〉《輔仁國文學報》第9期（1993

等豐碩的成果，各種文學批評史的著作也常將《總目》列爲專節討論。〔註66〕
然而，專門以詩話做爲範圍的研究，至今未曾出現，僅在研究某一部詩話時，
曾經提及《總目》的介紹，或者加以分析〔註67〕，然而這種研究的出發點，
是以詩話爲基點，遍及《總目》的記述，而非以《總目》的思考爲研究中心，
全面檢視《總目》對詩話的論評。尤其許多《總目》詩學方面的研究，是以
「詩文評類」爲檢視的核心，可以顯示出「詩文評類」的整體或斷代的文學

年6月），頁109～131；曾聖益：〈從《四庫全書總目・詩文評類》看中國詩
文論著之特性・上〉《國立中央圖書館臺灣分館》第2卷第2期（1995年12
月），頁67～75、曾聖益：〈從《四庫全書總目・詩文評類》看中國詩文論著
之特性・下〉《國立中央圖書館臺灣分館》第2卷第3期（1996年3月），頁
48～53；吳承學：〈論《四庫全書總目》在詩文研究史上的貢獻〉《文學評論》，
1998年11期，頁130～139；龔詩堯：《《四庫全書總目》之文學批評研究》（南
投：國立暨南大學中文研究所碩士論文，2001年6月）；涂謝權：〈論《四庫
全書總目》文學批評的經世價值取向〉《貴州師範大學報（社會科學版）》2002
年第3期（總116期），頁65～69；楊有山：〈論《四庫全書總目》的文學史
研究〉《信陽師範學院學報（哲學社會科學版）》第23卷第4期（2003年8
月），頁95～97；楊有山：〈試論《四庫全書總目》的文學批評觀念〉《江漢論
壇》2003年第4期，頁107～109；白貴：〈「詩文評」五種模式與詩話之關係
淺說〉《內蒙古社會科學》第25卷第1期（2004年1月），頁89～91；鄭明
暄：〈論《四庫全書總目提要》的文學批評學〉《唐都學刊》2005年第3期，
頁94～97；曾守正：《權力、知識與批評史圖像：《四庫全書》「詩文評類」的
文學思想》（臺北：臺灣學生書局，2008年9月）；劉玉珺：《四庫唐人文集研
究》（成都：巴蜀書社，2010年3月）；陳曉華：《《四庫全書》與十八世紀的
中國知識份子》（北京：社會科學文獻出版社，2009年11月）。
〔註66〕 蔡鎭楚：《中國文學批評史》（北京：中華書局，2005年8月），第九章第六節
〈《四庫全書總目》與紀昀文學批評〉，頁368～373。
〔註67〕 諸如：金英華：《葉石林的詩論》（臺北：國立臺灣大學中國文學研究所碩士
論文，1979年）；高靜文：《葉夢得之文學研究》（高雄：國立高雄師範學院
國文研究所碩士論文，1982年）；張雙英：〈論胡仔《苕溪漁隱叢話》的編
纂方法及其寓義〉《中華學苑》第45期（1995年3月），頁367～410；蕭淳
鏵：〈「詩人玉屑」評論人物部份的體例、編排及資料選擇〉《大陸雜誌》97
卷第4期（1998年10月），頁27～38；張健：〈《韻語陽秋》研究〉《漢學研
究》第17卷第2期，總第34期（1999年12月），頁249～276；張健：〈「詩
話總龜」中所展示的詩學評論〉《國立編譯館館刊》第30卷1、2期合刊（2001
年12月），頁189～226；鄧國軍、王發國：〈《許顗詩話・解題》等誤漏舉
正〉《西南民族學院學報（哲學社會科學版）》，總第23卷第8期（2002年8
月），頁143～146；趙榮蔚：〈論《珊瑚鉤詩話》的文學批評特色〉《鹽城師
範學院學報（人文社會科學版）》第22卷第3期（2002年8月），頁30～34；
黃端陽：〈歐陽脩《六一詩話》研究〉《東方人文學誌》第2卷第3期（2003
年9月），頁77～92。

觀、文學批評論調，卻無法顧及《總目》對詩話的整體述評。是以，本文由《總目》對詩話評述展開，扣合《總目》對「詩話」一體的理解，在選錄與分類的基點上，可以觀察《總目》對詩話的觀察，並透顯四庫館臣詩學見解。

三、評述意識

　　《總目》對於政治或學術門派的對立，具有強烈的感受，是以在經部、史部、子部、集部的總敘或分類小序之中，多次提及。現今已有闡述朋黨問題的著作甚多〔註68〕，一般歷史學專書，也常將朋黨問題列為專章介紹〔註69〕，專門研究黨爭的單篇論文更是不勝枚舉〔註70〕，可見朋黨問題，不但引起四庫館臣的注意，也深受現今學者的矚目。

　　現今已有許多論文與專著將朋黨問題與文學相關連〔註71〕，其中包括了

〔註68〕 諸如：雷飛龍：《漢唐宋明朋黨的形成原因》（臺北：韋伯文化國際出版，2002年9月）；羅家祥：《北宋黨爭研究》（臺北：文津出版社，1993年11月）；羅家祥：《朋黨之爭與北宋政治》（武昌：華中師範大學出版社，2002年1月）。

〔註69〕 諸如：沈明暲：〈變法與黨爭〉，收於《宋元明史綱》第三章，（臺北：臺灣師範大學出版組，1979年8月），頁31～48、徐晴嵐：〈慶曆新政和王安石變法〉，收於《中國通史一百講》第65講，（臺北：中央廣播電台，1976年11月），頁436～441、方豪：〈宋代之變法與黨爭及其後果〉，收於《宋史》第八章，（臺北：文化大學出版社，2000年9月再版），頁118～152。

〔註70〕 林瑞翰：〈士大夫的鬥爭——北宋慶曆黨爭與新舊黨爭〉《歷史月刊》第70期（1993年11月），頁45～47；金強、萬金芳：〈北宋文官政治與熙豐黨爭〉《湖北大學學報》第28卷02期（2001年3月），頁108～110；沈松勤：〈北宋台諫制度與黨爭〉《歷史研究》1998年04期，頁27～44；張勁：〈宋哲宗「紹述」時期新舊黨爭述論〉《江西社會科學》2003年05期，頁123～127；蕭慶偉：〈熙豐、元祐黨爭的特質及其蛻變〉《贛南師範學院學報》1998年04期，頁58～63。

〔註71〕 單篇論文部分：丁曉、沈松勤：〈北宋黨爭與蘇軾的陶淵明情結〉《浙江大學學報》第33卷02期（2003年3月），頁111～119；汪小洋：〈蘇詞與北宋黨爭〉《江蘇教育學院學報》1995年01期，頁36～38；沈松勤：〈北宋黨爭與「荊公體」〉《文學遺產》1999年04期，頁48～54；周祚紹：〈論黃庭堅和北宋黨爭〉《九江師專學報》1996年02期，頁55～59；蕭慶偉，〈北宋黨爭與杜詩陶詩之顯晦〉，《河北大學學報》1996年第3期，頁33～38與頁53；張其凡、金強：〈陳瓘與《四明尊堯集》——北宋哲徽之際黨爭的一個側面考察〉《浙江大學學報》第34卷03期（2004年5月），頁112～119。專著部分：沈松勤：《北宋文人與黨爭》（北京：人民出版社，1998年12月）；沈松勤：《南宋文人與黨爭》（北京：人民出版社，2005年4月）；蕭慶偉：《北宋新舊黨爭與文學》（北京：人民文學出版社，2001年6月）；李佩如：《北宋黨爭對蘇轍文學創作的影響》（臺北：國立政治大學碩士論文，2005年4月）；楊雅筑：《新

朋黨與詩人、詩體、詩話、筆記、文人群體等等不同的扣合。然而,以《總目》的視野,縱橫比較《總目》認定的朋黨關係,剖析四庫館臣對朋黨的感受,這個角度,尚未有學者開發。與本文較為相關的研究,有鄭禮炬:〈清初四庫館臣對王安石變法的評價〉〔註 72〕一文,但該文是以經學的討論為主,從《總目》對王安石《易》學的評價展開,認為安石易學的闡釋有值得肯定之處,並且與清初《易》學的脈絡能夠呼應,於是認為安石所主持的變法活動應該也會受到館臣的肯定。與本文不同的是,此文以《易》學做為主軸,比較的是《總目》與安石的易學觀,而本文是以《總目》和詩話扣合,時間上是以清乾隆年代對證宋、元、明各朝,文本上是根據《總目》書寫的詩話提要,以詩話為範圍,進一步連繫《總目》,交叉思考、交叉研究,透視《總目》對詩話的評介之中,浮現的種種問題。

第四節　研究方法

　　《總目》的版本異常複雜,有庫本、浙本與殿本之分,與《簡明目錄》、《四部薈要》也糾結了複雜的關係,所幸已有多位學者對上述的問題進行研究〔註 73〕,得出殿本《總目》提要,優於其他提要的結論,故本文以《武英殿本總目》為底本,研究《總目》收錄詩話所透顯的相關問題。

　　目錄文獻的研究,可以辨章學術、考鏡源流,使得目錄文獻等圖書資料也化身成了史料,反映特定的文學意識,《總目》解說文獻,開展的不只是傳統的史學記錄,也表現其歷史哲學。是以本文所採行的研究進路,是跳躍於數個朝代,歸納整合其中的思考模式,並推衍其背後的意義。將詩話的以資閑談做為基礎史料,並且經過《總目》對詩話的反映,將其中種種互動的關係,一層層深入扣問。經過這樣的概念操作,詩話作品不但是歷史發生意義上的詩話,也是《總目》視野之中的詩話,與現代研究者的眼界之中的詩話;《總目》所書寫的詩話提要,不只是標示詩話的面貌,也透顯著《總目》所塑造的詩話形象。然而更重要的,是現在與未來的研究者如何解構再重塑真

舊黨爭與北宋詩話——黨爭影響論的重新評估》(臺北:淡江大學中文所碩士論文,2005 年 6 月)。

〔註72〕鄭禮炬:〈清初四庫館臣對王安石變法的評價〉《江西社會科學》2004 年 07期,頁 219～225。

〔註73〕例如:陳垣、金毓黻、吳哲夫、崔富章、司馬朝軍、黃愛平等,均曾撰寫專書與論文,說明《總目提要》的版本問題。

正的詩話生命，這其中的連接與反射、對立與融合，彷彿一種不斷變化的思維和認知活動，透過重新的思維和認知，不但突顯詩話與《總目》在不同的時代所釋出的魅力，也將《總目》這樣具有強大影響力的鉅作重新被理解和消化。

　　余嘉錫先生曾言，《總目》的書寫方式即為「援據紛綸」〔註74〕，根據周積明先生的解說，所謂「援據紛綸」：「即通過援引大量論據，從中歸納出一定結論，以加強自身論斷的力量與說服性」〔註75〕，余氏也提到四庫館臣時常沒有細查原書，或是比對版本，又或者無暇驗證論據的真假，以致於得出錯誤的結論。為了要詳究館臣可能出現的謬誤，本文勢必也得用「援據紛綸」的方式，統整相關說法，並且更為細心、耐心地還原《總目》所引用的文獻，一層一層梳理所有的詩話提要，進行研究。

　　所以，除了傳統的歸納、演繹等基本的研究方法，本文選用「發生研究法」、「系統研究法」交錯結合使用，此外「新歷史主義」對於文本與歷史的主張，也是觀照這些問題一個極佳的視鏡。以下分論：

一、發生研究法

　　研究《四庫全書總目》，也就是闡發四庫館臣所透顯的思想，以詩話一體貫串研究的主軸，經由《總目》的呈現，將會得出館臣對於詩話的種種想法。《總目》成書於清代，對於宋、元、明乃至於清初各代的詩話作品如何發展變化，自有不同的述評，這也是本文想要了解的一個部分。勞思光曾解讀「發生研究法」：

> 特別注重歷史方面的真實性的研究者，喜歡用「發生研究法」，所謂「發生研究法」，即著眼於一個思想如何一點點發展變化，而依觀念的發生程序作一種敘述。採用這個方法來敘述一家思想時，研究者可以將所研究的思想一點一滴地依照發生的先後排出來，假如研究者有足夠的資料可用，則這種敘述自然是最詳盡的了。〔註76〕

《總目》的文字是前有所承的，在眾多評述詩話作品的篇章中，《總目》是經

〔註74〕余嘉錫：《四庫提要辨證・序》（昆明：雲南人民出版社，2004 年 11 月），頁 45。
〔註75〕周積明：《文化視野下的《四庫全書總目》》（北京：中國青年出版社，2001 年 10 月），頁 238。
〔註76〕勞思光：《新編中國哲學史・序》（臺北：三民書局，1990 年 8 月），頁 8。

由分纂稿、《武英殿聚珍版》、《四庫薈要》、七閣閣本、《簡明目錄》，最後融會貫通，採精汰蕪而成就了《總目》，最近出版的《紀曉嵐刪定《四庫全書總目》稿本》，更透顯了總纂官的刪削痕跡。乾隆四十六年（1781）二月，《總目》初稿完竣，繕寫進呈，而此後十餘年的時間，《總目》仍然屢有變動，遲遲未能定稿〔註77〕，多次的修定，不只是分纂官與總纂官的意見磨合，皇權介入學術的痕跡、政治因素的變動，都是修定的關鍵。

以規模較大的一次更動為例，乾隆四十六年（1781），上諭：「惟集部應以本朝御製詩文集冠首。至經史子三部仍照例編次，不必全以本朝官書為首」〔註78〕，可見皇權的陰影，影響之深，不只在學術思想上受到壓抑，連編次體例也被迫校定，所以這一連串的修定史，不只鋪設出《總目》詮釋詩學、詩話的種種異動，也寫就了四庫館臣與乾隆的角力。

將《總目》由最初的分纂稿，漸次排序至《總目》的定稿，這其中一點一滴的增損，即為館臣思想的發生程序，詳盡觀察這段文學思想的轉變，體察異動的變因，即為發生研究法的進路。

二、系統研究法

勞思光云：「所謂系統研究法，就是將所敘述的思想作系統的陳述的方法」〔註79〕，研究者在評騭《總目》設置類目、收錄歸類的考量上，雖然肯定《總目》的用心良苦，發揮了四部分類法最大的功用，但是依然為其中類目設置和分類收錄的不盡理想引以為憾，但種種的失誤也許正表彰著館臣未曾言說的分判標準，以宋詩話為例，勢必詳細篩選出《總目》之中，所有具備詩話性質的作品，做出系統性的比較、剖析，始能得知四庫館臣的分類，究竟是無心無意的差池，亦或是深刻的價值取向？

這不是一個單一的系統所能貫串透顯的，首先，應詳細搜撿「經」、「史」、「子」、「集」四部之中，具備詩話條件的作品，檢視文本本身的特點，再回應《總目》對此文本的認知；另一個系統是由《總目》的分類出發，詳究四部以下各個小類的分類標準，如此交叉比對，就此確立出四庫館臣歸類的判

〔註77〕黃愛平：《四庫全書纂修研究》（北京：中國人民大學出版社，2001 年），頁307。
〔註78〕《總目·卷首》，頁1-12。
〔註79〕勞思光：《新編中國哲學史·序》（臺北：三民書局，1990 年 8 月），頁6。

準。

　　第二步是根據《總目》疏解的文字著手，製作《總目》文學思想的譜系，這也不是單一系統的指涉，而是和文本本身的對證，經由眾多的文本歸納《總目》的喜好，並且訂誤館臣誤解的文字，還原作品真正的價值。

三、新歷史主義研究法

　　「新歷史主義認為語言文本只是被壓縮的歷史，與真實歷史有其距離，語言文本隱含著敘述者的書寫期待，所以文本中所表現的歷史，並非真實歷史」〔註80〕，各個朝代的詩學思想在不同師承、不同門派的分界之中，會產生不同的好惡和看法。四庫館臣又再一次在提要中，評論和比較各種師承和門派。館臣運用《總目》的詩話提要，企圖以這次前所未見的編書工程重新形塑歷代詩學主張並且評論是非，難免帶有好惡的成分。所以這一部分的研究方法，必需黏合歷史的軌跡，將同一個時間不同門派、學派的詩話作者與詩話作品層層分疏，才能完整建構《總目》的詩學思想。

　　在評述意識的討論之中，是將文學性與非文學性的考慮，納入《總目》對詩話的視點之中。原本為「歷史」之中的發生的事件，經由詩話書寫以及《總目》的評述，都使得「門派」變成文本背後的一種隱性的意圖，不論文本自身是否具備黨同伐異的寫作立場，或是不經意帶動一己之私，《總目》常以門派的角度檢視文本，對文本的屬性進行隱性的分裂，對於不同的政黨或是學術門派，給予不同的評價與意見。雖然宋人堅持詩學的純粹，儘量地避免將黨爭情緒涉入詩話的寫作之中〔註81〕，《總目》卻有意無意將各種顯性的、隱性的指涉帶入書寫，將詩話的提要，變幻成朋黨衝突的新戰場，表面上是其所是、非其所非，彷彿引之有據，然而宏觀地檢查，《總目》其實將所有的詩話作品，變相的因為朋黨之爭而降低了價值，使得四庫館臣所稱道的某些黨派和黨人，諸如元祐、舊黨、歐陽修、蘇轍、陳師道之類，必須在《總目》維護性的介紹之後，受到更為嚴厲的揭露和考究，種種循環往復的過程，更引人戒慎恐懼的一點，不是積非成是的後果，而是意圖「積非」，反而使得

〔註80〕參見張進：《新歷史主義與歷史詩學》（北京：中國社會科學出版社，2005年8月）、盛寧：《新歷史主義》（臺北：揚智文化，1995年）。

〔註81〕相關的論證和爬梳可參見拙作：《新舊黨爭與北宋詩話──黨爭影響論的重新評話》（臺北：淡江大學中文所碩士論文，2005年6月）。

「是」不再是「是」的嚴重大患。所以本論文針對這一問題的研究方法，是以「事件」做為釐清的範圍，統計與史事相關的詩話作者，視查作者作品收錄於《總目》的情況，再經由《總目》對作品的介紹，透顯《總目》的價值評斷和主觀意識。

第貳章　《四庫全書》相關提要

　　《四庫全書》規模浩大，因爲這部叢書所產生的提要也不止一種，根據崔富章先生的說法，《四庫全書》的相關提要包括：1、七閣庫書提要（以下稱「庫本」），《四庫全書》所收近三千五百種圖書，每一種的書前皆冠有一篇提要，所以也稱之爲「書前提要」，又名「原本提要」；2、《總目》提要，指四庫館臣繕寫的《四庫全書總目》二百卷，有浙本、武英殿本二種不同系統的版本；3、《欽定四庫全書薈要》（以下簡稱「薈要」），收有四百六十四篇提要；4、《武英殿聚珍版書》（以下簡稱「聚珍本」，載有百餘篇提要；5、張羲年（1709～1778）、戴震（1724～1777）、周永年（1730～1791）、姚鼐（1731～1815）、翁方綱（1733～1818）、任大椿（1738～1789）、余集（1738～1823）、劉權之（1739～1819）、鄒炳泰（1741～1820）、陳昌圖（1741～？）、邵晉涵（1743～1796）、沈叔挺（？）、鄒奕孝（？）、鄭際唐（？）、莊通敏（？）……等人的分纂稿（以下稱「稿本」）；6、《四庫全書簡明目錄》（以下稱「簡目」）二十卷。〔註1〕除了崔氏所提及的提要之外，近年天津圖書館影印出版了《紀曉嵐刪定《四庫全書總目》稿本》全九冊（以下稱「紀稿」），可說是第七種《總目》的相關提要，也爲研究《四庫全書總目》的開出了新的視角。

　　《四庫全書總目》的編纂過程約可以分爲四個階段：1、分纂官起草、2、總纂官修訂、3、總纂官裁正、4、清高宗欽定。〔註2〕所以分纂官所執行的工

〔註1〕崔富章：〈四庫提要諸本分析──以《四庫全書總目》本爲優〉（《文獻季刊》2012 年 7 月第 3 期），頁 3。

〔註2〕另一說是分纂官撰寫初稿，經總裁批閱，纂修官改寫重撰，最後由總纂官修

作第一步是閱讀和簡介書籍。分纂稿是最初書寫的稿件,寫作時間較其他提要爲早,卻是所有提要的胚胎,經過總纂官的修訂和裁正之後,形成《簡目》、《薈要》、書前提要、聚珍本、《總目》等等各種提要的底本,但內容和形式都有了巨大的變異。從分纂稿到《武英殿本總目》,這個漫長的修訂過程,在各種版本留下修繕的軌跡,也曝露了《總目》從無到有,從草稿到定本之中,慢慢積澱、慢慢增加的種種考量。

爲本論題尋覓一個最恰當的提要版本,首先必需先釐清各種提要的優劣,本章統整各種提要的書寫,並以詩話爲主再一次框架所有相關的提要,從而爬梳詩話提要書寫的軌跡,並且撿擇最適合做爲本論題的提要底本。

第一節　從分纂稿到庫本提要

除了紀昀刪定的提要稿本和浙本、武英殿本《總目》之外,和《總目》相關的提要尚有分纂稿、《薈要》、《聚珍本》、《簡目》和書前提要等。比起浙本,這五種提要和《武英殿本總目》的差異較大,根據崔富章先生的說法,邵氏等人的分纂稿均爲草稿、初稿,與《薈要》、《聚珍本》一樣,經過了四庫館臣的刪潤、修改,已然融入了後出的提要當中。〔註3〕從本文論題的架構,關切這些相關的詩話,可以捉摸《總目》詩話提要寫作的軌跡,以下分述:

一、分纂稿

所謂分纂稿是指《四庫全書》在編纂分期,四庫館臣校閱圖書並且整理記錄,由此所撰的提要初稿,流傳至今的《四庫提要》分纂稿約可分爲三種形式:第一種是四庫纂修官之稿本,如《翁方綱纂四庫提要稿》,即爲翁氏服務四庫館期間的校書箚記和提要手稿;第二種是已經刊刻的提要初稿,例如姚鼐、邵晉涵……等人文集中的稿件;第三種是保留於《四庫全書》底本或傳鈔本中的提要初稿,有時是黏貼於底本鈔本,有時直接書寫於底本鈔本,經由這二種方式隨著原本保存至今。〔註4〕

訂成稿,見吳格:《四庫提要分纂稿·前言》(上海:上海書店出版社,2006年10月),頁2。

〔註3〕崔富章:〈四庫提要諸本分析——以《四庫全書總目》本爲優〉(《文獻季刊》2012年7月第3期),頁3。

〔註4〕吳格:《四庫提要分纂稿·前言》(上海:上海書店出版社,2006年10月),頁3。

現存分纂官的提要稿數量最多是翁方綱，其次是姚鼐、邵晉涵、沈叔挺，數量較少的有戴震、余集、周永年、劉權之、鄒炳泰、任大椿、張羲年、程晉芳、陳昌圖、鄒奕孝、鄭際唐、莊通敏等人〔註5〕，從《稿本》一步一步進展爲《總目》，前後歷時二十餘年，屢經修改，先後流傳，衍變成多種不同的版本的提要，諸如《薈要》、《聚珍本》、《簡目》、《庫本》等等，期間不知經過多少次的增潤、刪改，甚至完全廢棄不用，以翁方綱稿本爲例，《總目》完全沿用《翁稿》的比率僅 3.65%〔註6〕，增刪的程度相當驚人，以《恬志堂詩話》的提要爲例，《翁稿》云：

> 恬志堂詩話〔謹按〕：《恬志堂詩話》上、中、下三卷，明嘉興李日華著。日華字君實，詳具卷末小傳中。其書作用於天啓時。日華善書畫，兼能詩，顧其詩支脂、魚模尚皆沿誤同用，則於韻學未之講也。中如論杜詩〈元都壇歌〉，取宋人《墨莊漫錄》之說，殊爲好僻。
> 至其改金人武伯英〈詠剪燭刀〉詩句，尤爲鄙陋。存目可矣。〔註7〕

翁方綱簡介了作者，批評此人不明詩韻，改詩鄙陋，建議四庫館臣將此書列入存目。而《總目·恬志堂詩話提要》言：

> 恬志堂詩話三卷（編修程晉芳家藏本）明李日華撰。日華有《梅墟先生別錄》，已著錄。此編載曹溶《學海類編》中，乃摘其諸襍著中論詩之語，湊合成編。如：「武伯英獨翦一聯，其文甚繁，今刪其上文，但云燭翦句。余改日『吐殘月魄蟇頤動，蹴落春紅燕尾忙』。」此改字竟從何來？是直不通書賈所摘矣。至日華堂名「恬致」，其集即名《恬致堂集》，而改日「恬志」，尤耳食之誤也。（《總目》，卷九七，詩文評類存目，頁 5-270）

因李日華（1565～1635）已有《梅墟先生別錄》著錄於「史部·傳記類存目」，所以他的字號生平已在該書的提要簡介過了，故四庫館臣略去了作者的介紹，專注於書籍的簡介，關於提要所說李日華取《墨莊漫錄》中解杜詩〈元

〔註5〕 參見司馬朝軍：《《四庫全書總目》編纂考》（武漢：武漢大學出版社，2005 年11 月），頁 9。吳格：《四庫提要分纂稿》（上海：上海書店出版社，2006 年10 月），頁 3～6。

〔註6〕 參見司馬朝軍：《《四庫全書總目》編纂考》（武漢：武漢大學出版社，2005 年11 月），頁 204。吳格：《四庫提要分纂稿·前言》（上海：上海書店出版社，2006 年10 月），頁 5～6。

〔註7〕 【清】翁方綱等撰，吳格、樂怡標校整理：《四庫提要分纂稿》（上海：上海書店出版社，2006 年10 月），頁 382。

都壇歌〉一事，是說杜甫詩中出現「王母」二字，一般人認爲是瑤池金母，但事實上是一種禽鳥「蜀中貢一種鳥，狀如燕，色紺翠，尾甚多而長飛則尾開裊裊如兩旗，名曰王母」〔註8〕，翁方綱認爲此解「殊爲好僻」，但館臣卻認爲此句「皆極典核」〔註9〕，所以在《恬至堂詩話》的提要中略去不提，針對改詩抒發，論定這部分的摘句錯謬難解，加上書名「恬志堂」，應爲「恬致堂」之誤，判定是錯置書名，由是認定此書應是書商胡亂摘擷李日華論詩之語而集成此書。

由上述的例子可見，從分纂稿到《總目》，爲了細究《總目》整理的結構和寫作模式，四庫館臣刪改的篇幅甚大，分纂官和總纂官的意見也時有不一，經過修定、裁正，再加上清高宗的意見，分纂稿所留存在《總目》中的篇章和字句非常之少，其中相關於詩話的提要雖然不多，但有助於觀察和統合分纂官到總纂官這一條漫長的修改之路，對於詩話理解的異同，諸如上述《恬致堂詩話》的提要，翁方綱認爲辯證「王母」這則詩話「殊爲好僻」，但四庫館臣卻認爲此則「極典核」，相反的意見造成提要一再地更動，最後至武英殿本《總目》，已是數度磨合之後，終於開花結果。

二、薈要

乾隆三十八年五月初一之上諭，提及了《四庫全書薈要》的纂修動機和準則：

> 第《全書》卷帙浩如煙海，將來庋弆宮廷，不啻連楹充棟，檢玩爲難。惟摛藻堂向爲宮中陳設書籍之所，牙籤插架，原按四庫編排。朕每憩此觀書，取攜最便。著於《全書》之中，擷其菁華，繕爲《薈要》，其篇式一如《全書》之例，蓋彼極其博，此取其精，不相妨而適相助。〔註10〕

根據學者的推測，清高宗在編纂《四庫全書》時，「深怕日後或不得躬觀《四庫全書》蕆工，於是便有濃縮《四庫全書》的構想，將浩如淵海的全書中，

〔註8〕 參見【宋】張邦基《墨莊漫錄》（《文淵閣四庫全書》冊864，臺北：臺灣商務印書館，1983年6月），卷1，頁5。

〔註9〕 參見《總目·墨莊漫錄提要》（臺北：臺灣商務印書館，2001年6月），卷121，頁3-620。

〔註10〕 清高宗上諭，參見江慶柏整理：《四庫全書薈要總目提要》（北京：人民文學出版社，2009年11月），頁79。

擷取菁華之書，先繕成一部小型全書，命名爲《薈要》」〔註11〕，《薈要》有提要四百六十四篇，由於纂修的時間大抵較《四庫全書》爲早，所以提要的完成日期也先於《四庫全書》各種提要〔註12〕，然《薈要》提要在詩文評類僅有一種《文心雕龍》，其他部類也不見詩話書籍，對本文論題而言，《薈要》無法提供較多的參考資料。

三、聚珍本

「武英殿」到底是什麼樣的機構？「武英殿聚珍本」又是怎麼樣的書籍？根據吳哲夫的說法：「清朝康熙初年，設武英殿造辦處，負責清室內府一切刊印出版書籍的工作。雍正七年（1729），改造辦處之名爲修書處。以後，終有清一代，凡御定、御製、御選、御編等圖書的編印出版，幾乎都是由武英殿修書處負責」〔註13〕，清高宗在輯校《永樂大典》時，曾經下令將輯校成果的部分付梓刊印，乾隆三十八年二月十一日上諭：

> 添派王際華、裘日修爲總裁官，即令同遴簡分校各員，悉心酌定條
> 例，將《永樂大典》詳悉校核，除本係現在通行及雖屬古書而詞義
> 無關典要者，不必再行採錄外，其實在流傳已少，其書足資啓牖後
> 學、廣益多聞者，即將書名摘出，撮取著書大旨，敘列目錄進呈，
> 俟朕裁定，彙付剞劂。（《總目》，卷首一，頁1-3）

此後陸續置辦了刊刻書籍的各種人力、物力，其後共出版一百三十八種書籍，除了初刻四種之外，其餘一百三十四種以木活字排印，高宗以「活字」名稱不雅，改稱「聚珍」，乾隆三十九年四月二十五日上諭：「武英殿現辦《四庫全書》之活字版，著名爲『武英殿聚珍版』」〔註14〕，乾隆四十二年，福建翻刻《武英殿聚珍版書》一百二十三種，道光、同治、光緒時期，又陸續增至一百四十八種，光緒二十五年，廣州廣雅書局又重刊福建本，改題爲《武英殿聚珍版全書》。

〔註11〕吳哲夫：《四庫全書薈要纂修考》（臺北：國立故宮博物院，1976年12月），頁3。

〔註12〕吳哲夫：《四庫全書薈要纂修考》（臺北：國立故宮博物院，1976年12月），頁68。

〔註13〕吳哲夫：《四庫全書纂修之研究》（臺北：國立故宮博物院，1990年6月），頁67。

〔註14〕參見中國第一歷史檔案館編：《纂修四庫全書檔案‧上冊》（上海：上海古籍出版社，1997年7月），頁204。

這一套叢書時常出現與《總目》混淆的狀況，蓋《總目》在臺灣商務出版社刊印之時，題名為《武英殿本四庫全書總目提要》，同為「武英殿」，加上《總目》刊刻的時間極晚，「自始至終傳播管道不易，總是局於一隅，鎖在深閨人未識，學界徒知其名，乃至誤傳為『聚珍本』（活字排印本）」〔註15〕，其實二者大不相同。《聚珍本》收錄三本與詩話相關的作品，是為張戒（？～1158前後）《歲寒堂詩話》、黃徹（？～1162前後）《䂬溪詩話》、周密（1232～1298）《浩然齋雅談》，其中張氏與黃氏的著作是十足的詩話，但周氏的作品三卷之中僅有上卷為詩話，以最嚴格的標準看來，周氏的著作只有部分合格，然對於本論題而言，這三本著作在聚珍本的提要，仍具有參考價值。

四、簡明目錄

《四庫全書簡明目錄》是乾隆三十九年七月二十五日，內閣奉上諭所編製的：

> 至現辦《四庫全書總目提要》，多至萬餘種，卷帙甚繁，將其抄刻成
> 書，繙閱已頗為不易，自應於提要之外，另列《簡明書目》一編，
> 祇載某書若干卷，註某朝某人撰，則篇目不煩而檢查較易。俾學者
> 由書目而尋提要，由提要而得全書，嘉與海內之士，考鏡源流，用
> 彰我朝文治之盛。〔註16〕

一如文中所言，《簡明目錄》的編纂，旨在方便讀者尋檢，目錄的功能大於提要的功能，由《簡目》而尋《總目》，由《總目》而得全書，這是《簡目》的編纂動因〔註17〕，然而此書在編成之後，稍稍偏離了當時編纂的動因，除了注錄書籍卷數、簡介作者之外，還說明了書籍的大旨與版本，甚至作品的風格。例如歐陽修（1007～1072）《六一詩話》，《簡目》指出：

> 宋歐陽修撰，詩話莫盛于宋，其傳于世者以修此編為最古，其以論
> 文為主，而兼記本事，諸家詩話之體例，亦肇於是編。〔註18〕

〔註15〕崔富章：〈四庫提要諸本分析——以《四庫全書總目》本為優〉（《文獻季刊》2012年7月第3期），頁11註1。

〔註16〕中國第一歷史檔案館編：《纂修四庫全書檔案·上》（上海：上海古籍出版社，1997年7月），頁229。

〔註17〕司馬朝軍：《《四庫全書總目》研究》（北京：社會科學文獻出版社，2004年12月），頁117。

〔註18〕【清】永瑢、紀昀：《欽定四庫全書簡明目錄》（臺北：臺灣商務印書館，1983

文中簡短記載此書為詩話之發靷，與《總目》或《庫本》較為詳細的文字內容有很大的不同，試看《總目・六一詩話提要》：

> 宋歐陽脩撰。脩有《詩本義》，已著錄。是書前有自題一行，稱退居汝陰時，集之以資閒談。蓋熙寧四年致仕以後所作，越一歲而脩卒，其晚年最後之筆也。陳師道《後山詩話》謂脩不喜杜甫詩；葉夢得《石林詩話》謂脩力矯西崑體，而此編載論〈蔡都尉詩〉一條，〈劉子儀詩〉一條，殊不盡然。毛晉後跋所辨亦公論也。其中如「風暖鳥聲碎，日高花影重」一聯，今見杜荀鶴《唐風集》，而脩乃作周朴詩。魏泰作《臨漢隱居詩話》，訛其謬誤。然考宋吳聿《觀林詩話》曰：「杜荀鶴詩句鄙惡。世所傳《唐風集》首篇『風暖鳥聲碎、日高花影重』者，余甚疑不類荀鶴語。他日觀唐人小說，見此詩乃周朴所作。而歐陽文忠公亦云爾，蓋借此引編，以行於世矣」云云。然則此詩一作周朴，實有根據，脩不誤也。惟九僧之名頓遺其八，司馬光《續詩話》乃為補之，是則記憶偶疎耳。（頁 5-220）

這段提要可分為四個部分來看，一是說明詩話的作意，二是辯解陳師道（1053～1101）與葉夢得（1077～1148）對歐公的敘述，三是引吳聿說證明歐陽脩記周朴詩為是，四是提出詩話中遺漏八僧之名。第二部分之中「陳師道《後山詩話》謂脩不喜杜甫詩」，是指《後山詩話》載有「歐陽永叔不好杜詩，蘇子瞻不好司馬《史記》，余每與黃魯直怪嘆以為異事」[註19]一則；提要中說到「葉夢得《石林詩話》謂脩力矯西崑體」，是指《石林詩話》記載歐公初期詩歌以力矯西崑體之弊，故平易疏暢，但後人學歐詩失於快直，不知歐詩的好處是字字相對又婉麗雄勝，是西崑體詩人所不及。[註20] 四庫館

年 6 月），頁 379。

[註19] 參見【宋】陳師道：《後山詩話》（收於《宋詩話全編》冊二，南京：江蘇古籍出版社，1988 年），頁 1016。

[註20] 葉夢得：「歐陽文忠公詩始矯崑體，專以氣格為主，故其言多平易疏暢，律詩意所到處，雖語有不倫，亦不復問。而學之者往往遂失於快直，傾囷倒廩，無復餘地。然公詩好處豈專在此？如〈崇徽公主手痕詩〉：『玉顏自昔為身累，肉食何人與國謀。』此自是兩段大議論，而抑揚曲折，發見於七字之中，婉麗雄勝，字字不失相對，雖崑體之工者，亦未易比。言意所會，要當如是，乃為至到。」【宋】葉夢得：《石林詩話》（收於《宋詩話全編》冊三，南京：江蘇古籍出版社，1988 年），頁 2688～2689。

臣舉《六一詩話》中〈蔡都尉詩〉一則〔註21〕，想證明歐陽脩並不是不喜歡杜詩，引〈劉子儀詩〉一則〔註22〕，則是想表示歐公對西崑體也不排斥，並總結二說，認爲毛晉〈六一詩話跋〉提出歐公不喜杜詩和力排西崑體，都是後人穿鑿附會之說〔註23〕，乃是最公允的見解。第三部分所引詩句，載於杜荀鶴《唐風集》卷一，名爲〈春宮怨〉，此詩在《六一詩話》中記爲周朴的詩〔註24〕，魏泰（？）在《臨漢隱居詩話》中提出辨正〔註25〕，但館臣再引吳聿（？）《觀林詩話》〔註26〕，證實此詩確爲周朴詩，歐陽脩所言

〔註21〕【宋】歐陽脩：《六一詩話》：陳舍人從易，當時文方盛之際，獨以醇儒古學見稱。其詩多類白樂天，蓋自楊、劉唱和，《西崑集》行，後進學者爭效之。風雅一變，謂「西崑體」，繇是唐賢諸詩集幾廢而不行。陳公時偶得《杜集》舊本，文多脫誤，至〈送蔡都尉詩〉云：「身輕一鳥」，其下脫一字。陳公因與數客各用一字補之，或云「疾」，或云「落」，或云「起」，或云「下」，莫能定。其後得一善本，乃是「身輕一鳥過」，陳公歎服，以爲「雖一字，諸君亦不能到也。」（收入《宋詩話全編》冊1，南京：江蘇出版社，1988年），頁213。

〔註22〕【宋】歐陽脩：《六一詩話》：楊大年與錢、劉數公唱和，自《西崑集》出，時人爭效之，詩體一變，而先生老輩患其多用故事，至於語僻難曉，殊不知自是學者之弊。如子儀〈新蟬〉云：「風來玉宇烏先轉，露下金莖鶴未知」。雖用故事，何害爲佳句也。又如「峭帆橫渡官橋柳，疊鼓驚飛海岸鷗」。其不用故事，又豈不佳乎？蓋其雄文博學，筆力有餘，故無施而不可，非如前世號詩人者，區區於風雲草木之類，爲許洞所困者也。（收入《宋詩話全編》冊1，南京：江蘇出版社，1988年），頁217。

〔註23〕【明】毛晉：〈六一詩話跋〉：「或云君士不喜杜少陵詩，今讀其陳舍人云云，雖一字歎人莫能到，其仰止何如耶？或又云鬨西崑體，亦未必然，大率說詩者之是非，多不符作者之意。」（收於《四庫全書》冊1478，臺北：臺灣商務印書館，1983年6月），頁262。

〔註24〕【宋】歐陽脩：《六一詩話》：「唐之晚年，詩人無復李、杜豪放之格，然亦務以精意相高。如周朴者，構思尤艱，每有所得，必極其雕琢，故時人稱朴詩『月鍜季煉』。未及成篇，已播人口，其名重當時如此，而今不復傳矣。余少時猶見其集，其句有云：『風暖鳥聲碎，日高花影重』。又云『曉來山鳥鬧，雨過杏花稀』，誠佳句也。」（收入《宋詩話全編》冊1，南京：江蘇出版社，1988年），頁214。

〔註25〕【宋】魏泰：《臨漢隱居詩話》：「歐陽文忠公作詩話，稱周朴之詩曰：『風暖鳥聲碎，日高花影重。』以爲佳句，此乃杜荀鶴之句，非朴也。」（收入《宋詩話全編》冊2，南京：江蘇出版社，1988年），頁1212。

〔註26〕【宋】吳聿：《觀林詩話》：「杜荀鶴詩句鄙惡，世所傳《唐風集》首篇『風煖鳥聲碎，日高花影重』者，余甚疑不類荀鶴語，他日觀唐人小說，見此詩乃周朴所作，而歐陽文忠公亦云爾。蓋借此引編，已行於世矣。」（收入《宋詩話全編》冊3，南京：江蘇出版社，1988年），頁2735。

屬實。第四部分是指《六一詩話》言:「國朝浮圖以詩名於世者九人,故時有集號九僧詩,今不復傳矣。余少時聞人多稱,其一曰惠崇,餘八人者忘其名字也」〔註27〕,館臣記九僧之名在司馬光(1019~1086)《續詩話》已有補述。〔註28〕

　　相較於《簡目》,《總目》更明晰地指出書籍寫作的緣起,並且辯證許許多多對此書的批評,補述《六一詩話》的不足,可以看出《簡目》與《總目》的分別,即為「簡」、「繁」二種表述方式,然研究者指出,《簡目》與《總目》二者在分類體系和思想主旨上是一脈相承的,《總目》中存在許多問題必需糾謬、補闕、釐正,例如上述《六一詩話》的提要,四庫館臣順著毛晉的跋語,引詩話中「蔡都尉」、「劉子儀詩」二則,辯證歐公不喜杜甫和力矯西崑體是錯誤的,但細究詩話的原句,「蔡都尉詩」那一則,其實是在說詩句鍊字的重要性,文中的「嘆服」與讚美之辭,是歐陽脩記載陳從易(?~1031)的言語,並不能表現出歐陽喜歡或不喜歡杜詩;至於「劉子儀詩」那一則,歐陽脩指出楊億(974~1020)、劉筠(971~1031)等人西崑體前輩,詩句不論用典與否,都能意新語工,但後學之輩堆砌典故而造成語僻難瞭,殊不可取,可見歐陽脩不是反西崑體,但重視矯正西崑末流之弊,雖不若葉夢得所說「力矯」西崑,那麼樣的嚴重,但正視其弊,並行文疾呼改正,毛晉所謂的「未必然」與館臣所說的「不盡然」,實有商議的空間。相形之下,這些問題很少發生在《簡目》之中,蓋《簡目》文字短捷,反而善於藏拙〔註29〕,這是使用《簡目》的優點,但言簡,必定意賅,若要對書籍有更深刻的了解,還是細讀《總目》,並澄清《總目》文字的謬誤,才是最正確的方式。

　　《總目》著錄的詩話作品幾乎也都存在於《簡目》之中,用《簡目》當做這些詩話的前理解是恰當的,但《總目》後出,而且詳盡,有更多的文字敘述了四庫館臣的想法看法,這一個面向,則是《簡目》遠遠不及的。

〔註27〕【宋】歐陽脩:《六一詩話》:(收入《宋詩話全編》冊1,南京:江蘇出版社,1988年),頁213。

〔註28〕【宋】司馬光《續詩話》:「所謂九詩僧者:劍南希晝、金華保暹、南越文兆、天台行肇、沃州簡長、貴城惟鳳、淮南惠崇、江南宇昭、峨眉懷古也。」

〔註29〕司馬朝軍:《《四庫全書總目》研究》(北京:社會科學文獻出版社,2004年12月),頁123。

五、庫本提要

　　乾隆四十六年（1781）十二月，《四庫全書》第一部分竣工，高宗命謄抄四份，分別貯藏於大內（紫禁城文華殿後的文淵閣）、盛京（瀋陽文溯閣）、御花園（圓明園文源閣）及避暑山莊（熱河文津閣），次年，高宗又令續四閣之後，再錄三部，貯藏於揚州大觀堂之文匯閣、鎮江金山寺之文宗閣、杭州聖因寺之文瀾閣，故前者稱北四閣，後者爲南三閣。〔註30〕

　　七閣四庫全書成書的時間和收藏的地點都不相同，內謄錄人員的方式也有差異，所以發生冊數不一、裝訂差異、鈐記互殊、版本校勘有別等等不同，二百餘年來，七閣四庫的命運亦大不同，《文淵閣四庫全書》在 1933 年爲避日軍而運放至上海，其後又運至南京，再轉運四川，最後政府遷台，珍藏於士林國立故宮博物院，1983 年臺灣商務影印出版。《文溯閣四庫全書》於 1900 年沙俄侵占東北三省時丟失部分，。1914 年運回北京，1925 年運回瀋陽，數次轉徙，丟失更爲嚴重，1926 年東北地方政府組識補鈔，將缺卷、殘卷按《文淵閣四庫全書》本抄寫，最後保存於甘肅省圖書館。《文源閣四庫全書》於 1860 年燬於英法聯軍的炮火。《文津閣四庫全書》保存完好。《文宗閣四庫全書》、《文匯閣四庫全書》毀於太平軍，《文瀾閣四庫全書》也僅存殘本，歷經補綴力圖恢復，現存於浙江圖書館。〔註31〕

　　各閣庫本在每一種書之前，都載有一篇提要，是爲庫本提要，既然文源、文宗、文匯三閣全毀，《庫本》提要僅存文淵、文溯、文津、文瀾四閣。因爲各閣《四庫全書》完成的時間不同，各閣的庫本提要內容也不盡相同，根據前人的研究，文淵閣庫本提要與《總目》相近，應該較其他庫本加工更多的作品，而《總目》則在文淵閣庫本提要之上再次刪潤增補，二者之間約有三分之一的提要內容有動工修改的痕跡；文溯閣提要則是最簡略、單薄的庫本提要，其價值無法與《總目》相比，究其因，應是文溯閣遠在瀋陽故宮，「其作用只爲皇遊幸時御覽，因成書時間倉促，故經辦大臣簡省了事，多以原館

〔註30〕　參見吳哲夫：《四庫全書篡修之研究》（臺北：國立故宮博物院，1990 年 6 月），頁 135～137。

〔註31〕　以上參照吳哲夫：《四庫全書篡修之研究》（臺北：國立故宮博物院，1990 年 6 月），頁 158～160；黃愛平：《四庫全書篡修研究》（北京：中國人民大學出版社，2001 年 2 月），第十章「《四庫全書的歷史變遷》，頁 254～267。有關文瀾閣的敘述，尚可參見顧志興：《文瀾閣與四庫全書》（杭州：杭州出版社，2004 年 10 月）

臣所撰提要初稿，稍加條理，隨書抄錄而成」〔註32〕；有學者曾言文津閣本
的體例類於《簡目》，較爲簡單〔註33〕，然而就詩話作品的提要而言，文津本
並不比《總目》簡明；江南三閣，文瀾獨存，文瀾閣幾經戰火，原抄本提要
僅存二十七卷，幾經補抄而有今天的面貌，其中的提要在毀壞和重建的過程
中，對於當初四庫館臣的想法，是保存還是遺失，尚待觀察。這些庫本提要
與《總目》相較，或繁或簡，或書名卷帙的記載不一，種種的相異暗示了《總
目》漫長的修繕旅程。

　　庫本和《總目》是《四庫全書》提要系列中最主要的載體，庫本是根據
《總目》抄寫而成的，但書前提要抄成在前，《總目》定稿刊刻在後〔註34〕，
中間相距十餘年之多，那十幾年之間，紀昀等人又經過了許多的修改增刪，
庫本與《總目》有明顯的不同，例如乾隆曾下令撤出周亮工的著作，《總目》
及其他庫本應該一致地做出更換改寫的動作，但文津閣本卻殘留著改而未盡
的痕跡〔註35〕，相同的情況，在文淵閣本也曾經發生，由《紀曉嵐刪定《四
庫全書總目》稿本》可以發現，「全閩詩話」一則，其中原句爲：「而郭璞地
識，尚引周亮工書影之説，辨其出於依託，頗爲謹嚴」，紀氏改爲：「而郭璞
地識，尚以其全作七言律體，辨其出於依託，頗爲謹嚴」（《紀稿》，頁642），
此處文津閣本、浙本、《總目》均已刪改，然文淵閣仍依舊句。由以上的論述
可知，《總目》後出轉精，致有《總目》優於庫本的結論〔註36〕，最適於當做
本文的底本，參校其他相關提要進行研究。

第二節　紀曉嵐刪定《四庫全書總目》稿本

　　紀昀（1724～1805），字曉嵐，乾隆十九年（1754）進士，任翰林院編修，

〔註32〕陳曉華：《「四庫總目學」史研究》（北京師範大學古籍所博士論文，2004 年 4
　　　　月），頁 23。
〔註33〕崔富章：〈四庫提要諸本分析──以《四庫全書總目》本爲優〉（《文獻季刊》
　　　　2012 年 7 月第 3 期），頁 9。
〔註34〕黃愛平：《四庫全書纂修研究》（北京：中國人民大學出版社，2001 年 2 月），
　　　　頁 320。
〔註35〕參見商務印書館編輯部：〈出版説明〉（《文津閣四庫全書提要匯編》，北京：
　　　　商務印書館 2006 年），頁 2。
〔註36〕崔富章：〈四庫提要諸本分析──以《四庫全書總目》本爲優〉（《文獻季刊》
　　　　2012 年 7 月第 3 期），頁 3。

三十八年（1773）為《四庫全書》總纂官，書成遷都察院左都御史，累官禮部尚書加太子少保，卒諡文達。〔註37〕他的時代正逢中國思想文化的樞紐期，也是一個特別的文化熟落時代，規模宏大的《四庫全書》做為文化熟落的標誌〔註38〕，編成於紀曉嵐之手，引起無數學者追問，探討這部書表現了什麼樣的、文化熟落的思想標的。

《總目》的纂修，有分纂官撰寫和總纂官修定等不同的階段，擔任總纂官有紀昀、陸錫熊（1734～1792）、孫士毅（1720～1796）等人，但孫士毅任職短暫，陸錫熊入館較晚又早逝，所以自《總目》編成之後，學者多傾向將總纂的功勞歸諸於紀昀〔註39〕，但也有部分學者主張《總目》表現的是清高宗的思想，並且浸染了當代的學術的體現，然後經由四庫館臣共同書寫完整表述，經由這個思路，那麼整部《總目》的功過不應該由紀昀一個人單獨承攬。〔註40〕如果我們追究《總目》所有細部的議論，當然不可確知是否為紀氏一人的想法，但紀氏身為總纂官，詳閱《總目》每個環節，縱然某些說法並不是紀昀所提出的，但也一定經過紀氏認可，才能存在於《總目》，學者也指出：「《總目》整體的思想與觀點確乎足以代表他個人的學識見解」。〔註41〕然而各版本之間的差異，甚至曾經引起學者懷疑：紀昀是否真正修定《總目》，如昌彼得：

> 我曾取武英殿本與浙江本、廣雅本互勘，發現其間有很大的差異，不僅提要的內容，就是卷首的上諭，纂修銜名也不盡相同，但勘不透其緣故，只是懷疑通行的《四庫總目》並不一定是紀昀所纂定的。

〔註37〕 朱彭壽原著、朱鰲、宋苓珠整理：《清代大學士部院大臣總督巡撫全錄》（北京：國家圖書館，2010 年 8 月），頁 88。

〔註38〕 周積明：《紀昀評傳》（南京：南京大學出版社，1994 年），頁 2～3。其中指出：「一位被稱為「一代文宗」的大學者面對浩瀚典籍，發出了由衷的嘆息……這正是一種文化熟落時代的特定文化心理。穿越千載時空奔騰不息的中國古典文化在十八世紀終於臨近了它的「穴結」。所有的形式與內容都已趨於成熟、豐盈、完備。」

〔註39〕 周積明曾統整這些說法，可參見《紀昀評傳》（南京：南京大學出版社，1994年），頁 70～73。王鵬凱加以補強相關的說法，見於〈紀昀撰《四庫全書總目》說之論析〉（《東海大學圖書館館訊》，2009 年 10 月），頁 46。

〔註40〕 王鵬凱：〈紀昀《四庫全書總目》說之論析〉（《東海大學圖書館館訊》，2009年 10 月），頁 70。

〔註41〕 車行健：〈紀昀與「四庫全書總目」的關係〉（《歷史月刊》127 期，1998 年 8月），頁 122。

〔註42〕
日前北京國家圖書館出版的《紀曉嵐刪定《四庫全書總目》稿本》（以下簡稱
《紀稿》），解決了許多學者對於紀昀是否修定《總目》的疑問：

> 保存了較多紀曉嵐刪改潤色的筆迹，對於尋覓紀曉嵐刪改提要之蹤
> 迹，對研究《總目》提要的撰寫情況，對研究《四庫全書》的編纂
> 過程，以及紀曉嵐的學術思想，都具有重要的學術價值。〔註43〕

紀曉嵐墨筆刪定的稿本，每半葉九行，行二十一字，四周雙邊，朱絲欄，單
魚尾，共計七十卷，這部《總目》殘存的稿本有二個特點：書頁裁割貼補、
正文校改刪削，已有學者依筆迹審查，確定出自紀昀之手。以往，學界對於
《四庫全書總目》帶有許多的臆測，例如認爲四庫館臣是分類進行總結性的
修纂，由戴震主審經部、邵晉涵主史部、紀昀主集部云云……這些推論和臆
測在《紀稿》出版之後，已經可以做出終結，各種「庫本」、「浙本」與武英
殿本《總目》比對之後仍然存在差異，應當是刊刻抄錄的時間早晚不同，其
後的修改增刪並沒有做出詳細的徹換與更動所導致的，所以我們可以得出一
個結論，即武英殿本《總目》是最後完稿的《總目》，而「紀稿」，則標示了
紀昀刪定殿本《總目》的痕跡。

紀昀對《總目》刪改修定的幅度有多大？其增減的準則是什麼？還需要
細查《紀稿》慢慢釐清。對於本論題而言，最迫切的觀察，就是紀氏如何對
待詩話作品，他所認定的詩話內容、形式和詩話分類的依據，是否可以經由
《紀稿》完整呈現？這便是本節的爬梳的重點。

一、改 字

根據現行《紀曉嵐刪定《四庫全書》稿本》進行觀察，紀氏在這份稿件
上所做的更動其實並不多，根據各種分纂稿、文津本、文淵本等等追究，《紀
稿》已經是很成熟、很接近殿本《總目》的文件，並不是最初審訂的稿件。
就詩話的提要看來，它有可能是最後審訂的稿件，因爲經過修改後的文字，
均與《總目》一致。

〔註42〕昌彼得：〈「四庫學」的展望〉（收入《兩岸四庫學》，臺北：臺灣學生書局，
　　　　1998 年 9 月），頁 V。
〔註43〕李國慶：〈出版說明〉（收於《紀曉嵐刪定《四庫全書總目》稿本》，北京：國
　　　　家圖書館，2011 年 3 月），頁 1。

從整個修訂的內容來看，紀氏最常做的事情便是改字，諸如將「〈中經篇〉」改爲「〈宗經篇〉」〔註44〕、「刑天無干戚」改爲「刑天舞干戚」〔註45〕、「已著綠」改爲「已著錄」〔註46〕，這些都是很顯而易見的錯字，其他所有的相關提要都沒有同樣的錯字，不知是稿本傳抄的失誤，還是紀氏更正後也同時更新抽換了相關提要的錯誤。然另有一則，紀昀將「實於談藝有『裨』」改爲「實於談藝有『裨』」〔註47〕，「裨」是幫助的意思，比「裨」少了左邊偏旁的一點的「裨」，查無此字，所以紀昀在稿件上加了一點，改爲正確的「裨字」，《文津本》、《浙本》、《總目》也都刊刻正確的字〔註48〕，但《文淵本》卻沒有更正〔註49〕，留有與未改稿一樣錯誤的字體。「盡而不朽」改爲「盡而不汙」〔註50〕，也是一樣，《文津本》、《浙本》、《總目》也都刊刻正確的字〔註51〕，但「文淵本」並沒有更正。〔註52〕從這個理路來看，進行這個更動的時間有二種可能，一是「文淵本」已刊刻，「文津」、「浙本」尚未刊刻之時；一是三種提要均未刊刻，但「文淵本」遺漏了這個更動。詳細的分疏，留待更多的比對證成。

《紀稿·苕溪漁隱叢話》改「元任以閬休分門爲『未』然」爲「元任以閬休分門爲『不』然」〔註53〕，《文津本》無此句，而《文淵本》與《浙本》均刊刻了「未」字，而沒有用刪改後的「不」字〔註54〕，僅僅只有《武英殿本總目》更正爲「不然」，就提要整段文字詳加檢視：「元任以閬休分門爲不然。有湯巖起者，閬休鄉人，著《詩海遺珠》，又以元任爲不然」，這是在說爲阮閱（？）所編的《詩話總龜》收集了許多詩話作品，並且分有門類，例如卷一爲「聖製門」、卷二「達理門」、卷三「詩進門」……等等，胡仔（1110～1170）認爲阮閱所分的門類並不恰當，於是另編《苕溪漁隱叢話》，更新

〔註44〕 《紀稿·文心雕龍輯注提要》冊九，頁499。
〔註45〕 《紀稿·竹坡詩話提要》冊九，頁563。
〔註46〕 《紀稿·後村詩話提要》冊九，頁580。
〔註47〕 《紀稿·唐音癸籤提要》冊九，頁621。
〔註48〕 「實於談藝有裨」句，見《文津本》，頁1040；《浙本》，頁1793；《總目》，頁5-248。
〔註49〕 見《文淵本》，冊1482，頁519。
〔註50〕 《紀稿·誠齋詩話提要》，冊九，頁571
〔註51〕 「盡而不汙」句，見《文津本》，頁1021；《浙本》，頁1787；《總目》，頁5-235。
〔註52〕 見《文淵本》，冊1480，頁480。
〔註53〕 《紀稿·苕溪漁隱叢話提要》，冊九，頁566。
〔註54〕 見《文淵本》冊1480，頁56；《浙本》，頁1787。

了分門別類的方式，例如卷一是國風漢魏六朝上篇、卷二是國風漢魏六朝下篇、卷三是五柳先生上篇、卷四爲五柳先生下篇、卷五爲李謫仙……等等，其後阮閱的同鄉湯巖起又認爲胡仔分卷的類目不妥，另編《滄海遺珠》，今不傳。根據行文的脈胳和語意而言，「元任以閔休爲不然，湯巖起又以胡仔爲不然」二句是相對的，加上胡仔並不是覺得阮閱的分類未曾盡善，可以增補，而是完全推翻，所以稱之爲「不然」較爲妥當，故紀氏修「未」字爲「不」字，但可惜的是《文淵本》與《浙本》都未做改動。前文已經述及，《浙本》是乾隆五十九年集資，六十年刊行的版本，《武英殿本總目》則是在乾隆六十年十一月才刊出了樣本進呈乾隆御覽，《紀稿·漁隱叢話提要》這一個字的修正，極可能是浙本刊刻之後所更改的，但並不能論斷《紀稿》成書的時間點即爲乾隆五十九年以後，六十年十一月以前，還是需要更多、更詳細的搜證過程。

在《紀稿·全閩詩話》中，紀昀修正了一整句，將「郭璞地讖尙引周亮工書影之說」改爲「郭璞地讖尙以其全修七言律體」（《紀稿》，頁 642），是說《全閩詩話》中記載，郭璞《武夷志》寫到九曲溪頭有郭璞所題的讖詩，《全閩詩話》的作者鄭方坤提出質疑，寫到郭璞的時代爲晉，當時未見七言律體，這首讖詩應該是後人僞託，此事本載於周亮工書，所以四庫館臣考證認爲鄭方坤應是轉引，爾後乾隆查禁周亮工書，《總目》將所有關涉到周亮工的字句全部刪改，故紀昀將此句改寫，直敘七律不合郭璞的時代，定非郭璞所題。

四庫館臣書寫《六一詩話》、《風月堂詩話》、《觀林詩話》、《二老堂詩話》等詩話作品的提要時，均提及歐陽脩﹝註 55﹞，然原稿均做「脩」字，而紀昀全改爲「脩」爲「修」。根據毆陽公親筆的墨蹟和石刻之署名，實做「歐陽脩」，又歐陽公門生蘇軾也用「脩」字﹝註 56﹞，故現今學者多主張應爲「歐陽脩」，但也有學者考證發現，歐陽公有一印章，使用的是「修」字﹝註 57﹞，加上歐陽修字「永叔」，「永」字和「修」字的關係較爲密切，但「修」、「脩」通用，故歐陽公署名也常用「脩」字。但紀昀相當執著地將歐陽「脩」改正爲歐陽

﹝註 55﹞ 分見頁 510、537、554、569。

﹝註 56﹞ 蔡根祥：〈歐陽「修」？抑或歐陽「脩」〉（《中國學術年刊》第 29 期，2007 年 3 月），頁 43。

﹝註 57﹞ 蔡根祥：〈歐陽「修」？抑或歐陽「脩」〉（《中國學術年刊》第 29 期，2007 年 3 月），頁 76。

「修」，不知是受到印章的影響，亦或推敲歐陽修字永叔的字義關係，不得而知，但根據《紀稿》我們可以得知，歐陽「脩」與「修」之爭，在百年前的四庫館閣，已經發生。

二、增　補

《紀稿・草堂詩話提要》：「今皆不傳，惟見於《永樂大典》中，然冗雜無可採錄」改爲「今惟方道深書見於《永樂大典》中，餘皆不傳，然道深書瑣碎冗雜，無可採錄」〔註58〕，這段提要是說《宋史・藝文志》載方道醇有《集諸家老杜詩評》五卷、方銓有《續老杜詩評》五卷〔註59〕，陳振孫的《書錄解題》也記載方道深有《續集諸家老杜詩評》一卷、杜旃有《杜詩發揮》一卷〔註60〕，但都失傳了，只剩《永樂大典》載有方道深的書，但是瑣碎冗雜，不如《草堂詩話》詳贍。若是紀氏不補上「方道深書」、「餘皆不傳」等字眼，讀者容易誤以爲《永樂大典》收有方道醇、方銓有、方道深、杜旃等所有人的書，故紀氏詳加增訂補述，使文意更爲明晰。關於《草堂詩話》的提要，《文津本》、《文淵本》均作：

> 宋建安蔡夢弼撰。篇首題曰《名儒嘉話》，凡二百餘條，蓋夢弼曾著《杜工部草堂詩箋》，其本久佚，存者惟此而已。《宋史・藝文志》云：「方道醇《集諸家老杜詩評》五卷，方銓《續老杜詩評》五卷」，陳振孫《書錄解題》則云：「莆田方道深《集諸家老杜詩評》五卷續一卷，又載《杜詩發揮》一卷」，今書皆不傳，則此爲最舊矣。近代注杜詩者引夢弼詩話不過十餘則，未有能見此本者也。杜詩至宋而大行，故篇中皆宋人評語而取于《韻語陽秋》者尤多云。（《文津本》，頁 1026；《文淵本》冊 1481，頁 519）

《紀稿》、《浙本》與《總目》則作：

> 宋蔡夢弼撰。夢弼，建安人。其始末未詳。嘗著《杜工部草堂詩箋》及此書。今《詩箋》久佚，惟此書僅存，皆論說杜甫之詩。曰草堂者，甫客蜀時所居也。凡二百餘條，皆採自宋人詩話、語錄、文集、

〔註58〕《紀稿・草堂詩話提要》，頁 586。
〔註59〕【元】脫脫：《宋史・藝文志》（臺北：鼎文書局，1978 年 9 月），卷 209，頁
〔註60〕【宋】陳振孫：《直齋書錄解題》（收入《文淵閣四庫全書》冊 674，臺北：臺灣商務印書館，1983 年 6 月），卷 22，頁 903。

說部，而所取惟《韻語陽秋》爲多。《宋史・藝文志》載方道醇《集
諸家老杜詩評》五卷，方銓《續老杜詩評》五卷。陳振孫《書錄解
題》載莆田方道深《續集諸家老杜詩評》一卷，又載《杜詩發揮》
一卷。今惟方道深書見於《永樂大典》中，餘皆不傳。然道深書瑣
碎冗雜，無可採錄，不及此書之詳贍。近代註杜詩者，微引此書，
多者不過十餘則，皆似未見其全帙。此本爲吳縣惠棟所藏，蓋亦希
覯之笈矣。舊本與魯訔、趙子櫟所撰《杜工部年譜》合爲一冊，而
以魯訔一序冠於此書之前。蓋以篇中有王士禎跋語，先訔而後夢弼，
故編次從之。今魯、趙二譜別入傳記類中，故仍移訔序冠於譜前，
以復其舊，不更載於此書焉。（《紀稿》，頁 587〜589；《浙本》，頁
1789；《總目》，頁 5-238〜239）

按照內容的繁簡的程度，應是《紀稿》、《浙本》與《總目》這個系統較爲詳
細，《文津本》與《文淵本》二種庫本系統的提要，僅僅說明了《草堂詩話》
的優點在於保存了許多宋人詩話，但《紀稿》等三種提要則補述了版本的來
源，並且作出分類與編次的說明。

　　可惜美中不足的是，《紀稿》等三種提要犯了一個小小的錯誤，陳振孫
《書錄解題》所載方道深書，實爲「《集諸家老杜詩評》五卷續一卷」，也就
是方道深的書總共六卷，《文津本》、《文淵本》提要引述文字完全無誤，但
《紀稿》等三種提要卻錯題爲「《續集諸家老杜詩評》一卷」，不知是《紀稿》
之前繕修抄本的謄錄誤差，亦或四庫館臣在龐雜的纂稿過程中，習慣性令文
字更爲簡潔，無意間將不能簡省的書名卷數錯改，形成三種提要中白璧微瑕
的部分。從這個問題點來看，後出的提要也不是完美的，甚至在某些更動上，
反而是錯誤的，研究《總目》還是必需參酌相關提要，否則就得考證、還原
其中的引據，才能確定完整無誤。

　　其他關於詩話作品中提要文字的增補，諸如《紀稿・懷麓堂詩話》將「至
何既出」改爲「至何、李出」（頁 611），多了這個「李」字，方能辨析這段
話是說：在李夢陽（1473〜1530）、何景明（1483〜1521）還沒有出現之前，
明代文壇以李東陽爲首。另有一處出於《紀稿・師友詩傳錄》，原文「故〈孔
雀東南飛〉，樂府雜曲歌詞也，而本題曰〈古詩爲焦仲卿妻作〉。其序曰：『時
人傷之，詩云爾。』」紀氏將末句補爲「爲詩云爾」（頁 632），〈孔雀東南飛〉
一詩，收於郭茂倩《樂府詩集》，以〈焦仲卿妻〉詩題，題下有言：

〈焦仲卿妻〉不知誰氏之所作也，其序曰：「漢末建安中，廬江府小
吏焦仲卿妻劉氏，為仲卿母所遣，自誓不嫁，其家逼之，乃沒水而
死，仲卿聞之，亦自縊於庭樹，時人傷之而為此辭也。」〔註61〕

所以提要所引的序言，並沒有按照〈焦仲卿妻〉原序的文字，然按理而言，
紀氏加上了動詞「為」字，較為接近原序，也使得詞義比較明朗。

三、案語夾注

在紀氏總纂之前，四庫館臣就曾使用案語的方式，對提要中較深較需要
辨證的文字，進行再一次的解說，諸如《詩人玉屑》這本詩話，館臣提及「是
編前有淳祐引辰黃昇序」，在此句下夾注：「案：昇字，原本做易，蓋偶從篆
體，說在昇《花庵詞》條下」（頁 575），《總目·花菴詞選》就曾經提到，
當時翻刻的宋本，筆劃有類於「易」字，所以都做「易」，但檢視書序發現
姓名的小印是做「昇」字，大約是因為許慎《說文》有載昇字的篆體形似於
「易」，所以發生了辨識的謬誤，館臣因為在《花菴詞選》這本書已經提過
「昇」、「易」的問題，所以在《詩人玉屑》提及黃昇之處，以案語的形式雙
行夾注，告訴讀者參見前文較詳細的論述。

紀昀也使用案語夾注的方式，對提要進行更清晰的解說，例如《紀稿·
環溪詩話提要》：

《賓退錄》嘗駁之曰：「若以句中事物之多為工，則必皆如陳無己『椒
檜柟櫨楓柞樟』之句（案陳師道此句，實本之〈柏梁臺詩〉『枇杷橘
栗桃李梅』，非所自創。趙與峕不引漢詩而引此句，或以漢詩僅六物
歟？）而後可以獨步，雖杜子美亦不能專美。若以『乾坤日夜浮』
為滿天下句，則凡言天地、宇宙、四海者，皆足以當之矣。何謂無
也？張輔喜司馬子長五十萬言紀三千年事，張右丞喜杜子美一句談
五物，識趣正同」云云。（頁 559）

括弧中的文字，就是紀昀新添加的案語，紀氏在「之句」二字之後，補入此
段，並在此頁上方空白處注明「雙行小註於句下」。此段是說，吳沆盛讚杜甫，
認為杜詩一句可以包含五物，甚至囊括整個天地，趙氏不以為然，提出詩句
中包含多物，那麼陳師道詩句包含七物不就更好，四庫館臣認為趙氏的駁斥

〔註61〕【宋】郭茂倩：《樂府詩集》（收於《文淵閣四庫全書》冊 1347，臺北：臺灣
商務印書館，1983 年 6 月），卷 73，頁 625。

是正確的，杜詩的好處不是指一句包含了多少東西而論定。紀昀又加注了趙
氏的文字，認爲趙氏所言不差，但沒有注意陳師道的詩句可以推源於〈柏梁
臺詩〉，並非陳氏首創，若是要引證一句包含七物的詩句，應該直指〈柏梁臺
詩〉，不應推舉陳師道之句。

四、排　序

　　除了字句的勘定補全之外，紀曉嵐尚且注意到提要排序的問題，例如在
《草堂詩話》的提要之前，紀昀寫到：

　　　　一百九十五卷第四十八頁

　　　　草堂詩話二卷

　　　　竹庄詩話二十四卷

　　　　文章精義一卷

　　　　浩然齋雅談二卷

　　　　錄架檔序次　文章精義應寫在竹庄詩話之下（頁 587）

《紀稿》底本的順序爲〈草堂詩話提要〉（頁 587～589）、〈文章精義提要〉
（頁 589～591）、〈竹莊詩話提要〉（頁 591～593）、〈浩然齋雅談提要〉（頁
593～593），但紀氏更動了排序，將〈竹莊詩話提要〉提前置於〈文章精義
提要〉之前。《總目》對於排纂編次用力甚勤，前已述及，四庫館臣甚至在
詩話提要中，批評總集類型、叢書類型的詩話作品，在排序上應有一定的
規矩，此處紀昀補述的排序也顯示出對於排纂編次的注重。《草堂詩話》作
者蔡夢弼，生卒年不詳，書成於宋寧宗嘉泰（1201～1204）年間〔註62〕；《竹
莊詩話》作者何汶〔註63〕，生卒年不詳，書成於宋寧宗開禧二年（1206）

〔註62〕 參見郭紹虞：《宋詩話考》（臺北：學海出版社，1980 年 9 月），頁 98。

〔註63〕 《宋史藝文志》誤爲「何谿汶」，《總目》延用其誤，余嘉錫：元方回《桐江
集》卷七有〈竹莊備全詩話考〉云：「《竹莊備全詩話》二十七卷，開禧二年
丙寅處州人新德安府教授何汶所集也。第一卷載諸家詩話議論，第二十六、
二十七卷摘警句，中皆因諸家詩話為題，而載其全篇，不立己見已說，蓋已
經題之詩選也。〈木蘭〉詩（詩原誤許）、〈焦仲卿〉詩見《古樂府》，鄭愚
〈津陽門〉詩、劉乂（乂原誤義）〈冰柱〉、〈雪車〉詩，諸名輩大篇，膾炙人
口者俱在，可資話柄，亦似類書。乾淳以來鉅公詩則未有之。汶輩從澹等七
人登科，洋、淯同慶元丙辰榜。」今本首議論，末警句中錄名篇，與回所言
體例並合，實即一書，其卷數不同者，蓋後人於其中間有所合併耳。汶爲何
澹之輩從昆弟，澹字自然，處州龍泉人，《宋史》卷三百九十四有傳。其兄弟

〔註64〕；《文章精義》是論文之作，作者李耆卿，生卒年不詳，成書年代亦不詳，書中提及的《唐子西文錄》成書於紹興八年（1138），其他無一字提及元人元文，故成書年代應在南宋。《草堂詩話》、《竹莊詩話》、《文章精義》三書作者年代均不詳，前二書有精確的成書年代，故首先排序，《文章精義》為南宋作品，但精確的成書年代無可考，故置於其後，現今可見庫本、殿本《總目》均是正確的排序，但《浙本》的排版仍是《紀稿》底本錯誤的順序，將〈竹莊詩話提要〉置於〈文章精義提要〉之後，所以《紀稿》此處很可能是在《浙本》刊行後的再一次修正，紀昀在更正後，也抽換了庫本的相關提要。

《紀稿》中〈竹坡詩話提要〉甚為特殊，總共有二篇稿子，中間又夾一頁錯簡，第一篇稿件是非常簡略的提要，第二篇與《總目》文字相同，中間一頁，今出版頁次為561、562頁，文句無法協同前文，應是《紀稿‧環溪詩話提要》的舊稿，錯置於此間，紀昀在《竹坡詩話》的提要前面記下：

　　　一百九十五卷第三十五頁
　　　竹坡詩話一卷，宜抽出置在苕溪漁隱叢話前後集之後（頁562）

《紀稿》底本的順序為《竹坡詩話》、《漁隱叢話》、《文則》，也是與《浙本》相同，《總目》、文淵閣本、文津閣本則按紀昀的更動，做《漁隱叢話》、《竹坡詩話》、《文則》。《竹坡詩話》成書於高宗紹宗十二年（1142）前後〔註65〕，作者周紫芝（1082～1155）；《漁隱叢話》分為前後集，前集成書於宋高宗紹興十八年（1148），後集成於孝宗乾道三年（1167）〔註66〕，作者胡仔（1110～1170）；《文則》成書年代無可考，作者陳騤（1128～1203）。三書相較，周紫芝《竹坡詩話》不論在作者生卒年、成書時間，均較《漁隱叢話》為早，應排為第一，而《文則》作者年代晚於另二書，故排於最末，紀昀的調整不知所為何來。

紀昀在〈金石要例提要〉的前面寫下：

　　　唐音癸籤三十卷
　　　歷代詩話八十卷

皆單名，從水，《藝文志》題為何谿汶者，誤也。（疑谿為汶之別號，脫去一字）。《四庫提要辨證》（昆明：雲南人民出版社，2004年10月），頁1355。
〔註64〕 參見郭紹虞：《宋詩話考》（臺北：學海出版社，1980年9月），頁99。
〔註65〕 參見郭紹虞：《宋詩話考》（臺北：學海出版社，1980年9月），頁71。
〔註66〕 參見郭紹虞：《宋詩話考》（臺北：學海出版社，1980年9月），頁81。

> 金石要例一卷
>
> 漁洋詩話
>
> 依架檔次序　歷代詩話八十卷應抽置在唐音癸籤之後　金石要例之
>
> 前（頁623）

依《紀稿》底本的順序爲〈唐音癸籤提要〉、〈金石要例提要〉、〈歷代詩話提要〉〈漁洋詩話提要〉，第三度與《浙本》相同，《總目》、文淵閣本、文津閣本則按紀昀的更動，將〈歷代詩話提要〉、〈金石要例提要〉次序對調。胡震亨（1569～1645）《唐音癸籤》，黃宗羲（1610～1695）《金石要例》，吳景旭（1611～1695）《歷代詩話》，王士禎〔註67〕（1634～1711）《漁洋詩話》，四書的成書時間沒有很精確的記載，按作者生卒年來看，原本的排序是正確的，但紀昀又不知爲何將黃書與吳書的提要對調，巧的是，紀昀更動了三處的排序，《浙本》全部都沒有更動，而庫本、《總目》則展現更動後的結果。

　　由上述事例可知紀昀擔任《四庫全書》的總纂官，所要注意的事情，並不只是文字的修繕而矣，在體例上也要相當用心，經過這些紀氏更動的痕迹可知，《總目》對於提要的排序，也是一再更動，所以相關提要也有不同的排序。

第三節　《總目》提要

　　《總目》分爲二個系統，一是浙本系統，一是武英殿本，粵本又翻刻浙本，二者的相距僅僅是刻工與刊刻時間的誤差而矣。而《武英殿文淵閣四庫全書總目》是由乾隆下旨，交由武英殿刊刻出版。二個系統的提要雖然在刊刻的方式和刊印的時間不同，但相較於其他版本而言，二者的詩話提要內容非常相似。

一、浙本系統

　　乾隆五十九年（1794），浙江人籌集民間資本，希望能出版《四庫全書總目》，乾隆六十年（1795）刊出了第一個刻本，即爲「浙本」，阮元《揅經室》載有〈浙江刻四庫全書提要跋〉：

〔註67〕【清】王士禎，爲避清世宗胤禛名諱，改爲王士禎，本文一律使用避諱前的原名，特此說明，其後不另註出。

欽惟我皇上稽古右文,恩教稠疊。乾隆四十七年,《四庫全書》告成,特命如内廷四閣所藏,繕寫全冊,建三閣於江、浙兩省。諭士子願讀中秘書者,就閣傳寫,所以嘉惠藝林,恩至渥,教至周也。《四庫》卷秩繁多,嗜古者未及遍覽,而《提要》一書,實備載時、地、姓名及作書大旨,承學之士,鈔錄尤勤,毫楮叢集,求者不給。乾隆五十九年,浙江署布政使司臣謝啓昆、署按察使司臣秦瀛、都轉鹽運使司臣阿林保等,請於巡撫兼署鹽政吉慶,恭發文瀾閣藏本校刊,以惠士人。貢生沈青、鮑士恭等,咸願輸資,鳩工集事,以廣流傳。六十年,工竣。學政臣阮元,本奉命直文淵閣事,又籍隸揚州。揚州大觀堂所建閣曰文匯,在鎮江金山者曰文宗,每見江、淮人士瞻閱二閣,感恩被教,忻幸難名。茲復奉命視學兩浙,得仰瞻文瀾閣於杭州之西湖,而是書適刊成。士林傳播,家有一編,由此得以津逮全書,廣所未見,文治涵濡,歡騰海宇,豈有既歟!臣是以敬述東南學人歡忻感激之忱,識於簡末,以仰頌皇上教化之恩於萬一云爾。〔註68〕

浙本的刊刻,是在太平軍入杭(1861)之前,裒集文瀾閣提要刊印的,各閣提要,是根據總纂官修改後的《總目》抄寫而成的,二者「分之則散弁諸編,合之則共爲《總目》」〔註69〕,浙本的刊印,趕在戰火未興之前,保存了《總目》的原貌,將書籍化身千萬。

同治七年(1868)廣東書局翻刻浙本,名爲「粵本」,光緒十四年(1888)上海漱六山莊、光緒二十年(1894)上海點石齋先後翻印粵本,宣統二年(19140)上海存古齋、民國十五年(1926)上海東方圖書館、大東書局等先後石印浙本。此後,浙本這個系統一直翻印流傳至今。

浙本系統的詩話提要與殿本《總目》幾無二致,儘儘多一字少一字的區別而矣,只有〈歲寒堂詩話提要〉中有一處,浙本系統的詩話提要比起殿本《總目》多了一整句「獨杜甫立言爲得體」。

二、武英殿本《總目》

早在《四庫全書》徵收書籍、校訂考證的工作尚未完工,清高宗就下旨

〔註68〕【清】阮元:《揅經室二集》卷八(收於《續修四庫全書》1479冊,上海:上海古籍出版社,2002年),頁169~170。

〔註69〕《總目‧凡例》,卷首,頁1~36。

準備《總目》刊印事宜，乾隆四十一年九月三十日上諭：

> 前經降旨，令將《四庫全書總目》及各書提要，編刊頒行。所有諸
> 書校訂各籤，並著該總裁等另為編次，與總目、提要、一體付聚珍
> 排刊流傳。既不虛諸臣校勘之勤，而海內承學者，得以由此研尋。
> 〔註70〕

自此以後承辦官員也留心刊印，乾隆六十年十一月十六日的一封摺子，說明
了準備工作的進度：

> 臣曹文埴謹奏，為刊刻《四庫全書總目》竣工，敬謹刷印裝潢，恭
> 呈御覽事。竊臣於乾隆五十一年奏請刊刻《四庫全書總目》，仰蒙俞
> 允，並繕寫式樣，呈覽在案。續因紀昀等奉旨查辦四閣之書，其中
> 提要有須更改之處，是以停工未刻。今經紀昀將底本校勘完竣，隨
> 加緊刊刻畢工。謹刷印裝潢陳設書二十部，備賞書八十部，每部計
> 十六函，共一千六百函，恭呈御覽。其版片八千二百七十八塊，現
> 交武英殿收貯。再紀昀知會臣於書刊成之日，刷印四部，分貯四閣，
> 茲一併印就，請飭交武英殿總裁照式裝潢，送四閣分貯。查是書便
> 於繙閱，欲得之人自多，亦應聽武英殿總裁照向辦官書之例，集工
> 刷印，發交京城各書坊領售，俾得家有此書，以仰副我皇上嘉惠藝
> 林之至意。住祈睿鑒。謹奏。〔註71〕

從這件奏文可以發現，乾隆諭令辦理《總目》刊行之事，一直馬不停蹄的進
行，但中間發生一些變故，而有所延宕，照時間和曹文埴行文推論，應是乾
隆下旨抽換或改寫部分作家著作之類的事件，待紀昀查辦完工，又加緊動
工，得一千六百函進呈御覽。對於這份奏摺，乾隆的硃批只有三個字：「知
道了」，不知是否因為乾隆回應態度的冷淡，其後發交京城各書坊領售的事
情，完全沒有發生，幸而紀昀似是有先見之明，通知曹埴將《總目》加印四
份，分送四閣，此舉也在日後烽火漫天的年代保存了《總目》，不至失傳。

　　藏於文溯閣的《總目》由故宮撥付天津圖書館館藏，殘存一百四十三卷。
文淵閣收藏的《總目》下落不明。文津閣收藏的《總目》，體例特殊，類於
《簡目》，但又有存目，學者認為有可能是乾隆御令編纂的《簡明總目》。文
瀾閣《總目》的原鈔本殘存二十七卷。而武英殿本《總目》，無疑是學術水

〔註70〕《纂修四庫全書檔案》，頁537～538。
〔註71〕《纂修四庫全書檔案》，頁2374～2375。

準最高的提要，因爲它修訂最久，刊印最晚，在浙本印行之後還在持續修訂，所以可說是提要中最爲成熟的作品，不過，成熟的作品，也表示在政治意圖上更爲明顯，「凡是跟禁毀圖書或被封殺人物有染的，統統刪除淨盡，而浙本《總目》，尚有漏網」〔註72〕，紀昀等人持續不斷的修訂，確實使武英殿本《總目》在形式和內容上更臻完美，經過比對各種修繕的痕跡，不難發現《總目》隱含了太多的政治考量。用做本題的底本，參酌各版本之間的差異，可以觀察從介紹詩話的文字中，四庫館臣運用什麼樣的框架，規範出對詩話作品的要求。

第三節　《總目》提要

《總目》分爲二個系統，一是浙本系統，一是武英殿本，粵本又翻刻浙本，二者的相距僅僅是刻工與刊刻時間的誤差而矣。而《武英殿文淵閣四庫全書總目》是由乾隆下旨，交由武英殿刊刻出版。二個系統的提要雖然在刊刻的方式和刊印的時間不同，但相較於其他版本而言，二者的詩話提要內容非常相似。

一、浙本系統

乾隆五十九年（1794），浙江人籌集民間資本，希望能出版《四庫全書總目》，乾隆六十年（1795）刊出了第一個刻本，即爲「浙本」，阮元《揅經室》載有〈浙江刻四庫全書提要跋〉：

> 欽惟我皇上稽古右文，恩教稠疊。乾隆四十七年，《四庫全書》告成，特命如內廷四閣所藏，繕寫全冊，建三閣於江、浙兩省。諭士子願讀中秘書者，就閣傳寫，所以嘉惠藝林，恩至渥，教至周也。《四庫》卷秩繁多，嗜古者未及遍覽，而《提要》一書，實備載時、地、姓名及作書大旨，承學之士，鈔錄尤勤，毫楮叢集，求者不給。乾隆五十九年，浙江署布政使司臣謝啓昆、署按察使司臣秦瀛、都轉鹽運使司臣阿林保等，請於巡撫兼署鹽政吉慶，恭發文瀾閣藏本校刊，以惠士人。貢生沈青、鮑士恭等，咸願輸資，鳩工集事，以

〔註72〕崔富章：〈四庫提要諸本分析——以《四庫全書總目》本爲優〉（《文獻季刊》2012 年 7 月第 3 期），頁 12。

廣流傳。六十年，工竣。學政臣阮元，本奉命直文淵閣事，又籍隸
揚州。揚州大觀堂所建閣曰文匯，在鎮江金山者曰文宗，每見江、
淮人士瞻閱二閣，感恩被教，忻幸難名。茲復奉命視學兩浙，得仰
瞻文瀾閣於杭州之西湖，而是書適刊成。士林傳播，家有一編，由
此得以津逮全書，廣所未見，文治涵濡，歡騰海宇，豈有既歟！臣
是以敬述東南學人歡忻感激之忱，識於簡末，以仰頌皇上教化之恩
於萬一云爾。〔註73〕

浙本的刊刻，是在太平軍入杭（1861）之前，裒集文瀾閣提要刊印的，各閣
提要，是根據總纂官修改後的《總目》抄寫而成的，二者「分之則散弁諸編，
合之則共為《總目》」〔註74〕，浙本的刊印，趕在戰火未興之前，保存了《總目》
目》的原貌，將書籍化身千萬。

同治七年（1868）廣東書局翻刻浙本，名為「粵本」，光緒十四年（1888）
上海漱六山莊、光緒二十年（1894）上海點石齋先後翻印粵本，宣統二年
（19140）上海存古齋、民國十五年（1926）上海東方圖書館、大東書局等
先後石印浙本。此後，浙本這個系統一直翻印流傳至今。

浙本系統的詩話提要與殿本《總目》幾無二致，儘儘多一字少一字的區
別而矣，只有〈歲寒堂詩話提要〉中有一處，浙本系統的詩話提要比起殿本
《總目》多了一整句「獨杜甫立言為得體」。

二、武英殿本《總目》

早在《四庫全書》徵收書籍、校訂考證的工作尚未完工，清高宗就下旨
準備《總目》刊印事宜，乾隆四十一年九月三十日上諭：

前經降旨，令將《四庫全書總目》及各書提要，編刊頒行。所有諸
書校訂各簽，並著該總裁等另為編次，與總目、提要、一體付聚珍
排刊流傳。既不虛諸臣校勘之勤，而海內承學者，得以由此研尋。

〔註75〕

自此以後承辦官員也留心刊印，乾隆六十年十一月十六日的一封摺子，說明

〔註73〕 【清】阮元：《揅經室二集》卷八（收於《續修四庫全書》1479冊，上海：上
海古籍出版社，2002年），頁169～170。
〔註74〕 《總目・凡例》，卷首，頁1～36。
〔註75〕 《纂修四庫全書檔案》，頁537～538。

了準備工作的進度：

> 臣曹文埴謹奏，爲刊刻《四庫全書總目》竣工，敬謹刷印裝潢，恭
> 呈御覽事。竊臣於乾隆五十一年奏請刊刻《四庫全書總目》，仰蒙俞
> 允，並繕寫式樣，呈覽在案。嗣因紀昀等奉旨查辦四閣之書，其中
> 提要有須更改之處，是以停工未刻。今經紀昀將底本校勘完竣，隨
> 加緊刊刻畢工。謹刷印裝潢陳設書二十部，備賞書八十部，每部計
> 十六函，共一千六百函，恭呈御覽。其版片八千二百七十八塊，現
> 交武英殿收貯。再紀昀知會臣於書刊成之日，刷印四部，分貯四閣，
> 茲一併印就，請飭交武英殿總裁照式裝潢，送四閣分貯。查是書便
> 於繙閱，欲得之人自多，亦應聽武英殿總裁照向辦官書之例，集工
> 刷印，發交京城各書坊領售，俾得家有此書，以仰副我皇上嘉惠藝
> 林之至意。住祈睿鑒。謹奏。〔註76〕

從這件奏文可以發現，乾隆諭令辦理《總目》刊行之事，一直馬不停蹄的進
行，但中間發生一些變故，而有所延宕，照時間和曹文埴行文推論，應是乾
隆下旨抽換或改寫部分作家著作之類的事件，待紀昀查辦完工，又加緊動
工，得一千六百函進呈御覽。對於這份奏摺，乾隆的硃批只有三個字：「知
道了」，不知是否因爲乾隆回應態度的冷淡，其後發交京城各書坊領售的事
情，完全沒有發生，幸而紀昀似是有先見之明，通知曹埴將《總目》加印四
份，分送四閣，此舉也在日後烽火漫天的年代保存了《總目》，不至失傳。

　　藏於文溯閣的《總目》由故宮撥付天津圖書館館藏，殘存一百四十三卷。
文淵閣收藏的《總目》下落不明。文津閣收藏的《總目》，體例特殊，類於
《簡目》，但又有存目，學者認爲有可能是乾隆御令編纂的《簡明總目》。文
瀾閣《總目》的原鈔本殘存二十七卷。而武英殿本《總目》，無疑是學術水
準最高的提要，因爲它修訂最久，刊印最晚，在浙本印行之後還在持續修訂，
所以可說是提要中最爲成熟的作品，不過，成熟的作品，也表示在政治意圖
上更爲明顯，「凡是跟禁毀圖書或被封殺人物有染的，統統刪除淨盡，而浙
本《總目》，尚有漏網」〔註77〕，紀昀等人持續不斷的修訂，確實使武英殿
本《總目》在形式和內容上更臻完美，經過比對各種修繕的痕跡，不難發現

〔註76〕《纂修四庫全書檔案》，頁2374～2375。
〔註77〕崔富章：〈四庫提要諸本分析──以《四庫全書總目》本爲優〉（《文獻季刊》
　　　　2012年7月第3期），頁12。

《總目》隱含了太多的政治考量。用做本題的底本，參酌各版本之間的差異，可以觀察從介紹詩話的文字中，四庫館臣運用什麼樣的框架，規範出對詩話作品的要求。

第參章　《總目》對詩話內容的評價及標準

　　從《詩經》開始，詩歌一直在中國古典文學的舞臺上扮演重要的角色，誠如蔡鎮楚所說：「中國，素有「詩國」之譽。幾千年的古代文明史，從某種意義上來說，就是一部詩歌發展的歷史」〔註1〕，根源於詩歌的勃發，論述詩歌的專著應運而生，自歐陽修（1007～1072）撰寫《六一詩話》，首創「詩話」一體，中國論詩之作，開始有了專屬的文體名稱。張葆全：「詩話是一種漫話詩壇軼事、品評詩人詩作、談論詩歌作法、探討詩歌源流的著作。它是在詩歌高度繁榮的基礎上產生的」〔註2〕，從張氏這段文字中，可以看見今人是如何看待詩話應有的內容，而這些內容不論是記事、品評、談論或探討，都含有一個最大的前提，就是與詩歌相關。蔡鎮楚說：

　　　　詩話之體不僅植根於詩歌國度的土壤之中，孕育於古典詩論和筆記
　　　　小說的母體之內，而且也是中國古代文學評論專門化的產物，是「宋
　　　　人言詩」的豐碩之果，是歐陽修及其文學集團努力奮鬥的必然結果。

〔註3〕

自古至今，許多研究者與詩話的作者，都曾經對詩話的內容加以定義，然而，詳閱這些論述將會發現，其中的界義有寬有窄，莫衷一是。經由歷代的詩話叢書來看，選輯的宗旨、時代風氣和個人興趣，都會影響詩話專著收錄的原

〔註1〕　蔡鎮楚：《中國詩話史》（長沙：湖南文藝出版社，1988年5月），頁1。
〔註2〕　張葆全：《詩話和詞話》（臺北：萬卷樓圖書有限公司，1984年1月），頁1。
〔註3〕　蔡鎮楚：《中國詩話史》（長沙：湖南文藝出版社，1988年5月），頁38。

則〔註4〕，那麼「詩話」一體，究竟應該如何定義？詩話在內容上應該具備哪些特點？

　　自宋代開始，名爲「詩話」的作品，在內容上多出現龐雜的取向。而四庫館臣在辨析這些複雜的作品時，也同時透露出詩話內容的期待，他們敷設出一套標準，進一步檢視詩話的內容，並給予價值的分判。最標準的詩話作品，館臣多將其歸類於《總目》的詩文評類，按《總目·詩文評類序》：

> 文章莫盛於兩漢。渾渾灝灝，文成法立，無格律之可拘。建安、黃初，體裁漸備，故論文之說出焉，《典論》其首也。其勒爲一書，傳於今者，則斷自劉勰、鍾嶸。勰究文體之源流，而評其工拙；嶸第作者之甲乙，而溯厥師承，爲例各殊。至皎然《詩式》，備陳法律；孟棨《本事詩》，旁採故實；劉攽《中山詩話》、歐陽修《六一詩話》，又體兼說部。後所論者，不出此五例中矣。〔註5〕

四庫館臣將詩文評的寫作按照歷史進程分爲五種，其中詩話一類具備「體兼說部」的特性，蓋詩話隨筆記事，在內容上與小說的特性相近。館臣在提要之中一再申述他們所認爲最適合的詩話內容，這不僅僅是對文體標準的嚴格規範，也展現了修定叢書背後某些意圖的隱喻。

　　對於上述二個問題，四庫館臣又能給予什麼樣的答案？這是本文亟欲釐清的問題，故本章首先整理歷代言說詩話內容的沿革，其次爬梳《總目》所認可的詩話內容，展示四庫館臣對於詩話內容的期待，並比較《總目》與前後研究者的異同。

第一節　「詩」與「話」的結合

　　歐陽修《六一詩話》是首創詩話體的作品，後人因爲歐陽修此書的內容與「詩話」的題名，加上卷首所言「集以資閑談」作意，確定了詩話一體的內容必須與「詩」相涉，並有可資閑談的「話」。自此以後，「與詩相涉」成爲詩話最基本的指標。但詩話經常因爲「以資閑談」的閑散態度，而溢出了

〔註4〕郭紹虞：《清詩話·前言》（上海：上海古籍出版社，1999年6月），頁2。
〔註5〕【清】永瑢、紀昀等：《四庫全書總目提要》（臺北：臺灣商務印書館，2001年2月，初版2刷），〈詩文評類·序〉，頁5-215左下。本文所引此書，均據此版本，爲行文簡潔，其後引用，簡稱《總目》，並且僅在文末註明卷期、頁數，不另註出版本。

這個規格，四庫館臣也不厭其煩地檢視詩話中與「詩」無涉的內容，並且在提要之中詳細地標舉，從館臣這些舉動可以看出，《總目》對於詩話這個文體最基本的看法就是「詩」與「話」的結合。

一、有話無詩

　　按照前述各朝各代對於詩話規範，「記述詩人軼事」也是重要的內容之一，但《總目》認為，單純記載詩人軼事，大大乖違詩話應有的內容，詩話若參雜有「與詩無涉」的條文，《總目》往往加以抨擊。諸如〈續詩話提要〉：「惟梅堯臣病死一條，與詩無涉，乃載之此書，則不可解」〔註6〕，《續詩話》記載梅堯臣死前，面容光澤特甚，沈遘戲指韓欽勝的臉色，一如梅氏去世前的情狀，韓欽勝隨後病歿，司馬光指責沈氏的玩笑，認為沈氏的說法與「戲殺」無異〔註7〕，此事確與詩歌渺不相涉，但梅堯臣是宋代著名的詩人，此則若以寬鬆的的態度看待，可歸屬於詩人軼事，前已述及，在劉德重、張寅彭的著述中，「論詩及事」的內容中，即有「詩人軼事」，但四庫館臣在提要中批評：

> 惟梅堯臣病死一條，與詩無涉，乃載之此書，則不可解。考光別有
> 《涑水記聞》一書，載當時雜事。豈二書並修，偶以欲筆於彼冊者
> 誤筆於此冊歟？（《總目》，卷一九五，頁 5-221）

「與詩無涉」卻存在於詩話之中，被認為是「不可解」，可見得四庫館臣對詩話的規範中，詩話內容若是包含詩人軼事，那也必需有詩句做為骨架。雖然館臣在提要中為溫公說解，表示司馬光可能因為同時撰寫《涑水記聞》一書，所以無意之中將筆記類的內容，誤植於詩話之中，但提要的敘述，很明顯表示溫公此則文字，在四庫館臣的看法中，隸屬於筆記。

　　《紫微詩話》是宋代呂本中（1084～1145）的詩話作品，該書曾載：

> 余舊藏秦少游上正憲公投卷，張文潛題其後云：「余見少游投卷多
> 矣，〈黃樓賦〉、〈哀鑄鐘文〉，卷卷有之，豈其得意之文歟？少游平
> 生為文不多，而一一精好可傳，在嶺外亦時為文。此卷是投正憲公
> 者，今藏居仁處。居仁好其文，出以示余，覽之令人愴恨。時大觀

〔註6〕 《總目・續詩話提要》，卷一九五，詩文評類，頁 5-221 右上。
〔註7〕 【宋】司馬光：《續詩話》（收入【清】何文煥：《歷代詩話》，臺北：藝文印書館，1991 年 9 月），頁 163 左上～右下。

改元二月也。」〔註8〕

此條記載閱覽的一篇文章，而後爲呂本中（1084～1145）珍藏秦觀（1049～1100）進呈呂公著（1018～1089）的一些文章，文末有張耒（1054～1114）的題文，敘述張氏在呂本中居處看見秦觀的文章，有感而發，認爲秦觀文章不多但篇篇精采。四庫館臣認爲這樣的記事，完全和詩作無關，雖然呂本中、秦觀、張耒等人都是詩人，而此則可屬於「詩人軼事」，但是此條並非立定在詩歌的前題敘述，故〈紫微詩話提要〉：「秦觀〈黃樓賦〉諸條，頗及雜文」〔註9〕，說明所記之事，並不符合詩話的規範。

王士禛（1634～1711）是清代著名的詩人，其「神韻說」倡「不著一字，盡得風流」，引發廣大的迴響，有《漁洋詩話》傳世，四庫館臣云此書：

> 名爲詩話，實兼說部之體，如記其兄士祐論焦竑字，徐潮論蟹價，汪琬跋其兄弟尺牘，冶源馮氏別業，天竺二僧詬誶，劉體仁倩人代畫，諸事皆與詩渺不相關。雖宋人詩話往往如是，終爲曼衍旁文，有乖體例。〔註10〕

四庫館臣詳給舉證書中與「詩」完全無關的數則，說明此書雖名爲詩話，但有部分內容有話而無詩，雖然宋人詩話也有部分作品有這樣的毛病，但終究乖違了詩話這個文體應有的內容。

《總目·優古堂詩話提要》指出九則有話無詩的文字〔註11〕，其中「蓬生麻中」一條，在辨別荀卿「蓬生麻中」等語，出自曾子〔註12〕；「蓄不吠之犬」一條（頁275～276），說明東坡〈上神宗書〉的文字典故出於《北史》；「韓退之全用《列子》文」一條（頁280），考證退之〈褉說〉一文全用《列子》典故；「韓退之學文而及道」一條（頁294），記韓愈晚年寫了許多文章頗有心得，程頤（1033～1107）認爲爲學本是修德，有德然後有言，但韓愈次序反而是顛倒了；「定命論」一條（頁295），指出胡百能（？）的〈跋邵德升分定錄〉源出顧愷之（344～405）〈命定論〉；「富鄭公之言出於元璹」

〔註8〕【宋】呂本中：《紫微詩話》（收入【清】何文煥：《歷代詩話》，臺北：藝文印書館，1991年9月），頁217左下～218右上。

〔註9〕《總目·紫微詩話提要》，卷一九五，詩文評類，頁5-224右下。

〔註10〕《總目·漁洋詩話提要》，卷一九五，詩文評類，頁5-249。

〔註11〕《總目·優古堂詩話提要》，卷一九五，詩文評類，頁5-223左上～右下。

〔註12〕【宋】吳开：《優古堂詩話》（收於丁福保：《續歷代詩話·上》，臺北：藝文印書館，1983年6月），頁275。其後所引《優古堂詩話》，皆據此版本，故僅在文末註出頁數，不另作註。

一條（頁 297～298），記東坡為富弼（1004～1083）所寫的神道碑有南北通好等敘述，但南北通好之語實出於鄭元儔（？～646）；「寧人負我無我負人」一條（頁 299），記曹操（155～220）有「寧我負人，毋人負我」之語，羅仇（？）改之曰：「寧使人負我，我不忍負人」；「手滑」一條（頁 268～269），記吳开（？）讀《資治通鑑》始知「手滑」典故；「應聲蟲」（頁 272～273）一條，記宋代陳正敏（？）《遯齋閑覽》載應聲蟲的解說，此說在唐代張鷟（658～730）《朝野僉載》已有記載。上述九則全部與詩無涉，所以四庫館臣云：

> 其中蓬生麻中……皆兼論雜文，不專詩話。又手滑一條，應聲蟲一條，更詩文皆不相涉。蓋詩話中兼及雜事，自劉攽、歐陽修等已然矣。（《總目》，卷一九五，頁 5-223）

《總目》歷數吳开《優古堂詩話》中「有話無詩」的段落，提出此書摻雜了這些文字之後「不專詩話」，可見在四庫館臣的心中，詩話這個文體，還是要「與詩相涉」是比較妥當的，文末所言「詩話中兼及雜事」自劉攽、歐陽修起，劉攽《中山詩話》全書六十六條，與詩無涉者五條，但歐陽修《六一詩話》全書二十八條均與詩有關，館臣曾言「北宋詩話惟歐陽修、司馬光及攽三家，號為最古」〔註13〕，《六一詩話》全與詩相涉，司馬光《續詩話》誤植梅堯臣病死一則，可能館臣此處誤將司馬光寫做歐陽修。

二、無事之詩

「有事而無詩」，在四庫館臣而言，是不被允許的。然而，「與詩相涉」的規則，也不能建立於單純記詩的方式上，《總目》對於沒有記事，只記詩歌是無法容忍的，僅有「詩」而無「話」、「有詩而無事」，同樣不是詩話作品純正的內容，而是有類於「總集」式的收錄。清代厲鶚（1692～1752）《宋詩紀事》一百卷，錄宋詩作者三千八百一十二家，各係以小傳，以作者繫詩、又以詩繫事，但書中竟出現「無事之詩」，諸如宋徽宗〈題修竹士女圖〉、〈題芭蕉士女圖〉之類，僅僅記錄了詩句，而沒有任何文字敘述此詩有關的「話」，故館臣書寫〈宋詩紀事提要〉：「鶚此書裒輯詩話，亦紀事為名，而多收無事之詩，全如總集：涉無詩之事，竟類說家，未免失於斷限」〔註14〕，指出《宋

〔註13〕《總目·中山詩話提要》，卷一九五，頁 5-221。
〔註14〕《總目·宋詩紀事提要》，卷一九六，詩文評類，頁 5-252。

詩紀事》濫收了無事之詩、無詩之事，沒有為詩話的內容做出把關的動作。

　　宋計有功（？）編《唐詩紀事》錄唐一代詩人之詩篇，並記其本事，兼詳其世系爵里，凡一千一百五十家，以作者繫詩，以詩繫詩話，而佚詩附錄其後，有詩而無話，諸如《唐詩紀事》卷三記「張文恭」：

> 〈七夕〉詩云：「鳳律驚秋氣，龍梭靜夜機。星橋百枝動，雲路七香飛。映月迴雕扇，凌霞曳綺衣。含情向華幄，流態入重闈。歡餘夕漏盡，怨結曉驂歸。誰念分河漢，還憶兩心違。」文恭，貞觀時人，與房玄齡、辛丘馭、李懷儼、趙弘智、劉胤之、陽仁卿、上官儀、李淳風等同修《晉書》，名為御撰。〔註15〕

文中錄張文恭詩作，但有詩無話，末段記載張文恭生平事蹟。厲鶚循《唐詩紀事》之例，編《宋詩紀事》，也出現了無事之詩，但四庫館臣卻沒有在〈唐詩紀事提要〉之中，寫出「以紀事為名，而多收無事之詩，全如總集」之類的評述，卻在〈宋詩紀事提要〉批評厲鶚「失之斷限」，這也是《總目》令人費解之處。

第二節　考　證

　　對於詩話作品，四庫館臣最是注意書中關於詩句的考證，〈後村詩話提要〉：「新集六卷，則詳論唐人之詩，皆採摘菁華，品題優劣，往往連錄全篇，較他家詩話兼涉考證者，為例稍殊，蓋用《唐詩紀事》之例」〔註16〕，前已述及計有功（？）《唐詩紀事》以作者繫詩，以詩繫事，劉克莊（1187～1269）的《後村詩話》分「前集」、「後集」、「續集」、「新集」四個部分，其中「新集」六卷多將唐人之詩連篇收錄，例如《後村詩話新集》卷一〈陳拾遺〉：

> 〈感遇〉詩云：「微月生西海，幽陽始代昇。圓光正東滿，陰魄已朝凝。太極生天地，三元更廢興。至精諒斯在，三五誰能徵。」又云：「蘭若生春夏，芊蔚何青青。幽獨空林色，朱蕤冒紫莖。遲遲白日晚，嫋嫋秋風生。歲華盡搖落，芳意竟何成。」……又云：「仲尼探元化，幽鴻順陽和。大運自盈縮，春秋遞來過。盲飆忽號怒，萬物相紛劘。溟海皆震蕩，孤鳳其如何。編詩自唐人，有「李杜泛浩浩，

〔註15〕【唐】計有功《唐詩紀事》（收入吳文治主編：《宋詩話全編》冊五，南京：江蘇古籍出版社，1998 年），頁 4466。

〔註16〕《總目·後村詩話提要》，卷一九五，詩文評類，頁 5-236。

> 韓柳摩蒼蒼」之句。余既以此四君子冠篇首，然以輩行歲月較之，
> 則陳拾遺在四君子之上。〈感遇〉之作，雖朱文公命世大儒，亦凜然
> 起敬。昔摘數聯，今全錄于此。〔註17〕

劉克莊從〈感遇〉詩開始，一連引錄三十六首唐代陳子昂（661～702）的詩
作，末段指出陳子昂較李杜韓柳更早，故冠於卷首。這一系列的連篇引錄與
結語，都沒有任何關於「考證」的文字，四庫館臣指出這種方式在詩話這個
文體中，是很罕見的，應該是根據《唐詩紀事》「以人繫詩」的前例，也就是
說，在四庫館臣的概念中，詩話除了少數特例之外，都包括考證的內容。

一、實證引述

　　考證的精粗是《總目》彰顯詩話優劣的重心，諸如吳可《藏海詩話》，
其中一則云：「曉天赤如霞者謂之『陰淪』，見《爾雅》」〔註18〕，然而《爾
雅》之中，並沒有記載任何與「陰淪」相關的語詞，故《總目·藏海詩話提
要》指出：「訛『渝陰』為『陰淪』，併訛《廣雅》為《爾雅》，亦小有舛誤」
〔註19〕，是說吳可所謂「陰淪」一詞，應該是「渝陰」，見於《廣雅》：「朝
霞正陽渝陷陰沉」〔註20〕，吳可詩話中的記載，是為考證上的失誤。

　　四庫館臣力求詩話作品應該具備詳實的考證工夫，所以在提要的書寫之
中，館臣經常性的提出作品之中考據的事例，並且加以評析。有時指出詩話
作品考證的精到之處，諸如〈觀林詩話提要〉：「以《左傳》「小人之食」為「小
人之羹」諸條，皆足以資考證，在宋人詩話之中，亦可謂之佳本矣」〔註21〕，
這一段文字的論述，是根據吳聿《觀林詩話》：「東坡詩有『厭小人羹』者，
蓋用潁考叔之語：『小人有母，皆嘗小人之食矣，未嘗君之羹』，然初不云小
人羹也」，吳聿引述蘇詩〈三月二十日開園三首之一〉〔註22〕，指出語句的

〔註17〕【宋】劉克莊：《後村詩話》（收入吳文治主編：《宋詩話全編》冊八，南京：
　　　　江蘇古籍出版社，1998年），頁8461～8465。

〔註18〕【宋】吳可：《藏海詩話》（收入吳文治主編：《宋詩話全編》冊四，南京：江
　　　　蘇古籍出版社，1998年），頁5545。

〔註19〕《總目·藏海詩話提要》，卷一九五，詩文評類，頁5-226。

〔註20〕【魏】張楫：《廣雅》，（收於《文淵閣四庫全書》冊221，臺北：臺灣商務印
　　　　書館，1983年6月），卷九，頁221～459右下。

〔註21〕《總目·觀林詩話提要》，卷一九五，詩文評類，頁5-231右下。

〔註22〕【宋】蘇軾：〈三月二十日開園三首之一〉，全詩為：「雪髯霜鬢語儋儜，澹蕩
　　　　園林取次行。要識將軍不凡意，從來祇啜小人羹。」參見《東坡全集》（收入

典故出自於《左傳》隱公元年記穎考叔之語〔註23〕，然而《左傳》所記，並非使用「小人羹」三字，而蘇軾加以衍化，而形成詩句中的語辭。四庫館臣以這一類的論述爲例，肯定吳聿在考證上的貢獻，郭紹虞亦指出：「《四庫總目提要》於是書考證部分論述特詳，舉其長處，亦正其疵誤，評斷甚允。蓋當時撰提要者，多偏於考據，故極爲中肯」〔註24〕，四庫館臣用一千多字書寫〈觀林詩話提要〉，並且詳細舉出書中相關於考證的事例，引據了「小人之羹」等總共十六條的文獻〔註25〕，說明此書「足以資考證」的價值。《總目》特別注重在詩話的考證內容，可以以此書爲代表。

二、直下斷語

除了讚美和糾謬考證事例之外，《總目》有時也採取直接用下斷語的方式，總結論述其人其書的考證功力，諸如《中山詩話・提要》，雖有少數考證失誤的例子，但館臣云：「放在元祐諸人之中，學問最有根柢，其考證論議，可取者多，究非江湖末派鉤棘字句、以空談說詩者比也」〔註26〕，將劉攽學問紮實，詩話之中考證可取的特點，輕輕點明，並於宋季的江湖詩派做對比，提高劉攽考證論議的價值。又《二老堂詩話・提要》：「必大學問博洽，又熟於掌故，故所論多主於考證」〔註27〕，此說並非針對書中的字句，論述考證的得失，而是描寫周必大（1126～1204）學問和特長，指出其詩話偏於考證的性質。

《文淵閣四庫全書》冊 1107～1108，臺北：商務印書館，1983 年），卷二二，頁 1107-324 左下～1107-325 右上。

〔註23〕【晉】杜預注、【唐】孔穎達疏：《春秋左傳正義》（臺北：藝文印書館，2001年12月，《十三經注疏》本），卷二，頁37右下。

〔註24〕郭紹虞：《宋詩話考》（臺北：學海出版社，1980年9月），頁72。

〔註25〕是爲：引郭義恭《廣志》證陸龜蒙詩「蕙炷」字，引尉遲樞《南楚新聞》證僧詩氈根字，引《隋書・禮志》證古詩「長跪問故夫」句，引許慎《說文》證衣亦可名不借，不獨草屨，引《南史・邱仲孚傳》，證唐詩半夜鐘，引《宋書》證吳融誤用虞嘯事，引《世說新語》庾亮事證著屐登樓，引元結自序證歐陽修、黃庭堅誤讀笭箵字，引潘岳《西征賦》證晁錯之錯可讀七各切，引江淹《雜擬》詩證《東觀奏記》誤稱沈約，引顧愔《新羅圖記》證松五粒非五鬛，引《歌錄》，證《殷芸小說》誤解蜻蛚，引《西京雜記》駁賀鑄詞誤用玉硯生冰，以及駁蘇軾誤以白居易〈除夜詩〉爲〈寒食詩〉，以長桑君爲倉公，以《左傳》「小人之食」爲「小人之羹」共十六則。

〔註26〕《總目・中山詩話提要》，卷一九五，詩文評類，頁5-221右下。

〔註27〕《總目・二老堂詩話提要》，卷一九五，頁5-234左下。

三、中性評價

　　詩話經常互相轉載，有時轉載他書而不加註明，往往無法分辨孰先孰後，對此，四庫館臣採取比較保守的方式，言說詩話中的考證，例如：館臣述陳師道（1053～1101）《後山詩話》：「其解杜甫〈同谷歌〉之黃獨；〈百舌〉詩之讒人；解韋應物詩之新橘三百；駁蘇軾〈戲馬臺詩〉之玉鉤、白鶴，亦間有考證」（頁5-222），「黃獨」一則，是指《後山詩話》言：

> 老杜云：「長鑱長鑱白木柄，我生託子以爲命。黃獨無苗山雪盛，短衣數挽不掩脛。」往時儒者不解黃獨義，改爲黃精，學者承之。以余考之，蓋黃獨是也。《本草》赭魁注：「黃獨，肉白皮黃，巴、漢人蒸食之，江東謂之土芋。」余求之江西，謂之土卵，煮食之類芋魁云。〔註28〕

文中所言杜詩是爲〈乾元中寓居同谷縣作歌〉〔註29〕，詩句的意思是，與白木柄的長鑱相依爲命，大雪掩蓋了黃獨的幼苗，衣短無法遮蔽小腿，充份顯示飢寒交迫的處境。許多杜詩的注本均將詩句中的「黃獨」改爲「黃精」〔註30〕，陳師道認爲應是「黃獨」，陳氏所讀的《本草》恐怕沒有流傳至今，但李時珍《本草綱目》赭魁條保留了相同的注解：「乃土卵也，土卵不堪藥用，梁漢人蒸食之，名黃獨，非赭魁也」〔註31〕，陳師道指出，以往學者無法解釋詩中「黃獨」的意思，故改爲「黃精」，案：「黃精」爲中藥名，有補肝明目的功能，需九蒸九晒始能入藥〔註32〕，按照詩義，杜甫應是出尋「黃獨」，而非「黃精」，因爲黃獨可以蒸食充飢，黃精需經過繁複的手續始能入藥服用，況雪日難以曝晒黃精，故陳師道的說法是正確的。四庫館臣也認可這一則考證。

〔註28〕 【宋】陳師道：《後山詩話》（收入吳文治主編：《宋詩話全編》冊二，南京：江蘇古籍出版社，1988年），頁1024。

〔註29〕 【唐】杜甫著、【宋】郭知達編：《九家集注杜詩》（收入《欽定文淵閣四庫全書》冊1068，臺北：臺灣商務印書館，1983年6月），卷6，頁109。

〔註30〕 諸如【唐】杜甫撰、【宋】蔡夢弼編：《集千家注杜工部詩集》（收入《欽定文淵閣四庫全書》冊1069，臺北：臺灣商務印書館，1983年6月），卷6；【唐】杜甫撰、【宋】黃希原編：《補注杜詩》（收入《欽定文淵閣四庫全書》冊1069，臺北：臺灣商務印書館，1983年6月），卷6，頁148。

〔註31〕 【明】李時珍：《本草綱目》（收入《欽定文淵閣四庫全書》冊773，臺北：臺灣商務印書館，1983年6月），卷18下，頁355。

〔註32〕 【明】李時珍：《本草綱目》（收入《欽定文淵閣四庫全書》冊772，臺北：臺灣商務印書館，1983年6月），卷4上，頁483。

「百舌」一則，也是《後山詩話》之中，關於杜詩詩句的考證，原文如下：

> 余讀《周官・月令》云：「反舌有聲，佞人在側。」乃解老杜〈百舌〉：
> 「過時如發口，君側有讒人」之句。〔註33〕

杜詩〈百舌〉：「百舌來何處，重重秖報春，知音兼眾語，整翮豈多身。花密藏難見，枝高聽轉新，過時如發口，君側有讒人」〔註34〕，這首詩藉物托諷，以百舌鳥比喻好進讒言的小人，敘述百舌鳥聒噪報春，一鳥之鳴，彷彿眾鳥喧嘩一般，隱匿在枝椏處發聲，末二句話鋒一轉，指出小人就像百舌鳥一樣在君側鼓噪。陳師道指出，讀到《禮記・月令》，始知杜詩的典故，蓋〈月令〉言：「小暑至，螳螂生，鵙始鳴，反舌無聲」，孔穎達（574～648）疏：「反舌鳥春始鳴，至五月稍止，其聲數轉，故名反舌」〔註35〕，反舌鳥春天有聲而夏天無聲，正如杜詩中的敘述一樣，故陳師道指出〈百舌〉一詩的典故，實根源於〈月令〉，是完全正確的。

四庫館臣所謂「解韋應物詩之新橘三百」，是指《後山詩話》之中辯證韋應物（737～791）詩的一則，其文與前述吳曾詩話「奉橘三百」略同，但重點在考證「三百顆」出於〈奉橘帖〉：

> 韋蘇州詩云：「憐君臥病思新橘，試摘才酸亦未黃。書後欲題三百顆，洞庭須待滿林霜。」余往以為蓋用右軍帖中「贈子黃甘三百」者，比見右軍一帖云：「奉橘三百枚。霜未降，未可多得。」蘇州蓋取諸此。〔註36〕

文中所引韋應物詩為「答鄭騎曹青橘絕句」〔註37〕，陳師道初讀此詩，不知「三百顆」所從來，直到見王羲之（303～361）之〈奉橘帖〉〔註38〕，始

〔註33〕【宋】陳師道：《後山詩話》（收入吳文治主編：《宋詩話全編》第二冊，南京：江蘇古籍出版社，1988年），頁1024。

〔註34〕【唐】杜甫著、【宋】郭知達編：《九家集注杜詩》（收入《欽定文淵閣四庫全書》冊1068，臺北：臺灣商務印書館，1983年6月），卷25，頁

〔註35〕【漢】鄭玄注、【唐】孔穎達疏，《禮記正義》（收入《十三經注疏》，臺北：藝文印書館，2001年12月），卷16，頁315。

〔註36〕【宋】陳師道：《後山詩話》（收入吳文治主編：《宋詩話全編》第二冊，南京：江蘇古籍出版社，1988年），頁1024。

〔註37〕參見【唐】韋應物：《韋蘇州集》（收入《欽定文淵閣四庫全書》冊1072，臺北：臺灣商務印書館，1983年6月），卷5，頁121。

〔註38〕關於王羲之〈奉橘帖〉，可參見【宋】米芾：《書史》（收入《欽定文淵閣四庫全書》冊813，臺北：臺灣商務印書館，1983年6月），頁28。

知霜降時節柑橘開始盛產並且由青轉黃。

四庫館臣所謂「駁蘇軾〈戲馬臺詩〉之玉鉤、白鶴」，是指《後山詩話》中考證蘇詩之一則：

> 眉山長公守徐，嘗與客登項氏戲馬臺，賦詩云：「路失玉鉤芳草合，林亡白鶴野泉清。」廣陵亦有戲馬臺，其下有路號「玉鉤斜」。唐高宗東封，有鶴下焉，乃詔諸州爲老氏築宮，名以白鶴。公蓋誤用，而後所取信，故不得不辯也。〔註39〕

蘇軾〈與舒教授張山人參寥師同遊戲馬臺書西軒壁兼簡顏長道〉：「古寺長廊院院行，此軒偏慰旅人情，楚山西斷如迎客，汴水南來故遶城。路失玉鉤芳草合，林亡白鶴古泉清，淡游何以娛庠老，坐聽郊原琢磬聲」〔註40〕，蘇軾登項氏戲馬臺而寫就此詩，陳師道指出，徐州的戲馬臺並非廣陵的戲馬臺，廣陵戲馬臺下方有一條道路名爲「玉鉤斜」，相傳是唐高宗時，當地降下白鶴，高宗因此爲老子建造了白鶴觀，陳氏爲了避免後世文人誤引，故不得不提出考辯。此則與前述的考證有所不同，陳氏並未廣陵戲馬臺典故的出處說明清楚，不知是出於碑記或是史傳，無從考據此說的眞僞，尤其上述幾則考證，均在黃庭堅（1045～1105）《山谷集》有相同的記載〔註41〕，陳師道與黃庭堅二人年代相近，無法判別這些考證孰爲首創孰爲轉引，故館臣僅僅以「間有考證」做結，並未指出精粗。

不論是舉例說明詩話作品之中的考證，指陳優劣，或是用直接敘述的方式，表現作品或作者的考證事實，亦或僅僅標示此書「間有考證」，四庫館臣在提要之中，不停地標舉「考證」一事，這不但是清代治學態度的歸向，也間接說明「考證」實爲詩話的重要內容之一。

第三節　評　論

針對詩話的作品，《總目》每每指出其中的評論，並且給予高下的分判，這一個書寫詩話提要的步驟，證明「評論」一事，在四庫館臣心中，也是詩

〔註39〕【宋】陳師道：《後山詩話》（收入吳文治主編：《宋詩話全編》第二冊，南京：江蘇古籍出版社，1988 年），頁 1025。

〔註40〕【宋】蘇軾：《東坡全集》（收入《欽定文淵閣四庫全書》冊 1107，臺北：臺灣商務印書館，1983 年 6 月），卷 10，頁 168169。

〔註41〕【宋】黃庭堅：《山谷集·外集》（收入《欽定文淵閣四庫全書》冊 1113，臺北：臺灣商務印書館，1983 年 6 月），卷 9，頁 442。。

話不可或缺的內容。而《總目》敘述詩話作品的評論時，也是經由實證舉例與直接陳述二種方式，推展出詩話作品的評論面貌。

一、實證舉例

清趙執信（1662～1744）為王士禛（1634～1711）甥婿，但二人詩學見解不同，所著《談龍錄》曾記：

> 司寇昔以少詹事兼翰林侍講學士，奉使祭告南海，著《南海集》。其首章〈留別相送諸子〉云：「盧溝橋上望，落日風塵昏。萬里自茲始，孤懷誰與論。」又云：「此去珠江水，相思寄斷猿。」不識謫宦遷客更作何語？其次章〈與友夜話〉云：「寒宵共杯酒，一笑失窮途。」窮途何許？非所謂詩中無人者耶？余曾被酒於吳門亡友顧小謝宅漏言及此，客坐適有入都者，謁司寇，遂以告也，斯則致疏之始耳。〔註42〕

> 小謝有《消夏錄》，其自敘頗詆阮翁。阮翁深恨之。然小謝特長于機辯，不說學，其持論彷彿金若采耳，不足為阮翁病。然則阮翁奚為恨之，曰：阮翁素狹。脩齡亦目之為清秀李于鱗，阮翁未之知也。〔註43〕

第一條趙執信記述自己批評王世禛的詩作，聞者轉告王世禛，世禛遂與趙執信疏離，第二條記顧小謝詆王世禛，王世禛記恨，《圍爐詩話》的作者吳喬（1611～1695，字脩齡）亦將王士禛比之為李攀龍（1514～1570）。《總目》云：

> 其謂士禛〈祭告南海都門留別詩〉「盧溝河上望，落日風塵昏，萬里自茲始，孤懷誰與論」四句，為類羈臣遷客之詞。又述吳修齡語，謂士禛為清秀李于鱗，雖忿悁著書，持論不無過激，然神韻之說，不善學者往往易流於浮響。施閏章華嚴樓閣之喻，汪琬西川錦匠之戒，士禛亦嘗自記之，則執信此書，亦未始非預防流弊之切論也。（《總目·談龍錄提要》，卷一九五，頁 5-252）

〔註42〕【清】趙執信：《談龍錄》（收入郭紹虞編：《清詩話》，上海：上海古籍出版社，1999年6月），頁311。

〔註43〕【清】趙執信：《談龍錄》（收入郭紹虞編：《清詩話》，上海：上海古籍出版社，1999年6月），頁312。

舉證《談龍錄》的評論，指出這些說法雖然持論過激，但是神韻說確實容易流於浮響，趙執信的評論，也可以說是預防流弊產生的警語。

二、直接陳述

在〈石林詩話提要〉中，四庫館臣雖列舉八條文獻證成葉夢得論述失當，但文末又話鋒一轉，提出：「然夢得詩文，實南北宋間之巨擘，其所評論，往往深中窾會，終非他家聽聲之見、隨人以為是非者比」〔註44〕，館臣在嚴厲批評夢得作品之際，又突然讚美夢得評詩論詩的功力，造成讀者閱讀感受的突兀和跳躍，然而館臣經常是以這樣的方式，在一則提要之中，先是大篇幅地排列詩話的錯誤，最後又表示此作品瑕不掩瑜，值得收錄，這正說明了提要對於詩話的「評論」的手法，即為實證舉例與直接陳述二者。

四庫館臣在敘述李東陽（1447～1516）《懷麓堂詩話》時，曾經提及姚希孟（1579～1636）跋《懷麓堂詩話》一書時，曾經記載王世貞（1526～1590）抨擊李東陽的古樂府詩作，館臣指出王世貞跋李東陽所著《西涯樂府》，已經追悔年少時的抨擊之詞，可見李東陽的樂府詩，仍有可觀之處，然館臣話鋒一轉，寫道：「惟好譽其子兆先，殆有王福時之癖，是其一瑕耳」〔註45〕，館臣認為李東陽喜歡在詩話中讚美自己的兒子李兆先（？），而《懷麓堂詩話》確實有這種現象，諸如：

> 兆先嘗見予〈祀陵詩〉：「野行愁夜虎，林臥起秋蠅」之句，問曰：「是為秋蠅所苦，不能臥而起耶？」予曰：「然！」曰：「然則愁字恐對不過。」予曰：「初亦不計，妙字外亦無可易者。」曰：「似亦未稱，請用迴字如何？蓋謂為夜虎所過而迴也。」予曰：「然！」〔註46〕

對於詩話中的評論文字，四庫館臣不但指其優劣，也經常性地說明詩話評論的特性，諸如：《總目‧藏海詩話提要》：「其論詩每故作不了了語，似乎禪家機鋒，頗不免於習氣」〔註47〕，提出吳可詩話之中，已有鮮明的「以禪論詩」的風情，而站在清代官修書籍編者的立場，館臣用「頗不免於習氣」之句，似是不太能夠認同這樣的論詩特色。又如《總目‧懷麓堂詩話提要》：

〔註44〕《總目‧石林詩話提要》，卷一九五，詩文評類，頁 5-226。
〔註45〕《總目‧懷麓堂詩話提要》，卷一九五，詩文評類，頁 5-246。
〔註46〕【明】李東陽：《懷麓堂詩話》（收入吳文治主編：《明詩話全編》，南京：鳳凰出版社，2006 年 1 月），頁 1640～1641。
〔註47〕《總目‧藏海詩話提要》，卷一九五，詩文評類，頁 5-226 左下。

「其論詩，主於法度音調，而極論剽竊摹擬之非，當時奉以爲宗」〔註48〕，也就是說李東陽的評論方式，側重法度和音調的審核，並且痛斥剽竊摹擬的弊病，明初詩人多奉爲規範。

第四節　記　事

《總目》是爲官修的書籍，「謹持繩墨，去取不敢不嚴」〔註49〕，「聖朝彰善癉惡，悉準千秋之公論」〔註50〕，「編錄遺文，以闡聖學，明王道者爲錘，不以百氏雜學爲重也」〔註51〕，所以在詩話「記事」這一環，除了對「無詩之事」無法容忍之外，對於神怪、諧謔等敘述，也敬謝不敏。四庫館臣在分類的依據上，經常性以序言標出，諸如「史部‧雜史類序」：「若夫語神怪供詼啁，里巷瑣言，稗官所述，則別有雜家小說家存焉」〔註52〕，這段文字不但說出了雜史與小說的不同，也說明了任何雜染神怪詼諧的記述，在四庫館臣的認定中，是屬於虛構的小說性質，與詩話一體考據記實的型態也是不相容的。

一、宗教神怪

乾隆的文教政策以發揚儒家思想爲主，對於宗教類的文字，諸如佛家與道教，就沒有那麼容易接受，《總目‧凡例》：

> 一文章流別，歷代增新，古來有是一家即應立是一類，作者有是一
> 體即應備是一格，斯協於《全書》之名。故釋道外教詞曲末技咸登
> 簡牘，不廢蒐羅。然二氏之書，必擇其可資考證者，其經懺章咒，
> 並凜遵諭旨，一字不收。（《總目》，卷首三，頁 1-37～38）

文中提到釋、道二家的書籍，一定要選擇可資考證的部分收錄，從這點看來，《總目》對於宗教性質的文字，是有所迴避的。這樣的想法也漫衍到四庫館臣書寫詩話提要之中，例如《韻語陽秋》載：

> 歐陽永叔素不信釋氏之說，如酬淨照師云：「佛說吾不學，勞師忽欵

〔註48〕《總目‧懷麓堂詩話提要》，卷一九六，詩文評類，頁 5-246 左上。
〔註49〕《四庫全書總目‧凡例》，卷首三，頁 1-38 右上。
〔註50〕《四庫全書總目‧凡例》，卷首三，頁 1-39 右上。
〔註51〕《四庫全書總目‧凡例》，卷首三，頁 1-39 左下。
〔註52〕《總目》，卷四五，頁 2-145。

關，吾方仁義急，君且水雲閑。」酬惟悟師云：「子何獨吾慕，自忘
夷其身」，韓子亦嘗謂：「收斂加冠巾」是也！既登二府，一日被病
亟夢至一所，見十人冠冕環坐，一人云：「參政安得至此？宜速反。」
公出門數步，復往問之曰：「公等豈非釋氏所謂十王者乎？」曰：
「然！」因問：「世人飯僧造經，爲亡人追福，果有益乎？」答云：
「安得無益？」既寤，病良已，自是遂信佛法。文康公得之於陳去
非，去非得之於公之孫恕，當不妄。〔註53〕

詩話中記載歐陽修病重而見地府十王，夢醒後病癒而信佛之事，引來四庫館
臣的批評：「其中如偏重釋氏，謂歐陽修夢見十王得知罪福，後亦信佛之類，
則未免虛誣」〔註54〕，認爲這樣的記事方式，帶有濃厚的宗教意識，是一則
近於虛誣的道聽塗說，於事實無補，可見得四庫館臣在詩話記事的部分，偏
好合於史事，不喜歡雜染神怪之說。其他諸如〈彥周詩話提要〉：「其他雜以
神怪夢幻，更不免體近小說」（卷一九五，頁 5-224 右上），館臣所謂「雜以
神怪夢幻」，也許是指《彥周詩話》載女仙題詩於慈恩寺又化爲白鶴飛去，
又載兵衛入湘妃廟置酒鼓琴題詩，天明浮空而去等等，館臣認爲詩話之中這
些敘述體近小說，然許顗曾言：「詩話者，辨句法，備古今，記盛德，錄異
事，正訛誤也」〔註55〕，余嘉錫認爲許氏的記載，是所謂「錄異事」的內容
〔註56〕，且與詩相涉，實爲詩話。

二、諧　謔

〈中山詩話提要〉：「所載嘲謔之詞，尤爲冗雜」（卷一九五，頁 5-224
右下），〈誠齋詩話提要〉：「此編題曰詩話，而論文之語，乃多於詩，又頗及
諧謔雜事」（卷一九五，頁 5-235 右上），〈唐詩紀事提要〉：「如謂李白微時曾
爲縣吏，併載其牽牛之謔、溺女之篇，俳諧猥瑣，依託顯然，則是榛楛之勿
翦耳」（卷一九五，頁 5-230），〈頤山詩話提要〉：「所載〈譏陳循詩〉、〈嘲裁
傳奉官詩〉，亦皆近乎小說」（卷一九六，頁 5-247 右上），凡此種種皆是對於

〔註53〕【宋】葛立方：《韻語陽秋》（收入【清】何文煥：《歷代詩話》，臺北：藝文
　　　　印書館，1991 年 9 月），卷十二，頁 363 左下～364 右上。
〔註54〕《總目・韻語陽秋提要》，卷一九五，詩文評類，頁 5-229 右上。
〔註55〕【宋】許顗：《彥周詩話》，（收入【清】何文煥：《歷代詩話》，臺北：藝文印
　　　　書館，1991 年 9 月），頁 221 右上。
〔註56〕郭紹虞：《宋詩話考》（臺北：學海出版社，1980 年 9 月），頁 41。

詩話所記之事與記事的態度，表現不以為然的意味。

所以《總目》認定的詩話內容，雖然也圍繞著詩歌展開，但是在層次上，較不注重詩人軼事的記錄，雖然保有「論詩及事」的「記事」內容，但是要求此「事」不能僅僅談論詩人，而需有相應的詩作連結，並且在書寫上，以少涉神怪、避免諧謔為宜，這樣的規範，其實距離歐陽修「以資閑談」的創作用意，已經明顯出現不同的基調。

第肆章　《四庫全書總目》對詩話形式的評論及標準

　　「形式」意指著作編寫的格式或文章組成的規範，每一種文學體裁、理論都自有其專屬的形式，雖然「作家遊於藝術形式與創作意識之間，再佐以個人之感受與文學素養，實際上並無固定的、一成不變的理論可言」〔註1〕，然而「文學形式常會影響創作意識，甚至牽動創作意識的運思，這是稍具創作經驗者所不能否認的」〔註2〕，每一篇文章的形式與內容有著「外」、「內」的對應關係，文學生命的勃發，由創作意識凝聚於內容，依附文章形式而表現於外，過度揚棄形式專精於內容，難免「形死於魂」，過度追求形式而忽略內容，又將「魂死於形」，如何分配形式和內容的調和，變成了千百年來文學創作者必需考量的要點。

　　詩話的基本形式就是所謂的「詩話體」，從《六一詩話》「以資閑談」的作意開始了詩話一體之後，詩話在漫長的時間中漸漸增加眾多的作品。在劉德重等人的看法中，詩話體其實就是筆記體，差別只在於，詩話必定與詩歌

〔註1〕　林柏燕：〈形式與意識之間──我們需要什麼樣的文學理論〉（上）（《中華日報》，1975 年 8 月 12 日），第九版。整段爲「文學理論，從文學形式的觀照，或許有其森嚴蒂固的法則需要遵循。若從創作意識而言，文學理論常常是屬於作家個人之事。作家遊於藝術形式與創作意識之間，再佐以個人之感受與文學素養，實際上並無固定的、一成不變的理論可言……文學形式就是這麼怪誕、令人無法捉摸。它常可決定作品價值的高下，而更危險的是，它也常左右文學鑑賞進而引起對於創作意識的錯感錯覺。」

〔註2〕　林柏燕：〈形式與意識之間──我們需要什麼樣的文學理論〉（上）（《中華日報》，1975 年 8 月 12 日），第九版。

相涉，筆記則沒有這個束縛〔註3〕，各朝各代的詩話均是隨筆札記，每一則長短不一，前後也不需要連貫，形式上非常靈便，正如郭紹虞所說的：「詩話之體原同隨筆一樣，論事則泛述聞見，論辭則雜舉隻語，不過沒有說部之荒誕，與筆記之冗雜而已」〔註4〕，論事和論辭是詩話最粗淺的內容分割，說部的荒誕、筆記的冗雜則是集部詩文評類的詩話與子部的分判，郭紹虞用最簡約的文字，敘述詩話的判準，提出了內容與分類的原則，但卻未曾在形式上著墨，究其因，詩話體除了「與詩相涉」的內容要求之外，在形式上拘牽於所言之詩，無法有起承轉合種種形式上的脈胳，只能逐條記載，對於這樣一個文類，幾乎是不能提出任何形式要求，按照這個思考的進路來審視詩話作品，所謂「形式」似乎沒有太多的條理可以言說，然而《總目》卻異於前代後代，對詩話的選輯，規範了較為嚴厲的、獨特的形式要求。

清代的學術變遷影響了對詩文的看法，康熙中期以後，經世致用的學風漸衰，考據學興盛〔註5〕，當時極為興盛的桐城派就認為文章必須嚴標「義法」，「義」指內容，「法」即為形式，方苞（1668～1749）：

> 春秋之制義法，自太史公發之，而後之深於文者亦具焉，義即《易》之所謂言有物也，法即《易》之所謂言有序也，義以為經而法緯之，然後為成體之文。〔註6〕

言之有物的作品，即內容上以經世致用為體現，言之有序的作品，便是在形式上條理分明、備陳法度，李光地（1642～1718）：「按脈切理，若無意為文，而巧法具備，是之謂言有序」〔註7〕，為形式上言有序的表現再次提出釋義。

《總目》成書於清代，清代特有的治學態度，也相當程度的在四庫館臣整理文獻之時煥發，雖然詩話起始於「以資閑談」，但館臣仍然認為，詩話作品應該儘量具備相應的形式，如此一來，可使後人翻檢時，一目了然，便於校對考證。而這樣強硬的形式規範，是否與詩話內容相互輝映？衍成「魂附於形」的美好樣式；又或者，在這些規範之下，詩話變成了「魂死於形」的

〔註3〕 劉德重、張寅彭：《詩話概說》（臺北：學海出版社，1993年12月），頁6。
〔註4〕 郭紹虞：《宋詩話輯佚》（北京：中華書局，1980年），頁6。
〔註5〕 馬積高：《清代學術思想的變遷與文學》（長沙：湖南人民出版社，2002年6月），頁1～2。
〔註6〕 【清】方苞：《望溪文集》（收入《欽定文淵閣四庫全書》冊1326，臺北：臺灣商務印書館，1983年6月），卷2，〈又書貨殖傳後〉，頁749。
〔註7〕 【清】李光地〈詩云穆穆文王〉（收於《欽定本朝四書文》，見《文淵閣四庫全書》冊1451，臺北：臺灣商務印書館，1983年），卷一

無奈註解，這也是另一個檢視《總目》詩話提要的切入角度。

　　對證於近年成書的大型詩話叢書《宋詩話全編》、《遼金元詩話全編》、《明詩話全編》，四庫館臣對於詩話形式的要求在現代的眼光看來，是否過當？他們所堅持的形式與今日各式《全編》的主張是否相左，這也是一個有趣的視角，可用於知古鑑今。

第一節　排纂編次

　　《四庫全書總目》的編纂，是一個浩大的工程，「書中大至綱目、體例，小至編排順序，多視清高宗指示而定」〔註8〕，光是書籍的排序就曾經有多次的異動，經過數次的討論，四庫館臣甚至上奏乾隆，請將《總目》經、史、子、集各部新增「聖義」、「聖謨」……等六個類目，專收清代皇帝欽定、御製、御批和乾隆親撰的相關書籍，並且別立卷首，收錄乾隆編書時所下的諭旨以及爲《四庫》所提的詩文，乾隆四十六年二月十三日諭批：「今若每部內又特標聖義諸名目，雖爲尊崇起見，未免又多增義例」（《總目》，卷首一，頁1-12），最後乾隆御批做出了如下的定奪：「所有《四庫全書》經史子集各部，俱照各按撰述人代先後依次編纂，至我朝欽定各書，仍各按門目分冠本朝著錄諸家之上，則體例精嚴，而名義亦秩然不紊」（《四庫全書總目》，卷首一，〈乾隆四十六年二月十五日御批〉，頁1-13），書籍排纂的次序終於拍板定案，四部各類之中，按作者年代先後編次，欽定各書則冠於清代著錄諸家之上，乾隆拒絕了四庫館臣帶有逢迎意味的請求，受到館臣與學者們的稱讚〔註9〕，這樣的結果，顯示乾隆對於排纂和編次的重視，但也間接凸顯出這種一套官方編纂審訂的書籍，在書寫的過程之中，很難避免地參雜了政治的因素。而《總目》的提要也多從編排方式著眼，例如：

> 是編雜採諸家詩說，分類抄錄，所摭頗爲繁富，而朱墨縱橫，塗乙
> 未定，蓋猶草創之本也，前後無序跋，亦無目錄，以其排纂之例推
> 之，十四卷以前皆總論詩之綱領，十五卷乃依經文次第而論之，不
> 列經文，惟集眾說，故以統說爲名云（《四庫全書總目·詩統說提要》，

〔註8〕 司馬朝軍：《《四庫全書總目》編纂考》（武昌：武漢大學出版社，2005 年 11 月），頁 115。

〔註9〕 時永樂、智延娜：〈《四庫全書總目》卷首聖諭學術價值研究〉，（《圖書館工作與研究》198 期，2012 年 8 月），頁 80。

卷十八，頁 1-381）

《詩統說》是清代黃叔琳的作品，共三十二卷，因為是初稿，尚未成為定本，所以沒有序跋，甚至沒有目錄，因是雜集眾說，故以「統說」為名，四庫館臣詳細爬梳了三十二卷的文本，終於分辨了此書排纂的體例，十四卷之前是總論，十五卷至三十二卷依照《詩經》經文的順序排列，分別析論，但又沒有列出《詩經》的原文，僅僅是裒集眾說。《總目・元藝圃集提要》：

> 其編次，則倪瓚、宋无、余闕等皆元末人而名在最前，戴表元、白珽等皆元初人而名在最後，其他亦多先後顛倒，頗無倫序，似亦隨見隨抄，未經勘定之本，與《宋藝圃集》相同，殆憚於排纂，遂用唐無名氏《搜玉小集》不拘時代之例歟？（《總目・元藝圃集提要》，卷一八九，頁 5-76～77）

四庫館臣對於《元藝圃集》排序失當的問題提出了不滿，雖然「不拘時代」的編排體例，早在唐代的《搜玉小集》已經存在，但是館臣仍然給此書一個「憚於排纂」的評價，由此可知，館臣對於排纂編次甚為重視。

《詩統說》、《元藝圃集》二書都是與詩歌相關的書籍，但是因為分類優先性的考量，一入經部詩類，一入總集，經部詩類的作品可以按照《詩經》原文的次序排列，總集類應該按照文人生卒年代為序，那麼詩話一體的排纂編次，在四庫館臣的期待中，究竟應該有怎樣的面貌才能算是及格呢？這便是本節研討的重心。

一、專書類詩話作品

詩話一體，通常是隨筆雜記談論詩歌的材料而成，所以一般個人的詩話，在編排上，並沒有將所記錄的資料，按照發生的時間次序記錄。歐陽修《六一詩話》，第一則是辨析李昉（925～996）〈永昌陵挽歌〉，第二則是記仁宗朝（1022～1063）有官效白樂天體詩句，第三則記事句書寫京師宴遊詩，直至第六則，均是書寫宋代詩人詩事，至第七則忽而記唐・鄭谷（849～911）官至都官，而梅堯臣也官都官一事，第十則敘及孟郊（751～814）、賈島（779～843）詩句，時序忽唐忽宋，並沒有一定的軌跡。其他一般性質的詩話專著，也多與《六一詩話》相同，隨筆雜記，不見排纂痕跡。

王構（1245～1310）《修辭鑑衡》是《總目》「詩文評類」著錄書籍之中，惟一的元代詩話。其書的資料均採自宋人詩話及筆記雜著，並且在摘章摘句

之下注明出處。但是在排纂的次序上，也沒有一定的軌跡，諸如第七十七則黃庭堅（1045～1105）論李白（701～762）詩、第七十八則引陸游（1125～1210）語論王安石（1021～1086）詩，從引據的資料來源來看，忽而北宋忽而南宋，從論述的詩人來看，忽而唐代忽而宋代，也沒有按照時間的順序排纂。

　　明代李東陽（1447～1516）的《懷麓堂詩話》，被四庫館臣評爲「多得古人之意」（《總目・懷麓堂詩話提要》，頁 5-246），其書的排序，第一則敍《詩經》，第二則論古詩，三～九則言唐詩，第十則言《樂記》，第十一則言王摩詰，第十二則言詩不必與畫並論，十三～十七又論唐詩，十八～二十論明詩，二十一則又論唐詩……也沒有既定的排序。

　　雖是隨筆札記，但在最後考校付梓之時，其實可以有適當的編輯，令集中所有條目按照年代編排，但是此舉在專書類的詩話作品而言，有一個不可突破的困難點，那就是每一個條目，可能涉及了不同朝代的詩人詩句，例如吳开記「唐朱晝〈喜陳懿老至〉詩云：『一別一千日，一日十二憶。苦心無閒時，今日見玉色』，乃知山谷『五更歸夢三千里，一日思親十二時』之句取此」（《宋詩話全編》冊三，頁 2172），同一則詩話當中，兼及唐人與宋人、唐詩與宋詩，無法立判年代的依歸；又王士禛（1634～1711）《師友詩傳錄》：

> 樂府之名始于漢初。如高帝之〈三侯〉、唐山夫人之〈房中〉是也。郊祀類《頌》，鐃歌、鼓吹類《雅》，琴曲、雜詩類《國風》，故樂府者，繼《三百篇》而起者也。唐人惟韓之〈琴操〉最爲高古，李之〈遠別離〉、〈蜀道難〉、〈烏夜啼〉、杜之〈新婚〉、〈無家〉諸別，〈石壕〉、〈新安〉諸吏，〈哀江頭〉、〈兵車行〉諸篇，皆樂府之變也。降而元、白、張、王變極矣。元次山、皮襲美補古樂章，志則高矣，顧其離合，未可知也。唐人絕句如「渭城朝雨」、「黃河遠上」諸作，多被樂府，止得《風》之一體耳。元楊廉夫、明李賓之，各成一家，又變之變也。李滄溟詩名冠代，衹以樂府摹擬、割裂，遂生後人詆毀。則樂府宵爲其變，而不可以字句比擬也亦明矣。〔註10〕

這段文字敍述樂府詩的流變，從漢初開始說起，舉例各朝各代與樂府詩相關

<hr>

〔註10〕　【清】王士禛：《師友詩傳錄》（收入郭紹虞編：《清詩話》，上海：上海古籍出版社，1999 年 6 月），頁 127～128。

的詩人詩作，詩話中夾雜此條文字，則整本詩話無法有效地以時間的序列做出編排。

所以詩話的專著，仍保留隨筆札記的性格，並不注重任何排纂或編次的問題。據此，四庫館臣在評斷這些專書類的詩話作品，也沒有在排纂編次上表現計較，只針對叢書或匯編的作品，提出形式上的規範。

二、叢書類詩話作品

現今所知最早的詩話叢書應為明代的楊成玉所編的《詩話》十卷〔註11〕，此書收集詩話十種，依次為劉攽（1023～1089）、歐陽脩（1007～1072）、司馬光（1019～1086）、陳師道（1053～1101）、呂居仁（1084～1145）、周紫芝（1081～1155）、許顗（約 1128 前後在世）、張表臣（約 1146 前後在世）、葉夢得（1077～1148）、陳巖肖（約 1151 前後在世），若是按出生年代考校，則歐陽脩、司馬光均在劉攽之前，且周紫芝、葉夢得均應在呂居仁之前，若以身故年代考校，則歐陽脩、司馬光均在劉攽之前，葉夢得則在周紫芝之前，然若是以整個生存年代宏觀的檢視，此十人的先後次序大致與楊成玉所編排的相差不遠。四庫館臣云：

> 所列宋人詩話，凡劉攽、歐陽修、司馬光、陳師道、呂居仁、周紫芝、許顗、張表臣、葉夢得、陳巖肖十家，在近時皆為通行之本，在當時則皆秘笈，故十書雖已各著錄，而仍存此書之目以不沒其蒐輯之勞焉。（《總目‧詩話提要》，卷一九七，頁 5-264）

在《總目》編纂之前，詩話的叢書僅此一本，其後顧振龍《詩學指南》收書四十一種、朱琰《詩觸》收書十六種、雪北山樵《花薰閣詩述》九種、王祖源《學詩法程》收五種、王啓原《談藝珠叢》收二十七種、何文煥《歷代詩話》收二十八種、丁福保《歷代詩話續編》二十八種……〔註12〕這些詩話叢書都因為時代較晚，沒有機會被四庫館臣考校評論，但是詩話叢書排纂編次的體例，自明代楊成玉的《詩話》開始有了眉目，後出轉精的詩話作品，均遵照以作者年代前後排序的軌跡。

〔註11〕參見張葆全：「最早的詩話叢書是明代楊成玉所編《詩話》。」《詩話和詞話》（臺北：萬卷樓圖書公司，1984 年 1 月），頁 120。
〔註12〕參見張葆全：「最早的詩話叢書是明代楊成玉所編《詩話》。」《詩話和詞話》（臺北：萬卷樓圖書公司，1984 年 1 月），頁 120。

三、彙編類詩話作品

　　詩話彙編的作品甚多，形式各異，有綜合性質的詩話彙編，諸如宋‧阮閱《詩話總龜》，書中自序提及此書是宣和五年（1123），阮閱官郴州時，取所藏諸家小史、別傳、雜記、野錄讀之，盡見前所未見者，故作《詩總》，亦名《詩話總龜》，分十卷組織一千四百餘事，二千四百餘詩。〔註13〕宋‧胡仔（？）《苕溪漁隱叢話》：「但以年代人物之先後次第纂集，則古今詩話，不待撿尋，已粲然畢陳於前」〔註14〕，胡仔詩話的卷一、卷二均為「國風漢魏六朝」，卷三、卷四為「五柳先生」，卷五開始以唐代詩人為目，諸如「李謫仙」、「杜少陵」……等，而卷二十二，在「唐彥謙」和「王建」之間，夾雜「西崑體」一目，卷二十三又有「借對」、「半夜鐘」、「熟食清明」等目，所以是一種以時而序，以人為目，又以事類作為補充的排纂方式。四庫館臣比較二書：「閱書分類編輯，多立門目，此（苕溪漁隱叢話）則惟以作者時代為先後，能成家者列其名，瑣聞軼句則或附錄之，或類聚之，體例亦較為明晰」〔註15〕，可見得四庫館臣認同詩話作品應當有先後次序的排纂，並且指出彙編類的詩話應該明晰體例，便於讀者查考。

　　除了綜合性的詩話彙編之外，尚有專輯性的詩話彙編，有專收某人的詩話，諸如前已述及的《環溪詩話》；或專與某地相關的詩話，如明代郭子章（？）的《豫章詩話》；又或專記某朝的詩話，如宋代計有功（？）的《唐詩紀事》等。對於這些專輯性的詩話彙編，四庫館臣也同樣希望能有編次上的排序，諸如元代陳秀民的《東坡詩話》，是專門收取諸家評論蘇詩的條文，裒為是書，四庫館臣云：「其排纂後先，既不以本詩之事類為次第，又不以原書之年代為次第，殊無體例」〔註16〕，也就是說，陳秀明所編撰的詩話，並不以其中所談論的蘇詩年代，做為排序的標準，也不是以所引詩話的成書

〔註13〕　【宋】阮閱：《詩話總龜‧序》（收於吳文治主編：《宋詩話全編》冊二，南京：江蘇古籍出版社 1998 年），頁 1435。

〔註14〕　【宋】胡仔：《苕溪漁隱叢話‧序》（收於吳文治主編：《宋詩話全編》冊六，南京：江蘇古籍出版社 1998 年），頁 3516。

〔註15〕　【清】永瑢、紀昀等：《四庫全書總目提要》（臺北：臺灣商務印書館，2001年 2 月，初版 2 刷），卷一九五，詩文評類，〈苕溪漁隱叢話提要〉，頁 5-233左上。本文所引此書，均據此版本，為行文簡潔，其後引用，簡稱《總目》，並且僅在文末註明卷期、頁數，不另註出版本。

〔註16〕　《總目‧東坡詩話提要》，卷一九七，詩文評類存目，頁 5-262 左下～5-263右上。

先後，做為編次，也就是說，在編排上完全沒有順序可言，由是遭到館臣的批評。

　　熟悉詩話著作可以發現，自宋以來的詩話原著其中每一則文字，都有明顯的「話」的成份，雖然簡短，但是有頭有尾，有一定的篇輯，大部分是有詩之事，少數有事而無詩的條文，也與詩人有關，更少數的「無事之詩」，僅僅記載詩句，而沒有相應的故事。但現今許多詩話作品並非原著，有些書籍是亡佚之後，從他書之中輯佚復原的，例如宋代蔡居厚的《詩話》、《詩史》，原書久佚，郭紹虞廣為蒐輯，得《詩話》八十五則、《詩史》一百二十五則，全數收錄於《宋詩話輯佚》與《宋詩話全編》之中，這種輯佚詩話的工作愈做愈多，至吳文治編《宋詩話全編》：

> 收錄原本已經單獨成書的宋詩話一百七十餘種，新輯錄宋人散見詩話四百多萬字，約四百家原先無詩話輯本傳世的詩論家，從此有了輯本；一百七十餘家原有詩話專著傳世的詩論家，其詩話著述更臻完備。〔註17〕

文中所謂的輯錄，有些是從文集之中摘章摘句，而衍成一則詩話，例如《宋詩話全編》中有「歐陽修詩話」，收錄《六一詩話》二十八則，並從歐公文集中輯錄有類於詩話的文字共六十二則，其中第六十一則為「作詩須多誦古今人詩，不獨詩爾，其他文字皆然」〔註18〕，整則詩話十八個字，比一首五絕還要精簡，失卻了詩話體「話」的風味，整則詩話沒有詩句，沒有詩人，只是三句關乎作詩方法的語錄，若是以四庫館臣的標準，可能會用抨擊《宋詩紀事》的文句：「旁涉無詩之事，竟類說家」（《總目》，頁 252），修改為「旁涉無詩之事，竟類語錄」。這一類用摘章摘句的方式成就的詩話，割裂散亂，就單一位詩人而言，所謂「歐陽修詩話」、「司馬光詩話」……全篇納入太多無詩無人的句子，更是不可能有任何排序的方式。

第二節　分類與標目

　　詩話作品按照形式的區別，一般可分為「基本形式」和「特殊形式」二

〔註17〕吳文治主編：《宋詩話全編・重印說明》（江蘇：鳳凰出版社，2006 年 10 月），頁 1。

〔註18〕吳文治主編：《宋詩話全編》（江蘇：鳳凰出版社，2006 年 10 月），冊 1，頁 248。

種，基本形式分爲二種：一是「無系統者」，分卷分則，隨意編排；一是「有系統者」，分門別類，標綱立目。特殊形式則雜以其他形式的內容，有些近於選本，例如前已述及的《詩林廣記》，而清代葉燮（1627～1703）的《原詩》，其內篇的文字接近論文，清趙執信（1622～1744）的《聲調譜》接近圖譜。〔註19〕

　　詩話運用分類和標目，可以使讀者更快速有效地產生更爲明晰的理解，但若是分類和標目不當，反而會造成閱讀的障礙。

一、分　類

　　阮閱《詩話總龜》成書於北宋宣和年間，原名《詩總》，分幼敏、知遇、稱賞……等四十六門歸類〔註20〕，收唐至北宋詩話資料，但在當時可能並未刊行，至紹興年間，後人增廣補益改名爲《詩話總龜》，現今通行的《四部叢刊》本，分前集四十八卷四十六門，後集五十卷六十門，「開創了分門別類輯集詩話的體制」〔註21〕，但四庫館臣認爲此書「分類瑣屑，頗有乖於體例」〔註22〕，所以分類的繁簡，是爲詩話形式中重要的計較。

　　而胡仔《苕溪漁隱叢話》之編目，以作者時代爲先後，能成家者列其名，瑣聞軼句則或附錄之、或類聚之，如卷一、二：國風漢魏六朝上、下，卷三、四：五柳先生上、下，卷五：李謫仙等等，故四庫館臣云：「以作者時代爲先後，能成家者列其名，瑣聞軼句則或附錄之、或類聚之，體例亦較爲明晰。」〔註23〕」

　　《詩人玉屑》之編目，如卷一有「詩辨」、「詩法」，卷二有「詩評」、「詩體」上下，卷三有「句法」、「唐人句法」、「宋朝警句」，卷四有「風騷句」，卷五有「口訣」、「初學蹊徑」，卷六有「命意」、「造語」、「下字」，卷七有「用事」、「押韻」、「屬對」，卷八有「鍛鍊」、「研襲」、「奪胎換骨」、「點化」，卷九有「托物」、「諷興」、「規諫」、「白戰」，卷十有「含蓄」、「詩趣」、「詩思」、

〔註19〕劉德重、張寅彭：《詩話概說・緒論》（臺北：學海出版社，1993 年 12 月），頁 7。

〔註20〕【宋】阮閱：《詩話總龜・序》（收於吳文治主編：《宋詩話全編》冊二，南京：江蘇古籍出版社 1998 年），頁 1435。

〔註21〕劉德重、張寅彭：《詩話概說》（臺北：學海出版社，1993 年 12 月），頁 100。

〔註22〕《總目・詩話總龜提要》，卷一九五，詩文評類，頁 5-223 左下。

〔註23〕《總目・苕溪漁隱叢話提要》，卷一九五，詩文評類，頁 5-233 左上

「體用」、「風調」、「平淡」、「閒適」、「自得」、「變態」、「圓熟」、「詞勝」、「綺麗」、「富貴」、「品藻」……等等，也就是說卷一到卷十一專收詩學理論，共分四十餘門，每一門下又有若干小目，例如卷三「句法」之下，又分「錯綜句法」、「影畧句法」、「象外句」……等等，卷十二之下是評論作家作品，按時代排序，但也有綜合性的評論，編排的順序一層層分枝，故劉德重、張寅彭等人謂「魏慶之在編排的體製上是下過一番功夫的」。〔註24〕

從編排的形式來看，《詩話總龜》僅僅以內容分門別類，《苕溪漁隱叢話》則以時為序，以人為目，以事類為補充，《詩人玉屑》將詩學理論與作家評論二立，分出門類又再立小目，後二書的編纂都掌握了分類的優點，便於讀者翻檢。

二、標 目

魏慶之的詩話，每一卷，各立有專門，諸如卷一有「詩辨」、「詩法」二門，卷二有「詩評」、「詩體」上下，卷三有「句法」、「唐人句法」、「宋朝警句」等等，每一門之下又分小目，如卷一「詩法」門，下有「晦庵謂胷中不可着一字世俗言語」、「晦庵抽關啓鑰之論」、「誠齋翻案法」……等十四小目，整體而言，卷一至卷十一屬詩學理論，卷十二至二十，是為「品藻古今人物」，足見魏氏的詩話，在編排與標目，具有自己的表現方式，但是「門目分得過多，分類標準也難以統一，未免又有細碎之嫌」〔註25〕，加上卷四「風騷句法」中區分五言詩之詩格，分成「萬象入壺」、「重輪倒影」、「新月驚鼇」、「衣袞乘龍」、「眞人御風」等數十格。此猶如齊己《風騷旨格》中分詩為「獅子返擲勢」、「猛虎踞林勢」、「丹鳳銜珠勢」等十勢，四庫館臣云：「慶之書以格法分類，與仔書體例稍殊。其兼採齊己《風騷旨格》偽本，詭立句律之名，頗失簡擇」〔註26〕，可見得「標目」也是詩話的重要形式，不可不愼。

同樣因為訂定條目遭到四庫館臣抨擊的詩話作品，還有元末明初的《南溪詩話》，館臣謂：「好標立名目，往往非其本書，如祖孝徵論沈約『崖傾護石髓』句，即題曰『祖孝徵詩話』之類，不一而足」〔註27〕，《南溪詩話》一書，亦名《南筆錄群賢詩話》，此書在每一則詩話之前，都標立名目，有時是

〔註24〕 劉德重、張寅彭：《詩話概說》（臺北：學海出版社，1993 年 12 月），頁 107。
〔註25〕 劉德重、張寅彭：《詩話概說》（臺北：學海出版社，1993 年 12 月），頁 107。
〔註26〕 《總目・詩人玉屑提要》，卷一九五，詩文評類，頁 5-236 右下。
〔註27〕 《總目・南溪詩話提史》，卷一九七，詩文評類存目，頁 5-263 右下。

「東坡志林」、「紫微詩話」等屬於詩話的書籍，或是「歲暮行詩注」、「題劉景信詩」之類，呈現內容的標題，但文獻的出處，有時並非出自所標之目，諸如「祖珽評論沈約詩句」一條，標爲「祖孝徵詩話」，此則文獻最早見於《顏氏家訓・文章》〔註28〕，而祖珽個人並沒有詩話作品傳世，據《南溪詩話》所載字句的相合度來看，應是編者轉引《詩人玉屑》卷七，而謬題爲「祖孝徵詩話」，使得四庫館臣無法認同。蓋四庫館臣認爲，書中所記「東坡志林」，蓋蘇軾之書，而「黃常之詩話」，乃黃徹，有《碧溪詩話》，皆是已付梓印行的成書，但祖珽論詩之語，或引自《顏氏家訓》、或引自《詩人玉屑》，所以應該以註明出處的方式記載，不然就以內容的大意另立標題，絕對不能以「祖孝徵詩話」立定標目。

第三節　其　它

一、徵引文獻

《總目・考古質疑提要》：「其有徵引古書及疏通互證之處，則各於本文之下用夾注以明之，體例尤爲詳悉，在南宋說部之中可無愧淹通之目」（卷一一八，頁 3-573～574），四庫館臣對於葉大慶引用文獻的態度大表讚許，認爲其書在使用文獻時以夾注的方式標明，有利於讀者按圖索驥，所以標舉爲南宋說部中較佳的作品，《考古質疑》之所以能有這樣的讚譽，當然是其來有自，根據《總目・詩文評類序》，「宋明二代好議論，所撰尤繁，雖宋人務求深解，多穿鑿之詞」（卷一九五，頁 5-215），宋代學者在四庫館臣的眼中，好發議論，撰述如林，但多爲穿鑿附會之語，〈詩文評序〉又言：「劉攽《中山詩話》、歐陽脩《六一詩話》又體兼說部」，詩話是宋代興盛的文體，而北宋詩話與說部太過相似的格調，也被館臣標誌，「宋人詩話，傳者如林，大抵陳陳相因，輾轉援引」〔註29〕，館臣在進一步指出宋詩話相互援引幾乎是當時寫作詩話的一種常態，一則不加註出處的詩話，輾轉援引不停地出現也是常事，所以，當葉大慶在徵引文獻的同時，以負責的態度紀錄文獻的出

〔註28〕【北齊】顏之推撰、王利器點校：《顏氏家訓集解》（上海：古籍出版社，1980年），頁 253。

〔註29〕《總目・浩然齋雅談提要》，卷一九五，詩文評類，頁 5-240 左下～5-241 右上。

處，就獲得了館臣的共鳴，認爲是說部中的深切通達的作品。

用這樣的心情套用到對詩話的觀照，四庫館臣對於詩話作品引自它書而不加註明的事例，語多針砭，諸如《總目·詩話類編提要》：「是編撮拾諸詩話，參以小說，裒合成書。議論則不著其姓名，事實則不著其時代，又不著出自何書。糅雜割裂，茫無體例」（卷一九七，頁 5-272 右下），援引他書而不加註明，將會使得文獻無法追根究柢，難以釐清本源，令館臣無法忍受，又，《總目·冰川詩式提要》：「雜錄舊說，不著所出。又參以臆見，橫生名目，兼增以杜撰之體」（卷一九七，頁 5-268 左下），《總目·詩心珠會提要》：「其所徵引，皆不著所出，龐雜無緒」（卷一九七，頁 5-269 右下），凡此種種，皆可以看出，四庫館臣對於徵引文獻具備一定程度的要求。

在詩話作品之中，經常出現層層轉引的現象，轉引的文字若是他書未載，則變成了對校原書版本的校本，爲四庫館臣所喜，若是原書亡佚，則變成輯佚原書的資料來源，館臣更是會給予「保存文獻」的好評，但若轉引失當，刪節太過，違逆了原著的精神，則是會引起館臣的非議，例如：《總目·歷代詩話提要》：「雖皆採自詩話、說部，不盡根柢於原書，又嗜博貪多，往往借題曼衍，失於芟薙」（頁 5-248～249），《歷代詩話》是清代吳景旭（1611～1695）所編，論歷代評詩論詩的文字，先立標題，再立舊說，然後雜採眾書相關文字，論其是非。以《歷代詩話》論謝靈運（385～433）詩句爲例：

> 《碧溪詩話》以「園林變鳴禽」不若前句，以此知全寶不易得，余竊以上句生字嫌其未亮，下句變字筆底有造化，還移最爲神活。《石林詩話》作「變夏禽」失其旨矣。〔註30〕

此則標題爲「詩禍」，記謝靈運因詩獲罪，世人不解其詩句「池塘生春草，園柳變鳴禽」何罪之有，王安石言「池塘」意謂王澤，「生春草」則王澤竭。其後引各家對此詩句的看法，故而提到黃徹（？）《碧溪詩話》以及葉夢得（1077～1148）《石林詩話》。乍看此則，實在無法明白所謂「全寶」爲何？蓋《碧溪詩話》言：

> 劉昭禹云：「五言如四十個賢人，著一個屠沽不得。覓句者若掘得玉匣子，有底有蓋，但精心，必獲其寶。」然昔人「園柳變鳴禽」竟不及「池塘生春草」；「餘霞散成綺」不及「澄江靜如練」；「春水船

〔註30〕【清】吳景旭：《歷代詩話》（收入《文淵閣四庫全書》冊 1483，臺北：臺灣商務印書館，1983 年 6 月），卷 32，頁 221。

如天上坐」不若「老年花似霧中看」;「閒几硯中窺水淺」不如「落
花徑裡得泥香」;「停盃嗟別久」不及「對月喜家貧」;「楓林社日鼓」
不若「茆屋午時雞」。此數公未始不精心,似此知全其寶者,未易多
得。(《宋詩話全編》冊三,頁 2389)

看完黃徹詩話的文字始知,五言律詩能夠做到字字珠璣,無一字敗筆,就是
黃氏所謂「全其寶」,吳景旭遽言「全寶」,未將原文原義引出,實在叫讀者
摸不著頭緒。再者,吳氏言《石林詩話》將「變鳴禽」置換爲「變夏禽」,但
現存《石林詩話》所有版本均非「變夏禽」〔註31〕,原文如下:

「池塘生春草,園柳變鳴禽」,世多不解此語爲工,蓋欲以奇求之耳。
此語之工,正在無所用意,猝然與景相遇,借以成章,不假繩削,
故非常情所能到。詩家妙處,當須以此爲根本,而思苦言難者,往
往不悟。(《宋詩話全編》冊三,頁 2704)

許多宋代或其後的書籍轉引葉氏此則〔註32〕,也沒有「變夏禽」之句,應是
吳景旭錯記葉氏詩話的文字。

二、增補的體例

　　《總目》所收極少數的清詩話之一,是爲《五代詩話》。《五代詩話》原
本是王士禎的作品,蒐羅五代的詩話文獻,但書籍未成而卒,弟子鄭方坤(?)
得其舊稿,於是重爲補正,做了許多刪削和增補的工作,四庫館臣云:

凡所增入,仿宋庠《國語補音》、吳師道補正《戰國策》之例,各以
一「補」字冠之,使不相混。凡國主宗室一卷,中朝一卷,南唐一
卷,前蜀、後蜀一卷,吳越、南唐一卷,閩一卷,楚荊南一卷,宮
閨、仙鬼、緇流一卷,羽士、鬼怪一卷,雜綴一卷。(《總目‧五代
詩話提要》,頁 5-254)

《國語補音》是宋庠(996～1066)所撰,自漢代開始註解《國語》較知名的

〔註31〕除《宋詩話全編》之外,《文淵閣四庫全書本》、【清】何文煥:《歷代詩話》
　　　　均做「鳴」,(臺北:藝文印書館,1991 年 9 月),頁 255。
〔註32〕例如【宋】王楙:《野客叢書》(收入《文淵閣四庫全書》冊 852,臺北:臺灣
　　　　商務印書館,1983 年 6 月),卷 19,頁 705;【宋】張鎡:《仕學規範》(收入
　　　　《文淵閣四庫全書》冊 875,臺北:臺灣商務印書館,1983 年 6 月),卷 36,
　　　　頁 182;【明】陶宗儀:《說郛》(收入《文淵閣四庫全書》冊 880,臺北:臺
　　　　灣商務印書館,1983 年 6 月),卷 83 下,頁 595。

有賈逵（174～228）、王肅（464～501）、虞翻（164～233）、唐固（？）、韋昭（204～273）、孔晁（？）六家，但是都沒有注解字音，宋庠採《經典釋文》、《說文集韻》等書補成《國語補音》一書，所補入的字音，置於條文之下，冠上「補」字。《戰國策》一書，舊有高誘（？）注，其後宋代鮑彪（？）重注，並改訂次第，至明代吳師道（1283～1344）以鮑注為底本重新補正，以「補」字表示鮑注未盡完善之說，以「正」字糾正鮑注的謬誤。鄭方坤的增補也用「補」字與重作區隔，但是弔詭的是，館臣讚美鄭氏「各以一『補』字冠之，使不相混」，但《四庫全書》所收錄的《五代詩話》卻在雕版的同時，略去了「補」字，使王士禎舊文與鄭方坤的增補又再次相混。

第伍章 詩話在《總目》知識譜系中的位置

　　《總目》使用四部分類法，意即以「經」、「史」、「子」、「集」四部，做為書籍的分類。用最簡單的語言說明目錄學中的「分類」二字，意即「將類別不同的書籍，各歸其所類，亦即荀子所謂『同其所同，異其所異』、墨子所謂『彼，彼止於彼；此，此止於此。』」〔註1〕自《隋志》以降，中國目錄學多依「經」、「史」、「子」、「集」四部分類法，《四庫全書總目》亦然，乾隆三十八年（1773）二月十一日「聖諭」：「朕意從來四庫書目以經、史、子、集為綱領，裒輯分儲，實古今不易之法」〔註2〕，研究者指出《四庫全書》的分類較各家書目更為詳審有序，全書「依然沿用四部分類法，但又在內部的具體分類中有所創新」〔註3〕，可惜囿於四部傳統的成見，「但求部類整齊，於學術的源流，不復計及」〔註4〕，所以各式匡謬補正的學術篇章與專著也隨之產生，並出現各式論述，省思《總目》的分類體系〔註5〕，其中劉咸炘對於四

〔註1〕 姚名達：《目錄學》（臺北：臺灣商務印書館，1988年5月），頁174。
〔註2〕 乾隆皇帝聖諭，收於【清】永瑢、紀昀等：《武英殿本四庫全書總目提要》（臺北：臺灣商務印書館，2001年2月，初版2刷），冊一，卷首一，頁1～3。本文所引此書，均據此版本，為行文簡潔，其後引用，簡稱《總目》，並且僅在文末註明卷期、頁數，不另註出版本。
〔註3〕 關加福：〈《四庫全書總目》卷首聖諭中的修書思想〉（《湖南科技學院學報》第34卷第5期，2013年5月），頁6。
〔註4〕 昌彼得、潘美月：《中國目錄學》（臺北：文史哲出版社，1986年），頁210。
〔註5〕 諸如孫德謙：〈四庫提要校訂〉（《亞洲學術雜誌》第4期，1922年）、劉國鈞：〈四庫分類法之研究〉（《圖書館學季刊》第1卷第3期，1926年）、劉咸炘：

部系統有獨特的詮釋觀點：

> 昔之視四部爲平列，今之視四部，則史、子爲主，經在上而集在下。
> 蓋天下之文，以内容分，不外三者：事爲史、理爲子、情爲詩。以
> 體性分別，不外記載與著作。史，記載也；子、詩，則著作也。詩
> 不關知識，知識之所在，則史與子而已。天下之學惟事理，故天下
> 之書惟史、子矣。集則情文而兼子史之流也，經則三者之源也。此
> 四部之大義也。〔註6〕

劉氏將平面的書目清單轉換成立體的知識結構予以考察〔註7〕，深切地帶入
辨章學術、考鏡源流的理想，究其因，都是出於對《總目》分類問題的反動。

　　《總目》二百卷，分爲「經」、「史」、「子」、「集」四部，每部之首，各
冠以總序，撮其源流正變，以挈綱領。凡分經部十類、史部十五類、子部十
四類、集部五類，類下有屬，每類之首，亦各冠以小序，詳述其分併改隸，
以析條目。〔註8〕艾爾曼：「考據學者對知識結構的認識促使他們調整乃至重
新界定目錄學分類法，以復原他們視爲正確的學術範圍及類別」〔註9〕，四
庫館臣雖然延用經、史、子、集四部分類法，但對於四部下的小類做出了異
動，〈集部總敘〉言：「集部之目，楚辭最古，別集次之，總集次之，詩文評
又晚出，詞曲則其閏餘也」〔註10〕，傳統的目錄學一直將文學批評的作品當
作是集部的一個部分，《隋書‧經籍志》將《文心雕龍》與《詩品》列入總
集，《新唐書‧藝文志》則在「總集」之末附錄了「文史類」收錄《文心雕
龍》、《詩品》等作品，宋代鄭樵的《通志》又分別「文史」與「詩評」，將
《文心雕龍》等書列入「文史」，《詩品》等書列入「詩評」，《總目》則別立
「詩文評類」，一定程度地反映出文學批評獨立的意識。〔註11〕

　　《續校讎通義》（臺北：廣文書局，2005 年）、杜定友：《校讎新義》（上海：
　　上海書店，1991 年）……等。
〔註6〕劉咸炘：《續校讎通義》（臺北：廣文書局，2005 年），頁3。
〔註7〕曾紀剛：〈論劉咸炘對《四庫全書總目》圖書分類體系之辨正〉（《書目季刊》
　　第 42 卷第 2 期，2008 年 9 月），頁 13。
〔註8〕《總目‧弁言》，頁25。
〔註9〕【美】艾爾曼著、趙剛譯：《從理學到樸學——中華帝國晚期思想與社會變化
　　面面觀》（南京：江蘇人民出版社，2011 年 9 月），頁 118。
〔註10〕《總目‧集部總敘》，頁 4-1 右下。
〔註11〕伏俊璉：〈《四庫全書總目》的文學史觀和文體觀〉（《閩江學刊》第 3 期，2010
　　年 6 月），頁 133。

乍看之下，最切合詩話作品的編類，應當是屬於「詩文評類」，但是利用今人的詩話定義，檢視《總目》所收錄的、相符詩話界義的作品，所得的結果，常常溢出了「詩文評」這個分類，甚至歸屬於「經部」、「史部」、「子部」，可見《四庫全書總目》自有其分類的優先性，作品可能因為其它的性質，而壓低了詩話的特色，被分類到其它的屬性，諸如偏向《詩經》而歸類於「經部・詩類」、偏重訓詁而入「經部・小學類」、內容龐雜而入「子部・雜家類」……等等。

郭紹虞所說的：「詩話之體原同隨筆一樣，論事則泛述聞見，論辭則雜舉雋語，不過沒有說部之荒誕，與筆記之冗雜而已」〔註12〕，可見得在郭紹虞的眼中，詩話雖然與說部、筆記十分相近，然而還是有分判的準則，例如說部荒誕、筆記冗雜就是很好的區別指標，然而同一本書之中，也許有部分說辭是荒誕的、冗雜的，其餘則是正統正規的詩話內容，那麼，這比例的多寡，又如何考量恰當，成就詩話一體在分類上的準則？這也是值得關切的問題。

相較於今人對於「詩話」內容與體例的規範，四庫館臣對於「詩話」的界義似乎範圍更狹窄，體例更嚴格。但是在這樣狹窄而嚴格的規定之下，《總目》並不是以內容的符合與體例的完備，對詩話作品進行歸類。因此，《總目》的分類準則，出現了值得玩味的各種問題，諸如「詩話」和「雜記」的分野、「詩文評類」和子部的「雜家類」、「小說家類」的界線，《總目》對於分類有時會出現無以名狀的說辭，諸如：「詩文評類」收有〈珊瑚鉤詩話提要〉，其中言及：「宋人詩話之中，固與惠洪《冷齋夜話》在伯仲之間矣」〔註13〕，可見得《珊瑚鉤詩話》與《冷齋夜話》都是「詩話」，但《珊瑚鉤詩話》列於「詩文評類」，《冷齋夜話》卻在子部的「雜家類」，這其中的分殊究竟為何？四庫館臣是以什麼樣的判準分辨作品？

《總目》對於分類一事，抱持著極嚴肅的心態進行，在評論《述古堂書目》一書時，曾經對於其中的書籍分類大表不滿，因此，在提要之中逐一指證此書歸類上的錯謬：

> 其分隸諸書，尤舛謬顛倒，不可名狀……《容齋五筆》本說部，《群書歸正集》本儒家，《滄海遺珠》本總集，而入之類書。《詩律武庫》

〔註12〕郭紹虞：《宋詩話輯佚》（北京：中華書局，1980年），頁6。
〔註13〕《總目・珊瑚鉤詩話提要》，卷一九五，頁5-226右上。

> 本類書，《滄浪吟卷》本別集，而入之詩話。《文章軌範》本總集，
> 而入之詩文評。（《總目·述古堂書目提要》，卷八七，頁 2-796 右上
> ～右下）

可見「類書」、「別集」和「總集」與「詩話」與「詩文評類」是大不相容的，《述古堂書目》錯置群書，使得館臣評爲是舛謬顛倒的分隸，可見《總目》對於書籍分類，自有詳盡的考量，不容紊亂。然而詩話作品一直處在曖昧難明的狀態之中，近於說部，又不能歸入小說家；俾益於考證，又不列入雜史類；兼有議論，但不同於「經部·詩類」或「子部·雜家類」，那麼《總目》對於詩話作品的分類，如何進行？「詩話」在《總目》知識譜系中占據哪一個位置？這正是本章所探討的重心。

第一節 「詩話」與經部

從《隋志》以降，歷經唐、宋、元、明而至《四庫全書》，不論公家目錄或私家目錄，大多採用經、史、子、集四部分類法〔註14〕，《隋書·經籍志總序》：

> 夫經籍也者，機神之妙旨，聖哲之能事，所以經天地，緯陰陽，正
> 紀綱，弘道德，顯仁足以利物，藏用足以獨善，學之者將殖焉，不
> 學者將落焉。大業崇之，則成欽明之德，匹夫克念，則有王公之重。
> 其王者之所以樹風聲，流顯號，美教化，移風俗，何莫由乎斯道。
>
> 〔註15〕

其中說明了經書的重要，也是四部以「經部」爲優先的原因。《總目·詩類序》：「論有可採，並錄存之，以消融數百年之門戶。至於鳥獸草木之名，訓詁聲音之學，皆事須考証，非可空談。今所採輯，則尊漢學者居多焉。」（卷十五，頁 1-320～321），《四庫全書》「詩類」所收的著述，大抵是追究《詩經》而作，館臣在選擇出可資參考的作品著錄於《總目》，但表明以尊漢的面目出現，是以《總目》在詩類著錄書的提要，總有揚漢抑宋的情況，爲後人詬病。〔註16〕

〔註14〕姚名達：《目錄學》（臺北：臺灣商務印書館，1988 年 5 月），頁 75。

〔註15〕【唐】魏徵等撰：《隋書》（收入《欽定文淵閣四庫全書》冊 264，臺北：臺灣商務印書館，1983 年 6 月），卷 32，〈經籍志總敘〉，頁 582。

〔註16〕諸如張舜徽言：「自清儒治經，大張漢幟，率屏棄宋人經說不觀，迄於今三百

　　詩話最重要的條件即為「與詩相涉」，按照這樣的理路，「經部‧詩類」的作品，全在發揚《詩經》，當然與「詩歌」相關涉，然而，四庫館臣在分類上，首先將「《詩》類」的作品析出，正因四部以經部為首，當作品的類別，兼具「《詩》類」與「詩話類」的雙重個性時，「《詩》類」以其身處「經部」的優先性，故作品收錄於該類。

　　王夫之《詩經稗疏》就是一個很好的例子，其書分為四卷：卷一「風詩」、卷二「小雅」、卷三「大雅」、卷四「周頌」、「魯頌」、「商頌」、「考異」、「叶韻辨」。〔註17〕館臣云：「〈叶韻辨〉一篇，持論明通，足解諸家之轇轕，惟贅以詩譯數條，體近詩話，殆猶竟陵鍾惺批評國風之餘習，未免自穢其書，今特刪削不錄，以正其失焉」〔註18〕，指出《詩經稗疏》有〈叶韻辨〉一篇，其中數則體近詩話，批評國風，故館臣刪削不錄。〈叶韻辨〉文長兩千六百餘字，是一篇探討古今音韻的論文，文中認為以今韻探求古韻是不合理的作法〔註19〕，並提出叶韻的「十蔽」，似是針對朱熹的「叶韻說」而發的。館臣所謂的「詩譯數則」，收於《薑齋詩話》上卷〔註20〕，均是批評國風文字，但此書主旨依然是圍繞《詩經》一書所展開的，加上「《詩》類」相較於詩話類，更具有優先性，故館臣將此作歸於「經部‧詩類」。

　　相同的，位列於「詩文評類」的書籍中，也未免有論及《詩經》之處，諸如周必大（1126～1204）《二老堂詩話》有「論《詩》雅頌」條：

> 揚子《法言》曰：「正考甫常晞尹吉甫矣，公子奚斯常晞正考甫矣。」蓋尹吉甫能作〈崧高〉、〈烝民〉等詩，以美宣王，故正考甫晞之而作《商頌》。是則揚子以〈閟宮〉之頌，為奚斯所作矣。班孟堅、王文考為賦序，皆有奚斯頌魯僖之言，蓋本諸揚子也。學者謂〈閟

年矣。平心論之，清儒惟考證名物之情狀，審別文字之異同，足以跨越前人。至於引申大義，闡明《詩》意，不逮宋賢遠甚。二三拘儒，遽以廣搜博引，上傲宋賢，斯亦過矣。」見張舜徽：《四庫提要敘講疏》（臺北：臺灣學生書局，2002年3月），頁26。

〔註17〕參見【明】王夫之：《詩經稗疏》（收於《船山全書》冊三，長沙：岳麓書社，1998年）

〔註18〕《總目‧詩經稗疏提要》，卷十六，經部‧詩類，頁1-349。

〔註19〕黃忠慎指出王夫之認為今韻探求古韻並不合理，是相當正確的觀念。見黃忠慎：〈王夫之《詩經》學新探〉，《彰師大國文學誌》第8期，2004年6月），頁308。

〔註20〕參見郭紹虞主編：《清詩話‧薑齋詩話》（上海：上海古籍出版社，1999年6月）頁3～7。

宮〉，但曰：「新廟奕奕，奚斯所作」，而無作頌之文，遂疑揚子爲誤。以余觀之，奚斯既以公命作廟，又自陳詩歸美其君，故八章之中，上自姜嫄、后稷，下逮魯公、魯侯，備極稱頌，至末章始言作廟之功，亦不爲過。只如〈崧高詩〉亦云：「甚詩孔碩，其風肆好。」是吉甫固嘗自稱美，何獨于奚斯而疑之。揚子之言，必有所據。〔註21〕

《詩經‧魯頌‧閟宮》：「新廟奕奕，奚斯所作，孔曼且碩，萬民是若」〔註22〕，毛傳鄭箋以爲《商頌》爲正考父得于周太師，《魯頌》爲奚斯建廟、史克作頌，言下之意是認爲《魯頌》並非奚斯所作，然〈曹全碑〉有：「嘉慕奚斯、考甫之美」〔註23〕，〈張遷碑〉有：「奚斯贊魯，考父頌殷」〔註24〕，贊成奚斯作《頌》，可見對於奚斯作《頌》一事，一直有不少的爭論。揚雄（BC53～AD18）《法言》：「昔顏常睎夫子矣，正考甫常睎尹吉甫矣，公子奚斯常睎正考甫矣」〔註25〕，意即奚斯作《魯頌》是承襲正考甫作《商頌》，正考甫作《商頌》一事載於《史記‧宋世家》：「太史公曰：『……襄公之時，修行仁義，欲爲盟主。其大夫正考父美之，故追道契、湯、高宗，殷所以興，作商頌』」〔註26〕，然唐代司馬貞（？）與宋朱熹（AD1130～AD1200）均從鄭玄的箋注〔註27〕，認爲《商頌》爲正考父得于周太師，既然正考甫不曾作《頌》，則奚斯效正考甫作《頌》一事也就不成立了。

　　然而周必大引揚雄之說，認爲奚斯（BC659～BC627）作頌一事確有可信，他認爲尹吉甫作〈崧高〉、〈烝民〉等詩讚美宣王，所以正考甫仿此義例

〔註21〕【宋】周必大：《二老堂詩話》（收於【清】何文煥：《歷代詩話》，臺北：藝文印書館，1991年9月），頁429。

〔註22〕【晉】杜預注、【唐】孔穎達疏，《詩經》（收入《十三經注疏》，臺北：藝文印書館，2001年12月初版14刷），冊二，頁783。

〔註23〕〈曹全碑〉，參見【清】顧炎武：《金石文字記》（收入《欽定文淵閣四庫全書》冊683，臺北：臺灣商務印書館，1983年6月），卷1，頁722。

〔註24〕〈漢穀城長張遷碑〉，參見【清】岳濬等撰：《山東通志》（收入《欽定文淵閣四庫全書》冊540，臺北：臺灣商務印書館，1983年6月），卷35之9，頁448。

〔註25〕【漢】揚雄：《法言》（收入《文淵閣四庫全書》冊696，臺北：臺灣商務印書館，1983年6月），卷1，頁9。

〔註26〕【漢】司馬遷著、【日】瀧川龜太郎編考：《史記會注考證》（臺北：萬卷樓出版社，1996年10月），卷三八，頁619。

〔註27〕【唐】司馬貞、【宋】朱熹對正考甫作《頌》的看法，備載於《史記會注考證》（臺北：萬卷樓出版社，1996年10月），卷38，頁619。

作了《商頌》，而奚斯又仿正考甫作〈閟宮〉，而尹吉甫〈崧高詩〉有自美之言，所以奚斯在〈閟宮〉末尾自讚建廟之功，種種都是前有所承，並不突兀。

　　《二老堂詩話》〈論詩雅頌〉一則，純粹討論《詩經》的問題，引《雅》證《頌》，單就此則而言，實為《經部・詩類》的文字，然而周必大詩話中僅此一則論及《詩經》，其餘全本皆為與《詩經》無涉的詩話，故館臣歸於詩文評類。

第二節　「詩話」與史部

　　《總目》通常在序言中「特別強調體例對於解讀某部、類的重要作用，融入了大量的體例說明，在體例說明中又特別注重詳述歷代目錄的改隸情況，進而在最後論證自身體例的正確性或尋找到自身體例的依據」〔註28〕，館臣通過區分類聚的方式，體現對於作品的認知，這種方式在史部的編寫之中，意圖十分明顯，王記錄云：

> 《總目》把史部分正史、編年、紀事本末、別史、雜史、詔令奏議、傳記、史鈔、載記、時令、地理、職官、政書、目錄、史評十五類，將所有史書全部納入這十五類中進行評論。每類中又根據具體情況再作分類，如傳記類著作又分聖賢、名人、總錄、雜錄、別錄五類。
>
> 《總目》這樣做，決非僅僅是把歷代典籍按類劃劃，便於編錄而已，它有自己的看法和思想在裏面。〔註29〕

是以，編袟分類，變成了言說作品特性的另一重指標，這樣的概念建立之後，可以深究「詩話」在史部作品提要所關涉的論述。相較於之前的經籍志、藝文志之類的書籍，《總目》史部十五個類目與前代大同小異〔註30〕，史部與詩話的連繫，僅能逐步釐析每一個類目的序言、提要，凝視《總目》史部分類與詩話的關係。《總目・史部總序》：

〔註28〕李維虎：《《四庫全書總目》凡例序案研究》（山東：山東師範大學中國古典文獻學碩士論文，2006 年 4 月 20 日），頁 19。

〔註29〕王記錄：《四庫全書總目》史學批評的特點〉，《史學史研究》1999 年第 4 期，頁 41。

〔註30〕趙濤：《《四庫全書總目提要》學術思想與方法論研究》：「十五類類目，從根本上說，沒有新設立的類目」（西北大學中國古代文學研究所博士論文，2007 年 6 月），頁 150。但《總目》確實新設了「紀事本末體」一類，趙氏此言，也許有待商榷。

古來著錄，於正史之外，兼收博採，列目分編，其必有故矣。今總
括群書，分十五類：首曰正史，大綱也；次曰編年，曰別史，曰雜
史，曰詔令奏議，曰傳記，曰史鈔，曰載記，皆參考紀傳者也；曰
時令，曰地理，曰職官，曰政書，曰目錄，皆參考諸志者也；曰史
評，參考論贊者也。舊有譜牒一門，然自唐以後，譜學殆絕，玉牒
既不頒於外，家乘亦不上於官，徒存虛目，故從刪焉。〔註31〕

《漢書・藝文志》並沒有著錄史籍之屬，所以《楚漢春秋》之類的書籍，附
於《春秋》之後，至荀勖《中經新簿》以史籍為丙部，李充《晉元帝時書目》
又改為乙部，阮孝緒《七錄》有「記傳錄」以統史傳，明標「史部」者，自
《隋書・經籍志》始〔註32〕，館臣云：

「正史」之名，見於《隋志》，至宋而定著十有七，明刊監板合宋、
遼、金、元四史為二十有一，皇上欽定明史，又詔增《舊唐書》為
二十有三，近蒐羅四庫薛居正《舊五代史》，得裒集成編欽稟睿裁與
歐陽脩書並列共為二十有四。〔註33〕

《舊唐書》為後晉劉昫（888～947）所撰，館臣從乾隆詔令，將此書歸屬於
「正史」一類，〈舊唐書・提要〉指出：自從《新唐書》之後此書幾廢，然
而《舊唐書》在長慶（821～824，唐穆宗年號）之前的書寫，本紀簡明有體，
列傳敘述明贍，（《總目》，卷四六，頁 2-30～31），對此書從開頭到長慶的部
分，給予很高的評價，但「長慶以後，本紀則詩話、書序、婚狀、獄詞委悉
具書，語多支蔓；列傳則多敘官資，曾無事實，或但載寵遇而不具首尾，所
謂繁略不均者，誠如宋人之所譏」〔註34〕，《舊唐書》在穆宗長慶之後本紀
的書寫夾雜了詩話、書序、婚狀、獄詞等等許多冗長的文字記錄，列傳又常
敘做官的資格或是記載受寵而不表明原因，這些繁略不均的現象，引起了宋
人的抨擊，然乾隆下旨列入正史，館臣在提要最末做了一個結論，認為此書
瑕不掩瑜，可與《新唐書》相互參看。

最值得注意的是館臣認為正史本紀的寫法，不應參雜詩話一類的文字，
蓋「正史體尊，義與經配，非懸諸令典，莫敢私增，所由與稗官野記異也」

〔註31〕《總目・史部總敘》，卷四五，頁 2-2。
〔註32〕張舜徽：《四庫提要敘講疏》（臺北：臺灣學生書局，2002 年 3 月），頁 63～
64。
〔註33〕《總目・正史類序》，卷四五，頁 2-2。
〔註34〕《總目・舊唐書提要》卷四六，頁 2-30。

（《總目‧正史類序》，卷四五，頁 2-2），《舊唐書‧本紀》在長慶之後所參雜的詩話約有數則，是為「丁公著以《詩》勸君」一則〔註35〕，敘丁公著以《詩經‧小雅‧菁菁者莪》的詩句勸諫唐穆宗節制宴樂；「文宗誦杜甫詩思復昇平事」一則〔註36〕，說的是唐文宗讀到杜甫〈曲江行〉有感，建樓殿恢復天寶前昇平光景；「文宗賦〈暮春喜雨詩〉」一則〔註37〕，記唐文宗在龍首池遇雨，即興而賦詩；「宣宗留心治世詩風熾盛」一則〔註38〕，述唐宣宗雅好文士，故學士公卿詩風熾盛，凡此種種全是與詩有關的記載，雖然難以論斷是否為稗官野記，但文字有類於隨筆，與詩關涉則為詩話，缺乏「正史體尊，義與經配」的面貌，也與本紀「簡明有體」的要求相悖，對於釐清史事的關鍵度並不高，故館臣認為此類敘述，併於本紀的書寫之中，呈現了支蔓龐雜的狀況，可以看出，館臣分辨詩話文體與正史書寫的苦心。《總目‧載記類序》：

> 五馬南浮，中原雲擾，偏方割據，各設史官，其事迹亦不容泯滅，故阮孝緒作《七錄》，偽史立焉，《隋志》改稱霸史，《文獻通考》則兼用二名……曰「霸」、曰「偽」，皆非其實也。案《後漢書‧班固傳》稱撰平林、新市、公孫述事為「載記」，《史通》亦稱「平林」，下江諸人，《東觀》列為「載記」，又《晉書》附敘十六國亦云「載

〔註35〕 「上觀雜伎樂於麟德殿，歡甚，顧謂給事中丁公著曰：『此聞外間公卿士庶時為歡宴，蓋時和民安，甚慰予心。』公著對曰：『誠有此事。然臣之愚見，風俗如此，亦不足嘉。百司庶務，漸恐勞煩聖慮。』上曰：『何至於是？』對曰：『夫賓宴之禮，務達誠敬，不繼以淫。故詩人美「樂且有儀」，譏其屢舞。前代名士，良辰宴聚，或清談賦詩，投壺雅歌，以杯酌獻酬，不至於亂。國家自天寶已後，風俗奢靡，宴席以諠譁沉湎為樂。而居重位、秉大權者，優雜倡肆於公吏之間，曾無愧恥。公私相效，漸以成俗，由是物務多廢。獨聖心求理，安得不勞宸慮乎！陛下宜頒訓令，禁其過差，則天下幸甚。』時上荒于酒樂，公著因對諷之，頗深嘉納。」【後晉】劉昫：《舊唐書‧穆宗本紀》（臺北：鼎文出版社，1982 年），卷十六，頁 485～486。本文所引此書，均據此版本，為行文簡潔，其後引用，僅在文末註明卷期、頁數，不另註出版本。

〔註36〕 「上好為詩，每誦杜甫〈曲江行〉云：『江頭宮殿鎖千門，細柳新蒲為誰綠？』乃知天寶已前，曲江四岸皆有行宮臺殿、百司廨署，思復昇平故事，故為樓殿以壯之。」《舊唐書‧文宗本紀》，卷十七，頁 561。

〔註37〕 「庚申，幸龍首池，觀內人賽雨，因賦〈暮春喜雨詩〉。」《舊唐書‧文宗本紀》，卷十七，頁 564。

〔註38〕 「帝雅好儒士，留心貢舉。有時微行人間，採聽輿論，以觀選士之得失。每山池曲宴，學士詩什屬和，公卿出鎮，亦賦詩餞行。凡對臣僚，肅然拱揖，鮮有輕易之言。」《舊唐書‧宣宗本紀》，卷十八，頁 617。

記」，是實立乎中朝以敍述列國之名。〔註39〕

「載記類」是非中原正統國家的史書，《總目‧載記類序》敍晉元帝南遷，宋高宗偏安，中原戰爭紛擾，割裂而不一統，非中原正統的國家也各自設立了史官書寫歷史，遂有「僞史」與「正史」相對立，《隋志》改稱「霸史」，《文獻通考》兼用「僞史」與「霸史」二名，「僞霸之名，均甚不經，重內輕外，雖存夷夏之防，而尊此抑彼，已失是非之準」〔註40〕，所以四庫館臣沿用《東觀漢記》與《晉書》之例，改題爲「載記」。

宋‧馬令《南唐書》（又名《馬氏南唐書》）亦爲此類之屬，館臣云：「於詩話、小說不能割愛，亦不免蕪雜瑣碎，自穢其書」（《總目》，卷六十六，頁2-435），書中所載詩話有李璟〈新竹詩〉事〔註41〕，李煜〈渡中江望石城泣下〉詩〔註42〕，鍾謨〈貽耀州將〉詩〔註43〕，均是在史實之中，雜夾詩歌本事以爲敍述，這幾則文字，雖然也是記事的性質，但多是根據詩歌創作的，對於釐清詩歌外緣的理解具有作用，但是沒有任何扭轉史事的議論或輔證，僅僅是提供論詩及事的資料，似詩話而不似史部的文字，所以館臣依然認爲，此類文獻不宜置入「史部‧載記類」作品的書寫之中。

第三節 「詩話」與子部

子者，男子之通稱，也是稱呼所尊敬者用的字眼，所以孔門弟子纂集仲尼之言以成《論語》，恆稱其師爲「子」，周秦之世，百家爭鳴，統稱百家，

〔註39〕《總目‧載記類序》，卷六六，頁2-423左下～2-423右下。

〔註40〕張舜徽：《四庫提要敍講疏》（臺北：臺灣學生書局，2002年3月），頁98。

〔註41〕【宋】馬令：「嗣主諱璟，字伯玉，初名景通，烈祖元子也。美容止，器宇高邁，性寬仁有文學，甫十歲，吟〈新竹詩〉云：『棲鳳枝梢猶軟弱，化龍形狀已依稀。』人皆奇之。」《南唐書》（收於《文淵閣四庫全書》冊464，臺北，臺灣商務印書館，1983年），卷二，頁464-255右上。

〔註42〕「煜舉族閏雨乘舟，百司官屬僅千艘。煜渡中江，望石城泣下，自賦詩云：『江南江北舊家鄉，三十年來夢一場。吳苑宮闈今冷落，廣陵臺殿已荒涼。雲籠遠岫愁千片，雨打歸舟淚萬行。兄弟四人三百口，不堪閑坐細思量。』至汴口登普光寺，擎拳讚念久之，散施縐帛甚眾。」《南唐書》，卷五，頁464-273左上～右下

〔註43〕「既而江南拒命，世宗大怒，誅晟，及舘中二百餘人同死，獨赦謨，以爲耀州司馬。謨在耀州以詩貽其州將，其略云：『翩翩歸盡塞垣鴻，殷殷驚開蟄戶蟲。渭北離愁春色裏，江南家事戰塵中。』」《南唐書》，卷十九，頁646-336左上

則以「諸子」爲名〔註44〕,《總目・子部總敘》:「自六經以外,立說者皆子書也」(《總目》,卷九一,頁 3-1),其學說並非根源於六經說理的著作,均爲子書。關於子部的分類,館臣云:

> 可以自爲部分者,儒家之外,有兵家,有法家,有農家,有醫家,有天文算法,有術數,有藝術,有譜錄,有雜家,有類書,有小說家。其別教則有釋家,有道家。敘而次之,凡十四類。(《總目》,卷九一,頁 3-1)

與《隋志》相較,《總目》聚合名、墨、縱橫於雜家,並且將天文、曆數合併爲一類,將《隋志》的「五行類」更名爲「術數」,並且創立藝術、譜錄、類書和釋家四類。

　　詩話與子部的關涉,發生在「雜家類」與「小說家類」二者。「雜家」一類,前已述及,《隋志》的名家、墨家、縱橫家均合併入雜家一類,所涉甚廣,《總目・雜家類敘》:

> 雜之義廣,無所不包,班固所謂:「合儒,墨,兼名,法」也。變而得宜,於例爲善。今從其說,以立說者謂之「雜學」,辨證者謂之「雜考」,議論而兼敘述者謂之「雜說」,旁究物理臚陳纖瑣者謂之「雜品」,類輯舊文、塗兼眾軌者謂之「雜纂」,合刻諸書、不名一體者謂之「雜編」,凡六類。(《總目》,卷一一七,頁 3-539)

然而《總目》對於雜家類的編帙,未曾按照序言說解的順序排列成雜家類一爲「雜學」,雜家類二爲「雜考」之類,而是「雜家類一」爲「雜學」之屬,雜家類二與雜家類三爲「雜考」之屬,雜家類四、五、六,均爲「雜說」之屬,雜家類七,是爲「雜品」、「雜纂」、「雜編」之屬。宋・朱翌(1097～1167)的《猗覺寮雜記》,對於詩文史事,詳於考證,備載典據,故歸於「子部・雜家類二」,也就是辨證性質的「雜考」之屬,館臣云:「此編上卷皆詩話,止於考證典據,而不評文字之工拙」(卷一一八,頁 3-563 左下),似是認爲詩話的特性之中,不但要具備考證典據的內容,最好能夠兼及文字工拙的評論,而《猗覺寮雜記》止於考證典據的作法,雖然仍爲詩話內容的一部分,但缺乏評論文字工拙的能力,使此書詩話內容的價值偏低,是否因爲如此,而未入詩文評類?亦或詩話僅止於上卷,份量不足而未入詩文評類,館臣並沒有詳細的說明。

〔註44〕張舜徽:《四庫提要敘講疏》(臺北:臺灣學生書局,2002 年 3 月),頁 119。

「雜說」之屬，相關於詩話界義的說法較多，諸如宋‧朱弁（1085～1144）《曲洧舊聞》一書，雖在《文獻通考》列爲小說家〔註45〕，但是館臣認爲：

> 今考其書惟有神怪諧謔數條，不脫小說之體，其餘則多記當時祖宗盛德及諸名臣言行，而于王安石之變法，蔡京之紹述，分朋角立之故，言之尤詳。蓋意在申明北宋一代興衰治亂之由，深於史事有補，實非小說家流也。惟其中間及詩話、文評及諸考證，不名一格，不可目以雜史，故今改入之雜家類焉。（《總目‧曲洧舊聞提要》，卷一二一，頁 3-613 左下～3-614 右上）

這則提要指出雜家、小說家與詩話的分野，館臣認爲，書中帶有「於史事有補」的資料，即非小說家，而又兼具詩話文評，又不能歸於雜史類，所以入雜家類的雜說之屬，表示「議論而兼敘述」的混雜特性。宋‧羅大經（1195？～1252？）《鶴林玉露》一書，「其書體例在詩話、語錄之間，詳於議論而略於考證」〔註46〕，所以歸於雜說一類，呈現其議論而兼敘述的性質，其中的議論敘述的部分，與詩相關者，即爲詩話，與詩無關者，近乎語錄。宋代張端義《貴耳集》與《藏一話腴》亦是同樣的情況，而目爲雜說之屬。

宋代邵伯溫（1037～1134）、邵博（？）父子，分別著有《邵氏聞見錄》的「前錄」與「後錄」，館臣將二書歸入「史部‧小說家類」，大柢因爲是書「轉涉妖誣」〔註47〕、「參以神怪、俳諧」〔註48〕之故。然而館臣將二書相比，又出現了「然伯溫所記，多朝廷大政，可裨史傳」〔註49〕之語，《前錄》之可裨史傳，意同於《曲洧舊聞》「深于史事有補，實非小說家流」〔註50〕的性質，「參以神怪、俳諧」的成份，也近於《曲洧舊聞》：「神怪諧謔數，不脫小說之體」〔註51〕的狀況，應是館臣在雜家類與小說家類二者之間，方寸拿捏的差池，雖與「詩話」一體的界義無涉，但表現出館臣在歸類上，對於複雜難辨的作品，無法避免地會出現矛盾的立論與類聚。相同的矛盾出現在唐‧范攄（？）《雲溪友議》，此書歸入雜家類，館臣云：

〔註45〕【元】馬端臨：《文獻通考》（收於《文淵閣四庫全書》冊 610～616，臺北：臺灣商務印書館，1983 年），卷 217，頁 614-576 右下。

〔註46〕《總目‧鶴林玉露提要》，卷一二一，子部‧雜家類，頁 3-630 左上。

〔註47〕《總目‧聞見前錄提要》，卷一四一，子部‧雜家類，頁 3-977 右上。

〔註48〕《總目‧聞見後錄提要》，卷一四一，子部‧雜家類，頁 3-978 右下。

〔註49〕《總目‧聞見後錄提要》，卷一四一，子部‧雜家類，頁 3-978 右下。

〔註50〕《總目‧曲洧舊聞提要》，卷一二一，子部‧雜家類，頁 3-614 右上。

〔註51〕《總目‧曲洧舊聞提要》，卷一二一，子部‧雜家類，頁 3-613 左下。

> 然六十五條之中，詩話居十之八，大抵爲孟棨《本事詩》所未載。
> 逸篇瑣事，頗賴以傳。又以唐人說唐詩，耳目所接，終較後人爲近，
> 故考唐詩者，如計有功《紀事》諸書，往往據之爲證焉。（《總目·
> 雲溪友議提要》，卷一四〇，頁 3-947 右下～左下）

此書詩話的成分近於八成，成爲計有功《唐詩紀事》的重要材料，然而館臣
卻將計氏之書，歸於詩文評類，而此書歸於雜家類，可見得詩話文評成分的
高低，似乎不是館臣收入詩文評類的最高遵循原則，而僅僅是參考原則之一。
《雲溪友議》不入於詩文評類，在提要之中的線索，僅僅能推測爲「失於考
證」、「毀譽失當」、「多無忌之談」，故不能目爲詩文評的代表作品。相同的情
況，在明·徐伯齡《蟫精雋》的作品提要之中更爲明顯，此書亦歸於雜家類，
館臣云：

> 是書雜採舊文，亦兼出己說，凡二百六十一條，大抵文評、詩話居
> 十之九，論雜事者不及十之一。其體例略似孟棨《本事詩》。其多錄
> 全篇，又略似劉壎《隱居通議》。其中猥瑣之談，或近於小說。（《總
> 目·蟫精雋提要》，卷一二二，頁 3-646 右下）

是書的內容有十分之九爲詩話和文評，似應收入詩文評類，但「猥瑣之談，
或近於小說」，表示了館臣不甚認同書中論詩論文的見解，故收入雜家類中的
「雜說」，而不入詩文評類。

第四節　「詩話」與集部

　　在一般的概念之中，詩話作品在《四庫全書總目》之中，最適合的分類，
即爲「詩文評類」，但前述子部的作品之中，某些書籍的詩話份量高達九成，
卻無法歸入「詩文評類」，這樣分類的顯示館臣對「詩文評」這一個類別，其
實不僅僅是單純的作品區分，應該是有更高的期許，甚至是企圖建立詩文評
準則的一種心境。四庫館臣在〈詩文評類·敘〉中提到：

> 文章莫盛於兩漢，渾渾灝灝，文成法立，無格律之可拘。建安、黃
> 初，體裁漸備，故論文之說出焉，《典論》其首也。其勒爲一書、
> 傳於今者，則斷自劉勰、鍾嶸。勰究文體之源流，而評其工拙；嶸
> 第作者之甲乙，而溯厥師承：爲例各殊。至皎然《詩式》，備陳法
> 律；孟棨《本事詩》，旁採故實；劉攽《中山詩話》、歐陽修《六一

詩話》，又體兼說部。後所論著，不出此五例中矣。宋、明兩代，均好爲議論，所撰尤繁。雖宋人務求深解，多穿鑿之詞；明人喜作高談，多虛憍之論。然汰除糟粕，採擷菁英，每足以考證舊聞，觸發新意。《隋志》附總集之內，《唐書》以下，則竝於集部之末，別立此門。豈非以其討論瑕瑜，別裁眞僞，博參廣考，亦有禆於文章歟？〔註52〕

這段序言道出宋代詩文評作品繁多，而富於議論，但有穿鑿附會之嫌，必需經過揀選，才能還原舊聞，萌生新意。之所以別立出詩文評類，是因爲這些著作，評論作家作品的優劣、眞僞，供後人參考，有助於鑑賞文章之用。

「詩文評」一類，所收的作品，並非詩話、文評的成份極高而歸類分派的，前述徐伯齡《蟫精雋》一書，詩話、文評的比例占全書十分之九，但入於雜家，而非詩文評類。可知書籍中論詩談詩的成份極高，在內容或體例上符合詩話規範的作品，並不一定選入詩文評類，館臣別立「詩文評」一類，其實在選錄作品之時，已然對書籍的價值，有高下分判。

然而這些在《總目》之中，標舉爲詩文評代表的詩話作品，其中難免有不盡合於館臣之意的內容首體例，這些小小的缺點，附著在這些代作之中，使得四庫館臣猶如鯁之在喉，不吐不快，所以在《總目》卷一九五、一九六的詩話提要之中，館臣不厭其煩地辨證書中的考據失當、敘述錯差和體例不純的部分，生恐此類作品在《總目》被標示爲佳作之後，其中的糟粕，將會積非成是，誤導後世讀者，於是，二卷詩文評類的提要之中，館臣幾乎在每一則詳細批駁其中的弊病和缺失，有時甚至忙於糾正，而僅在結尾處忽然說明此書仍然「足以資鑑」云云，令讀者有天外飛來一筆的感受，前述〈石林詩話提要〉即爲一例，館臣批評葉夢得十六處「陰抑元祐諸人」的事例之後，突兀地以「夢得詩文，實南北宋間之巨擘。其所評論，往往深中窾會，終非他家聽聲之見，隨人以爲是非者比」〔註53〕作結，又《總目・韻語陽秋提要》，館臣說明此書虛誣、偏駁、附會等八種舛誤，最後忽言：「然大旨持論嚴正，其精確之處亦未可盡沒也」〔註54〕，可見這些收入詩文評類的作品，不論是細部條文帶有多少錯謬，其整體價值，在館臣的心目中，仍然是足以

〔註52〕《總目・詩文評類序》，卷一九五，詩文評類，頁5-215左下。
〔註53〕《總目・石林詩話提要》，卷一九五，詩文評類，頁5-226。
〔註54〕《總目・韻語陽秋提要》，卷一九五，詩文評類，頁5-229。

為論詩典範，甚有可取之處的。

　　《總目》既然將《蟬精雋》等，內容具備考證、評論、記事的作品，收於雜家類，且詩文評類多收「其例不純」、「不盡論詩語」的詩話作品，可見得具備考證、評論、記事的內容和完善的體例，並不一定能達到詩文評類的收錄標準，而是有深刻的考證、精闢的評論、詳實的記事，方能達到館臣的選入「詩文評類」的要求。是以具有優異考證特質的詩話作品，經常性位列詩文評一類品，館臣並在提要之中，出言稱許。諸如：「放在元祐諸人之中，學問最有根柢，其考證論議，可取者多」（《總目・中山詩話提要》，頁 5-221 右下）、「考王維詩中顛倒之字，亦頗有可採。略其所短，取其所長，未嘗不足備考證也」（《總目・臨漢隱居詩話提要》，頁 5-222 右下～左下）、「評論考證，亦多可取」（《總目・藏海詩話提要》，頁 5-227 右上），諸如此類的文字，都是在言說詩文評類詩話作品，考證方面的優異表現。

　　至於評論方面，前已述及，館臣有時以下斷語的方式，直接陳述，有時則以介紹性的方式，舉例說明。在詩文評類詩話作品之中，時見館臣對於其中的評論，予以褒揚，諸如：「顥議論多有根柢」（《總目・彥周詩話提要》，頁 5-224 右上）、「其論黃庭堅用崑體工夫而造老杜渾成之地，尤為窺見深際，後來論黃詩者皆所未及」（《總目・風月堂詩話提要》，頁 5-227 左上）、「其所見實在江湖諸人上，故沿波討源，頗能探索漢、魏、六朝、唐人舊法，於詩學多所發明」（《總目・對床夜語提要》，頁 5-241 右下～左下），由此可見，館臣已然將本身對於詩學的敘述、解釋和評論，視為可以駕馭歷代詩話作品的的判準，所以根據本身對許顥的看法，直下斷語，述其議論多有根柢；認同朱弁對黃庭堅詩歌創作論的詮說；將《對床夜話》和江湖諸人做高下不同的分判。所以〈詩文評類・敘〉中的「討論瑕瑜」，其實缺乏討論的空間，「別裁真偽」背後是清初詩學與官方論述的基調。

　　而記事一項，館臣則用記載完備、以資聞見、蒐輯之勞三種評語，表出詩文評類的詩話作品記事的殊勝之處，諸如：「然採摭繁富，五代軼聞瑣事，幾於搜括無餘，較之士禎原書，則賅備多矣」（《總目・五代詩話提要》，頁 5-254 左上）、「軼事逸文，絡繹其間，頗足以資聞見」（《總目・娛書堂詩話提要》，頁 5-238 右上）、「特錄存之，庶不沒其蒐輯之勤焉」（《總目・唐音癸籤提要》，頁 5-248 右下），這也是〈詩文評類序〉所提出的「博參廣考，亦有裨於文章」的路線。但是，一如前文所述，記事的準則是包括著所記之事

的正確性和書寫態度的嚴肅，涉及詩人軼事而不立足於詩歌、雜夾神怪小說之體、戲謔嘲諷之說，是不在《總目》「博參廣考」的範圍之內。

「宗旨」一事，在詩文評類作品提要中，屢屢出現，幾成詩文評類的選取準則。一如前述《環溪詩話》，館臣述此書「取法終高，宗旨終正，在宋人詩話之中，不能不存備一家也」〔註55〕，其他諸如《歲寒堂詩話》、《庚溪詩話》、《碧溪詩話》等書的提要：「大旨尊李、杜而推陶、阮，始明言志之義，而終之以無邪之旨，可謂不詭於正者」〔註56〕、「足維世教而正人心」〔註57〕、「其論詩大抵以風教爲本，不尚雕華。然徹本工詩，故能不失風人之旨」〔註58〕，也同樣表現了宗旨純正等讚美之詞。館臣將詩話中，述體變與談理論的內容，模糊地囊括在宗旨純正的考量之中，成爲選取詩文評類作品的指導原則，其最終的依歸，仍然是以官修書籍的道學面貌出現，尊奉維世教和正人心的規範，其「汰除糟粕，採擷菁英」的立定點，是背負政治壓力的使命而進行的。

〔註55〕《總目·環溪詩話提要》，卷一九五，詩文評類，頁 5-233。

〔註56〕《總目·歲寒堂詩話提要》，卷一九五，詩文評類，頁 5-228。

〔註57〕《總目·庚溪詩話提要》，卷一九五，詩文評類，頁 5-228。

〔註58〕《總目·碧溪詩話提要》，卷一九五，詩文評類，頁 5-229。

第陸章　《總目》詩話觀念的
特色與商榷

　　詩話自宋而興，歷經元、明而至清代，在內容和形式上有不少的改變，從最初以資閒談的作意開始詩話的創作，爾後愈來愈多講究詩話法式的專著，至清詩話以嚴肅的考證和評論書寫詩話，「與詩相涉」這一個指標，已經無法清楚說明詩話一體的要素。

　　因爲時代風氣的不同，詩話一體在內容、形式上的要求也逐代而異，清代四庫館臣承旨書寫提要，《四庫全書總目》別立「詩文評類」，表現出對「詩評」與「文評」的高度重視，以著錄書而言，詩文評類著錄六十四部書籍，其中四十八本屬詩話著作，另有四本是詩論夾雜文論，詩文評存目八十五部，其中六十二本詩話著作，另有另有六本兼論文章或詞曲，足見《總目》對詩話的關注。

　　《總目》形成於清高宗時期，乾嘉時期的學術主流可分爲二端，以姚鼐爲首的桐城派以古文理論爲中心思想，提出義理、考據、詞章三者合一的堅持；以戴震爲首的考據學派，則對桐城派以宋學立論的觀點進行抨擊，雖然二方是對立的狀況，但是就治學的態度而言，全是以考據爲基本工夫，二派之中，桐城派姚鼐、吳派戴震均曾入四庫館閣擔任纂修官〔註1〕，可見《總目》在一定程度上受到考據學的浸染。本章將借鑑福柯（Michel Foucault，1926～

〔註1〕　參見乾隆三十八年閏三月十一日〈辦理四庫全書處奏遵旨酌議排纂四庫全書應行事宜摺〉，收入中國第一歷史檔案館編：《纂修四庫全書檔案》（上海：上海古籍出版社，1997 年 7 月），頁 77。張升：《四庫全書館研究》（北京：北京師範大學出版社，2012 年 3 月），附錄一〈四庫館館臣表〉，頁 362、363。

1984）的「話語」理論，觀察《總目》如何運用提要形塑詩話作品。一如艾爾曼所言：

> 考據學就是一種話語，一種學術性譜系和意義，實證方法的形成、流行，展示了 17、18 世紀中國在語言使用和意義上的劇烈變化。作為思想學術事件，實證性樸學話語特點的逐步形成是基本學術觀念變化的反映。〔註2〕

《總目》以清代官修鉅著的姿態出現，當時的學風和政治環境自然影響提要的書寫，館臣們以考據學家的治學態度看待詩話作品，已經背離詩話「以資閒談」的原始作意。清廷恐懼「反清復明」，也影響明代詩話作品的收錄。清代詩學與宋、元、明等朝代的詩學見解不同，館臣如何整合不同的思想，給予詩話公允的評斷？乾隆的御覽裁定又讓《總目》中的詩話背負多少政治考量的包袱？清代的詩學框架會不會動搖某些詩話作品的歷史地位？這些都是本章剖析的重點。

第一節　考據學家的治學態度

在清高宗時期，最為興盛的一個學派即乾嘉學派，名之為「乾嘉」是以流行的時代做為名稱，如果用研究方法來定名，則為「樸學」：

> 稱之為樸學，則是指其學術風格而言，由於漢學以文字音韻、章句訓詁、典章制度為主要研究對象，以樸實的經史考證為研究方法，學風樸實謹嚴，故人們多以樸學賅而括之。當然，也有就其研究方法而言，稱之為考證學，或以其極盛時代而言，稱之為乾嘉漢學或乾嘉學派。〔註3〕

學風樸實嚴謹是乾嘉學派之所以又名為「樸學」的原因，然而，用這樣嚴謹的態度看待詩話，等於是把「以資閒談」的創作放在較為嚴肅的觀點下進行檢視，館臣如何調整自身嚴謹的治學態度，兼顧詩話「以資閒談」的輕鬆的作意，這是本節關懷的重心之一。

經由梁啟超的介紹可知，考據是乾嘉學派的重心。從桐城派義理、考據、詞章並重的論點來看，桐城派也將考據一事看得極重，這二個互不相容的學

〔註2〕【美】艾爾曼著、趙剛譯：《從理學到樸學——中華帝國晚期思想與社會變化面面觀》（南京：江蘇人民出版社，2011 年 9 月），頁 2。

〔註3〕黃愛平：《樸學與清代社會》（河北：河北人民出版社，2003 年 1 月），頁 40。

派居然有同樣的治學重心，可見當時「考據」實在是普遍使用的研究方法。每個派別都有不同的追隨者，每個派別也有其特有的、專精的學問。就樸學而言，梁氏曾以「正統派」稱呼樸學的學者，並且說：

> 正統派則爲考證而考證，爲經學而治經學。正統派之中堅，在皖與吳，開吳者惠，開皖者戴……惠戴齊名，而惠尊聞好博，戴深刻斷制，惠僅「述者」，而戴則「作者」也；受其學者，成就之大小亦因以異，故正統派之盟主必推戴。當時學者承流向風各有建樹者，不可數計，而紀昀、王昶、畢沅、阮元輩，皆處貴要，傾心宗向，隱若護法，於是茲派稱全盛焉。其治學根本方法，在「實事求是」、「無徵不信」；其研究範圍，以經學爲中心，而衍及小學、音韻、史學、天算、水地、典章制度、金石，校勘、輯逸等等。〔註4〕

紀昀身爲《總目》的總纂官，又是乾嘉學派的學者，其治學也是實事求是、無徵不信的態度，梁氏一一指出樸學學者研究範圍所擴及的層面，其中與詩話提要較爲相關的，除了他們最專精的考據之外，「校勘」和「輯逸」的問題，都曾在詩話提要中述及。

　　曾有學者將乾嘉學派分爲「民間學派」與「皇家學派」，所謂「皇家學派」即爲「四庫館派」：

> 筆者試圖對乾嘉考據學派提出新的二分，即民間學派與皇家學派。民間學派主要指在四庫開館之前的考據學派，代表人物爲惠棟和戴震、錢大昕等人。皇家學派得到清高宗的支持，其代表性人物爲紀昀、陸錫熊等人……四庫館派形成了一個學術共同體。其綱領性文件就是《四庫全書總目》。四庫館派不同於以往的民間學派，它有著深厚的皇家氣派。它代表官方發言，《總目》能夠反映出乾隆王朝的學術水準、文化政策等。〔註5〕

然而，就戴震曾經爲纂修官來看，將戴震與紀昀區分爲民間學派和四庫館派的代表，似乎不太妥當，筆者還是認爲，如果以四庫館臣的角度進行研究，乾嘉學派和桐城派二大主流學派的思想，都或多或少影響了《總目》，就詩話提要來看，考據學風的浸染，對詩話提要的書寫影響最深。

〔註4〕梁啓超：《清代學術概論》（臺北：臺灣商務印書館，1994 年 1 月），頁 8～10。

〔註5〕司馬朝軍：《《四庫全書總目》編纂考》（武漢：武漢大學出版社，2005 年 11 月），頁 739。

一、從「以資閒談」到「談藝有裨」

歐陽修《六一詩話》明確地指出「以資閒談」是詩話的功能，但是這樣閒散輕鬆的著書態度並不曾為館臣所引用，對於詩話的功能而言，《總目》較常使用的字詞是「談藝有裨」：

> 唐代詩人軼事頗賴以存，亦談藝者所不廢也。（《總目·本事詩提要》，頁218）

> 胡仔《苕溪漁隱叢話》、魏慶之《詩人玉屑》，網羅繁富，俱未及採錄。則（此書，指《藏海詩話》）在宋代已不甚顯，固宜表而出之，俾談藝者有考焉。（《總目·藏海詩話提要》，頁5-227）

> 其中所引，如《詩文發源》、《詩憲》、《蒲氏漫齋錄》之類，今皆亡佚不傳，賴此書存其一二。又世傳呂氏《童蒙訓》，非其全帙，此編修汪如藻家藏本書所採凡三十一條，皆今本所未載，亦頗足以資考證。較《詩話總龜》之類浩博而傷猥雜者，實為勝之，固談藝家之指南也。（《總目·修辭鑑衡提要》，頁5-244）

> 震亨蒐括唐詩，用力最劇。九籤之中，惟戊籤有刻，而所錄不出《御定全唐詩》之外，亦不甚行。獨詩話採擷大備，為《全唐詩》所未收。雖多錄明人議論，未可盡為定評，而三百年之源流正變，犁然可按，實於談藝有裨。特錄存之，庶不沒其蒐輯之勤焉。（《總目·唐音癸籤提要》，頁5-248）

> 舊事遺文，多資考證，固亦談藝之淵藪矣。（《總目·全閩詩話提要》，頁5-253）

就上述的提要觀察，館臣已將「閒談」置諸一旁，而用「談藝」一詞來敘述詩話的功能，「閒談」的輕鬆不見了，取而代之的是考據學家嚴謹治學的習氣。歐陽修著《六一詩話》，卷首自述：「居士退居汝陰而集以資閒談也」〔註6〕，指出詩話之作，是退休之後，匯集詩人詩事做為閒談的資料，因為是作意是輕鬆的，所以詩話中偶爾會出現不甚嚴謹的記述，諸如：

> 國朝浮圖以詩名於世者九人，故時有集號《九僧詩》。今不復傳矣。余少時，聞人多稱之。其一曰惠崇，餘八人，忘其名字也。余亦略

〔註6〕【宋】歐陽修：《六一詩話》（收入吳文治主編：《宋詩話全編》，南京：江蘇古籍出版社，1998年），頁213。

記其詩，有云「馬放降來地，鵰盤戰後雲」，又云「春生桂嶺外，人
在海門西」，其佳句多類此。〔註7〕

對於九位詩僧，歐陽修僅僅記得其中一人的名字，這便是隨筆記錄，不詳考
證，爲了閒談而錄的文字，但是館臣對這種態度顯然是不太同意的，《總目‧
六一詩話提要》提到這本詩話載有杜詩和西崑體的詩作，或可反駁歐公「不
喜杜詩」和「力矯西崑」之說，接著提到魏泰認爲歐公記「風暖鳥聲碎」爲
周朴詩是錯誤的，考唐人小說，其詩確爲周朴所作，並不是歐陽修誤記。最
後特別指出：「惟九僧之名頓遺其八，司馬光《續詩話》乃爲補之，是則記
憶偶疏耳」（《總目‧六一詩話提要》，頁 5-220），在整篇爲歐公辯解、做證
的文字之中，突然加了一個「惟」字，似乎認爲忘記八人姓名，乃是此書白
璧微瑕之處，雖然語氣上充滿寬貸，說是記憶偶疏，但提要記錄此事，就表
示對這則詩話是「有感」的，也就是說這樣的書寫態度無法滿足治學嚴謹的
館臣。然而歐陽修在篇首就曾經提出，此書的創作意圖在於爲閒談增添更多
的資料，所以用比較放鬆的態度書寫，館臣漠視詩話體一開始的作意，執拗
地用考據學家的治學態度看待北宋詩話，當然會產生諸多不滿。

　　館臣曾云：「北宋詩話惟歐陽修、司馬光及攽三家，號爲最古」（《總目》，
頁 5-221），其中「攽」指劉攽（1023～1089），有《中山詩話》。劉攽的個性
非常詼諧，喜好笑謔，《漁隱叢話》：

> 王平甫盛夏入館中，下馬，流汗浹衣，攽見而笑曰：「君眞所謂汗淋
> 學士也」，馬默爲臺官，彈攽輕薄，不當置在文館。攽曰：「既云馬
> 默，豈合驢鳴？」〔註8〕

劉攽嘲笑汗流浹背的同儕爲「汗淋學士」，被馬默彈劾之後，又本性難改，
拿馬默的名字作文章，說既是馬默，爲何與驢子合鳴，愛開玩笑的個性躍然
紙上。也因爲是這般性格，遭到了館臣的批評：「所載嘲謔之詞，尤爲冗雜。
攽好詼諧，嘗坐是爲馬默所彈。殆性之所近，不覺濫收歟」（《總目》，頁
5-221），所謂「嘲謔之詞」，是《中山詩話》所載：

> 劉子儀〈贈人詩〉云：「惠和官尚小，師達祿須干。」取下惠聖之和，
> 師也達，而子張學干祿之事。或有除去官字示人曰：「此必番僧也，

〔註7〕【宋】歐陽修：《六一詩話》（收入吳文治主編：《宋詩話全編》，南京：江蘇
　　　古籍出版社，1998 年），頁 211。

〔註8〕【宋】胡仔：《苕溪漁隱叢話》（收入吳文治主編：《宋詩話全編》第 4 冊，南
　　　京：江蘇古籍出版社，1998 年 12 月），頁 3899。

其名達祿須干。」聞者大笑。

文中引劉筠（971～1031）的〈贈人詩〉，劉攽指出首句是用柳下惠（BC720～BC621）的典故，《孟子・萬章》：「柳下惠，聖之和者也」〔註 9〕，次句是顓孫師（BC503～BC447）的典故，顓孫師曾向孔子請教「干祿」一事。〔註10〕但孔子在形容這個顓孫師用的是「師也辟」三個字〔註11〕，與「達」字無關，劉攽也許是將「賜也達〔註12〕」與「師也辟」相混。劉攽解釋完詩話又繼續說，這兩句詩如果拿掉了「官」字，變成「惠和尚小，師達祿須干」，劉攽說第二句「達祿須干」簡直就是番僧的名字。諸如此類，便是《總目》所說的「嘲謔之詞」。詩話本是以資閒談的作品，只要是與詩相涉，都可以收入詩話之中，但館臣用考據學家嚴肅治學的態度規範文章的內容，認為劉攽詩話中所載的嘲謔之詞均屬於「濫收」，這種以己身學術風格強勢框架文學作品的方式，充斥著官方霸權的評論意識。羅炳良指出，諸如戴震等人的文章思想可以推測，樸學家認為「清代樸學的產生正是自覺糾正歷代學術流弊的必然結果」〔註13〕，清代出現了眾多的考據學家，他們帶著這種自覺，對歷代學術進行批判，一朝「身處貴要」，進入四庫館擔任纂修官，用精要的考據方式驗收作品的是非，是正確的，但用嚴肅的治學態度規範所有的文體，難免有需要商榷之處。

二、輯存文獻的價值

從前一節所徵引的文獻可知，館臣所謂的「談藝有裨」，經常是站在詩話

〔註 9〕 【漢】趙歧注、【宋】孫奭疏：《孟子注疏》（收於《十三經注疏》，臺北：藝文印書館，2001 年），卷十，頁 176。

〔註10〕 事見《論語・為政》：「子張學干祿。子曰：『多聞闕疑，慎言其餘，則寡尤；多見闕殆，慎行其餘，則寡悔。言寡尤，行寡悔，祿在其中矣。』」參見【魏】何晏注、【宋】邢昺疏：《論語正義》（收於《十三經注疏》，臺北：藝文印書館，2001 年），卷二，頁 18。

〔註11〕 事見《論語・先進》：「柴也愚，參也魯，師也辟，由也喭。」參見【魏】何晏注、【宋】邢昺疏：《論語正義》（收於《十三經注疏》，臺北：藝文印書館，2001 年），卷十一，頁 98。

〔註12〕 《論語・雍也》：「曰：『賜也可使從政也與？』曰：『賜也達，於從政乎何有？』」參見【魏】何晏注、【宋】邢昺疏：《論語正義》（收於《十三經注疏》，臺北：藝文印書館，2001 年），卷六，頁 52。

〔註13〕 羅炳良：《清代乾嘉歷史考證學研究》（北京：北京圖書館出版社，2007 年 2 月），頁 7。

保存文獻的基礎上發言：《本事詩》因為保存了唐代詩人的軼事，所以「談藝
者不廢」；《藏海詩話》在宋代不顯，胡仔和魏慶之輯錄詩話為叢書都沒有收
錄，館臣由《永樂大典》中輯出，並著錄於詩文評類，並在提要中指出此書
「裨談藝有考」；《修辭鑑衡》因為保存了許多亡佚書籍的條文，被館臣稱為
「談藝家之指南」；《唐音癸籤》所收詩句多為《全唐詩》未載，故「談藝有
裨」；《全閩詩話》因為多記舊事遺文，所以是「談藝淵藪」，凡此種種，可以
看出《總目》所謂有助於談藝的詩話，均是因為保存了他書未載的文獻而得
到館臣的讚美，所以館臣所謂談藝有裨的背後，其實含藏了對於輯存文獻的
渴望。

　　為了便於「談藝有裨」，四庫館臣在詩話作品的提要中，對於「輯存」
特別重視。「輯」是從他書中搜尋已佚書籍的文字，「存」是保存現有的書籍
或文字。前已述及，在樸學的治學領域中，「輯佚」是其中一項，輯佚有廣、
狹二義，狹義的輯佚，專指輯佚書；廣義的輯佚，包括輯佚書、佚文、佚說。
〔註14〕館臣在編輯《四庫全書》時，也從《永樂大典》輯錄佚書，這些書籍，
有些也位列《總目》的著錄，可見清高宗對於文獻保存的重視。《總目·卷
首·凡例第三則》：

> 前代藏書率無簡擇，蕭蘭並擷，瑉玉雜陳，殊未協別裁之義。今詔
> 求古籍，特創新規，一一辨厥妍媸，嚴為去取。其上者悉登編錄，
> 罔致遺珠。其次者亦長短兼臚，見瑕瑜之不掩。其有言非立訓，義
> 或違經，則附載其名，兼匡厥繆。至於尋常著述，未越群流，雖贊
> 譽之咸無，究流傳之已久，準諸家著錄之例，亦並存其目以備考核。
> 等差有辨，旌別兼施，自有典籍以來，無如斯之博且精矣。（《總目》，
> 頁 1-34）

「博」與「精」二個字對於文獻而言，一般而言是矛盾的，「博」意謂「量多」，
「精」多半指「量少」，如何在兼顧「博」而做到「精」，其中的分寸是很難
拿捏的，但館臣兼顧「博」與「精」二者，在詩話作品的提要中，表現出「博」、
「精」二者拿捏的尺度，諸如：

> 而是集乃留心風雅，採撮繁富，於唐一代詩人或錄名篇，或紀本事，
> 兼詳其世系爵里，凡一千一百五十家。唐人詩集不傳於世者，多賴

〔註14〕司馬朝軍：《四庫全書總目研究》（北京：社會科學文獻出版社，2004年），頁
　　　354。

是書以存。(《總目‧唐詩紀事提要》,頁 5-229)

館臣盛讚詩話有保存文獻之功,許多的詩句和詩人軼事,都是經由此本的記載,而能流傳至今。〔註15〕郭紹虞亦言:「實則是書之長,不僅不傳於世者多賴以存,即膾炙人口者,亦有足資校勘之處」〔註16〕,其他如:《後村詩話》,館臣言:「所載宋代諸詩,其集不傳於今者十之五六,亦皆賴是書以存,可稱善本」(《總目‧後村詩話提要》,頁 5-236);《草堂詩話》載有方道醇、方銓等人註解杜詩的文字,均不見他書記載〔註17〕,從而得到館臣的好評;《竹莊詩話》載有《五經詩事》……許多失傳的詩話文字〔註18〕;《修辭鑒衡》載呂本中《童蒙訓》三十一則失傳的文字〔註19〕;《浩然齋雅談》所記佚篇斷闋,大部分都是他書所未載〔註20〕……這些詩話都因為有保存文獻的功勞,而得到館臣的讚美。

然而,文獻不經揀擇,全數收錄,僅僅做到卷首凡例所提示的「博」,而未盡到「精」的責任,也會遭到館臣的非議:

然密本詞人,考證乃其旁涉,不足為識。若其評騭詩文,則固具有根柢,非如阮閱諸人,漫然蒐輯,不擇精粗者也。宋人詩話,傳者

〔註15〕劉德重、張寅彭亦言:「《唐詩紀事》具有很高的資料價值,這體現在兩個方面:一是輯集了大量詩歌作品,有許多唐代詩人詩作都是靠它流傳下來的。二是從數百種前人著作中輯集了大量有關唐詩的資料,對於研究唐代詩人生平及其作品具有重要價值。」參見《詩話概說》(臺北:學海出版社,1993 年 12 月,頁 111。

〔註16〕郭紹虞:《宋詩話考》(臺北:學海出版社,1980 年 9 月),頁 74。

〔註17〕《總目‧草堂詩話提要》:「《宋史‧藝文志》載方道醇集諸家《老杜詩評》五卷,方銓《續老杜詩評》五卷。陳振孫《書錄解題》載莆田方道深續集諸家《老杜詩評》一卷,又載《杜詩發揮》一卷。今惟方道深書見於《永樂大典》中,餘皆不傳。然道深書瑣碎冗雜,無可採錄,不及此書之詳贍。近代註杜詩者,徵引此書,多者不過十餘則,皆似未見其全帙。此本為吳縣惠棟所藏,蓋亦希覯之笈矣」,頁 5-238。

〔註18〕《總目‧竹莊詩話提要》:「其所引證,如《五經詩事》、《歐公餘話》、《洪駒父詩話》、《潘子真詩話》、《桐江詩話》、《筆墨閒錄》、劉次莊《樂府集》、邵公序《樂府後錄》之類,今皆未見傳本。而呂氏《童蒙訓》論詩之語,今世所行重刊本,皆削去不載。此書所錄,尚見其梗概」,頁 5-239。

〔註19〕《總目‧修辭鑒衡提要》:「又世傳呂氏《童蒙訓》,非其全帙,此編修汪如藻家藏本書所採凡三十一條,皆今本所未載,亦頗足以資考證」,頁 5-244。

〔註20〕《總目‧浩然齋雅談提要》:「密本南宋遺老,多識舊人舊事,故其所記佚篇斷闋,什九為他書所不載。朱彝尊編《詞綜》,厲鶚編《宋詩紀事》,符曾等七人編《南宋雜事詩》,皆博採羣書,號為繁富,而是書所載故實,亦皆未嘗引據,則希覯可知矣」,頁 5-240

> 如林，大抵陳陳相因，輾轉援引。是書頗具鑒裁，而沉晦有年，隱
> 而復出，足以新藝苑之耳目，是固宜亟廣其傳者矣。（《總目·浩然
> 齋雅談提要》，頁 5-241）

> 然其中清詞佳句，採掇頗精，亦足資後學之觸發，故於近人詩話之
> 中，終爲翹楚焉。（《總目·漁洋詩話提要》，頁 5-249）

詩話層層轉引的現象，其實不止在宋代，元、明、清代的詩話仍然會出現轉
載轉引，《總目》認爲轉載轉引是無可厚非，但轉載轉引的資料應該要精於揀
擇。同樣的，選評詩句，也得擇優而論，如此一來，自然收錄的詩句爲「清
詞佳句」，有益於觸發後學。若是收錄的並非佳句，甚至還大加稱讚，館臣一
定提出批駁，例如《總目·後山詩話提要》：「裴說〈寄邊衣〉一首，詩格柔
靡，殆類小詞，乃亟稱之，尤爲未允」（頁 5-221）。

　　詩話終究是詩話，與詩無涉的字句，漫入詩話作品中，館臣總是不厭其
煩地記述這種小小的缺失，可見輯佚詩話還是要立定在「與詩相涉」的內容。
如果是總集或叢書式的詩話作品，若是刪撿得當，多能得到館臣的讚美，例
如：

> 其中有尤而效之者，如原本載羅隱〈謝表〉、殷文圭〈啓事〉本爲四
> 六駢詞，無關吟詠。他若李氏藏書、太原草檄、和凝之《詩癖符》、
> 桑維翰之《鑄鐵硯》、徐寅之獻〈過大梁賦〉，直成雜事，無預於詩，
> 一概從刪，殊有廓清之功。（《總目·五代詩話提要》，頁 5-253～254）

《五代詩話》原本是王士禎的作品，蒐羅五代的詩話文獻，但書籍未成而卒，
鄭方坤（？）身爲王氏的弟子，又得王氏舊稿，於是重爲補正，並且刪去與
詩無涉的文字，故四庫館臣稱其有「廓清之功」。

　　《總目》背負著考據學家的治學態度，對於輯存一事特別用心，不但
從他書之中輯出亡佚已久的詩話，並且對既有的詩話打造了一把既「博」且
「精」的量尺，認爲收錄或書寫詩話，應該摘擇清詞佳句入手，避免收錄無
事之詩或無詩之事，並且特別注意保存稀有珍貴的文獻，裨於談藝有考。從
輯存的角度看待館臣的工作，無疑是成功的，因爲他們對於輯存的用心，《藏
海詩話》等沉晦已久的書籍能夠重新面世，將《滄浪詩話》之前，宋人以禪
喻詩的脈絡完整補全；根據他們對於輯存的計較，後世收錄詩話可以引以爲
戒，朝著「廣」而「精」的方向再次出發，而不是漫無揀擇地拚命收錄，割
裂文集詩集中的語句做爲詩話的內容。

第二節　君師統合的政策

　　清代學術帶有強烈的經世目的〔註 21〕，一旦學而優則仕，學者們很難在學術的純粹、政治的力量二者間取得平衡。《四庫全書》的編纂，在文化意義來看，他們收錄、保存、評價書籍的數量，是其他目錄書籍無法達成的，功不可沒；但從政治的角度而言，他們也禁毀、壓仰、貶低了不少書籍。根據學者統計，乾隆從三十九年開始查輯禁書，凡書中字眼有「違礙」、「悖逆」均需銷毀，禁書時期的文字獄，數量是康、雍二朝的數倍〔註 22〕，編纂《四庫全書》實現了「寓禁於徵」的手段〔註 23〕，因為《四庫》的編纂而成書的《總目》，也帶有濃重的政治色彩。

　　吳哲夫：「館臣選書，處處含有強烈的君師統合理念。而為推動此項理念，則不得不從端正學術思想方面入手」〔註 24〕，《四庫全書》背負官修叢書的政治包袱，在收錄和禁毀之間充滿了思想箝的意味，那麼《四庫全書總目》這一部每篇都經過「御覽」的提要書，當然更是浸染了豐富的官方色彩。余嘉錫言《四庫全書總目》：「道、咸以來，信之者奉為三尺法，毀之者又頗過當」〔註 25〕，但《總目》確實是「前所未有，足為讀書之門徑」〔註 26〕，只要「小心以玩其辭意，平情以察其是非」〔註 27〕，就能善用《總目》。

　　《總目》從生成到定稿，其中經歷了多次的修定，諸如乾隆下旨刪除周亮工書籍，塗改與周亮工有關的文字記述，就使得《總目》得從頭檢視釐正，這一次一次的刪改，讓政治意味慢慢浮現。曾經有學者指出：

　　目前文學批評史研究對象大體是文學家個體的理論觀點，而作為代

〔註 21〕【美】艾爾曼著、趙剛譯：《從理學到樸學——中華帝國晚期思想與社會變化面面觀》（南京：江蘇人民出版社，2011 年 9 月），頁 11。

〔註 22〕黃愛平：《四庫全書纂修研究》（北京：中國人民大學出版社，1989 年 1 月），頁 38、77。

〔註 23〕劉沖：〈清朝文化政策與《四庫全書》的編纂〉（赤峰學院學報第 33 卷第 9 期，2012 年 9 月），頁 8。

〔註 24〕吳哲夫：《四庫全書纂修之研究》（臺北：國立故宮博物院，1990 年 6 月），頁 297。

〔註 25〕余嘉錫：《四庫提要辨證·序錄》（昆明：雲南人民出版社，2004 年 11 月），頁 44。

〔註 26〕余嘉錫：《四庫提要辨證·序錄》（昆明：雲南人民出版社，2004 年 11 月），頁 47。

〔註 27〕余嘉錫：《四庫提要辨證·序錄》（昆明：雲南人民出版社，2004 年 11 月），頁 44。

表統治階級整體的文學思想和文學政策就很少有人去研究了。它們未必都有很高的理論價值，但在當時對於整個社會的各個階層卻可能產生巨大的作用和影響因為統治階級的思想就是統治思想，只有了解統治階級的文學思想政策、最高統治者與統治集團主要成員的好惡，才能對各時代的文學風尚和審美趣味有比較根本的認識。因此，研究《總目》便具有十分重要和特殊的意義。〔註28〕

以詩話提要檢視《總目》中的統治思想，不但能了解當時的文學政策、政治考量，還原詩話作品的價值，使得學者在閱讀詩話提要時能清楚地「察其是非」。

一、對「朋黨」的排斥

「朋」是友好的意思，但是加上了「黨」，則割裂了群體，表現出私心，出現負面的意義〔註29〕，子曰：「君子矜而不爭，群而不黨」〔註30〕，表示君子從不結黨營私的意義。而中國歷史黨禍不斷，漢有黨錮事件，唐有牛李黨爭，宋有新舊黨爭，明有東林黨。在政治的角度而言，朋黨是為了「保持和增加政治權力為目的」〔註31〕，朋黨相爭的結果，嚴重者甚至使國力衰敗。〔註32〕在學術的角度而言，朋黨的結合是為了攻擊異說，所以爭論不休。

清代對朋黨深惡痛絕，自順治十七年（1660）正月，已嚴禁大小官員私交私宴、慶賀饋送、投刺往來〔註33〕，目的就在於防止朋黨的產生。乾隆藉

〔註28〕 吳承學，〈論《四庫全書總目》在詩文評研究史上的貢獻〉(《文學評論》，1998年第 6 期)，頁 132。

〔註29〕 根據徐洪興的說法：「『朋』字的原始含義是鳳，鳳為百鳥之王，鳳飛而成千上萬的鳥跟在後面，由此引申出『朋黨』這個詞。從這個解釋來看，『朋黨』一詞似無褒貶的含義。但在戰國以來的歷史文獻中，『朋黨』一般是一個專門的貶義詞，特別是秦漢以後，它專指官僚士大夫中那些為了自私的目的而相互勾結、樹立黨羽的小團體。」《朋黨與中國政治》(香港：中華書局，1992年 4 月)，頁 1～2。

〔註30〕 參見【魏】何晏注、【宋】邢昺疏：《論語正義》(收入《十三經注疏》，臺北：藝文印書館，2001 年 12 月)，衛靈公篇，頁 140。

〔註31〕 雷飛龍：《漢唐宋明朋黨的形成原因》(臺北：韋伯文化，2002 年 9 月)，頁 14。

〔註32〕 參見【明】夏允彝：〈幸存錄〉(收入【清】留雲居士輯：《明季稗史‧初編》，臺北：臺灣商務印書館，1936 年 12 月)，卷 14，頁 287。

〔註33〕 金性堯：《清代筆禍》(北京：紫禁城出版社，2010 年 4 月)，頁 10。

由《總目》一書，實踐君師統合的政治手段，打擊朋黨也在手段之列。《總目》云：

> 宋明人皆好議論，議論異則門戶分，門戶分則朋黨立，朋黨立則恩
> 怨結。恩怨既結，得志則排擠於朝廷，不得志則筆墨相報復。（《總
> 目》，卷四五，頁 2-2）

〈史部總敘〉字字句句寫出對朋黨的深惡痛絕。相同的好惡也在詩話的提要
中顯現，其中表現最爲明顯的首推北宋新舊黨爭，館臣常將北宋文人以「新
黨」、「舊黨」區分，即支持變法者爲新黨，而變法始於神宗熙寧年間，故又
名「熙寧派」，神宗之後，哲宗繼位，改年號爲「紹聖」，意即「紹述神宗變
法之志」，所以新黨也稱做「紹述派」。哲宗親政之前，太后輔政，改年號爲
「元祐」，盡罷新法，重用舊黨人士，故舊黨亦名爲「元祐派」。

　　館臣用新舊黨爭檢視詩話最明顯的證據有二則：一是《臨漢隱居詩話》，
作者魏泰（？）是新黨曾布的姻親，館臣言：

> 及作此書，亦黨熙寧而抑元祐，如論歐陽修則恨其詩少餘味，而於
> 「行人仰頭飛鳥驚」之句，始終不取；論黃庭堅則譏其自以爲工，
> 所見實僻，而有「方其拾璣羽，往往失鵬鯨」之題；論石延年則以
> 爲無大好處；論蘇舜欽則謂其以奔放豪健爲主；論梅堯臣則謂其乏
> 高致。惟於王安石則盛推其佳句，蓋堅執門戶之私，而甘與公議相
> 左者。（《總目》，頁 5-222）

文中所提到的石延年（994～1041）、蘇舜卿（1008～1048）、梅堯臣（1002～
1060）三人，早在黨爭之前已經去世，僅僅是在世時的交友比較偏於舊黨，
根本不屬於舊黨人士，魏泰對這些人的評論不論是好是壞，都與「門戶之私」
無關。

　　另有《石林詩話》，作者葉夢得（1077～1148）爲蔡京的門客，夢得女婿
又是章惇之孫，而被館臣視爲新黨人物：

> 是編論詩，推重王安石者不一而足。而於歐陽修詩，一則摘其評河
> 豚詩之誤，一則摘其語有不倫，亦不復改，一則摭其疑夜半鐘聲之
> 誤。於蘇軾詩，一則譏其繫瓁割愁之句爲險譎，一則譏其捐三尺字
> 及亂蛙兩部句爲歇後，一則譏其失李鷹，一則譏其不能聽文同，一
> 則譏其石建媮廁之誤，皆有所抑揚於其間。蓋夢得出蔡京之門，而
> 其婿章沖則章惇之孫，本爲紹述餘黨，故於公論大明之後，尚陰抑

元祐諸人。（卷一九五，頁 5-226）

《總目》因葉夢得為蔡京門客，又是章惇姻親，即將此書所論蘇黃之弊，歸於黨熙寧而抑元祐之作。其實，夢得不但是蔡京的門客，也是晁君誠的外孫、晁無咎的外甥〔註 34〕，北宋晁氏家族多是舊黨重要的人物，可見此人雖與新黨關係密切，與舊黨更有血緣之實，《總目》完全忽略這一層關係，應該是館臣失察。況且《宋史》有載，夢得嘗與蔡京據理以爭〔註 35〕，並非如同郭紹虞所言，是為「阿附蔡京得官」〔註 36〕之輩，尤其《石林詩話》中，對歐、蘇其實讚譽有加，例如說歐詩「婉麗雄勝，字字不失相對」（《宋詩話全編》冊 3，頁 2689）、說蘇詩「天生作對，不假人力」（《宋詩話全編》冊 3，頁 2692），但館臣對這些文字視而不見，僅就指正蘇黃之處大肆批評，殊為可議。

相較於新舊黨爭，館臣對於其他具有朋黨背景的作者，用詞就沒有那麼激烈，例如《歲寒堂詩話》，作者是南宋時代的張戒，館臣敘其「黨於趙鼎、岳飛」，力沮秦檜和議，而與趙鼎並逐，根據這個理路，最後得出「蓋亦鯁亮之士也」（《總目》，頁 5-227）的結論，對於力阻秦檜和議的張戒，表示讚美，但也不經意地流露出館臣對南宋初年「和」與「戰」的分立，表現出反對和議的心態。

其他如《後村詩話》的提要：「謂杜牧兄弟分黨牛、李以為高義，而不知為門戶之私」（《總目》，頁 5-537）；讚美王世懋《藝圃擷餘》：「皆能不為黨同伐異之言」（《總目》，頁 5-248），一則貶斥劉克莊不明朋黨對立即為門戶之私，一則稱許王世懋不以黨同伐異，這些都是清代反對朋黨分立的政治考量滲入詩話提要寫作的痕跡。

館臣既然認為朋黨對立是不正確的、應該避免的，那麼運用朋黨為凝視作品的視角大可不必，時至清代，牛李黨爭、新舊黨爭、東林黨爭……都已是過眼雲煙，館臣用黨派分立前代的詩話作者，只是再一次將黨爭的餘焰重新燃燒，尤其語詞間透顯對於某些黨派的偏好，更是使得《總目》的評斷失卻公平公正的立場。

〔註 34〕 【宋】葉夢得：「外祖晁君誠善詩。」《石林詩話》（收於《宋詩話全編》冊 3，南京：江蘇古籍出版社，1998 年），卷上，頁 2691。

〔註 35〕 【元】脫脫：《宋史·葉夢得傳》（臺北：鼎文書局，1978 年），卷四四五，文苑七，頁 13133。

〔註 36〕 《宋詩話考》，頁 33。

二、對明代作品的壓抑

清高宗下詔編輯《四庫全書》一方面是宣揚文教，一方面是徹底清除反清的著述，先是以纂修爲由，向民間徵收書籍，接著逐一考察書中是否有「違礙」的字句，若是有所發現，輕則改竄書中的字句，重則查禁是書，焚毀書板。

> 《四庫全書》的纂修常爲人視爲一種文化壓制，它當然存在陰暗的一面，曾使兩千多種書籍毀於乾隆（1735～1795）清除圖書文獻中反滿意識的行動，其中大多數是晚明著作。清廷責成那些負責向各地藏書家借閱、購買纂修《四庫全書》所需要圖書的官員審查所搜集的圖書中的反滿思想。〔註37〕

乾隆對於編纂《四庫全書》一事用力甚勤，徵書、禁書、刪改書中字句……大小瑣事都細細追究：

> 前因彙輯《四庫全書》諭各省督撫遍爲採訪，嗣據陸續送到各種遺書，令總裁等悉心校勘，分別「應刊」、「應鈔」及「存目」三項，以廣流傳。第其中有明季諸人書集詞意牴觸本朝者，自當在銷燬之列。節經各督撫呈進，並飭館臣詳細檢閱，朕復於進到時親加披覽，覺有不可不爲區別甄核者。如錢謙益在明已居大位，又復身事本朝，而金堡、屈大均則又遁跡緇流，均以不能死節，靦顏苟活，乃托名勝國，妄肆狂狺，其人實不足齒其書，豈可復存？自應逐細查明，槩行燬棄，以勵臣節而正人心。（《總目・卷首》，乾隆四十一年十一月十七日上諭，頁 1-7～8）

如同引文中所提及，追究「詞意牴觸」，是從明季的作品開始的，其後更擴及整個明代作品，處理的結果有「全毀」、「抽毀」二種，全毀者多是明亡而不死節之士，抽毀多爲「明人或明以前人偶有涉及滿洲之地理人種，則抽毀其不美之記載」，少部分爲「托辭道德」，假借維持世道人心而抽刪書籍。〔註38〕

從編纂《四庫全書》衍生出一連串的文化整飭，也波及到《總目》。就詩話提要來看，宋代詩話收入《總目》者，計有著錄書三十四部、存目書十三部；明代詩話的著錄書僅有五部，存目書三十四部，兩者數量上非常懸殊。

〔註37〕【美】艾爾曼著、趙剛譯：《從理學到樸學──中華帝國晚期思想與社會變化面面觀》（南京：江蘇人民出版社，2011 年 9 月），頁 11。

〔註38〕參見郭伯恭：《四庫全書纂修考》（長沙，岳麓書社，2010 年 12 月），頁 41。

根據吳文治統計，現存宋詩話單獨成書者有一百七十餘種〔註39〕，明詩話有一百二十餘種〔註40〕，總的來看，宋、明代詩話收入《總目》的比率是差不多的，但是單就著錄書來看，宋詩話的份量，是明詩話的七倍，宋代詩話有三十四種著作完整保存在《四庫全書》之中，而明代詩話僅有五種，《總目》對明詩話的壓抑可見一般。

　　除了明代詩話著錄較少之外，《總目》在提要的書寫中，對明代的作品與作者，也採取較為嚴厲的批評：

> 大抵門戶搆爭之見，莫甚於講學，而論文次之。講學者聚黨分朋，往往禍延宗社；操觚之士，筆舌相攻，則未有亂及國事者。蓋講學者必辨是非，辨是非必及時政，其事與權勢相連，故其患大。文人詞翰，所爭者名譽而已，與朝廷無預，故其患小也。然如艾南英以排斥王、李之故，至以嚴嵩為察相，而以殺楊繼盛為稍過當。豈其捫心清夜，果自謂然？亦朋黨既分，勢不兩立，故決裂名教而不辭耳。至錢謙益《列朝詩集》更顛倒賢姦，彝良泯絕，其貽害人心風俗者，又豈尠哉！今掃除畛域，一準至公。明以來諸派之中，各取其所長而不回護其所短，蓋有世道之防焉，不僅為文體計也。（《總目・集部總敘》，頁4-2）

張舜徽指出：「講學家門戶之爭，始於宋而盛於明……論文之有門戶，亦以明人為甚」〔註41〕，其後敘言舉例艾南英、嚴嵩、錢謙益均為明人，《總目》對於明代文人與作品的批評，常是如此嚴厲而激烈，故張氏言：「逞愛憎之私，失是非之公」。〔註42〕除了史部、集部的總敘之外，《總目》也在詩話的提要中顯示出貶抑明人的語詞：

> 雖多錄明人議論，未可盡為定評，而三百年之源流正變，犁然可按。
> （《總目・唐音癸籤提要》頁5-248）

> 凡涉於詩者多所記錄，時以己意品題，而議論考據多無根柢，猶明

〔註39〕吳文治主編：《宋詩話全編・重印說明》（南京，江蘇古籍出版社，1998年），頁1。

〔註40〕吳文治主編：《明詩話全編・重印說明》（南京，江蘇古籍出版社，1998年），頁1。

〔註41〕張舜徽：《四庫提要敘講疏》（臺北：臺灣學生書局，2002年3月），頁195、196。

〔註42〕張舜徽：《四庫提要敘講疏》（臺北：臺灣學生書局，2002年3月），頁196。

季山人之餘緒也。（《總目‧柳亭詩話》，頁 5-277）

《總目》認爲明人的議論總是空疏無據，尤其明季文人最爲館臣詬病，《珂雪詞》的提要言：「舊本每調之末必列王士禎、彭孫遹、張潮、李良年、曹勳、陳維崧等評語，實沿明季文社陋習，最可厭憎，今悉刪除以清耳目」、《頻陽四先生集》提要：「明季標榜之習，大率如斯」，在館臣的看法中，明季文人成群結黨，互相標榜，議論空泛，不符合清代謹嚴的考據學風，更犯下清代痛恨朋黨的政治忌諱。

明代知名的文人群體繁多，明初有閩中十子、北郭十友、台閣體、性氣派、茶陵派，中期有前七子、吳中派、唐宋派、後七子、青溪詩社、嘉隆末五子等，後期有公安派、竟陵派、豫章社、幾社、應社、復社。而《總目》收入著錄者五人：李東陽、安磐、楊慎、王世懋、胡震亨。其中後四人均不屬於任何一個知名群體，僅李東陽屬茶陵派，但是「茶陵派」這個名稱在《總目》之中從未出現，館臣可能將李東陽歸爲無黨無派，是以將其作納入著錄。鄧富華曾言：「《總目》對爭門戶、好標榜的現象多有批評……也正基於此，《總目》對那些不甚依附門派的詩人表現出異乎尋常的推崇」〔註43〕，這樣的現象正表示了《總目》因爲政治考量的因素，對於朋黨嚴重的摒斥。

三、「宗旨」的標舉

詩話起始於「以資閒談」，只要是與詩相關的文字都可以收入其中，不論詩體、詩人、詩句、詩風，都是討論的對象，並沒有一定的規範。但館臣屢屢言及「宗旨」一事，強勢爲作品建立一套標準，做爲良好的示範。如〈歲寒堂詩話提要〉：「大旨尊李、杜而推陶、阮，始明言志之義，而終之以無邪之旨，可謂不詭於正者」〔註44〕，《歲寒堂詩話》力主言志，終以無邪的要旨〔註45〕，所謂「言志之義」，是指眞實的思想感情，「無邪之旨」，即爲純正的

〔註43〕鄧富華：《《四庫全書總目》明詩批評述論》（哈爾濱師範大學社會科學學報，2013 年第 2 期），頁 115。

〔註44〕《總目‧歲寒堂詩話提要》，卷一九五，詩文評類，頁 5-228 右上～左上。

〔註45〕【宋】張戒：《歲寒堂詩話》：「〈詩序〉有云：『詩者志之所之也，在心爲志，發言爲詩，情動于中而形于言。』其正少，其邪多，孔子刪《詩》，取其思無邪者而已。自建安七子、六朝、有唐及近世諸人思無邪者，惟陶淵明、杜子美耳。餘皆不免落邪思也。」（收於丁福保：《續歷代詩話‧上》，臺北：藝文印書館，1983 年 6 月），卷上，頁 561。

內容主旨〔註 46〕。《歲寒堂詩話》因爲力主言志和思無邪，受到館臣大力推崇，加上張戒認爲唐諸臣吟詠楊妃的創作，多爲無禮之作，僅杜甫〈哀江頭〉書寫楊太眞之事，能準確地拿捏分寸，不以兒女情事爲主軸，而是著眼於安史之亂的沉痛〔註 47〕，所以館臣言：「其論唐諸臣詠楊太眞事，皆爲無禮，獨杜甫立言爲得體，尤足維世教而正人心」〔註 48〕，可見詩話作品的宗旨若是站在維繫世教和導正人心的基準上，《總目》都給予較高的價值。

《環溪詩話》是吳沆門人記述其師論詩之語，裒集而爲詩話，此書也因爲宗旨純正，而受到《總目》的稱許。書中以杜甫爲一祖，李白、韓愈爲二宗〔註 49〕，四庫館臣謂：「取法終高，宗旨終正，在宋人詩話之中，不能不存備一家也」〔註 50〕，可見得詩話的宗旨，不但是《總目》介紹的重點，也是收存著錄的選擇標的。

《總目》述及黃徹的詩話：「其論詩大抵以風教爲本，不尚雕華。然徹本工詩，故能不失風人之旨，非務以語錄爲宗，使比興之義都絕者也」〔註 51〕，指出黃徹論詩以《詩經》的風教爲根本，主張樸實，不務雕飾詞藻，其旨在承續《國風》諷諫的作用，不以語錄記述爲主要表現，而能展現比興的技巧。然而，郭紹虞對館臣的說法，並不十分贊同：

〔註 46〕劉德重、張寅彭：《詩話概說》（臺北：學海出版社，1993 年），頁 67。

〔註 47〕【宋】張戒：《歲寒堂詩話》：「楊太眞事唐人吟詠至多，然類皆無禮。太眞配至尊，豈可以兒女語黷之耶？惟杜子美則不然，〈哀江頭〉云：『昭陽殿裏第一人，同輦隨君侍君側』，不待云『嬌侍夜』、『醉和春』，而太眞之專寵可知，不待云『玉容』、『梨花』，而太眞之絕色可想也。至于言一時行樂事，不斥言太眞，而但言輦前才人，此意尤不可及。如云：『翻身向天仰射雲，一笑正墜雙飛翼』，不待云『緩歌慢舞凝絲竹，盡日君王看不足』，而一時行樂可喜事，筆端畫出，宛在目前。『江水江花豈終極』，不待云『比翼鳥』、『連理枝』、『此恨綿綿無盡期』，而無窮之恨，〈黍離〉麥秀之悲，寄于言外。題云〈哀江頭〉，乃子美在賊中時，潛行曲江，觀江水江花，哀思而作。其詞婉而雅，其意微而有禮，眞可謂得詩人之旨者。」（收於丁福保：《續歷代詩話·上》，臺北：藝文印書館，1983 年 6 月），卷上，頁 550～551。

〔註 48〕《總目·歲寒堂詩話提要》，卷一九五，詩文評類，頁 5-228 右上～左上。

〔註 49〕【宋】吳沆：「環溪仲兄嘗從容謂：『古今詩人既多，各是其是，何者爲正？』環溪云：『若論詩之好，則好者固多，若論詩之正，則古今惟有三人，所謂一祖二宗，杜甫、李白、韓愈是已。』」參見《環溪詩話》（收入吳文治主編：《宋詩話全編》冊三，南京：江蘇古籍出版社，1998 年），頁 4343。

〔註 50〕《總目·環溪詩話提要》，卷一九五，詩文評類，頁 5-233 右上。

〔註 51〕《總目·䂬溪詩話提要》，卷一九六，詩文評類，頁 5-229 左下。

是書特點在以風教言詩，斯固然矣。「然以守正之過，至拘執不得詩
人之意者，亦往往有之」，張宗泰所言正中其病。蓋砥節礪行是其所
長，但拘執於道學家之見，全以封建道德之標準以論詩則難通矣。
若從此點以推尊此書，適成爲美化糟粕而已。〔註52〕

郭氏說出了《總目》特重詩話宗旨的弊病。詩話一體，根源於談詩論詩而來，
若是過於強烈地表彰封建道德意識，將會削弱作品審美能力的敘述，並且拘
限詩人自由創作的意志，對於詩歌與詩話而言，這樣的桎梏，並不適當。是
以郭紹虞明言，《總目》將「以風教爲本」的特色，做爲《碧溪詩話》的最
重要的優點，這樣的作法，其實是揚其糟粕而棄其精華。

第三節　清代詩學的特色

　　清代詩學也多少給予《總目》書寫的框架，四庫館臣本身對於詩學的品
味，影響了提要的寫作，以致於在作品價值的高下，夾帶清代詩學的好惡。

乾隆時期國力強盛，士人心態，相對說來，比較平和。當時的詩學
比較注重審美和藝術的方面。沈德潛講溫柔敦厚，講格調，符合盛
世氛圍。袁枚的性靈說，也多少體現了盛世開放的胸襟。翁方綱主
肌理，則與當時的考據學風有密切的關係。〔註53〕

格調說、性靈說和肌理說，是清代三大詩學，對《總目》而言，最直接的承
繼是以翁方綱的肌理說爲主，翁氏的分纂稿是現今所見分纂稿數量最多的作
者，他以儒家思想爲底蘊，以考據學的方式進行詩歌的闡述，隨之而發生的，
是尊杜和尊元祐的詩學視角。

一、肌理說

　　翁方綱學問宏富，精考據、金石之學，善書法，詩歌著作宏富，袁枚曾
譏其詩作爲抄書，認爲翁氏作詩彷彿在兜售學問，泯滅性靈，強烈地建立性
靈說和肌理說的對立面。翁氏以考據入詩的方式，是清代考據學風大盛的延
伸，只有考據學家堅實的學問背景，才能擔當這種做詩的方法。

　　身爲考據家的翁方綱，摒棄了宋儒「以理言詩」的外表形式，而是

〔註52〕郭紹虞：《宋詩話考》（臺北：學海出版社，1980年9月），頁66～67。
〔註53〕王濟民：《清乾隆嘉慶道光時期詩學》（成都：巴蜀書社，2007年8月），頁7。

　　將儒家思想與經典研究方法融入詩歌創作，試圖以考據學統治詩
學，於是總結前人以條理、道理論詩，熔冶提煉，鑄成與官方學術
相契合的「肌理」說。〔註54〕

翁氏論詩最喜歡用「肌理」二個字，如「逢原詩學韓、孟，肌理亦粗」〔註55〕，
「貴山較之東坡，亦自不免肌理稍粗」〔註56〕，「肌理」本身就有細密的特點，
所謂的「理」，涉及詩的內容和形式，指一個人安身立命之所持，萬物本身的
秩序，事件背後的意蘊，音韻聲律的規範等等。〔註57〕從這樣的理路來看，
將「肌理說」放置到詩話內容和形式中作用，也會出現對於內容和形式有更
細膩的要求，如果從這樣的角度看待《總目》對詩話內容與形式的偏好，就
不難理解「詩話」這個從未被嚴格規範的文體，爲什麼到了清代四庫館臣時，
會在內容在形式上透顯較多的要求。

　　宋、元、明、現代對於詩話並沒有強烈要求考證的存在，詩話可以單
純記事、評詩，而不以考證爲基礎，但是館臣將沒有考證資料的詩話作品
列爲特例，已然加重「考據」存在於詩話的份量。「翁方綱有一大貢獻就是
提倡肌理說，將當時盛行的考據方法及樸實求是精神引入詩論和詩歌創作
中」〔註58〕，根據《總目》的詩話提要，考據學風的盛行和翁氏詩學的底
蘊，都相當程度地浸染了對詩話作品的評議，《總目》的每一則詩話提要幾
乎都是使用考據的方式證成作品的價值，而作品考據工夫的精粗也是館臣評
述的重點。

　　翁氏所著《石洲詩話》論詩的種種，幾乎與提要的觀點一致，可見肌理
說幾乎是《總目》最重要的詩學框架。「所爲詩，自諸經注疏，以及史傳之考
訂、金石文字之爬梳，皆貫徹洋溢其中，論者謂能以學爲詩」〔註59〕，從詩
歌之中貫注經史考證，將經史考證化衍爲詩歌，這也是翁氏愛讀杜詩的原因，
蓋杜甫以詩史著名，其詩作亦史料，史料化而爲詩，其途徑正與翁氏相符。

〔註54〕陳居淵：《清代樸學與中國文學》（南昌：百花文藝出版社，2000年6月），頁4。
〔註55〕【清】翁方綱：《石洲詩話》（收入郭紹虞：《清詩話續編》，上海，上海古籍
　　　　出版社，1999年6月），頁1422。
〔註56〕同上註，頁1448。
〔註57〕王濟民：《清乾隆嘉慶道光時期詩學》（成都：巴蜀書社，2007年8月），頁
　　　　49、51。
〔註58〕陳曉華：《《四庫全書》與十八世紀的中國知識份子》（北京：社會科學文獻出
　　　　版社，2009年11月），頁363。
〔註59〕趙爾巽：《清史稿‧翁方綱傳》（北京：北京中華書局，1998年），頁3430。

「元祐」這個概念可以說是年號，始於宋哲宗元年（1086）終於哲宗八年（1093）；也可以說是宋代黨人碑的冠名〔註60〕；也可以說是一種詩體，嚴羽《滄浪詩話》載「元佑體」，下註「蘇黃陳諸公」〔註61〕；也可以說是一群詩人，諸如《總目·庚溪詩話提要》：「於元祐諸人徵引尤多，蓋時代相接，頗能得其緒餘，故所論皆具有矩矱」（《總目》，卷一九五，頁5-228）、《石洲詩話》：「宋之元祐諸賢，正如唐之開元、天寶諸賢，自有精腴，非徒雄闊」〔註62〕、「邢惇夫居實才氣橫逸，其〈明妃引〉乃十四歲作，而奄有元祐諸公之氣勢。東坡、山谷皆惜之」〔註63〕，「元祐諸公」是《石洲詩話》評論宋詩時，經常提到的字眼，《總目》與《石洲詩話》不約而同，將「元祐」北宋的詩人群體，在他們的見解中，元祐不僅僅是蘇、黃、陳而矣，歐陽修、石延年（994～1041）、蘇舜卿（1008～1048）也在其內〔註64〕，這個奇怪的泛稱在《總目》與翁氏的著作不約而同的出現。

翁氏的詩學見解也與《總目》詩話作品的評述，出現重疊的狀況。諸如稱讚司馬池（980～1041）〈行色詩〉，翁方綱云：「宋初司馬池〈行色詩〉，或謂范文正〈野色詩〉足以配之」〔註65〕，《總目·續詩話提要》：「其父〈行色〉詩，相沿傳誦」〔註66〕；又如評論《娛書堂詩話》，翁方綱云：「《娛書堂詩話》謂詩有以法家史文語爲對者，如東坡七月五日作『避謗詩尋醫，畏病酒入務』之類。後來陸放翁亦時有之，然究非雅道也」〔註67〕，館臣云：

〔註60〕 「元祐黨人碑」，是宋徽宗崇寧年間，新黨迫害舊黨所立的石碑，有二種不同的名冊，崇寧元年列名一百十九人，崇寧三年增爲三百九十人。參見【元】脫脫：《宋史·徽宗本紀》（臺北：鼎文書局，1978年），卷十九，頁365、369。

〔註61〕 【宋】嚴羽：《滄浪詩話》（收入【清】何文煥：《歷代詩話》，臺北：藝文印書館，1991年9月），頁444。

〔註62〕 【清】翁方綱：《石洲詩話》（收入郭紹虞：《清詩話續編》，上海：上海古籍出版社，1999年6月），頁1421。

〔註63〕 【清】翁方綱：《石洲詩話》（收入郭紹虞：《清詩話續編》，上海：上海古籍出版社，1999年6月），頁1429。

〔註64〕 參見《總目·臨漢隱居詩話提要》，卷一九五，頁5-222。館臣云：及作此書，亦黨熙寧而抑元祐，如論歐陽修，則恨其詩少餘味；而於「行人仰頭飛鳥驚」之句，始終不取。論黃庭堅則譏其自以爲工，所見實僻，而有「方其拾璣羽，往往失鵬鯨」之題。論石延年則以爲無大好處，論蘇舜欽則謂其以奔放豪健爲主，論梅堯臣則謂其乏高致。

〔註65〕 【清】翁方綱：《石洲詩話》（收入郭紹虞：《清詩話續編》，上海：上海古籍出版社，1999年6月），頁1402。

〔註66〕 《總目·續詩話提要》，卷一九五，頁5-221。

〔註67〕 《石洲詩話》，頁1049。

「作詩用法語一條，大抵皆凡近之語，評品殊爲未當」（《總目》，頁 5-237），
類此之例，殆非罕見。

二、尊　杜

　　杜甫的詩作在清代炙手可熱，詩人學習杜甫的詩風，學者爲杜詩箋註，
杜甫以忠君愛國的詩史形象，得到清代君臣的喜愛，是以「尊杜」變成《總
目》中的常態。

> 明末清初是杜詩學史上集大成的時代，這時期杜詩學文獻湧現之多
> 可謂盛況空前。據不完全統計，自唐以迄清末，見於著錄和現存的
> 杜詩學文獻著作約 800 種，其中清代杜詩學文獻就有 410 種以上，
> 占總數的一半多。除了數量眾多之外，清代杜詩學文獻的質量也是
> 歷代杜詩評注本中成就最高的。〔註68〕

杜詩熱的持續延燒，也開啓了審美價值的取向，清代君臣合力用《四庫全書
總目》重新定義詩學的歸向，以杜詩爲典範，申明愛國的熱血，這不僅僅是
對於詩學審美的選擇，也是對於儒家學術結合政治考量而產生的學術旨歸。

> 與詩界恢復儒家詩教相適應，清初文學批評的一個顯著特徵，便是
> 重新樹立杜甫爲古代的典範，借此對以往審美價值取向標準進行評
> 判，從而體現自己在理論上的建樹。〔註69〕

在《總目》對於詩話的品評之中，尊杜的面貌籠罩了詩話的價值，如司馬光
《溫公詩話》認爲詩人之中，只有杜詩表現出「意在言外」的美感，以〈春
望〉爲例，「山河在」表示「無餘物」，「草木深」表明「無人」，詩句雋永。
〔註70〕「《藏海詩話》言：「學詩當以杜爲體，以蘇、黃爲用。杜之妙處藏於
內，蘇、黃之妙處發於外」〔註71〕，館臣評：「皆深有所見」〔註72〕，評《風
月堂詩話》：「論黃庭堅用崑體工夫而造老杜渾成之地，尤爲窺見深際」〔註73〕，

〔註68〕孫微：《清代杜詩學文獻考・序》（南京：鳳凰出版社，2007 年 9 月），頁 1。
〔註69〕陳居淵：《清代樸學與中國文學》（南昌：百花文藝出版社，2000 年 6 月），頁
　　　　85。
〔註70〕【宋】司馬光：《溫公詩話》（收入吳文治主編《宋詩話全編》冊一，南京：
　　　　江蘇古籍出版社，2006 年），頁 370。
〔註71〕【宋】吳可：《藏海詩話》（收入吳文治主編：《宋詩話全編》冊六，南京：鳳
　　　　凰出版社，2006 年 1 月），頁 5539。
〔註72〕《總目・藏海詩話提要》，頁 226。
〔註73〕《總目・風月堂詩話提要》，頁 227。

這些詩話都因為發揚杜詩而得到館臣的讚美。陳居淵言：「正是在經典考證學風對詩歌批評領域的影響和滲透下，在清初尊杜熱浪中，對杜詩的模仿和對杜詩本身的研究、注釋也有進一步的發展」〔註74〕，《總目》所收詩話中蔡夢弼《草堂詩話》專論杜詩，吳景旭《歷代詩話》前九卷論杜詩，二書搜羅了評論杜詩的相關文獻，而位列於著錄書中。「輯注杜詩，作為清初尊杜風潮中的一個重要的組成部分，它所表現出的徵實傾向，也同樣深受清初証經考史學風的影響」〔註75〕，館臣以儒家經典為基礎，用實證的考據學風凝視詩話作品，造成了肯定杜詩，推崇杜詩的起因，杜甫以詩史聞名，面對安史之亂，詩作表現出戰爭的慘烈和亡國的沉痛，不像其他詩人以尖銳的譏刺敘述楊太眞事，使得館臣在數則詩話提要中大加讚美，因而在《總目》的書寫中，清晰地表彰了尊杜的詩學意識。

三、尊元祐

《總目》的標舉的對象，在唐為杜甫，在宋為「元祐」，館臣所謂的「元祐派」，其實不等同於「舊黨」，但許多非屬於舊黨的人物，均被館臣以錯謬的牽扯，強行拉入了這一個新興的、館臣所立定的派別中。「元祐派」的成員複雜，有舊黨的戚友門生，甚至南宋時期舊黨的「後學」亦在其中，詩文評類所收宋代作品，幾乎都是元祐派的成員。

《總目》對於元祐派成員的詩話，給予著錄的地位、保存作品全帙於《四庫》，在提要中詳細敘述考據精粗，體例純疵，然後口徑一致地在結尾處給予很好的評價，諸如劉攽《中山詩話》，前已述及，劉攽嘲謔的性格不為館臣所喜，但提要末尾仍然加註：「攽在元祐諸人之中，學問最有根柢，其考證論議，可取者多」（頁5-221），張表臣《珊瑚鉤詩話》，涉及雜事，體例不純，記載自己的詩作疑似自我標榜，書中又錯評杜詩，整體而言「風格」、「體例」、「內容」都有瑕疵，然提要文末話鋒一轉，說道：

> 然表臣生當北宋之末，猶及與陳師道遊，與晁說之尤相善，故其論詩，往往得元祐諸人之餘緒，在宋人詩話之中，固與惠洪《冷齋夜話》，在伯仲之間矣。（《總目》，頁5-225～5-226）

〔註74〕陳居淵：《清代樸學與中國文學》（南昌：百花文藝出版社，2000年6月），頁95。

〔註75〕陳居淵：《清代樸學與中國文學》（南昌：百花文藝出版社，2000年6月），頁96。

突兀地提到張表臣與陳師道、晁說之相善，論詩得元祐諸人餘緒，故其詩話作品有相當的價值。

《觀林詩話》為吳聿作品，根據《總目》之言，其中辨陸厥詩一則，李善已有結論，吳聿卻以為是新得，館臣認為這是：「蓋偶未及檢」（《總目》，頁5-230），引《摭言》、記杜牧語也有所舛誤，錄謝朓事似語意未完，館臣疑為「傳寫有所佚脫」（《總目》，頁5-230），最後總結「聿之詩學出於元祐，於當時佚事尤所究心」，舉出數則例證，證實吳聿是書足以資考證，認為此書在宋人的詩話中，可以算是佳作。吳可《藏海詩話》的提要：「及見元祐舊人，學問有所授受」（《總目》，頁5-226），認為吳可論詩、寫詩、論絕句、論七律、有形無形之病，均有精微的見解，評論考證亦多可取。對於陳巖肖《庚溪詩話》，提要言：「於元祐諸人徵引尤多，蓋時代相接，頗能得其緒餘，故所論皆具有矩矱」（《總目》，頁5-228）

許顗《彥周詩話》：多引述蘇軾、黃庭堅、陳師道語，館臣認為是「宗元祐的文人」，讚美許顗「議論有根柢」（《總目》，頁5-224）。

《總目》對於宋代詩話的定評，以元祐為宗，應是元祐派的詩學旨趣不同於當時宋代道學家的以理言詩，元祐諸人以歐陽修、蘇軾、黃庭堅為代表，蘇、黃二人尊奉杜詩，與館臣相同，構思講究「心」與「境」的巧遇與融會，詩風以「深婉」、「平淡」為主要樣貌，黃庭堅甚至喜言章法，講究形式與內容的面面俱到〔註76〕，這些理路，都與清代詩學的審美概念不謀而合。

第四節 《總目》詩話提要商榷

《總目》一如余嘉錫所言，是學問的門徑，但就詩話的提要而言，仍有小小的缺失，值得注意，現今已有多位學者針對提要書寫各式辨證、補正，已經提出的問題點在此不再贅述，本節僅針對詩話的作品，提出前人未曾言及的、值得商榷的議題。

一、考證與傳抄的謬誤

提要言：「（《觀林詩話》）引《南史‧邱仲孚傳》，證唐詩半夜鐘」，蓋詩

〔註76〕參見拙作：《新舊黨爭與北宋詩話》（淡江大學大學中國所碩士論文，2005年6月），第參章〈新舊二黨詩話評詩的異同〉，頁55～58。

話載：「《南史》丘仲孚喜讀書，常以中宵鐘鳴爲限，乃知半夜鐘聲不獨見唐人詩句」（頁 5-231），《南史》：「仲孚，字公信，靈鞠從孫也，少好學讀書，常以中宵鐘鳴爲限」〔註77〕，館臣誤將「丘仲孚」作「邱仲字」，或爲傳抄之誤。吳聿另有一則詩話：

> 婪尾酒，出〈佛圖澄傳〉。婪尾者，最後飲酒也。東坡〈除夜詩〉云：「不辭最後飲屠蘇」，是以樂天詩以「婪」作「藍」云：「三盃藍尾酒，一楪膠牙錫」，皆更歲之事。而東坡詩有：「藍尾忽驚新火後，遨頭要及浣花前」之語，自注云：「樂天〈寒食詩〉云『三杯藍尾酒』。」當是誤記。（《宋詩話全編》冊三，頁2732）

此爲館臣所謂「駁蘇軾誤以白居易〈除夜詩〉爲〈寒食詩〉」，白居易（772～486）「三杯藍尾酒」之句，出於〈七年元日對酒〉〔註78〕，根據詩意的確是描寫歲末開春的詩作，並非〈寒食詩〉，實爲〈除夜詩〉，吳聿言蘇軾誤記是對的，但所謂「婪尾酒」，也許不是「除歲飲酒」，而是「末座得酒」，蘇鶚：「今人以酒巡匝爲婪尾，又云婪貪也，謂處于座末得酒爲貪婪」〔註79〕，黃朝英：「《蘇鶚演義》云：『今人以酒巡匝爲啉尾』……啉者，貪也，謂處於座末，得酒最晚，腹癢於酒，既得酒巡匝更貪婪之，故曰啉尾」〔註80〕，從以上資料來看，婪尾酒是爲歲末飲酒，亦或末座得酒，可再查考。

由此可見，館臣雖重詩話中的考證工夫，但書籍眾多，考據繁重，難免失察，諸如此類的考證謬誤不止前述的幾則，限於篇輻，僅引數則做爲例證。

二、體例的缺失

一般提要的案語均爲小字，雙行夾注於詞句之下，以示體例的清晰，但

〔註77〕【唐】李延壽：《南史》（收入《欽定文淵閣四庫全書》冊265，臺北：臺灣商務印書館，1983年6月），卷72，頁1015。

〔註78〕【唐】白居易：《白氏長慶集·七年元日對酒》：「慶弔經過懶，逢迎跪拜遲，不因時節日，豈覺此時衰。眾老憂添歲，余衰喜入春，年開第七秩七屈指幾多人。三杯藍尾酒，一楪膠牙錫，除卻崔常侍，無人共我爭。」（《欽定文淵閣四庫全書》冊1080，臺北：臺灣商務印書館，1983年6月），卷31，頁351～352。

〔註79〕【唐】蘇鶚：《蘇氏演義》（《欽定文淵閣四庫全書》冊850，臺北：臺灣商務印書館，1983年6月），卷下，頁204。

〔註80〕【宋】黃朝英：《靖康緗素雜記》（《欽定文淵閣四庫全書》冊850，臺北：臺灣商務印書館，1983年6月），卷3，頁399。

少數詩話作品的提要，並沒有按照這個方式，例如《後山詩話》提要：

> 且謂『蘇軾詞如教坊雷大使舞，極天下之工，而終非本色』，案：蔡
> 絛《鐵圍山叢談》稱雷萬慶宣和中以善舞隸教坊。軾卒於建中靖國
> 元年六月，師道亦卒於是年十一月，安能預知宣和中有雷大使？（《總
> 目》，頁 5-221）

將案語與提要的詞語並陳，模糊了提要本身與案語的秩序，但細細鑑察，還是可以發現案語的斷限，應結束於「有雷大使」，雖然閱讀起來較爲吃力，但無傷大雅。但二個案語接連出現，中間沒有其他的文字相隔，實在奇怪。如：

> 聿字子書，自署楚東人；楚東地廣，莫能知其邑里。陳振孫《書錄
> 解題》載此書，亦云不知何人。案：書中稱：「衣冠中有微時爲小吏
> 者，作〈三角亭詩〉，有『夜欠一簷雨，春無四面花』之語。獻其所
> 事，異之，使學。果後登第，今爲郎矣」云云。案：曾三異《同話
> 錄》載此事，稱爲余子清之祖仁廓，則子聿蓋南宋初人。故所稱引，
> 上至蘇軾、黃庭堅、賀鑄，下至汪藻、王宣而止也。（《總目·觀林
> 詩話提要》，頁 5-230）

提要在辨別吳聿的身分時，因爲《書錄解題》的「不知何人」，故連用二個案語，一是《觀林詩話》本身的文字，一是曾三異（？）《同話錄》刊載了同一件事，但補述說此事爲余子清祖父俞汝尚（字仁廓），二則案語相連，第二則案語又連結提要本文，殊失斷限。

　　根據《總目》對詩話的評論可知，在叢書型的詩話或類書型的詩話中，一書或一文前後並載，乖違體例，如鄭方坤《五代詩話》即因爲「前後並載」，而遭致批評，然《總目》本身也有前後並載的問題，《玉壺清話》、《容齋隨筆》已入文集著錄，又列《玉壺詩話》、《容齋詩話》於詩文評存目，二本詩話均爲前作的一部分，既著錄於文集，又割裂原書，收入存目，乖違了館臣對於詩話的要求，使得詩話編輯和收錄的體例，呈現不同的標準。

三、沿用錯誤的說法

　　方回評論《石林詩話》：「《石林詩話》專主半山而陰抑蘇黃，非正論也……猶是黨蔡尊舒，紹述之徒常態也」〔註81〕，對於葉夢得《石林詩話》，提要

〔註81〕【元】方回：《瀛奎律髓》（收入《四庫全書》冊 1366，臺北：臺灣商務印書館，1983 年 6 月），卷 26，頁 338。

言：「論詩推崇王安石不一而足……蓋夢得出蔡京之門，而其婿章沖，則章惇之孫，本爲紹述餘黨，故於公論大明之後，尚陰抑元祐諸人」〔註82〕，二者同樣使用了「蔡京」、「紹述黨」、「陰抑」這些字眼來看，《總目》的評論，可能承繼自方回。本文前已述及：《石林詩話》並沒有陰抑蘇黃，夢得雖是蔡京的門客，但也是舊黨晁君誠的外孫，不太可能爲新黨貶抑舊黨。翁方綱也說：「葉石林詩，深厚清雋，不失元祐諸賢矩矱……方回《瀛奎律髓》有『黨蔡尊舒、陰抑蘇黃』之論，甚矣，知人論世之不易也」〔註83〕，郭紹虞也說：「蓄意陰抑，似亦未然，平心而論，書中論議尚屬公允」。〔註84〕

《觀林詩話》：「東坡詩有云：『絕勝倉公飲上池』，誤以長桑君爲倉公」（《宋詩話全編》冊三，頁2734），此即館臣所言：「駁蘇軾以長桑君爲倉公」，蘇軾詩〈次韻錢舍人病起〉：「何妨一笑千痾散，絕勝倉公飲上池」〔註85〕，詩中的「倉公」是爲淳于意（BC250～？），西漢臨淄人，曾任齊國太倉長，故人稱「倉公」。所謂「飲上池」事，出于《史記‧扁鵲傳》，是說扁鵲遇長桑君的指導，以上池之水和藥而飲，三十日後，能透視人體五臟。〔註86〕吳聿指出東坡詩誤書長桑君爲倉公，事實上根據《史記》應該是將扁鵲誤寫爲倉公，《史記》一書，卷四十五爲扁鵲和倉公的合傳，二人均醫術高明，扁鵲能「盡見五臟」，倉公能「五色診病」，故蘇軾不愼混淆，是合理的。若說長桑君，《史記索隱》註「神人也」〔註87〕，與倉公全然不類，難以混淆，尤其「飲上池」這個動作是扁鵲所做，主詞置入扁鵲較爲合理。所以蘇軾應是誤扁鵲爲倉公，並非吳聿所言，誤長桑君爲倉公，而《總目》不察吳聿的錯誤，卻在提要說出：「駁蘇軾誤以白居易〈除夜詩〉爲〈寒食詩〉，以長桑君爲倉公，以《左傳》『小人之食』爲『小人之羹』諸條，皆足以資考證」，

〔註82〕《總目》，卷一九五，頁5-226。

〔註83〕【清】翁方綱：《石洲詩話》（收入郭紹虞：《清詩話續編》，上海：上海古籍出版社，1999年6月），頁1430。

〔註84〕郭紹虞：《宋詩話考》（臺北：學海出版社，1980年9月），頁33。

〔註85〕【宋】蘇軾：〈次韻錢舍人病起〉：「牀下龜寒且耐支，杯中虵去未應衰，殿門明日逢王傅，樏具爭先看不疑。坐覺香煙攜袖少，獨愁花影上廊遲，何妨一笑千痾散，絕勝倉公飲上池」（《欽定文淵閣四庫全書》冊1107，臺北：臺灣商務印書館，1983年6月），卷16，頁245。

〔註86〕【漢】司馬遷著、【日】瀧川龜太郎編：《史記會注考證》（臺北：萬卷樓出版社，1996年），卷105，頁1142～1143。

〔註87〕【唐】司馬貞：《史記索隱》（收入《史記會注考證》，臺北：萬卷樓出版社，1996年），頁1142。

再次引用此說，甚至爲錯誤的說法背書，提出「足資考證」的評論。

　　《觀林詩話》在館臣和郭紹虞的眼中，均是「足以資考證」的作品，除前文所引數則稍有疑點之外，另有一則：

　　　　吳融云：「嘯父知機先憶鱠，季鷹無事已思鱸」，按虞嘯父爲宋（按：《世說》作「孝」）武帝侍中，帝從容問曰：「卿在門下，初不聞有獻替。」嘯父家富春，近海，謂帝望其貢獻。對曰：「天時尚暖，鱠魚蝦鮓未可致，尋當有所上獻。」帝撫掌大笑。謂爲知機可乎？將子莘別有所據乎？（《宋詩話全編》冊二，頁 2738）

對於此則，提要言「引《宋書》證吳融誤用虞嘯事……足資考證」，詩話云吳融有〈渡漢江初嘗鯿魚有作〉詩，詩中有「嘯父知機先憶」之句，似乎將虞嘯父當作是聰明機穎的人，然而就吳聿閱讀文獻，發現事實並非如此，於是在詩話中提出質疑。吳聿所引文獻，出自《世說新語》〔註88〕，而爲《晉書》引用〔註89〕，載於卷七六。然而吳聿錯將「孝武帝」（晉孝武帝），記爲「宋武帝」，以致於館臣沿襲其誤，將《晉書》誤寫爲《宋書》。

〔註88〕　【南朝宋】劉義慶編、劉孝標箋注：《世說新語箋疏》（臺北：華正書局，1984年），紕漏第三十四，頁 914～915。

〔註89〕　【唐】房玄齡等撰：《晉書》（臺北：鼎文書局，1975年），卷七六，頁 2014。

第柒章　結　語

　　清代四庫館臣書寫《四庫全書總目》，站在保存文獻的立場上來看，貢獻卓著，館臣對歷代學弊也提出精闢的見解，無怪乎許多學者視《總目》為「學問的門徑」。就詩話的提要而言，《總目》的收錄、分類、評論，有值得讚美之處，但也有商議的空間。

　　就詩話的內容而言，歷代的詩話均曾將「詩人軼事」做為詩話內容的一種，但館臣對於詩話內容的認定更為嚴格：首先，館臣堅持詩話應該要有「詩」有「話」，對於「無詩之事」、「無事之詩」的收錄無法容忍，把「詩話」這一種文體，強力與「筆記」和「總集」區分開來，這個觀點適當的，詩話做為一種獨立的文體，必需和其他的文體有適當的區隔，「詩」與「話」兩者密不可分，始能形成詩話。其次，館臣認為單純的「詩人軼事」，沒有詩句做為骨幹，是不能成為詩話的，古代文人多數能詩，若是將「詩人軼事」納入詩話的內容中，範圍實在太過於冗濫。最後，館臣認為神仙怪奇的記載無疑是小說者流，不應在詩話中出現，關於釋道等宗教性質的敘述，也應該小心避免，然而宗教信仰與神仙怪奇一直存在於中國的歷史，詩話擁有這些記載，一方面使詩話不致於失傳，一方面記錄了詩歌相關的見聞資料或寫作源起，站在詩話的角度，都是應該小心保存，進而賞析、研究的材料，館臣背負了政治教化的使命，力排佛老、拒絕神怪，已然背離了保存詩話文獻的責任。至於嘲諷諧謔，確實是中國文人較少發生的寫作態度，一如館臣所形容的，劉攽正是因為「性詼諧」，愛開玩笑，所以才發生譏笑同僚為「汗淋學士」之語，這些諧謔的詩話不止留存詩作，也保存了詩人個性的記錄，便於後人了解詩作的背景，不必以過於道學的態度看待。

　　就詩話的形式而言，詩話因為本身性質上就是靈便的隨筆記事，並沒有嚴格的形式。但館臣針對類於總集、叢書、類書性質的詩話輯錄作品較為注意，認為分類、標目、排纂先後與徵引文獻，都應當有適切的考量，這些考量不但可以做為詩話作品形式的規章，就目錄學、編輯學的角度而言，也是很好的借鏡。自從宋代開發詩話一體，也開始有了特殊性質詩話的編纂，館臣在《總目》中介紹與評論了各家的編輯手法，除了館臣之外，鮮少有其他的學者對於詩話形的總集、叢書、類書擁有這麼多編輯上的見解，可惜散落隱晦在提要之中，久而久之，乏人問津，館臣的看法也被湮沒了。《總目》之後，丁福保的《續歷代詩話》、孫濤《全宋詩話》、臺鏡農《百種詩話類編》、郭紹虞《清詩話》、《清詩話續編》，還是按照比較規矩的方式編纂，以時代繫人，以人繫詩話，常振國編《歷代詩話論作家》專門擷取詩話中對於文人的記錄，故以人物為標目，以時代排序詩話，都是很好的編輯方式。直至《全編》，從史書、筆記、文集……摘章摘句，搜羅與詩相關的文字，諸如明代瞿佑，收其《歸田詩話》全部並從文集中輯錄詩話一則，名之為「瞿佑詩話」，輯錄的詩話是瞿佑〈詠物詩〉的卷首序言〔註1〕，這段序言與〈詠物詩〉實為一體不可分割，如今斷頭成了詩話，成為所謂「瞿佑詩話」的一部分，當然顯示了吳氏與其工作團隊的搜羅之勤、之富，為詩學研究提供了極佳的參考資料，然而這樣的作法，幾乎使得詩話沒有獨立存在的地位，只需要隱身於史料、筆記、說部，待人搜檢切割即可，在標目上，瞿佑的詩話其實是《歸田詩話》，然現以「瞿佑詩話」為名，多出了一則軼佚而來的文字，使得瞿佑的詩話不再是只是《歸田詩話》，用一個標目移動了對瞿佑及其詩話的認定，宋、遼金元、明《全編》製造了數千位原本沒有詩話傳世的文人，變身為詩話作者，詩話的義界模糊了，詩話作者的身份混亂了，也削弱了詩話獨立存在的意義。

　　《總目》相當程度地反應了己身對於四部分類的判準，指出詩話一體，與「經部・詩類」的不同在於「詩類」專門論述與《詩經》的種種見解，而詩話卻是關涉詩歌，而不僅止於《詩經》的種種論述。館臣並指出史部「正史類」、「載記類」作品，其中的書寫不應該夾雜詩話類型的文字，三種類別應該截然分疏。子部的雜家類與小說家類最容易與詩話混淆，許多詩話作品不入於詩文評類卻歸於子部，可能的原因，多是考證失當、轉涉妖誣、參以

〔註1〕吳文治：《明詩話全編》（南京：鳳凰出版社，2006年1月），頁332。

俳諧。

　　就詩話的分類而言，《總目》獨立出詩文評類，便是標舉了清高宗與館臣們認同的文學口味，在政策考量與清代詩學的籠罩之下，詩話作品的「宗旨」純正考據工夫精當；詩話作者為人「忠義」、不附於黨派，則收錄於詩文評類的可能性就提高許多，若是缺乏上述的條件，則詩話作品很可能被編錄到其他的類別。從這樣的收錄原則來看，《總目》的詩文評類並不是收錄歷朝歷代最精最好的詩文評作品，而僅僅是官方政策和清代學風的另一個側寫。尤其，館臣別立「詩文評」一類，其實帶有相當性的理論建立和價值分判，《總目》將裨益於詩文評論的作品，收歸詩文評類，其選取和分派之間，充滿了陳述己意和服膺於政治教條的潛台詞。詩文評類所著錄的詩話作品，在某程度上，反應了考證詳實、評論中肯、記事態度嚴謹等等的優點，所以館臣將少涉評論而偏於考據的作品，歸入雜家類的雜考，將作品中充斥神怪諧謔之說的作品，歸入「小說家類」，而不入於詩文評類，然而，《總目》對作品內容紛繁的書籍，仍然有分類的矛盾和盲點。可以確定的是，歸於詩文評類的詩話作品，也許不是因為本身的考據能力最為頂尖，亦或評論的精深宏觀，而是作品中所敘述的理論，談論的體變，能切中館臣的心意，明顯地表現了清初官方論述所喜好的宗旨與取法，而成為《總目》之中，詩文評類所選擇的代表之作。

　　是以，閱讀《總目》對於詩話作品的介紹，雖然能了解作品基礎常識與記事評詩的特色，但是必須審慎注意的是，《總目》本身詩學觀與官修政策的介入，否則，正如郭紹虞所言，適揚其糟粕而棄其精華，使得文學作品的審美思考、價值分判的自由，大大受限。

　　《總目》的研究成果豐碩，雖有以「詩文評類」做為研究主軸的論文，但並未將詩論與文論區隔。本文以「詩話作品」為視角，檢視館臣對於詩話作品的界義和評述詩話作品的方式，從而得出考據學風、官方政策和清代詩學浸潤提要的痕跡。寫作期間適逢《紀曉嵐刪定《四庫全書總目》稿本》的刊行，得以補全《總目》提要與相關提要比較的認知，實屬幸運，然《紀稿》之於本文，僅僅是詩話部分的廓清，對於比對《總目》中論述其他文體，《紀稿》仍是珍貴的研究資料，等待學者開發。

　　關於《總目》詩話提要的研究，本人限於學力，對於其中許多疑問，尚無法解決，例如從相關提要的比對可知，司空圖《詩品》的提要，不見於分

纂稿、文淵本、文津本，僅在浙本系統與武英殿本系統出現，館臣究竟是根據什麼考量，在最後定稿的階段，又收錄此書？盼日後有研究者能為我解惑。

從《總目》的文字可知，翁方綱的肌理學甚至詩學思想與詩話提要的觀點如出一轍，但就分纂稿而言，翁方綱對於詩話提要的撰述，在現今留存的文獻中，並不多見，就提要比對翁氏「石洲詩話」，其同質性之高，不禁使人懷疑，翁氏寫作詩文評類分纂稿的數量，應不只此數。但本文無暇澄清這個問題點，留待日後研究者繼續努力。

除了分纂稿之外，《總目》對於詩話作品的介紹，其實是前有所承的，歷代經籍志、藝文志，陳振孫《書錄解題》、胡應麟《筆叢》……等等，都是《總目》慣用的參考資料，《總目》對於參考資料的取用和解讀，也是一個很有趣的論題，這不只是表述了提要對於作品的前理解，也顯示部分目錄書籍是館臣所信服，若能將二者（《總目》、參考資料）解析清楚，可以再見館臣閱讀目錄書的經歷，甚至做為我們閱讀《總目》的參考。

參考書目

一、專 書

（一）古 籍

1. 【漢】司馬遷著、【日】瀧川龜太郎編，《史記會注考證》，臺北，萬卷樓出版社，1996 年 10 月。

2. 【漢】鄭玄注、【唐】孔穎達疏，《禮記正義》，收入《十三經注疏》，臺北，藝文印書館，2001 年 12 月。

3. 【漢】趙歧注、【宋】孫奭疏，《孟子注疏》，收入《十三經注疏》，臺北，藝文印書館，2001 年 12 月。

4. 【魏】張楫，《廣雅》，收入《文淵閣四庫全書》冊 221，臺北，臺灣商務印書館，1983 年 6 月。

5. 【魏】何晏注、【宋】邢昺疏，《論語正義》，收入《十三經注疏》，臺北，藝文印書館，2001 年 12 月。

6. 【晉】杜預注、【唐】孔穎達疏，《春秋左傳正義》，收入《十三經注疏》，臺北，藝文印書館，2001 年 12 月。

7. 【南朝宋】劉義慶編、【南朝梁】劉孝標箋注，《世說新語箋疏》，臺北，華正書局，1984 年。

8. 【北齊】顏之推撰、王利器點校，《顏氏家訓集解》，上海，古籍出版社，1980 年。

9. 【唐】司馬貞，《史記索隱》，收入《史記會注考證》，臺北，萬卷樓出版社，1996 年。

10. 【唐】杜甫著、【宋】郭知達編，《九家集注杜詩》，收入《文淵閣四庫全書》冊 1068，臺北，臺灣商務印書館，1983 年 6 月。

11. 【唐】杜甫撰、【宋】黃希原編,《補注杜詩》,收入《文淵閣四庫全書》冊 1069,臺北,臺灣商務印書館,1983 年 6 月。

12. 【唐】杜甫撰、【宋】蔡夢弼編,《集千家注杜工部詩集》,收入《文淵閣四庫全書》冊 1069,臺北,臺灣商務印書館,1983 年 6 月。

13. 【唐】房玄齡等撰,《晉書》,臺北,鼎文書局,1975 年。

14. 【唐】韋應物,《韋蘇州集》,收入《文淵閣四庫全書》冊 1481,臺北,臺灣商務印書館,1983 年 6 月。

15. 【唐】魏徵等撰,《隋書》,收入《欽定文淵閣四庫全書》冊 264,臺北,臺灣商務印書館,1983 年 6 月。

16. 【後晉】劉煦,《舊唐書》,臺北,鼎文出版社,1982 年。

17. 【宋】王安石,《王安石全集》(全二冊),臺北,河洛圖書出版社,1974 年 10 月。

18. 【宋】王楙,《野客叢書》,收入《文淵閣四庫全書》冊 852,臺北,臺灣商務印書館,1983 年 6 月。

19. 【宋】司馬光,《續詩話》,收入《歷代詩話》,臺北,藝文印書館,1991 年 9 月。

20. 【宋】朱熹,《朱子語類》,北京,中華書局,1994 年。

21. 【宋】米芾,《書史》,收入《文淵閣四庫全書》冊 813,臺北,臺灣商務印書館,1983 年 6 月。

22. 【宋】吳可,《藏海詩話》,收入《宋詩話全編》冊 4,南京,江蘇古籍出版社,1998 年。

23. 【宋】吳聿,《觀林詩話》,收入《宋詩話全編》冊 3,南京,江蘇古籍出版社,1988 年。

24. 【宋】吳开,《優古堂詩話》,收入《續歷代詩話‧上》,臺北,藝文印書館,1983 年 6 月。

25. 【宋】吳沆,《環溪詩話》,收入《宋詩話全編》冊 3,南京,江蘇古籍出版社,1998 年。

26. 【宋】呂本中,《紫微詩話》,收入《歷代詩話》,臺北,藝文印書館,1991 年 9 月。

27. 【宋】呂祖謙,《類編皇朝大事記講義》,臺北,文海出版社,1981 年。

28. 【宋】宋敏求,《宋大詔令集》(全二冊),臺北,鼎文書局,1972 年 9 月。

29. 【宋】李心傳,《建炎以來繫年要錄》,收入《宋史資料萃編》第二輯,臺北,文海出版社,1969 年。

30. 【宋】李燾,《續資治通鑑長編》,北京,中華書局,1985 年。

31. 【宋】阮閱,《詩話總龜》,收入《宋詩話全編》冊 2,南京,江蘇古籍出

版社，1998 年。

32. 【宋】周麟之，《海陵集》，收入《文淵閣四庫全書》，臺北，臺灣商務印
書館，1983 年 6 月。

33. 【宋】朋九萬，《東坡烏台詩案》，收入《叢書集成》，臺北，新文豐出版
公司，1985 年。

34. 【宋】邵伯溫，《邵氏聞見錄》，北京，中華書局，1997 年 12 月 2 刷。

35. 【宋】邵溫，《邵氏聞見後錄》，北京，中華書局，1997 年 12 月 2 刷。

36. 【宋】姚寬，《西溪叢語》，北京，中華書局 1997 年 12 月 2 刷。

37. 【宋】胡仔，《苕溪漁隱叢話》，收入《宋詩話全編》冊 4，南京，江蘇古
籍出版社，1998 年 12 月。

38. 【宋】胡仔，《漁隱叢話》，臺北，廣文書局有限公司，1967 年 6 月。

39. 【宋】徐自明，《宋宰輔編年錄》，臺北，文海出版社，1967 年 11 月。

40. 【宋】馬令，《南唐書》，收入《文淵閣四庫全書》冊 464，臺北，臺灣商
務印書館，1983 年 6 月。

41. 【宋】馬純，《陶朱新錄》，臺北，藝文印書館 1965 年。

42. 【宋】張君房輯，《雲笈七籤》，濟南，齊魯書社，1988 年 9 月。

43. 【宋】張戒，《歲寒堂詩話》，收入《續歷代詩話·上》，臺北，藝文印書
館，1983 年 6 月。

44. 【宋】張邦基《墨莊漫錄》，收入《文淵閣四庫全書》冊 864，臺北，臺
灣商務印書館，1983 年 6 月。

45. 【宋】張表臣，《珊瑚鉤詩話》，收入《歷代詩話》，臺北，藝文印書館，
1991 年 9 月。

46. 【宋】張鎡，《仕學規範》，收入《文淵閣四庫全書》冊 875，臺北，臺灣
商務印書館，1983 年 6 月。

47. 【宋】莊綽，《雞肋編》，北京，中華書局，1997 年 12 月 2 刷。

48. 【宋】許顗，《彥周詩話》，收入《歷代詩話》，臺北，藝文印書館，1991
年 9 月。

49. 【宋】郭茂倩，《樂府詩集》，收入《文淵閣四庫全書》冊 1347，臺北，
臺灣商務印書館，1983 年 6 月。

50. 【宋】陳師道，《後山詩話》，收入《宋詩話全編》冊二，南京，江蘇古
籍出版社，1988 年。

51. 【宋】陳振孫，《直齋書錄解題》，收入《文淵閣四庫全書》冊 674，臺北，
臺灣商務印書館，1983 年 6 月。

52. 【宋】曾慥，《樂府雅詞》，《叢書集成新編》，臺北，新文豐出版公司，
1985 年。

53. 【宋】程顥,《二程遺書》,上海,上海古籍出版社,1995 年。

54. 【宋】程顥、【日】岡田武彥主編,《二程遺書》,臺北,大化書局,1985年。

55. 【宋】黃庭堅,《山谷集》,收入《文淵閣四庫全書》冊 1113,臺北,臺灣商務印書館,1983 年 6 月。

56. 【宋】黃朝英,《靖康緗素雜記》,臺北,藝文印書館,1970 年。

57. 【宋】葉夢得,《石林詩話》,收入《宋詩話全編》冊 3,南京,江蘇古籍出版社,1998 年。

58. 【宋】葉夢得,《石林詩話》,收入《歷代詩話》,臺北,藝文印書館,1991年 9 月。

59. 【宋】葛立方,《韻語陽秋》,收入《歷代詩話》,臺北,藝文印書館,1991年 9 月。

60. 【宋】趙汝愚編、北京大學中國古史研究中心校點整理,《宋朝諸臣奏議》（全二冊）,上海,上海古籍出版社,1999 年 12 月。

61. 【宋】劉攽,《中山詩話》,收入《歷代詩話》,臺北,藝文印書館,1991年 9 月。

62. 【宋】歐陽脩,《六一詩話》,收入《宋詩話全編》冊 1,南京,江蘇古籍出版社,1998 年。

63. 【宋】歐陽脩,《六一詩話》,收入《歷代詩話》,臺北,藝文印書館,1991年 9 月。

64. 【宋】蔡絛,《鐵圍山叢談》,北京,中華書局,1997 年 12 月 2 刷。

65. 【宋】魏泰,《臨漢隱居詩話》,收入《宋詩話全編》冊 2,南京,江蘇古籍出版社,1998 年。

66. 【宋】魏慶之,《詩人玉屑》,臺北,世界書局,1966 年 9 月再版。

67. 【宋】羅大經、王瑞來點校,《鶴林玉露》,北京,中華書局,1983 年。

68. 【宋】蘇軾,《東坡全集》,收入《文淵閣四庫全書》冊 1107～1108,臺北,臺灣商務印書館,1983 年 6 月。

69. 【宋】蘇軾,《蘇軾詩集》,臺北,學海出版社,1985 年。

70. 【宋】釋志磐,《佛祖統紀》,臺北,新文豐出版公司,1977 年 3 月。

71. 【金】王若虛,《滹南詩話》,收入吳文治,《遼金元詩話全編》冊 1,南京,江蘇古籍出版社,2006 年 12 月。

72. 【元】馬端臨,《文獻通考》,收入《文淵閣四庫全書》冊 610～616,臺北,臺灣商務印書館,1983 年 6 月。

73. 【元】脫脫,《宋史》,臺北,鼎文書局,1978 年 9 月。

74. 【明】王夫之,《船山全書》,長沙,岳麓書社,1998 年。

75. 【明】朱承爵，《存餘堂詩話》，收入吳文治主編，《明詩話全編》冊 2，南京，江蘇古籍出版社，2006 年 1 月。

76. 【明】李時珍，《本草綱目》，收入《文淵閣四庫全書》冊 772～773，臺北，臺灣商務印書館，1983 年 6 月。

77. 【明】胡應麟，《少室山房筆叢》，收入《文淵閣四庫全書》冊 886，臺北，臺灣商務印書館，1983 年 6 月。

78. 【明】海瑞，《元祐黨籍碑考》，收入《叢書集成初編》第 217 冊，上海，上海商務印書館，1939 年 12 月。

79. 【明】陶宗儀，《說郛》，收入《文淵閣四庫全書》冊 876～882，臺北，臺灣商務印書館，1983 年 6 月。

80. 【清】方苞，《望溪文集》，收入《欽定文淵閣四庫全書》冊 1326，臺北，臺灣商務印書館，1983 年 6 月。

81. 【清】王士禛，《師友詩傳錄》，收入郭紹虞編，《清詩話》，上海，上海古籍出版社，1999 年 6 月。

82. 【清】王士禛，《師友詩傳續錄》，收入郭紹虞編，《清詩話》，上海，上海古籍出版社，1999 年 6 月。

83. 【清】王士禛，《漁洋詩話》，收入郭紹虞編，《清詩話》，上海，上海古籍出版社，1999 年 6 月。

84. 【清】永瑢、紀昀等，《四庫全書總目提要》，臺北，臺灣商務印書館，2001 年 2 月，初版 2 刷。

85. 【清】何文煥，《歷代詩話》，臺北，藝文印書館，1991 年 9 月 5 版。

86. 【清】吳景旭，《歷代詩話》，收入《文淵閣四庫全書》冊 1483，臺北，臺灣商務印書館，1983 年 6 月。

87. 【清】沈德潛，《說詩晬語》，收入郭紹虞編，《清詩話》，上海，上海古籍出版社，1999 年 6 月。

88. 【清】阮元，《揅經室二集》，收入《續修四庫全書》冊 1479，上海，上海古籍出版社，2002 年。

89. 【清】岳濬等撰，《山東通志》，收入《欽定文淵閣四庫全書》冊 539～541，臺北，臺灣商務印書館，1983 年 6 月。

90. 【清】紀昀，《紀曉嵐刪定《四庫全書總目》稿本》，北京，國家圖書館，2011 年 3 月。

91. 【清】徐乾學，《資治通鑑後編》，收入《文淵閣四庫全書》，臺北，臺灣商務印書館，1983 年 6 月 6 月。

92. 【清】秦緗業著、【清】黃以周輯注、顧吉辰點校，《續資治通鑑長編拾補》，北京，中華書局，2004 年 1 月。

93. 【清】翁方綱：《石洲詩話》，上海，上海古籍出版社，1999 年 6 月。

94. 【清】翁方綱等撰，吳格、樂怡標校整理，《四庫提要分纂稿》，上海，上海書店出版社，2006 年 10 月。

95. 【清】清高宗敕修、江慶柏整理，《四庫全書薈要總目提要》，北京，人民文學出版社，2009 年 11 月。

96. 【清】清高宗敕修、紀昀編撰、北京商務印書館編輯部編刊，《文津閣四庫全書提要匯編》，北京，北京商務印書館，2006 年。

97. 【清】章學誠，《文史通義》，臺北，頂淵文化事業有限公司，2002 年 9 月。

98. 【清】葉燮，《全唐詩話續編》，收入郭紹虞編，《清詩話》，上海，上海古籍出版社，1999 年 6 月。

99. 【清】趙執信，《談龍錄》，收入郭紹虞編，《清詩話》，上海，上海古籍出版社，1999 年 6 月。

100. 【清】趙執信，《聲調譜》，收入郭紹虞編，《清詩話》，上海，上海古籍出版社，1999 年 6 月。

101. 【清】劉聲木撰、劉篤齡點校，《萇楚齋隨筆續筆三筆四筆五筆》，北京，中華書局，2007 年 8 月。

102. 【清】潘永因輯，《宋稗類鈔》，臺北，廣文書局，1967 年。

103. 【清】顧炎武，《金石文字記》，收入《欽定文淵閣四庫全書》冊 683，臺北，臺灣商務印書館，1983 年 6 月。

（二）今 著

1. 丁傳靖，《宋人軼事彙編》，北京，中華書局，2003 年 12 月。

2. 丁福保，《續歷代詩話》（全二冊），臺北，藝文印書館，1983 年 6 月 6 月。

3. 中國第一歷史檔案館編，《纂修四庫全書檔案》，上海，上海古籍出版社，1997 年 7 月。

4. 王偉勇，《宋詞與唐詩之對應研究》，臺北，文史哲出版社，2004 年 3 月。

5. 王樹楷，《四庫全書簡論》，臺北，臺灣商務印書館，1974 年 8 月。

6. 司馬朝軍，《《四庫全書總目》研究》，北京，社會科學文獻出版社，2004 年 12 月。

7. 司馬朝軍，《《四庫全書總目》編纂考》，武昌，武漢大學出版社，2005 年 11 月。

8. 任松如，《四庫全書答問》，四川，巴蜀書社，1988 年 1 月。

9. 余英時，《朱熹的歷史世界——宋代士大夫政治文化的研究》（全二冊），

臺北，允晨文化實業，2003 年 6 月。

10. 余嘉錫，《四庫提要辨證》，昆明，雲南人民出版社，2004 年 11 月。

11. 吳文治主編，《宋詩話全編》，南京，江蘇古籍出版社，1998 年 12 月。

12. 吳文治主編，《明詩話全編》，南京，鳳凰出版社，2006 年 1 月。

13. 吳文治主編，《遼金元詩話全編》，南京，鳳凰出版社，2006 年 12 月。

14. 吳思，《潛規則—中國歷史上的進退遊戲》，臺北，究竟出版社，2002 年。

15. 吳哲夫，《四庫全書薈要纂修考》，臺北，國立故宮博物院，1976 年 12 月。

16. 吳哲夫，《四庫全書纂修之研究》，臺北，國立故宮博物院，1990 年 6 月。

17. 李則芬，《宋遼金元歷史論文集》，臺北，黎明文化事業股份有限公司，1991 年 11 月。

18. 李華瑞，《王安石變法研究史》，北京，人民出版社，2004 年 6 月。

19. 李裕民，《四庫提要訂誤》，北京，書目文獻出版社，1990 年 10 月。

20. 沈松勤，《北宋文人與黨爭》，北京，人民出版社，1998 年 12 月。

21. 沈松勤，《南宋文人與黨爭》，北京，人民出版社，2005 年 3 月。

22. 周裕鍇，《宋代詩學通論》，四川，巴蜀書社，1997 年 1 月。

23. 周積明，《文化視野下的四庫全書總目》，北京，中國青年出版社，2001 年 10 月。

24. 周積明，《紀昀評傳》，南京，南京大學出版社，1994 年。

25. 林宜陵，《北宋詩歌論政研究》，臺北，文津出版社，2003 年 3 月。

26. 林繼平，《宋學探微》，臺北，蘭臺出版社，2002 年 3 月。

27. 姚名達，《目錄學》，臺北，臺灣商務印書館，1988 年 5 月。

28. 胡玉縉，《四庫全書總目提要補正》，臺北，木鐸出版社，1981 年 8 月。

29. 孫光浩，《王安石洗冤錄》，臺北，臺灣學生書局，1996 年 11 月。

30. 孫光浩，《王安石冤屈新編》，臺北，文史哲出版社，2000 年 4 月。

31. 孫微，《清代杜詩學文獻考》，南京，鳳凰出版社，2007 年 9 月。

32. 徐國興，《朋黨與中國政治》，香港，中華書局，1992 年 4 月。

33. 恩昶，《宋代人物與風氣》，臺北，臺灣商務印書館，1996 年 8 月 2 版 1 刷。

34. 馬積高，《清代學術思想的變遷與文學》，長沙，湖南人民出版社，2002 年 6 月。

35. 崔富章，《四庫提要補正》，杭州，杭州大學出版社，1984 年 4 月。

36. 張升，《四庫全書館研究》，北京，北京師範大學出版社，2012 年 3 月。

37. 張伯偉，《中國詩學研究》，瀋陽，遼海出版社，1999 年 12 月。

38. 張書才主編，《纂修四庫全書檔案》，上海，上海古籍出版社，1997 年 7 月。

39. 張高評，《自成一家與宋詩宗風》，臺北，萬卷樓圖書公司，2004 年 11 月。

40. 張高評，《宋代文學與思想》，臺北，臺灣學生書局，1989 年 8 月。

41. 張高評，《宋詩綜論叢編》，高雄，麗文出版社，1993 年 10 月。

42. 張高評，《宋詩論文選輯》（全三冊），高雄，復文出版社，1988 年 5 月。

43. 張健，《宋金四家文學批評研究》，臺北，聯經出版公司，1983 年 5 月。

44. 張晶，《禪與唐宋詩學》，北京，人民出版社，2003 年 6 月。

45. 張舜徽，《四庫提要敘講疏》，臺北，臺灣學生書局，2002 年 3 月。

46. 張葆全，《詩話和詞話》，臺北，萬卷樓圖書有限公司，1984 年 1 月。

47. 張毅主編，《宋代文學研究》，北京，北京出版社，2001 年 12 月。

48. 梁啓超，《清代學術概論》，臺北，臺灣商務印書館，1994 年 1 月。

49. 淡江大學中國文學系，《兩岸四庫學》，臺北，臺灣學生書局，1998 年 9 月。

50. 盛寧，《新歷史主義》，臺北，揚智出版公司，1995 年。

51. 莫礪鋒，《第二屆宋代文學國際研討會論文集》，南京，江蘇教育出版社，2003 年 6 月。

52. 郭伯恭，《四庫全書纂修考》，長沙，岳麓書社，2010 年 12 月。

53. 郭伯恭，《四庫全書纂修考》，臺北，臺灣商務印書館，1967 年 7 月。

54. 郭紹虞，《宋詩話考》，臺北，學海出版社，1980 年 9 月。

55. 郭紹虞，《宋詩話輯佚》，臺北，華正出版社，1981 年 12 月。

56. 郭紹虞，《清詩話》，上海，上海古籍出版社，1999 年 6 月。

57. 陳少明，《漢宋學術與現代思想》，廣東，廣東人民出版社，1998 年。

58. 陳居淵，《清代樸學與中國文學》，南昌，百花文藝出版社，2000 年 6 月。

59. 陳寅恪，《金明館叢稿二編》，臺北，里仁書局，1959 年。

60. 陳曉華，《《四庫全書》與十八世紀的中國知識份子》，北京，社會科學文獻出版社，2009 年 11 月。

61. 程杰，《北宋詩文革新研究》，臺北，文津出版社，1996 年 12 月。

62. 賀治起、吳慶榮，《紀曉嵐年譜》，北京，書目文獻出版社，1993 年 6 月。

63. 馮琦編、陳邦瞻輯、張溥論正，《宋史紀事本末》，臺北，臺灣商務印書館，1965 年。

64. 黃永武、張高評,《宋詩論文選輯》(全三冊),高雄,復文出版社,1988年5月。

65. 黃美鈴,《歐、梅、蘇與宋詩的形成》,臺北,文津出版社,1998年5月。

66. 黃愛平,《四庫全書纂修研究》,北京,中國人民大學出版社,2001年2月。

67. 黃愛平,《樸學與清代社會》,河北,河北人民出版社,2003年1月。

68. 楊家駱,《四庫全書概述》,臺北,中國辭典館復館籌備處,1968年10月。

69. 楊慶存,《黃庭堅與宋代文化》,開封,河南大學出版社,2002年8月。

70. 葉坦,《大變法──宋神宗與十一世紀的改革運動》,北京,三聯書店,1996年4月。

71. 葉樹聲、許有才,《清代文獻學簡論》,合肥,安徽大學出版社,2004年1月。

72. 雷飛龍,《漢唐宋明朋黨的形成原因》,臺北,韋伯文化國際出版,2002年9月。

73. 漆俠,《王安石變法》,石家庄,河北人民出版社,2001年。

74. 漆俠,《宋史研究論文集》,保定,河北大學出版社,2002年7月。

75. 漆俠,《宋學的發展和演變》,石家庄,河北人民出版社,2004年4月。

76. 趙爾巽等撰,《清史稿》,臺北,鼎文書局,1981年。

77. 劉德重、張寅彭,《詩話概說》,臺北,學海出版社,1993年12月。

78. 蔡鎮楚,《中國詩話史》,長沙,湖南文藝出版社,1988年5月。

79. 鄧廣銘,《王安石──中國十一世紀時的改革家》,北京,人民出版社,1975年。

80. 黎活仁等編,《宋代文學與文化研究》,臺北,大安出版社,2001年10月。

81. 禇夢庵,《宋代人物與風氣》,臺北,臺灣商務印書館,1996年8月二版。

82. 蕭慶偉,《北宋新舊黨爭與文學》,北京,人民文學出版社,2001年6月。

83. 錢穆,《中國歷代政治得失》,臺北,東大圖書公司,2003年7月13刷。

84. 簡錦松,《初刻唐宋詩人檔案》,高雄,復文出版社,1992年6月。

85. 羅炳良,《清代乾嘉歷史考證學研究》,北京,北京圖書館出版社,2007年2月。

86. 羅家祥,《北宋黨爭研究》,臺北,文津出版社,1993年11月。

87. 羅家祥,《朋黨之爭與北宋政治》,武漢,華中師範大學出版社,2002年1月。

88. 羅根澤，《中國文學批評史》，臺北，學海出版社，1978 年 9 月。

89. 釋惠嚴等，《佛教與中國文化國際會議論文集·上》，臺北，中國文化復興運動總會宗教研究委員會，1995 年。

90. 顧志興，《文瀾閣與四庫全書》，杭州，杭州出版社，2004 年 10 月。

91. 顧易生、蔣凡、劉明今，《宋金元文學批評史》（全二冊），上海，上海古籍出版社，1996 年 6 月。

92. 龔顯宗，《歷朝詩話析探》，高雄，復文圖書出版社，1990 年 7 月。

93. 【日】青木正兒著，鄭樑生、張仁青譯，《中國文學思想史》，臺灣，開明書局，1977 年 10 月。

94. 【美】艾爾曼著、趙剛譯，《從理學到樸學——中華帝國晚期思想與社會變化面面觀》，南京，江蘇人民出版社，2011 年 9 月。

二、論　文

（一）單篇論文

1. 丁曉、沈松勤，〈北宋黨爭與蘇軾的陶淵明情結〉，《浙江大學學報（人文社會科學版）》，第 33 卷第 2 期，2003 年 3 月，頁 111～119。

2. 方豪，〈宋代之變法與黨爭及其後果〉，收入《宋史》第八章，臺北，文化大學出版社，2000 年 9 月再版，頁 118～152。。

3. 王保珍，〈歐陽修論朋黨〉，《國魂》，第 632 期，1998 年 7 月，頁 80～83。

4. 王重民，〈論《四庫全書總目》〉，收入《中國目錄學史論叢》，北京，中華書局，1984 年 12 月，頁 225～253。

5. 王記錄，〈《四庫全書總目》史學批評的特點〉，《史學史研究》，1999 年第 4 期，頁 41～49。

6. 王偉勇，〈東坡集句詞四考〉，《宋代文學文學研究叢刊》第四集，1998 年 12 月，頁 271～299。

7. 王渭清，〈紀昀四議〉，《四川圖書館學報》，1987 年第 2 期（總第 36 期），頁 67～70、66。

8. 王頌梅、葉永芳，〈四庫提要詩文評類之文學觀〉，《東吳大學中國文學系系刊》第 7 期，1981 年 5 月，頁 19～24。

9. 王榮科，〈北宋政治文化與王安石變法〉，《南通師範學報（哲學社會科學報版）》第 15 卷第 4 期，1999 年 12 月，頁 54～59。

10. 包根弟，〈《四庫全書總目提要》歷代詞家評論探析〉，《輔仁國文學報》第 9 期，1993 年 6 月，頁 53～108。

11. 司馬朝軍，〈殿本《四庫全書總目》與庫本是要之比較〉，《圖書館理論與

實踐》，2005 年第 2 期，頁 61～63。

12. 司馬朝軍、王文暉，〈試論《四庫全書總目》的考據準則〉，《圖書情報知識》，2004 年 3 月，頁 25～27。

13. 史麗君，〈淺析《四庫全書總目》的考據——以史部提要爲中心〉，《圖書與情報》，2005 年 02 期，頁 74～78。

14. 白貴，〈「詩文評」五種模式與詩話之關係淺說〉，《內蒙古社會科學》，第 25 卷第 1 期，2004 年 1 月，頁 89～91。

15. 伏俊璉，〈《四庫全書總目》的文學史觀和文體觀〉，《閱江學刊》第 3 期，2010 年 6 月，頁 128～133。

16. 朱野坪，〈古代文學理論研究領域的跨世紀基礎工程——評江蘇古籍出版版《宋詩話全編》〉，《江海學刊》，1999 年 03 期，頁 191～192。

17. 江惜美，〈「後山詩話」中對蘇軾詩詞的評論〉，《臺北市立師範學院學報》第 32 期，2001 年 11 月，頁 587～598。

18. 吳承學，〈論《四庫全書總目》在詩文評研究史上的貢獻〉，《文學評論》，1998 年第 6 期，頁 130～139。

19. 吳哲夫，〈四庫全書補正工作回顧與前瞻〉，《故宮學術季刊》第 16 卷第 1 期，1998 年秋季號，頁 1～17、左 1。

20. 吳哲夫，〈四庫全書館臣處理叢書方法之研究〉，《故宮學術季刊》第 17 卷第 2 期，1999 年 12 月，頁 17～40、左 2。

21. 吳哲夫，〈紀曉嵐與四庫全書〉，《故宮文物月刊》第 3 卷第 10 期（總第 34 期），1986 年 1 月，頁 112～118。

22. 吳麗珠，〈從《四庫全書總目提要》看紀昀的小說觀〉，《國文天地》第 19 卷第 4 期，2003 年 9 月，頁 67～72。

23. 呂士朋，〈黨爭的歷史教訓〉，《中國文化月刊》第 169 期，1993 年 11 月，頁 2～9。

24. 宋晞，〈異論相攪——北宋的變法及其紛爭〉，《歷史月刊》第 138 期，1999 年 7 月，頁 45～51。

25. 李杰，〈90 年代《四庫全書總目》研究論文綜述〉，《學術月刊》，2001 年第 6 期，頁 109～112。

26. 李劍亮，〈試論《四庫全書總目》詞籍提要的詞學批評成就〉，《文學遺產》，2001 年第 5 期，頁 86～93。

27. 沈明暲，〈變法與黨爭〉，收入《宋元明史綱》第三章，臺北，臺灣師範大學出版組，1979 年 8 月，頁 31～48。

28. 沈松勤，〈北宋台諫制度與黨爭〉，《歷史研究》，1998 年第 4 期，頁 27～44。

29. 沈松勤,〈北宋黨爭與「荊公體」〉,《文學遺產》,1999 年 04 期,頁 48 ～54。

30. 沈松勤,〈論王安石與新黨作家群〉,《杭州大學學報》第 28 卷第 1 期, 1998 年 1 月,頁 71～77。

31. 汪小洋,〈蘇詞與北宋黨爭〉,《江蘇教育學院學報》,1995 年 01 期,頁 36～38。

32. 汪受寬,〈《四庫全書》研究的回顧與思考〉,《史學史研究》,2005 年 01 期,頁 62～66。

33. 車行健,〈紀昀與「四庫全書總目」的關係〉,《歷史月刊》第 127 期,1998 年 8 月,頁 120～122。

34. 周彥文,〈四庫全書總目〉,《書目季刊》第 33 卷第 1 期,1999 年 6 月, 頁 15～27。

35. 周彥文,〈論提要的客觀性、主觀性與導引性〉,《書目季刊》第 39 卷第 3 期,2005 年 12 月,頁 23～38。

36. 周祚紹,〈論黃庭堅和北宋黨爭〉,《九江師專學報(哲學社會科學版)》, 1996 年第 2 期,頁 55～59。

37. 周積明,〈《四庫全書總目》批評方法論〉,《歷史研究》,1988 年第 5 期 (總第 195 期),頁 74～85。

38. 周積明,〈「四庫全書總目」文化價值重估〉,《書目季刊》第 31 卷第 3 期, 1997 年 6 月,頁 14～20。

39. 周積明,〈乾嘉時期的漢宋之「不爭」與「相爭」——以《四庫全書總目》 為觀察中心〉,《清史研究》,2004 年 04 期,頁 1～18。

40. 岳書法,〈《四庫全書總目》詩類著錄情況分析〉,《西華師範學院學報(哲學社會科學版)》,2003 年第 5 期,頁 122～126。

41. 昌彼得,〈「四庫學」的展望〉,《書目季刊》第 32 卷第 1 期,1998 年 6 月,頁 1～4。

42. 昌彼得,〈武英殿本四庫全書總目考〉,《中國圖書館學會會報》第 35 期, 1984 年 12 月,頁 161～170。

43. 林宜陵,〈詩話創作的政治功用——以北宋最初三詩話為例〉,《輔仁國文學報》,第 18 期,2002 年 11 月,頁 129～162。

44. 林美秀,〈張戒《歲寒堂詩話》的文體觀念及其有關問題〉,《高雄工商專校學報》第 24 期,1994 年 12 月,頁 1～26。

45. 林時民,〈紀昀與「史通削繁」——以史學批評為中心的探討〉,《臺灣師大歷史學報》第 30 期,2002 年 6 月,頁 57～78。

46. 林瑞翰,〈士大夫的鬥爭——北宋慶曆黨爭與新舊黨爭〉,《歷史月刊》第 70 期,1993 年 11 月,頁 45～47。

47. 林耀德,〈從熙寧到元符──十一世紀後期北宋的政治與文藝〉,《聯合文學》第 7 卷第 8 期 (總 80 期),1991 年 6 月,頁 14～18。

48. 金強、葛金芳,〈北宋文官政治與熙豐黨爭〉,《湖北大學學報 (哲學社會科學版)》第 28 卷第 2 期,2001 年 3 月,頁 108～110。

49. 胡元玲,〈余嘉錫「四庫提要辨證」探析〉,《書目季刊》第 35 卷第 1 期,2001 年 6 月,頁 13～21。

50. 胡楚生,〈「四庫提要補正」與「四庫提要辨證」〉,《南洋大學學報》第 8、9 期,1975 年,頁 110～121。

51. 夏長樸,〈《四庫全書總目》與漢宋之學的關係〉,《故宮學術季刊》第 23 卷第 2 期,2005 年冬季號,頁 83～128、205。

52. 夏翠軍,〈《四庫全書總目》小說類探析〉,《山東圖書館季刊》,2004 年第 1 期,頁 60～62。

53. 孫微,〈《四庫全書總目》所體現的杜詩學〉,《杜甫研究學刊》,2003 年第 1 期,頁 57～61。

54. 孫德謙,〈四庫提要校訂〉,《亞洲學術雜誌》第 4 期,1922 年。

55. 徐晴嵐,〈慶曆新政和王安石變法〉,收入《中國通史一百講》第 65 講,臺北,中央廣播電台,1976 年 11 月,頁 436～441。

56. 時永樂、智延娜,〈《四庫全書總目》卷首聖諭學術價值研究〉,《圖書館工作與研究》198 期,2012 年 8 月,頁 78～82。

57. 栗品孝,〈試論「洛蜀會同」〉,《西南師範大學學報》,1997 年 3 期,頁 91～96。。

58. 涂謝權,〈論《四庫全書總目》文學批評的經世價值取向〉,《貴州師範大學報 (社會科學版)》,2002 年第 3 期 (總第 116 期),頁 65～69。

59. 崔富章,〈《四庫提要》補正〉,《古籍整理與研究》,1988 年第 2 期 (總第 3 期),頁 112～118。

60. 崔富章,〈二十世紀四庫學研究之誤區──以「四庫全書總目」為例〉,《書目季刊》第 36 卷第 1 期,2002 年 6 月,頁 1～19。

61. 崔富章,〈四庫提要諸本分析──以《四庫全書總目》本為優〉,《文獻季刊》2012 年 7 月第 3 期,頁 3～17。

62. 張其凡、金強,〈陳瓘與《四明尊堯集》──北宋哲徽之際黨爭的一個側面考察〉,《浙江大學學報》第 34 卷 03 期,2004 年 5 月,頁 112～119。

63. 張勁,〈宋哲宗「紹述」時期新舊黨爭述論〉,《江西社會科學》,2003 年第 5 期,頁 123～127。

64. 張高評,〈王安石「明妃曲」及其寫作特色〉,《國文天地》第 15 卷 12 期,2000 年 5 月號,頁 62～67。

65. 張高評，〈破體與宋詩特色之形成——以「以文爲詩」、「以議論爲詩」、「以賦爲詩」爲例〉，《成大中文學報》第 2 期，1994 年 2 月，頁 73～111。

66. 張高評，〈會通與宋代詩學——宋詩話「以『春秋』書法論詩」〉，《中國古典文學研究》第 4 期，2000 年 12 月，頁 89～115。

67. 張健，〈「詩話總龜」中所展示的詩學評論〉，《國立編譯館館刊》第 30 卷 1、2 期合刊，2001 年 12 月，頁 189～226。

68. 張健，〈「韻語陽秋」研究〉，《漢學研究》第 17 卷第 2 期（總第 34 期），1999 年 12 月，頁 249～276。

69. 張雙英，〈論胡仔《苕溪漁隱叢話》的編纂方法及其寓義〉，《中華學苑》第 45 期，1995 年 3 月，頁 367～410。

70. 張麗珠，〈紀昀反宋學的思想意義——以《四庫提要》與《閱微草堂筆記》爲觀察線索〉，《漢學研究》第 20 卷第 1 期（總 40 期），2002 年 6 月，頁 253～276。

71. 梁靜惠，〈孟棨《本事詩》與唐傳奇關係探討〉，醒吾大學學報第 39 期，2008 年 12 月，頁 223～236。

72. 郭伯恭，〈四庫全書總目提要考〉，收入《中國圖書文獻學論集》，臺北，明文書局，1986 年 11 月，頁 135～155。

73. 陳曉華，〈《四庫全書》三種提要之比較〉，《首都師範大學學報（社會科學版）》，2005 年第 3 期，頁 61～65。

74. 傅錫壬，〈從詩作看王安石變法維新的心境〉，《淡江人文社會學刊》第 3 期，1999 年 5 月，頁 1～17。

75. 曾棗莊，〈日本《四庫提要北宋五十家研究》序〉，《四川大學學報（哲學社會科學版）》，2000 年第 2 期（總 107 期），頁 79～82。

76. 曾聖益，〈從「四庫全書總目·詩文評類」看中國詩文論著之特性（下）〉，《國立中央圖書館臺灣分館館刊》第 2 卷第 3 期，1996 年 3 月，頁 48～53。

77. 曾聖益，〈從「四庫全書總目·詩文評類」看中國詩文論著之特性（上）〉，《國立中央圖書館臺灣分館館刊》第 2 卷第 2 期，1995 年 12 月，頁 67～75。

78. 黃永武、張高評，〈兩岸「全宋詩」所據版本之比較研究——以北宋爲例〉，《中國書目季刊》第 30 卷第 2 期，1996 年 9 月，頁 17～34。

79. 黃旭建，〈孟棨《本事詩》的詩歌本事探究〉，《傳奇文學選刊·理論研究》，2010 年第 1 期，頁 21～22。

80. 黃忠慎，〈王夫之《詩經》學新探〉，《彰師大國文學誌》第 8 期，2004 年 6 月，頁 299～322。

81. 黃端陽，〈歐陽脩「六一詩話」研究〉，《東方人文學誌》，第 2 卷第 3 期，

2003 年 9 月，頁 77～92。

82. 黃瓊誼，〈淺論紀昀的文學觀——以四庫提要與簡明目錄爲中心〉，《國立編譯館館刊》第 20 卷第 2 期，1991 年 12 月，頁 157～188。

83. 楊有山，〈試論《四庫全書總目》的文學批評觀念〉，《江漢論壇》，2003 年第 4 期，頁 107～109。

84. 楊有山，〈論《四庫全書總目》的文學史研究〉，《信陽師範學院學報（哲學社會科學版）》，2003 年 8 月，第 23 卷第 4 期，頁 95～97。

85. 楊有山，〈論《四庫全書總目》的文體研究〉，《南陽師範學院學報（哲學社會科學版）》，2002 年 6 月，第 1 卷第 3 期，頁 44～46。

86. 楊果霖，〈《四庫全書總目提要》著錄「內府藏本」研究〉，《醒吾學報》第 29 期，2005 年 6 月，頁 73～90。

87. 楊晉龍，〈「四庫學」研究的反思〉，《中國文哲研究集刊》第 4 期，1994 年 3 月，頁 349～394。

88. 路拴洪，〈紀昀與《四庫全書》〉，《河北師範大學學報（哲學社會科學版）》，1984 年 7 月，第 3 期（總第 25 期），頁 57～63。

89. 廖棟樑，〈「四庫全書總目·詩文評類序」對文學批評的認識〉，《輔仁國文學報》第 9 期，1993 年 6 月，頁 109～131。

90. 趙榮蔚，〈論《珊瑚鉤詩話》的文學批評特色〉，《鹽城師範學院學報（人文社會科學版）》第 22 卷第 3 期，2002 年 8 月，頁 30～34。

91. 劉永明，〈宋代詩話二題〉，《陰山學刊》，1995 年第 4 期，頁 22～26。

92. 劉成因，〈宋代文學研究的新創獲——讀《北宋文人與黨爭》〉，《浙江社會科學》，2002 年第 2 期，頁 159～160。

93. 劉沖，〈清朝文化政策與《四庫全書》的編纂〉，赤峰學院學報第 33 卷第 9 期，2012 年 9 月，頁 8～9。

94. 劉國鈞，〈四庫分類法之研究〉，《圖書館學季刊》第 1 卷第 3 期，1926 年。

95. 劉復生，〈北宋「黨爭」與儒學復興運動的演化〉，《社會科學研究》，1999 年 06 期，頁 114～119。

96. 劉漢屏，〈略論《四庫提要》與四庫分纂稿的異同和清代漢宋學之爭〉，《歷史教學》，1979 年第 7 期，頁 40～44。

97. 劉德重，〈宋代詩話與江西詩派〉，《上海大學學報（社會科學版）》，1996 年第 6 期，頁 15～22。

98. 劉黎卿，〈論《四庫全書總目提要》評明代前後七子〉，《臺中商專學報》第 27 期（1995 年 6 月），頁 151～168。

99. 鄭明暲，〈論《四庫全書總目提要》的文學批評學〉，《唐都學刊》，2005

年第 3 期，頁 94～97。

100. 鄭禮炬，〈清初四庫館臣對王安石變法的評價〉，《江西社會科學》，2004
年 07 期，頁 219～225。

101. 鄧國軍、王發國，〈許顗詩話·解題〉等誤漏舉正〉，《西南民族學院學
報（哲學社會科學版）》總第 23 卷第 8 期，2002 年 8 月，頁 143～146。

102. 鄧富華，〈《四庫全書總目》明詩批評述論〉，哈爾濱師範大學社會科學學
報，2013 年第 2 期，頁 112～116。

103. 盧錦堂，〈紀文達公年譜〉，《書目季刊》第 8 卷第 2 期，1974 年 9 月，
頁 55～73。

104. 盧錦堂，〈紀昀的文學著述〉，《中央圖書館館刊》，第 19 卷第 1 期，1986
年 9 月，頁 73～89。

105. 蕭永明，〈北宋新學理學的對立與新舊黨爭〉，《求索》，2001 月第 5 期，
頁 90～92。

106. 蕭淳鏵，〈「詩人玉屑」評論人物部份的體例、編排及資料選擇〉，《大陸
雜誌》第 97 卷第 4 期，1998 年 10 月，頁 27～38。

107. 蕭慶偉，〈北宋黨爭與杜詩陶詩之顯晦〉，《河北大學學報》，1996 年第 3
期，頁 33～38、53。

108. 蕭慶偉，〈杜詩之顯與黃庭堅紹聖以來的詩論〉，《福州大學學報（哲學社
會科學版）》，2002 年第 1 期（總第 55 期），頁 39～42。

109. 蕭慶偉，〈熙、元祐黨爭的特質及其蛻變〉，《贛南師範學院學報》，1998
年 04 期，頁 58～63。

110. 蕭慶偉，〈論熙豐、元祐黨爭的文化背景〉，《漳州師院學報》，1998 年第
1 期，頁 58～64。

111. 鍾美玲，〈從宋代詩話看宋人對詩歌特質的要求〉，《雲漢學刊》第 2 期，
1995 年 6 月，頁 87～101。

112. 關加福，〈《四庫全書總目》卷首聖諭中的修書思想〉，《湖南科技學院學
報》第 34 卷第 5 期，2013 年 5 月），頁 4～6。

113. J.Hillis Miller. "Persidential Address 1986.The Triumph of Theory.The
Resistance to Resding. And the Question of the Material Base." PMLA 102
（1987），p281～291.

114. 林柏燕：〈形式與意識之間──我們需要什麼樣的文學理論〉（上）（《中
華日報》，1975 年 8 月 12 日），第九版。

（二）學位論文

1. 石惠美，《《四庫薈要》與《四庫全書》集部著錄書版本比較研究》，中國
文化大學中文所碩士論文，1997 年。

2. 吳秀蓉，《從新舊黨爭論蘇東坡的從政生涯》，國立臺灣師範大學政治學研究所碩士論文，2003 年。

3. 李佩如，《北宋黨爭對蘇轍文學創作的影響》，國立政治大學碩士論文，2005 年 4 月。

4. 林錦婷，《蘇軾與黃庭堅之詩論及其比較》，國立中央大學中文研究所碩士論文，1994 年 6 月。

5. 邱世芬，《葉夢得年譜》，私立東海大學中國文學研究所碩士論文，1991 年。

6. 金英華，《葉石林的詩論》，國立臺灣大學中國文學研究所碩士論文，1979 年。

7. 高靜文，《葉夢得之文學研究》，國立高雄師範學院國文研究所碩士論文，1982 年。

8. 崔成宗，《宋代詩話論詩研究，以詩之情性、寫景、詠物、詠史、敘事、說理爲對象》，東吳大學中文所博士論文，1993 年。

9. 郭玉雯，《宋代詩話的詩法研究》，國立台灣大學中國文學研究所博士論文，1987 年。

10. 陳曉華，《「四庫總目學」史研究》，北京，北京師範大學古籍所博士論文，2004 年 4 月。

11. 黃培青，《歲寒堂詩話研究》，國立師範大學國文研究所碩士論文，2000 年。

12. 楊雅筑，《新舊黨爭與北宋詩話——黨爭影響論的重新評詁》，臺北，淡江大學中文所碩士論文，2005 年 6 月。

13. 趙濤，《《四庫全書總目提要》學術思想與方法論研究》，西北大學中國古代文學博士論文，2007 年 6 月。

14. 劉正忠，《王荊公金陵詩研究》，國立高雄師範大學國文系碩士論文，1995 年 6 月。

15. 劉萬青，《宋代詩話的格律論研究》，逢甲大學中文所碩士論文，1999 年 6 月。

16. 鄧國軍，《宋詩話考論——以江西詩派、反江西詩派詩話爲中心》，四川大學文學院博士論文，2003 年 3 月。

17. 盧錦堂，《紀昀生平與其閱微草堂筆記》，國立政治大學中文所碩士論文，1974 年。

18. 龔詩堯，《《四庫全書總目》之文學批評研究》，南投，暨南國際大學中國語文學系碩士論文，2000 年。

附錄一　《總目》著錄書與相關提要比較表

本表以殿本爲底本，相異於殿本使用粗體字，缺漏處以◎標示，《簡目》不在比對範圍

作者／書名	簡　目	文津閣本提要	文淵閣本提要	浙　本	殿本《總目》
梁／鍾嶸詩品	梁鍾嶸撰，取漢魏至梁能詩者一百三人。分爲三品，每品各冠以小序，每人又系以論斷惟所爲某人詩源出某人者，頗爲武斷。至其妙解文理不減劉勰。王士禎嘗病其次第高下，多所違失，然古人篇什今已百不存一，未可據殘剩之餘定當日評隲之確否也。（頁378）	臣等謹案《詩品》三卷，梁鍾嶸撰。嶸字仲偉，潁川長社人。與兄巘、弟嶼並好學，有名。齊永明中，爲國子生。王儉舉本州秀才，起家王國侍郎。入梁，仕至晉安王記室，卒於官。嶸學通《周易》，詞藻兼長。所品古今五言詩，自漢魏以來一百有三人，論其優劣，分爲上、中、下三品。每品之首，各冠以序。皆妙達文理，可與《文心雕龍》並稱。近時王士禎，極論其品第之間多所違失。然梁代迄今，邈逾千禩，遺篇舊制，什九不存，未可以掇拾殘	《詩品》三卷，梁鍾嶸撰。嶸字仲偉，潁川長社人。與兄巘、弟嶼並好學，有名。齊永明中，爲國子生。王儉舉本州秀才，起家王國侍郎。入梁，仕至晉安王記室，卒於官。嶸學通《周易》，詞藻兼長。所品古今五言詩，自漢魏以來一百有三人，論其優劣，分爲上、中、下三品。每品之首，各冠以序，皆妙達文理，可與《文心雕龍》並稱。近時王士禎，極論其品第之間多所違失。然梁代迄今，邈逾千禩，遺篇舊製，什九不存，未可以掇拾殘文，定當日全集之優劣。	梁鍾嶸撰。嶸字仲偉，潁川長社人。與兄巘、弟嶼並好學，有名。齊永明中，爲國子生。王儉舉本州秀才，起家王國侍郎。入梁，仕至晉安王記室，卒於官。嶸學通《周易》，詞藻兼長。所品古今五言詩，自漢魏以來一百有三人，論其優劣，分爲上、中、下三品。每品之首，皆妙達文理，可與《文心雕龍》並稱。近時王士禎，極論其品第之間多所違失。然梁代迄今，邈逾千禩，遺篇舊製，什九不存，未可以掇拾殘文，定當日全集之優劣。惟其論某人	梁鍾嶸撰。嶸字仲偉，潁川長社人。與兄巘、弟嶼並好學，有名。齊永明中，爲國子生。王儉舉本州秀才，起家王國侍郎。入梁，仕至晉安王記室，卒於官。嶸學通《周易》，詞藻兼長。所品古今五言詩，自漢魏以來一百有三人，論其優劣，分爲上、中、下三品。每品之首，皆妙達文理，可與《文心雕龍》並稱。近時王士禎，極論其品第之間多所違失。然梁代迄今，邈逾千禩，遺篇舊製，什九不存，未可以掇拾殘文，定當日全集之優劣。惟其論某人

		文，定當日全集之優劣。惟其論某人源出某人，若一一親見其師承者，則不免附會耳。史稱嶸嘗求譽於沈約，約弗爲獎借，故嶸怨之，列約中品。案約詩列之中品，未爲排抑。惟序中深詆聲律之學，謂「蜂腰鶴膝，僕病未能；雙聲疊韻，里俗已具」是則攻擊約說，顯然可見，史言亦不盡無因也。又一百三人之中，惟王融稱王元長，不著其名，或疑其有所私尊。然徐陵《玉台新詠》亦惟融書字，蓋齊、梁之間避齊和帝之諱，故以字行，實無他故。今亦姑仍原本，以存其舊焉。（頁997）	惟其論某人源出某人，若一一親見其師承者，則不免附會耳。史稱嶸嘗求譽於沈約，約弗爲獎借，故嶸怨之，列約中品。案約立之中品，未爲排抑。惟序中深詆聲律之學，謂「蜂腰鶴膝，僕病未能；雙聲疊韻，里俗已具」，是則攻擊約說，顯然可見，史言亦不盡無因也。又一百三人之中，惟王融稱王元長，不著其名，或疑其有所私尊。然徐陵《玉臺新詠》亦惟融書字。蓋齊、梁之間避齊和帝之諱，故以字行，實無他故。今亦仍原本，以存其舊焉。（冊1478，頁189～190）	源出某人，若一一親見其師承者，則不免附會耳。史稱嶸嘗求譽於沈約，約弗爲獎借，故嶸怨之，列約中品。案約詩列之中，未爲排抑。惟序中深詆聲律之學，謂「蜂腰、鶴膝，僕病未能；雙聲、疊韻，里俗已具」，是則攻擊約說，顯然可見，言亦不盡無因也。又一百三人之中，惟王融稱王元長，不著其名，或疑其有所私尊。然徐陵《玉臺新詠》亦惟融書字。蓋齊、梁之間避齊和帝之諱，故以字行，實無他故。今亦姑仍原本，以存其舊焉。（頁1780）	源出某人，若一一親見其師承者，則不免附會耳。史稱嶸嘗求譽於沈約，弗爲獎借，故嶸怨之，列約中品。案約詩列之中品，未爲排抑。惟序中深詆聲律之學，謂「蜂腰、鶴膝，僕病未能；雙聲、疊韻，里俗已具」，是則攻擊約說，顯然可見，言亦不盡無因也。又一百三人之中，惟王融稱王元長，不著其名，或疑其有所私尊。然徐陵《玉臺新詠》亦惟融書字。蓋齊、梁之間避齊和帝之諱，故以字行，實無他故。今亦姑仍原本，以存其舊焉。（頁5-217～218）
唐／孟棨本事詩	唐孟棨撰。取歷代緣情之作，各詳其事跡分爲七類，惟宋武帝、樂昌公主二條爲六朝事，餘皆唐事也。（頁379）	臣等謹案《本事詩》一卷，唐孟棨撰。棨字初中。爵里未詳。王定保《唐摭言》稱：「棨出入場籍垂三十年。年長於小魏公。放榜日，出行拜謝」云云。則嘗於崔浩下登第。書中韓翃條內稱：「開成中，余罷梧州。」亦不知爲梧州何官；《新唐書·藝文志》載此書，題曰孟棨，毛晉《津逮秘書》因之。然諸家稱引，並作「棨」字，疑《唐志》誤也。是書前有光啓二年自序，云「大駕在襄中」。蓋作於僖宗幸興元時。皆採歷代詞人緣情之作，敘其本事。分情感、事	《本事詩》一卷，唐孟棨撰。棨字初中。爵里未詳。王定保《摭言》稱：「孟棨年長于小魏公，放榜日，棨出行曲謝。」則棨於崔沆下及第。書中韓翃條內稱：「開成中，余罷梧州。」亦不知爲梧州何官；《新唐書·藝文志》載此書，題曰孟啓，毛晉《津逮祕書》因之。然諸家稱引，並作「棨」字，疑《唐志》誤也。◎是書皆采歷代詞人緣情之作，敘其本事。分情感、事感、高逸、怨憤、徵異、徵咎、嘲戲七類。所記惟樂昌公主、宋武帝二條爲六朝事，餘皆唐	唐孟棨撰。棨字初中。爵里未詳。王定保《唐摭言》稱：「棨出入場籍垂三十餘年。年稍長於小魏公。其放榜日，出行曲謝」云云。則嘗於崔沆下登第。書中韓翃條內稱：「開成中，余罷梧州。」亦不知爲梧州何官；《新唐書·藝文志》載此書，題曰孟啓，毛晉《津逮祕書》因之。然諸家稱引，並作叶「棨」字，疑《唐志》誤也。是書前有光啓二年自序，云「大駕在襄中」。蓋作於僖宗幸興元時。皆採歷代詞人緣情之作，敘其本事。分情感、事感、高逸	唐孟棨撰。棨字初中。爵里未詳。王定保《唐摭言》稱：「棨出入場籍垂三十餘年。年稍長於小魏公。其放榜日，出行曲謝」云云。則嘗於崔沆下登第。書中韓翃條內稱：「開成中，余罷梧州。」亦不知爲梧州何官；《新唐書·藝文志》載此書，題曰孟啓，毛晉《津逮祕書》因之。然諸家稱引，叶作「棨」字，疑《唐志》誤也。是書前有光啓二年自序，云「大駕在襄中」。蓋作於僖宗幸興元時。皆採歷代詞人緣情之作，敘其本事。分情感、事感、高逸、怨憤、徵異

			感、高逸、怨憤、徵異、徵咎、嘲戲七類。所記惟樂昌公主、宋武帝二條爲六朝事，餘皆唐人。其中〈士人代妻答詩〉一首，韋縠《才調集》作葛鴉兒。二人相去不遠，蓋傳聞異詞。〈薔薇花落〉一詩，乃賈島刺裴度作。棨所記不載緣起，疑傳寫脫誤。其李白「飯顆山頭」一詩，論者頗以爲失實。然唐代詩人軼事頗賴以存，亦談藝者所不廢也。晁公武《讀書志》：「載五代有處常子者，嘗續棨書爲二卷，仍依棨例分爲七章，皆唐人之詩。今佚不傳，惟棨書僅存」云。（頁998～999）	人。其中〈士人代妻答詩〉一首，韋縠《才調集》作葛鴉兒。二人相去不遠，盖傳聞異詞。〈薔薇花落〉一詩，乃賈島刺裴度作。棨所記不載緣起，疑傳寫脫誤。其李白「飯顆山頭」一詩，論者頗以爲失實。然唐代詩人軼事頗賴以存，亦談藝者所不廢也。晁公武《讀書志》「載五代有處常子者，嘗續棨書爲二卷，仍依棨例分爲七章，皆唐人之詩。今佚不傳，惟棨書僅存」云。（冊1478，頁231）	、怨憤、徵異、徵咎、嘲戲七類。所記惟樂昌公主、宋武帝二條爲六朝事，餘皆唐人。其中〈士人代妻答詩〉一首，韋縠《才調集》作葛鴉兒。二人相去不遠，蓋傳聞異詞。〈薔薇花落〉一詩，乃賈島刺裴度作。棨所記不載緣起，疑傳寫脫誤。其李白「飯顆山頭」一詩，論者頗以爲失實。然唐代詩人軼事頗賴以存，亦談藝者所不廢也。晁公武《讀書志》：「載五代有處常子者，嘗續棨書爲二卷，仍依棨例分爲七章，皆唐人之詩。今佚不傳，惟棨書僅存」云。（頁1780）	徵咎、嘲戲七類。所記惟樂昌公主、宋武帝二條爲六朝事，餘皆唐人。其中〈士人代妻答詩〉一首，韋縠《才調集》作葛鴉兒。二人相去不遠，蓋傳聞異詞。〈薔薇花落〉一詩，乃賈島刺裴度作。棨所記不載緣起，疑傳寫脫誤。其李白「飯顆山頭」一詩，論者頗以爲失實。然唐代詩人軼事頗賴以存，亦談藝者所不廢也。晁公武《讀書志》：「載五代有處常子者，嘗續棨書爲二卷，仍依棨例分爲七章，皆唐人之詩。今佚不傳，惟棨書僅存」云。（頁218）
唐／司空圖詩品				唐司空圖撰。圖有文集，已著錄。唐人詩格傳於世者，王昌齡、杜甫、賈島諸書，率皆依託。即皎然《杼山詩式》亦在疑似之間。惟此一編，眞出圖手。其《一鳴集》中，有〈與李秀才論詩書〉，謂：「詩貫六義，諷諭、抑揚，淳蓄、淵雅，皆在其中。惟近而不浮，遠而不盡，然後可言意外之致。」又謂：「梅止於酸，鹽止於鹹，而味在酸鹹之外。」其持論非晚唐所及，故是書亦深解詩理。凡分二十四品：曰雄渾，曰沖淡，曰纖穠，曰沈著，曰高古，曰典雅，曰洗鍊，曰	唐司空圖撰。圖有文集，已著錄。唐人詩格傳於世者，王昌齡、杜甫、賈島諸書，率皆依託。即皎然《杼山詩式》亦在疑似之間。惟此一編，眞出圖手。其《一鳴集》中，有〈與李秀才論詩書〉，謂：「詩貫六義，諷諭、抑揚，淳蓄、淵雅，皆在其中。惟近而不浮，遠而不盡，然後可言意外之致。」又謂：「梅止於酸，鹽止於鹹，而味在酸鹹之外。」其持論非晚唐所及，故是書亦深解詩理。凡分二十四品：曰雄渾，曰沖淡，曰纖穠，曰沈著，曰高古，曰典雅，曰洗鍊，曰

			勁健，曰綺麗，曰自然，曰含蓄，曰豪放，曰精神，曰縝密，曰疏野，曰清奇，曰委曲，曰實境，曰悲慨，曰形容，曰超詣，曰飄逸，曰曠達，曰流動，各以韻語十二句體貌之。所列諸體畢備，不主一格。王士禎但取其「采采流水，蓬蓬遠春」二語，又取其「不著一字，盡得風流」二語，以為詩家之極則，其實非圖意也。（頁1780～1781）	勁健，曰綺麗，曰自然，曰含蓄，曰豪放，曰精神，曰縝密，曰疏野，曰清奇，曰委曲，曰實境，曰悲慨，曰形容，曰超詣，曰飄逸，曰曠達，曰流動，各以韻語十二句體貌之。所列諸體畢備，不主一格。王士禎但取其「采采流水，蓬蓬遠春」二語，又取其「不著一字，盡得風流」二語，以為詩家之極則，其實非圖意也。（頁5-219～220）
宋／歐陽修六一詩話	宋歐陽修撰。詩話莫盛于宋，其傳于世者，以修此編為最古。其以論文為主，而兼記本事諸家詩話之體例，亦刱於是編。（頁379）	臣等謹案《六一詩話》一卷，宋歐陽脩撰。修有《詩本義》，已著錄。是書前有自題一行，稱退居汝陰時，集之以資閒談。蓋熙寧四年致仕以後所作，越一歲而修卒，其晚年最後之筆也。陳師道《後山詩話》謂修不喜杜甫詩；葉夢得《石林詩話》謂修力矯西崑體，而此篇載論〈蔡都尉詩〉一條，〈劉子儀詩〉一條，殊不盡然。毛晉後跋所辨亦公論也。其中如「風暖鳥聲碎，日高花影重」一聯，今見杜荀鶴《唐風集》，而修乃作周朴詩。魏泰作《臨漢隱居詩話》，詆其謬誤。然考宋吳聿《觀林詩話》曰：「杜荀鶴詩句鄙惡。世所傳《唐風集》首篇『風暖鳥聲碎、日高花影重』者，余甚疑不類荀鶴語。	《六一詩話》一卷，宋歐陽修撰。◎前有自題一行，稱退居汝陰時，集之以資閑談。◎陳師道《後山詩話》謂修不喜杜甫詩，葉夢得《石林詩話》謂修力矯西崑體，而此編載論〈蔡都尉詩〉一條，〈劉子儀詩〉一條，殊不盡然。毛晉後跋所辨亦公論也。其中如「風暖鳥聲碎，日高花影重」一聯，今見杜荀鶴《唐風集》，而修誤作周朴詩。◎又九僧之名遺其八，司馬光《續詩話》乃為補之，是則記憶偶踈耳。（冊1478，頁247）	宋歐陽脩撰。修有《詩本義》，已著錄。是書前有自題一行，稱退居汝陰時，集之以資閒談。蓋熙寧四年致仕以後所作，越一歲而修卒，其晚年最後之筆也。陳師道《後山詩話》謂修不喜杜甫詩；葉夢得《石林詩話》謂修力矯西崑體，而此編載論〈蔡都尉詩〉一條，〈劉子儀詩〉一條，殊不盡然。毛晉後跋所辨亦公論也。其中如「風暖鳥聲碎，日高花影重」一聯，今見杜荀鶴《唐風集》，而修乃作周朴詩。魏泰作《臨漢隱居詩話》，詆其謬誤。然考宋吳聿《觀林詩話》曰：「杜荀鶴詩句鄙惡。世所傳《唐風集》首篇『風暖鳥聲碎、日高花影重』者，余甚疑不類荀鶴語。他日觀唐人小說，見此詩乃周朴所

		他日觀唐人小說所載，則此詩乃周朴所作。而歐陽文忠公亦云爾，蓋借此引編，以行於世矣」云云。然則此詩一作周朴，實有根據，修不誤也。惟九僧之名頓遺其八，司馬光《續詩話》乃爲補之，是則記憶偶疏也。（頁999～1000）		作。而歐陽文忠公亦云爾，蓋借此引編，以行於世矣」云云。然則此詩一作周朴，實有根據，修不誤也。惟九僧之名頓遺其八，司馬光《續詩話》乃爲補之，是則記憶偶疏耳。（頁1781）	作。而歐陽文忠公亦云爾，蓋借此引編，以行於世矣」云云。然則此詩一作周朴，實有根據，修不誤也。惟九僧之名頓遺其八，司馬光《續詩話》乃爲補之，是則記憶偶疏耳。（頁5-220）
宋／司馬光續詩話	宋司馬光撰。據卷首自序即續《六一詩話》也。光不以詩名，而是編所論乃多中理解。惟梅堯臣病死一條，與詩話無涉。宋人詩話往往體參小說，此其濫觴也。（頁379）	臣等謹案《續詩話》一卷，宋司馬光撰。光有《易說》，已著錄。是編題曰《續詩話》者，據卷首光自作小引，蓋續歐陽修《六一詩話》而作也。光《傳家集》中具載雜著，乃不錄此書，惟左圭《百川學海》收之。然《傳家集》中亦不錄《切韻指掌圖》，或二書成于編集之後耶？光德行功業冠絕一代，非斤斤于詞章之末者，而品第諸詩，乃極精密，如林逋之「疏影橫斜水清淺，暗香浮動月黃昏」，魏野之「數聲離岸櫓，幾點別州山」；韓琦之「花去曉叢蜂蝶亂，雨餘春圃桔槔閒」；耿仙芝之「草色引開盤馬地，簫聲吹暖賣餳天」；寇準之《江南春》詩，陳堯佐之《吳江》詩，暢當、王之渙之〈鸛雀樓〉詩，及其父〈行色〉詩，相沿傳誦，皆自光始表出之。其論魏野詩誤改「藥」字及說杜甫「國破山河在」一	《續詩話》一卷，宋司馬光◎續《六一詩話》而作。《傳家集》未載惟見《百川學海》。毛晉《津逮秘書》亦錄之，前有光自作小引光德行功業冠絕一時，非斤斤於詞章之末者，而品第諸詩，乃極精密，如林逋之「疏影橫斜水清淺，暗香浮動月黃昏」，魏野之「數聲離岸櫓，幾點別州山」；韓琦之「花去曉叢蜂蝶亂，雨餘春圃桔槔閒」；耿仙芝之「草色引開盤馬地，簫聲吹暖賣餳天」；寇準之《江南春》詩，陳堯佐之《吳江》詩，暢當、王之渙之〈鸛雀樓〉詩，及其父〈行色〉詩，相沿傳誦，皆自光始表出之。其論魏野詩誤改「藥」字及說杜甫「國破山河在」一首，尤妙中理解，非他詩話所及。惟梅堯臣病死一條，與詩無涉，乃載之此書，殊不可解。者光別有《涑水紀聞》皆記當時士大夫逸事，或兩	宋司馬光撰。光有《易說》，已著錄。是編題曰《續詩話》者，據卷首光自作小引，蓋續歐陽修《六一詩話》而作也。光《傳家集》中具載雜著，乃不錄此書，惟左圭《百川學海》收之。然《傳家集》中亦不錄《切韻指掌圖》，或二書成於編集之後耶？光德行功業冠絕一代，非斤斤於詞章之末者，而品第諸詩，乃極精密，如林逋之「疏影橫斜水清淺，暗香浮動月黃昏」，魏野之「數聲離岸櫓，幾點別州山」；韓琦之「花去曉叢蜘蝶亂，雨餘春圃桔槔閒」；耿仙芝之「草色引開盤馬地，簫聲吹暖賣餳天」；寇準之《江南春》詩，陳堯佐之《吳江》詩，暢當、王之渙之〈鸛雀樓〉詩，及其父〈行色〉詩，相沿傳誦，皆自光始表出之。其論魏野詩誤改「藥」字及說杜甫「國破山河在」一首，尤妙中理解，非他詩話所	宋司馬光撰。光有《易說》，已著錄。是編題曰《續詩話》者，據卷首光自作小引，蓋續歐陽修《六一詩話》而作也。光《傳家集》中載雜著，乃不錄此書，惟左圭《百川學海》收之。然《傳家集》中亦不錄《切韻指掌圖》，或二書成於編集之後耶？光德行功業冠絕一代，非斤斤於詞章之末者，而品第諸詩，乃極精密，如林逋之「疏影橫斜水清淺，暗香浮動月黃昏」，魏野之「數聲離岸櫓，幾點別州山」；韓琦之「花去曉叢蜘蝶亂，雨餘春圃桔槔閒」；耿仙芝之「草色引開盤馬地，簫聲吹暖賣餳天」；寇準之《江南春》詩，陳堯佐之《吳江》詩，暢當、王之渙之〈鸛雀樓〉詩，及其父〈行色〉詩，相沿傳誦，皆自光始表出之。其論魏野詩誤改「藥」字及說杜甫「國破山河在」一首，尤妙中理解，非他詩話所

		首，尤妙中理解，非他詩話所及。惟梅堯臣病死一條，與詩無涉，乃載之此書，則不可解。考光別有《涑水記聞》一書，載當時雜事。豈二書並修，偶以欲筆於彼冊者誤筆於此冊歟？（頁1000）	書並修，一時誤錄入此冊中亦未可定也。（冊1478，頁257）	及。惟梅堯臣病死一條，與詩無涉，乃載之此書，則不可解。考光別有《涑水記聞》一書，載當時雜事。豈二書並修，偶以欲筆於彼冊者誤筆於此冊歟？（頁1781）	及。惟梅堯臣病死一條，與詩無涉，乃載之此書，則不可解。考光別有《涑水記聞》一書，載當時雜事。豈二書並修，偶以欲筆於彼冊者誤筆於此冊歟？（頁5-220～頁221）
宋／劉攽中山詩話	宋劉攽撰。兄弟俱以博洽名，吟詠非所留意。此編所論失參半，多收嘲謔之詞，尤為猥雜。尤不及歐陽、司馬二書，然學問終有根柢，故其考證議論，亦尚多可采。（頁379）	臣等謹案《中山詩話》一卷，宋劉攽撰。攽字貢父，新喻人，敞之弟也，與敞同舉慶曆六年進士，歷官祕書少監出知蔡州，後終於中書舍人，所著《公非先生集》歲久散佚已非完帙，惟詩話猶為舊本，攽素稱博洽而於花蕊夫人《宮詞》百首僅見三十餘篇，豈當攽之時全稿未盡出耶？其論李商隱〈錦瑟詩〉，以為令狐楚青衣之名，頗為影撰。其論赫連勃勃蒸土一條，亦頗不確。陸機黃犬一條尤為迂闊，不但晁公武所摘，蕭何功曹一事至開卷第二條所引劉子儀詩，誤以《論語》「師也辟」為「師也達」，攽漫無駁正，亦不可解。所載嘲謔之詞，彌多冗雜。攽好詼諧，嘗坐是為馬默所彈。殆性之所近，不覺濫收耶？北宋詩話惟歐陽脩、司馬光及攽三家，號為最古。此編較歐陽脩、司馬光二家雖似不及，然攽在元祐諸人之中，學問最有根	《中山詩話》一卷，宋劉攽撰。攽字貢父，新喻人，敞之弟也，與敞同舉。慶曆六年進士，歷官祕書少監，出知蔡州後，終於中書舍人。所著《公非先生集》歲久散佚，已非完帙，惟詩話猶為舊本，攽素稱博洽而於花蕊夫人《宮詞》百首僅見三十餘篇。豈當攽之時全稿未盡出耶？其論李商隱〈錦瑟詩〉，以為令狐楚青衣之名，頗為影撰。其論赫連勃勃蒸土一條，亦不確論。陸機黃犬一條尤為迂闊，不但晁公武所摘，蕭何功曹一事至開卷第二條所引劉子儀詩，以師問達為師也達，將詮語賜也達師也辟二句，牽混殊不可解所載，嘲謔之詞彌多冗雜。攽好詼諧，嘗坐是為馬默所彈。殆性之所近，不覺濫收耶？北宋詩話惟歐陽脩、司馬光及攽三家，號為最古。此編較歐陽脩、司馬光二家雖似不及，然攽元祐諸人之中，學問最有根柢，所	宋劉攽撰。攽有《文選類林》，已著錄。當熙寧、元祐之間，攽兄弟以博洽名一世，而吟詠則不甚著，惟此論詩之語獨傳。宋人所引，多稱《劉貢父詩話》。此本名曰《中山》，疑本無標目，後人用其郡望追題，以別於他家詩話也。花蕊夫人《宮詞》本一百首，攽稱僅見三十餘篇。疑王安國初傳之時或好事者有所摘抄，攽未見其全本也。其論李商隱〈錦瑟詩〉，以為令狐楚青衣之名，頗為影撰。其論赫連勃勃蒸土一條，亦不確當。不但解杜甫詩「功曹非復漢蕭何」句，考之未審，為晁公武所糾；至開卷第二條所引劉子儀詩，誤以《論語》「師也辟」為「師也達」，漫無駁正，亦不可解。所載嘲謔之詞，尤為冗雜。攽好詼諧，嘗坐是為馬默所彈。殆性之所近，不覺濫收歟？北宋詩話惟歐陽修、司馬光及攽三家，號為最古。此編較歐陽、司馬二	宋劉攽撰。攽有《文選類林》，已著錄。當熙寧、元祐之間，攽兄弟以博洽名一世，而吟詠則不甚著，惟此論詩之語獨傳。宋人所引，多稱《劉貢父詩話》。此本名曰《中山》，疑本無標目，後人用其郡望追題，以別於他家詩話也。花蕊夫人《宮詞》本一百首，攽稱僅見三十餘篇。疑王安國初傳之時或好事者有所摘抄，攽未見其全本也。其論李商隱〈錦瑟詩〉，以為令狐楚青衣之名，頗為影撰。其論赫連勃勃蒸土一條，亦不確當。不但解杜甫詩「功曹非復漢蕭何」句，考之未審，為晁公武所糾；至開卷第二條所引劉子儀詩，誤以《論語》「師也辟」為「師也達」，漫無駁正，亦不可解。所載嘲謔之詞，尤為冗雜。攽好詼諧，嘗坐是為馬默所彈。殆性之所近，不覺濫收歟？北宋詩話惟歐陽修、司馬光及攽三家，號為最古。此編較歐陽、司馬二

		柢，所考證論議，可取者多，究非南宋江湖末派鉤棘字句，以空談說詩者比也。（頁1001）	考證議論，可取者多，究非南宋江湖末派鉤棘字句，以空談說詩者比也。（冊1478，頁265）	家雖似不及，然攷在元祐諸人之中，學問最有根柢，其考證論議，可取者多，究非江湖末派鉤棘字句，以空談說詩者比也。（頁1781）	家雖似不及，然攷在元祐諸人之中，學問最有根柢，其考證論議，可取者多，究非江湖末派鉤棘字句，以空談說詩者比也。（頁5-221）
宋／陳師道後山詩話	舊本題宋陳師道撰。陸游《老學菴筆記》嘗疑其依託。而魏衍集傳又有集名。今考所稱教塘雷大使事，在師道身後，其偽可知，然持論雖多出入，亦頗有中肯之語。疑師道原詩。詩話其書散佚，好事者以意補之也。（頁379）	臣等謹案《後山詩話》一卷，舊本題宋陳師道撰。師道有《後山叢談》，已著錄。是書《文獻通考》作二卷，此本一卷，疑後人合併也。陸游《老學菴筆記》深疑《後山叢談》或其少作，此書則必非師道所撰。今考其中於蘇軾、黃庭堅、秦觀俱有不滿之詞，殊不類師道語。且謂「師道詞如教坊雷大使舞，極天下之工，而終非本色。」案：蔡絛《鐵圍山叢談》稱雷萬慶宣和中以善舞隸教坊。軾卒於建中靖國元年六月，師道亦卒於是年十一月，安能預知宣和中有雷大使？借為譬況，其出於依託，不問可知矣。至謂陶潛之詩切於事情而不文，謂韓愈〈元和聖德詩〉，於集中為最下；而裴說〈寄邊衣〉一首，詩格柔靡，殆類小詞，乃極稱之，尤為未允。其以王建〈望夫石〉詩為顧況作，亦間有舛誤。疑南渡後舊稿散佚，好事者以意補之耶？然其謂「詩文寧拙毋巧，寧樸毋華	《後山詩話》一卷，舊本題宋陳師道撰，師道有《後山叢談》已著錄。是書《文獻通考》作二卷，此本一卷，疑後人合併也。陸游《老學菴筆記》深疑《後山叢談》及此書，且謂《叢談》或其少作，此書則必非師道所撰。今考其中於蘇軾、黃庭堅、秦觀俱有不滿之詞，殊不類師道語。且謂「師道詞如教坊雷大使舞，極天下之工，而終非本色。」案：蔡絛《鐵圍山叢談》稱雷萬慶宣和中以善舞隸教坊。軾卒於建中靖國元年六月，師道亦卒於是年十一月，安能預知宣和中有雷大使？借為譬況，其出於依託，不問可知矣。至謂陶潛之詩切於事情而不文，謂韓愈〈元和聖德詩〉，于集中為最下；而裴說〈寄邊衣〉一首，詩格柔靡，殆類小詞，乃亟稱之，尤為未允。其以王建〈望夫石〉詩為顧況作，亦間有舛誤。疑南渡後舊稿散佚，好事者以意補之耶？然其謂詩文寧拙毋巧，寧撲毋華，寧粗毋弱，	舊本題宋陳師道撰。師道有《後山叢談》，已著錄。是書《文獻通考》作二卷，此本一卷，疑後人合併也。陸游《老學菴筆記》深疑《後山叢談》及此書，且謂《叢談》或其少作，此書則必非師道所撰。今考其中於蘇軾、黃庭堅、秦觀俱有不滿之詞，殊不類師道語。且謂「蘇軾詞如教坊雷大使舞，極天下之工，而終非本色。」案：蔡絛《鐵圍山叢談》稱雷萬慶宣和中以善舞隸教坊。軾卒於建中靖國元年六月，師道亦卒於是年十一月，安能預知宣和中有雷大使？借為譬況，其出於依託，不問可知矣。至謂陶潛之詩切於事情而不文，謂韓愈〈元和聖德詩〉，於集中為最下；而裴說〈寄邊衣〉一首，詩格柔靡，殆類小詞，乃亟稱之，尤為未允。其以王建〈望夫石〉詩為顧況作，亦間有舛誤。疑南渡後舊稿散佚，好事者以意補之耶？然其謂「詩文寧拙毋巧，寧樸毋華，寧粗毋弱，寧僻毋俗」；又謂「善	舊本題宋陳師道撰。師道有《後山叢談》，已著錄。是書《文獻通考》作二卷，此本一卷，疑後人合併也。陸游《老學菴筆記》深疑《後山叢談》及此書，且謂《叢談》或其少作，此書則必非師道所撰。今考其中於蘇軾、黃庭堅、秦觀俱有不滿之詞，殊不類師道語。且謂「蘇軾詞如教坊雷大使舞，極天下之工，而終非本色。」案：蔡絛《鐵圍山叢談》稱雷萬慶宣和中以善舞隸教坊。軾卒於建中靖國元年六月，師道亦卒於是年十一月，安能預知宣和中有雷大使？借為譬況，其出於依託，不問可知矣。至謂陶潛之詩切於事情而不文，謂韓愈〈元和聖德詩〉，於集中為最下；而裴說〈寄邊衣〉一首，詩格柔靡，殆類小詞，乃亟稱之，尤為未允。其以王建〈望夫石〉詩為顧況作，亦間有舛誤。疑南渡後舊稿散佚，好事者以意補之耶？然其謂「詩文寧拙毋巧，寧樸毋華，寧粗毋弱，寧僻毋俗」；又謂「善

		，寧犢毋弱，寧僻毋俗」；又謂「善為文者，因事以出奇，江河之行，順下而已；至其觸山赴谷，風搏物激，然後盡天下之變」，持論間有可取。其解杜甫〈同谷歌〉之黃獨；〈百舌〉詩之讒人，解韋應物詩之新橘三百；駁蘇軾戲馬臺詩之玉鉤、白鶴，亦間有考證。流傳既久，固不妨存備一家爾。（頁1001～1002）	寧僻毋俗」又謂「善為文者，因事以出奇，江河之行，順下而已；至其觸山赴谷，風搏物激，然後盡天下之變」，持論間有可取。其解杜甫〈同谷歌〉之黃獨；〈百舌〉詩之讒人，解韋應物詩之新橘三百；駁蘇軾戲馬臺詩之玉鉤、白鶴，亦間有考證。流傳既久，固不妨存備一家爾。（冊1478，頁279）	為文者，因事以出奇，江河之行，順下而已；至其觸山赴谷，風搏物激，然後盡天下之變」，持論間有可取。其解杜甫〈同谷歌〉之黃獨；〈百舌〉詩之讒人，解韋應物詩之新橘三百；駁蘇軾戲馬臺詩之玉鉤、白鶴，亦間有考證。流傳既久，固不妨存備一家爾。（頁1781～1782）	為文者，因事以出奇，江河之行，順下而已；至其觸山赴谷，風搏物激，然後盡天下之變」，持論間有可取。其解杜甫〈同谷歌〉之黃獨；〈百舌〉詩之讒人，解韋應物詩之新橘三百；駁蘇軾戲馬臺詩之玉鉤、白鶴，亦間有考證。流傳既久，固不妨存備一家爾。（頁5-221～222）
宋/魏泰臨漢隱居詩話	宋魏泰撰。泰為曾布之婦弟，故為學薄元祐而重熙寧。是書所論亦不免門戶之私，然一知半見亦時有可取。蓋泰雖邪黨，而文章則未嘗不工也。（頁379）	臣等謹案《臨漢隱居詩話》一卷，宋魏泰撰。泰有《東軒筆錄》，已著錄。泰為曾布婦弟，故嘗託梅堯臣之名，撰《碧雲騢》以詆文彥博、范仲淹諸人。及作此書，亦黨熙寧而抑元祐。如論歐陽修，則恨其詩少餘味；而於「行人仰頭飛鳥驚」之句，始終不取。論黃庭堅則譏其自以為工，所見實僻，而有「方其拾璣羽，往往失鵬鯨」之題。論石延年則以為無大好處，論蘇舜欽則謂其以奔放豪健為主，論梅堯臣則謂其乏高致。惟於王安石則盛推其佳句，蓋堅執門戶之私，而甘與公議相左者。至「草草杯柈供笑語、昏昏燈火話平生」一聯，本王安石詩，而以為其妹長安縣君所作，尤傳聞失實。然如論梅堯臣〈贈鄰居詩〉不	《臨漢隱居》詩話一卷，宋魏泰撰。泰有《東軒筆錄》已著錄。泰為曾布婦弟，故嘗託梅堯臣之名，撰《碧雲騢》以詆文彥博、范仲淹諸人。及作此書，亦黨熙寧而抑元祐。如論歐陽修，則恨其詩少餘味；而於「行人仰頭飛鳥驚」之句，始終不取。論黃庭堅則譏其自以為工，所見實僻，而有「方其拾璣羽，往往失鵬鯨」之題。論石延年則以為無大好處，論蘇舜欽則謂其以奔放豪健為主，論梅堯臣則謂其乏高致。惟於王安石則盛推其佳句，蓋堅執門戶之私，而甘與公議相左者。至「草草杯柈供笑語、昏昏燈火話平生」一聯，本王安石詩，而以為其妹長安縣君所作，尤傳聞失實。然如論梅堯臣〈贈鄰居詩〉不如徐鉉，則	宋魏泰撰。泰有《東軒筆錄》，已著錄。泰為曾布婦弟，故嘗託梅堯臣之名，撰《碧雲騢》以詆文彥博、范仲淹諸人。及作此書，亦黨熙寧而抑元祐。如論歐陽修，則恨其詩少餘味；而於「行人仰頭飛鳥驚」之句，始終不取。論黃庭堅則譏其自以為工，所見實僻，而有「方其拾璣羽，往往失鵬鯨」之題。論石延年則以為無大好處，論蘇舜欽則謂其以奔放豪健為主，論梅堯臣則謂其乏高致。惟於王安石則盛推其佳句，蓋堅執門戶之私，而甘與公議相左者。至「草草杯柈供笑語、昏昏燈火話平生」一聯，本王安石詩，而以為其妹長安縣君所作，尤傳聞失實。然如論梅堯臣〈贈鄰居詩〉不如徐鉉，則亦未嘗不確。他若引韓愈	宋魏泰撰。泰有《東軒筆錄》，已著錄。泰為曾布婦弟，故嘗託梅堯臣之名，撰《碧雲騢》以詆文彥博、范仲淹諸人。及作此書，亦黨熙寧而抑元祐。如論歐陽修，則恨其詩少餘味；而於「行人仰頭飛鳥驚」之句，始終不取。論黃庭堅則譏其自以為工，所見實僻，而有「方其拾璣羽，往往失鵬鯨」之題。論石延年則以為無大好處，論蘇舜欽則謂其以奔放豪健為主，論梅堯臣則謂其乏高致。惟於王安石則盛推其佳句，蓋堅執門戶之私，而甘與公議相左者。至「草草杯柈供笑語、昏昏燈火話平生」一聯，本王安石詩，而以為其妹長安縣君所作，尤傳聞失實。然如論梅堯臣〈贈鄰居詩〉不如徐鉉，則亦未嘗不確。他若引韓愈

		如徐鉉，則亦未嘗不確。他若引韓愈詩證《國史補》之不誣，引《漢書》證劉禹錫稱衛瓘之誤，以至評韋應物、白居易、楊億、劉筠諸詩，考王維詩中顛倒之字，亦頗有可采。畧其所短，取其所長，未嘗不足備考證也。（頁 1002～1003）	亦未嘗不確。他若引韓愈詩証《國史補》之不誣，引《漢書》証劉禹錫稱魏瑠之誤，以至評韋應物、白居易、楊億、劉筠諸詩，考王維詩中顛倒之字，亦頗有可采。畧其所短取其所長，未嘗不足備考證也。（冊1478，頁291）	詩證《國史補》之不誣，引《漢書》證劉禹錫稱衛縮之誤，以至評韋應物、白居易、楊億、劉筠諸詩，考王維詩中顛倒之字，亦頗有可采。畧其所短，取其所長，未嘗不足備考證也。（頁1782）	詩證《國史補》之不誣，引《漢書》證劉禹錫稱衛縮之誤，以至評韋應物、白居易、楊億、劉筠諸詩，考王維詩中顛倒之字，亦頗有可采。畧其所短，取其所長，未嘗不足備考證也。（頁5-222）
宋／吳开優古堂詩話	宋吳开撰。开誤國庸臣，人不足道。其論詩乃頗可取，書中涉考證者不及十分之一。大旨在明詩家，用字煉句相承變化之由，雖無心闇合，不必皆有意相師，然換骨換胎，作者原有是法，亦未始不資觸發也。（頁379）	臣等謹案《優古堂詩話》一卷，宋吳开撰。开字正仲，滁州人。紹聖丁丑中宏詞科，靖康中，官翰林承旨。與耿南仲力主割地之議，卒誤國事。又爲金人往來傳道意旨，立張邦昌而事之，建炎後竄謫以死。其人本不足道，而所作詩話，乃頗有可采。其書凡一百五十四條，多論北宋人詩，亦間及唐人。惟卷末載楊萬里一條，時代遠不相及。疑傳寫有訛，或後人有所竄亂歟？所論惟卷末吏部文章二百年一條，裹飯非子來一條，◎荷蕢一條，陽燧一條，陽關圖一條，珠還合浦一條，黃金臺一條，以玉兒爲玉奴一條，東坡用事切一條，妓人出家詩一條，蒸壺似蒸鴨一條，望夫石一條，落梅花折楊柳一條，兼涉考證，其餘則皆論詩家用字煉句相承變化之由。夫奪胎換骨，翻案出奇，作	《優古堂詩話》一卷，宋吳开撰。开字正仲，滁州人。紹聖丁丑中宏詞科，靖康中，官翰林承旨。與耿南仲力主割地之議，卒誤國事。又爲金人往來傳道意旨，立張邦昌而事之，建炎後竄謫以死。其人本不足道，而所作詩話，乃頗有可采。其書凡一百五十四則，皆記北宋人事多論詩家句律相承變化之由，亦間有旁及他義者。惟卷末載楊萬里一條，時代殊不相及，疑傳寫有訛，或後人有所竄亂歟？◎（冊1478，頁299）	宋吳开撰。开字正仲，滁州人。紹聖丁丑中宏詞科，靖康中，官翰林承旨。與耿南仲力主割地之議，卒誤國事。又爲金人往來傳道意旨，立張邦昌而事之，建炎後竄謫以死。其人本不足道，而所作詩話，乃頗有可采。其書凡一百五十四條，多論北宋人詩，亦間及唐人。惟卷末載楊萬里一條，時代遠不相及。疑傳寫有訛，或後人有所竄亂歟？所論惟卷末吏部文章二百年一條，裹飯非子來一條，王僧綽蠟鳳一條，荷蕢一條，陽燧一條，陽關圖一條，珠還合浦一條，黃金臺一條，以玉兒爲玉奴一條，東坡用事切一條，妓人出家詩一條，蒸壺似蒸鴨一條，望夫石一條，落梅花折楊柳一條，兼涉考證，其餘則皆論詩家用字煉句相承變化之由。夫奪胎換骨，翻案出奇，作者非必盡無所本，	宋吳开撰。开字正仲，滁州人。紹聖丁丑中宏詞科，靖康中，官翰林承旨。與耿南仲主割地之議，卒懼國事。又爲金人往來傳道意旨，立張邦昌而事之，建炎後竄謫以死。其人本不足道，而所作詩話，乃頗有可采。其書凡一百五十四條，多論北宋人詩，亦間及唐人。惟卷末載楊萬里一條，時代遠不相及。疑傳寫有訛，或後人有所竄亂歟？所論惟卷末吏部文章二百年一條，裹飯非子來一條，王僧綽蠟鳳一條，荷蕢一條，陽燧一條，陽關圖一條，珠還合浦一條，黃金臺一條，以玉兒爲玉奴一條，東坡用事切一條，妓人出家詩一條，蒸壺似蒸鴨一條，望夫石一條，落梅花折楊柳一條，兼涉考證，其餘則皆論詩家用字煉句相承變化之由。夫奪胎換骨，翻案出奇，作者非必盡無所本，

		者非必盡無所本，實則無心闇合，亦多有之。必一句一字求其源出某某，未免於求劍刻舟。即如李賀詩「桃花亂落如紅雨」句，劉禹錫詩「搖落繁英墮紅雨」句，开既知二人同時，必不相襲。岑參與孟浩然亦同時，乃以參詩黃昏爭渡字，爲用浩然《夜歸鹿門》詩，不免強爲科配。又知張耒詩夕陽外字本於楊巨源，而不知夕陽西字本於薛能。可知輾轉相因，亦復搜求不盡。然互相參考，可以觀古今人運意之異同與遣詞之巧拙，使讀者因端生悟，觸類引申，要亦不爲無益也。◎（頁1003～1004）	實則無心闇合，亦多有之。必一句一字求其源出某某，未免於求劍刻舟。即如李賀詩「桃花亂落如紅雨」句，劉禹錫詩「搖落繁花墮紅雨」句，开既知二人同時，必不相襲。岑參與孟浩然亦同時，乃以參詩黃昏爭渡字，爲用浩然《夜歸鹿門》詩，不免強爲科配。又知張耒詩夕陽外字本於楊巨源，而不知夕陽西字本於薛能。可知輾轉相因，亦復搜求不盡。然互相參考，可以觀古今人運意之異同與遣詞之巧拙，使讀者因端生悟，觸類引申，要亦不爲無益也。其中蓬生麻中一條，畜不吠之犬一條，韓退之全用《列子》文一條，韓退之學文而及道一條，定命論一條，富鄭公之言出元璹一條，寧人負我，勿我負人一條，皆兼論雜文，不專詩話。又手滑一條，應聲蟲一條，更詩文皆不相涉。蓋詩話中兼及雜事，自劉攽、歐陽修等已然矣。（頁1782）	實則無心闇合，亦多有之。必一句一字求其源出某某，未免於求劍刻舟。即如李賀詩「桃花亂落如紅雨」句，劉禹錫詩「搖落繁花墮紅雨」句，开既知二人同時，必不相襲。岑參與孟浩然亦同時，乃以參詩黃昏爭渡字，爲用浩然《夜歸鹿門》詩，不免強爲科配。又知張耒詩飛鳥外字本於楊巨源，而不知夕陽西字本於薛能。可知輾轉相因，亦復搜求不盡。然互相參考，可以觀古今人運意之異同與遣詞之巧拙，使讀者因端生悟，觸類引申，要亦不爲無益也。其中蓬生麻中一條，畜不吠之犬一條，韓退之全用《列子》文一條，韓退之學文而及道一條，定命論一條，富鄭公之言出元璹一條，寧人負我，勿我負人一條，皆兼論雜文，不專詩話。又手滑一條，應聲蟲一條，更詩文皆不相涉。蓋詩話中兼及雜事，自劉攽、歐陽修等已然矣。（頁5-222～223）	
宋／阮閱詩話總龜	宋阮閱撰。前集分四十一類，後集分六十一類。所采書凡二百種，故旁涉于小說褙書，不免猥濫。而取材既富，考證者亦多，披沙揀金在于淘汰書，成于宣和癸卯，蘇黃文禁方嚴，故元祐諸家悉不見錄焉。（頁379）	臣等謹案《詩話總龜》前集四十八卷，後集五十卷，宋阮閱撰。閱有《郴江百詠》，已著錄。案胡仔《苕溪漁隱叢話·序》曰：「舒城阮閱，昔爲郴江守。嘗編《詩總》，頗爲詳備。蓋因古今詩話附以諸家小說分門增廣。獨	詩話總龜前集四十八卷，後集五十卷，宋阮閱撰。◎案胡仔《苕溪漁隱叢話·序》曰：「舒城阮閱，昔爲郴江守。嘗編《詩總》，頗爲詳備。蓋因古今詩話附以諸家小說分門增廣。獨元祐以來諸公詩話不載焉。考編此	宋阮閱撰。閱有《郴江百詠》，已著錄。案胡仔《苕溪漁隱叢話·序》曰：「舒城阮閱，昔爲郴江守。嘗編《詩總》，頗爲詳備。蓋因古今詩話附以諸家小說分門增廣。獨元祐以來諸公詩話不載焉。考編此《詩	宋阮閱撰。閱有《郴江百詠》，已著錄。案胡仔《苕溪漁隱叢話·序》曰：「舒城阮閱，昔爲郴江守。嘗編《詩總》，頗爲詳備。蓋因古今詩話附以諸家小說分門增廣。獨元祐以來諸公詩話不載焉。考編此《詩

		元祐以來諸公詩話不載焉。考編此《詩總》，乃宣和癸卯。是時元祐文章禁而弗用，故阮因以蜚之。」云云。據其所言，則此書本名《詩總》，其改今名，不知出誰手也。此本為明室月窗道人所刊，併改其名為阮一閱，尤為疎舛。其書前集分四十五門，所采書凡一百種；後集分六十一門，所采書亦一百種。摭拾舊文，多資考證。惟分類瑣屑，頗有乖於體例。前有郴陽李易序，乃曰：「阮子舊集頗雜，月窗條而約之。彙次有義，棼結可尋。」然則此書已經改竄，非其舊第矣。（頁1004～1005）	《詩總》，乃宣和癸卯。是時元祐文章禁而弗用，故阮因以蜚之。」據其所言，則此書本名《詩總》，其改今名，不知出誰手也。此本為明室月窗道人所刊，併改其名為阮一閱，尤為疎舛。其書前集分四十五門，所采書凡一百種；後集分六十一門，所采書亦一百種。摭拾舊文，多資考證。惟分類瑣屑，頗有乖於體例。前有郴陽李易序，乃曰：「阮子舊集頗雜，月窗條而約之。彙次有義，棼結可尋。」然則此書已經改竄，非其舊目矣。（冊1478，頁329）	總》，乃宣和癸卯。是時元祐文章禁而弗用，故阮因以蜚之。」據其所言，則此書本名《詩總》，其改今名，不知出誰手也。此本為明宗室月窗道人所刊，併改其名為阮一閱，尤為疎舛。其書前集分四十五門，所采書凡一百種；後集分六十一門，所采書亦一百種。摭拾舊文，多資考證。惟分類瑣屑，頗有乖於體例。前有郴陽李易序，乃曰：「阮子舊集頗雜，月窗條而約之。彙次有義，棼結可尋。」然則此書已經改竄，非其舊目矣。（頁1782）	總》，乃宣和癸卯。是時元祐文章禁而弗用，故阮因以蜚之。」據其所言，則此書本名《詩總》，其改今名，不知出誰手也。此本為明宗室月窗道人所刊，併改其名為阮一閱，尤為疎舛。其書前集分四十五門，所采書凡一百種；後集分六十一門，所采書亦一百種。摭拾舊文，多資考證。惟分類瑣屑，頗有乖於體例。前有郴陽李易序，乃曰：「阮子舊集頗雜，月窗條而約之。彙次有義，棼結可尋。」然則此書已經改竄，非其舊目矣。（頁5-223）
宋／許顗彥周詩話	宋許顗撰。其論詩宗元祐之學，故所述蘇黃緒論，為多其品第諸家，頗為有識。惟參襍以神怪之說，自穢其書為深可惜耳。（頁379）	臣等謹案《彥周詩話》一卷，宋許顗撰。顗，襄邑人，彥周其字也。始末無可考。書中有「宣和癸卯，予遊嵩山」之語，下距建炎元年僅三年，當已入南宋矣。觀書中載與惠洪面論《冷齋夜話》評李商隱之誤，惠洪即改正；又極推其〈題李愬畫像詩〉，稱在長沙相從彌年。惠洪《冷齋夜話》亦記顗〈述李元膺悼亡長短句〉，蓋亦宗元祐之學者。所引述多蘇軾、黃庭堅、陳師道語，其宗旨可想見也。顗議論多有根柢，品題亦具有別裁。其謂韓愈齊、	彥周詩話一卷，宋許顗撰。顗，襄邑人，彥周其字也。生平始末無可考見，◎觀其與惠洪面論《冷齋夜話》評李商隱之誤，蓋宣和間人，猶及見元祐諸老宿故議論多有根柢所盛稱者蘇軾、黃庭堅、陳師道數人，其宗旨可想見也。其引司馬光告程子語謂辨正古人說處當兩存之勿加詆訾又謂韓愈、齊梁及陳、隋，眾作等蟬噪語，不敢議，亦不敢從。又謂「論道當嚴，取人當恕」，其言皆可取惟譏杜牧〈赤壁〉詩為不說社稷存亡，惟說二	宋許顗撰。顗，襄邑人。彥周其字也。始末無可考。書中有「宣和癸卯，予遊嵩山」之語，下距建炎元年僅三年，當已入南宋矣。觀書中載與惠洪面論《冷齋夜話》評李商隱之誤，惠洪即改正；又極推其〈題李愬畫像詩〉，稱在長沙相從彌年。惠洪《冷齋夜話》亦記顗〈述李元膺悼亡長短句〉，蓋亦宗元祐之學者。所引述多蘇軾、黃庭堅、陳師道語，其宗旨可想見也。顗議論論多有根柢，品題亦具有別裁。其謂韓愈齊、梁及陳、隋，眾作等蟬噪語	宋許顗撰。顗，襄邑人。彥周其字也。始末無可考。書中有「宣和癸卯，予遊嵩山」之語，下距建炎元年僅三年，當已入南宋矣。觀書中載與惠洪面論《冷齋夜話》評李商隱之誤，惠洪即改正；又極推其〈題李愬畫像詩〉，稱在長沙相從彌年。惠洪《冷齋夜話》亦記顗〈述李元膺悼亡長短句〉，蓋亦宗元祐之學者。所引述多蘇軾、黃庭堅、陳師道語，其宗旨可見也。顗議論論多有根柢，品題亦具有別裁。其謂韓愈齊、梁及陳、隋眾作，等蟬噪

| | | 梁及陳、隋，眾作等蟬噪語，不敢議，亦不敢從。又謂「論道當嚴，取人當恕」，俱卓然有識。惟譏杜牧〈赤壁〉詩為不說社稷存亡，惟說二喬；不知大喬孫策婦，小喬周瑜婦，二人入魏，即吳亡可知；此詩人不欲質言，變其詞耳，顓遽詆為秀才不知好惡，殊失牧意。又以適怨清和解李商隱〈錦瑟〉詩，亦穿鑿太甚。至漢武帝〈李夫人歌〉，本以之、時為韻，◎尤好奇而至於不可通。其他雜以神怪夢幻，更不免體近小說。然論其大致，瑕少瑜多，在宋人詩話之中猶善本也。（頁1005） | 喬；不知大喬孫策婦，小喬周瑜婦，二人入魏即是吳亡。◎又以適怨清和解李商隱〈錦瑟〉詩，亦未為礭中多襍以神怪夢幻尤近於小說家言，然其間精當之語為多讀者採其菁華去其蕪纇，其大旨固猶不詭於正也。（冊1478，頁907） | ，不敢議，亦不敢從。又謂「論道當嚴，取人當恕」，俱卓然有識。惟譏杜牧〈赤壁〉詩為不說社稷存亡，惟說二喬；不知大喬孫策婦，小喬周瑜婦，二人入魏，即吳亡可知；此詩人不欲質言，變其詞耳，顓遽詆為秀才不知好惡，殊失牧意。又以適怨清和解李商隱〈錦瑟〉詩，亦穿鑿太甚。至漢武帝〈李夫人歌〉，本以之、時為韻，乃讀「立而望之偏」為句，則此歌竟不用韻，尤好奇而至於不可通。其他雜以神怪夢幻，更不免體近小說。然論其大致，瑕少瑜多，在宋人詩話之中猶善本也。（頁1782～1783） | 語，不敢議，亦不敢從。又謂「論道當嚴，取人當恕」，俱卓然有識。惟譏杜牧〈赤壁〉詩為不說社稷存亡，惟說二喬；不知大喬孫策婦，小喬周瑜婦，二人入魏，即吳亡可知；此詩人不欲質言，變其詞耳，顓遽詆為秀才不知好惡，殊失牧意。又以適怨清和解李商隱〈錦瑟〉詩，亦穿鑿太甚。至漢武帝〈李夫人歌〉，本以之、時為韻，乃讀「立而望之偏」為句，則此歌竟不用韻，尤好奇而至於不可通。其他雜以神怪夢幻，更不免體近小說。然論其大致，瑕少瑜多，在宋人詩話之中猶善本也。（頁5-224） |
| 宋／呂本中紫微詩話 | 宋呂本中撰。其中或偶涉經義兼及襍事襍文，然大致以論詩為主。其學源出豫章，而所論乃不主一家亦不主一格，雖張子程子之作與文士南轅北轍，亦不廢稱述，可謂無門戶之見矣。（頁379～380） | 臣等謹案《紫微詩話》一卷，宋呂本中撰。本中有《春秋集解》，已著錄。本中歷官中書舍人、權直學士院，故詩家稱曰呂紫微，而所作詩話，亦以「紫微」為名。其中如李鼎祚《易解》諸條，偶涉經義，秦觀〈黃樓賦〉諸條，頗及雜文；吳儔倒語諸條，亦間雜諧謔；而大致以論詩為主。其學出於黃庭堅，嘗作《江西宗派圖》，以庭堅為祖，而以陳師道等二十四人序列於下。宋詩之分門別戶，實自是始。然本中雖得法於豫章，而是編稱述庭 | 紫微詩話一卷，宋呂本中撰。本中有《春秋集解》已著錄。本中歷官中書舍人，權直學士院。故詩家稱曰呂紫微，而所作詩話亦以「紫微」為名。其中如李鼎祚《易解》諸條，偶涉經義；秦觀〈黃樓賦〉諸條，頗及雜文。吳儔倒語諸條，亦間雜諧謔。而大致以論詩為主。其學出於黃庭堅，嘗作《江西宗派圖》，以庭堅為祖，而以陳師道等二十四人序列於下。宋詩之分門別戶，實自是始。然本中雖得法於豫章，而是編稱述庭堅者惟范元實一條、從叔知 | 宋呂本中撰。本中有《春秋集解》，已著錄。本中歷官中書舍人、權直學士院，故詩家稱曰呂紫微；而所作詩話，亦以「紫微」為名。其中如李鼎祚《易解》諸條，偶涉經義；秦觀〈黃樓賦〉諸條，頗及雜文；吳儔倒語諸條，亦間雜諧謔；而大致以論詩為主。其學出於黃庭堅，嘗作《江西宗派圖》，以庭堅為祖，而以陳師道等二十四人序列於下。宋詩之分門別戶，實自是始。然本中雖得法於豫章，而是編稱述庭堅者，惟范元實一條、從叔知止一 | 宋呂本中撰。本中有《春秋集解》，已著錄。本中歷官中書舍人、權直學士院，故詩家稱曰呂紫微；而所作詩話，亦以「紫微」為名。其中如李鼎祚《易解》諸條，偶涉經義；秦觀〈黃樓賦〉諸條，頗及雜文；吳儔倒語諸條，亦間雜諧謔；而大致以論詩為主。其學出於黃庭堅，嘗作《江西宗派圖》，以庭堅為祖，而以陳師道等二十四人序列於下。宋詩之分門別戶，實自是始。然本中雖得法於豫章，而是編稱述庭堅者，惟范元實一條、從叔知止一 |

堅者，惟范元實一條、從叔知止一條、晁叔用一條、潘邠老二條、晁无咎一條，皆因他人而及之。其專論庭堅詩者，惟歐陽季默一條而已。餘皆述其家世舊聞及友朋新作。如橫渠張子、伊川程子之類，亦備載之，實不專於一家。又極稱李商隱〈重過聖女祠〉詩：「一去夢雨常飄瓦，盡日靈風不滿旗」一聯，及〈嫦娥〉詩：「嫦娥應悔偷靈藥，碧海青天夜夜心」二句，亦不主於一格。蓋詩體始變之時，雖自出新意，未嘗不兼採眾長。自方回等一祖三宗之說興，而西崑、江西二派乃判如冰炭，不可復合。元好問題《中州集》末，因有「北人不拾江西唾，未要曾郎借齒牙」句，實末流相詬有以激之。觀於是書，知其初之不盡然也。◎（頁1006）	止一條、晁叔用一條、潘邠老二條、晁无咎一條，皆因他人而及之。其專論庭堅詩者，惟歐陽季默一條而已。餘皆述其家世舊聞，及友朋新作。如橫渠張子伊川程子之類，亦備載之，實不專於一家。又極稱李商隱〈重過聖女祠〉詩：「一春夢雨常飄瓦，盡日靈風不滿旗」一聯，及〈嫦娥〉詩：「嫦娥應悔偷靈藥，碧海青天夜夜心」二句，亦不主於一格。蓋詩體始變之時，雖自出新意，未嘗不兼採眾長。自方回等一祖三宗之說興，而西崑、江西二派乃判如冰炭，不可復合。元好問題《中州集》末，因有「北人不拾江西唾，未要曾郎借齒牙」句，實末流相詬有以激之。觀於是書，知其初之不盡然也。王士禎《古夫子亭雜錄》曰：「《紫微詩話》載張子厚詩井丹已厭嘗蔥葉，庾亮何勞惜薤根。三韭二十七，乃杲之事與元規何涉。張誤用而居仁亦無辨證，何也？今考《南齊書·庾杲之傳》：「杲之清貧自業，食惟有、瀹韭、生韭、雜菜。或戲之曰：『誰謂庾郎貧，食鮭嘗有二十七種。』」則杲之但有食韭事，實不云薤。《晉書·庾亮傳》載：「亮噉薤，因留白。陶侃問曰：『安用此為？』亮曰：『故	條、晁叔用一條、潘邠老二條、晁无咎一條，皆因他人而及之。其專論庭堅詩者，惟歐陽季默一條而已。餘皆述其家世舊聞及友朋新作。如橫渠張子、伊川程子之類，亦備載之，實不專於一家。又極稱李商隱〈重過聖女祠〉詩：「一春夢雨常飄瓦，盡日靈風不滿旗」一聯，及〈嫦娥〉詩：「嫦娥應悔偷靈藥，碧海青天夜夜心」二句，亦不主於一格。蓋詩體始變之時，雖自出新意，未嘗不兼採眾長。自方回等一祖三宗之說興，而西崑、江西二派乃判如冰炭，不可復合。元好問題《中州集》末，因有「北人不拾江西唾，未要曾郎借齒牙」句，實末流相詬有以激之。觀於是書，知其初之不盡然也。王士禎《古夫于亭雜錄》曰：「《紫微詩話》載張子厚詩『井丹已厭嘗蔥葉，庾亮何勞惜薤根』，三韭二十七，乃杲之事，與元規何涉？張誤用，而居仁亦無辨證，何也？」今考《南齊書·庾杲之傳》：「杲之清貧自業，食惟有韭菹、瀹韭、生韭、雜菜。或戲之曰：『誰謂庾郎貧？食鮭嘗有二十七種。』」則杲之但有食韭事實，不云薤。《晉書·庾亮傳》載：「亮噉薤，因留白。陶侃問曰：『安用此為？』	條、晁叔用一條、潘邠老二條、晁无咎一條，皆因他人而及之。其專論庭堅詩者，惟歐陽季默一條而已。餘皆述其家世舊聞及友朋新作。如橫渠張子、伊川程子之類，亦備載之，實不專於一家。又極稱李商隱〈重過聖女祠〉詩：「一春夢雨常飄瓦，盡日靈風不滿旗」一聯，及〈嫦娥〉詩：「嫦娥應悔偷靈藥，碧海青天夜夜心」二句，亦不主於一格。蓋詩體始變之時，雖自出新意，未嘗不兼採眾長。自方回等一祖三宗之說興，而西崑、江西二派乃判如冰炭，不可復合。元好問題《中州集》末，因有「北人不拾江西唾，未要曾郎借齒牙」句，實末流相詬有以激之。觀於是書，知其初之不盡然也。王士禎《古夫于亭雜錄》曰：「《紫微詩話》載張子厚詩『井丹已厭嘗蔥葉，庾亮何勞惜薤根』，三韭二十七，乃杲之事，與元規何涉？張誤用，而居仁亦無辨證，何也？」今考《南齊書·庾杲之傳》：「杲之清貧自業，食惟有韭菹、□韭、生韭、雜菜。或戲之曰：『誰謂庾郎貧？食鮭嘗有二十七種。』」則杲之但有食韭事實，不云薤。《晉書·庾亮傳》載：「亮噉薤，因留白。陶侃問曰：『安用此為？』

		可以種。』」則惜薝實庾亮事，與杲之無關。此士禎偶然誤記，安可反病本中失於辨證乎？（冊1478，頁927）	亮曰：『故可以種。』」則惜薝實庾亮事，與杲之無關。此士禎偶然誤記，安可反病本中失於辨證乎？（頁1783）	亮曰：『故可以種。』」則惜薝實庾亮事，與杲之無關。此士禎偶然誤記，安可反病本中失於辨證乎？（頁5-224～225）
宋／張表臣珊瑚鈎詩話	宋張表臣撰。其曰珊瑚鈎者，取杜甫「文采珊瑚鈎」句也。書中多及褉文，亦多及瑣事不盡論詩之語。然表臣及與陳師道、晁補之游，往往傳其緒論，頗有根柢。大抵法元祐之學，與《冷齋夜話》同其好載，已作務表所長亦與《冷齋夜話》同。（頁380）	臣等謹案《珊瑚鈎詩話》三卷，宋張表臣撰。表臣，字正民。里貫未詳。官右承議郎、通判常州軍州事。紹興中，終於司農丞。是編名曰《珊瑚鈎》者，取杜甫詩「文采珊瑚鈎」句也。其書雖以詩話為名，而多及他文，間涉雜事，不盡論詩之語。又好自載其詩，務表所長，器量亦殊淺狹。其論杜甫〈遊龍門奉先寺〉詩，改「天闕」為「天閱」，引據支離，已為前人所駁。又如論杜牧「擬把一麾江南去」句，以為誤用顏延年語，以麾斥之麾為麾旄。然考崔豹《古今注》曰：「麾者，所以指麾也。武王執白旄以麾是也。乘輿以黃，諸公以朱，刺史二千石以繡。」據其所說，則刺史二千石乃得建麾。牧將乞郡，故有擬把一麾之語，未可云誤，表臣所論，亦非也。然表臣生當北宋之末，猶及與陳師道遊，與晁說之尤相善。故其論詩，往往得元祐諸人之餘緒。在宋人詩話之中，固與惠洪《冷齋夜話》在伯仲之間矣。（頁1007～1008）	珊瑚鈎詩話三卷，宋張表臣撰。表臣字正民。里貫未詳。官右承議郎、通判常州軍州事。紹興中，終於司農丞。是編名曰《珊瑚鈎》者，取杜甫詩「文采珊瑚鈎」句也。其書雖以詩話為名，而多及他文，間涉雜事，不盡論詩之語。又好自載其詩，務表所長，器量亦殊淺狹。其論杜甫〈遊龍門奉先寺〉詩，改「天闕」為「天閱」，引據支離已為前人所駁。又如論杜牧「擬把一麾江南去」句，以為誤用顏延年語，以麾斥之麾為麾旄。然考崔豹《古今註》曰：「麾者，所以指麾也。武王執白旄以麾是也。乘輿以黃，諸公以朱，刺史二千石以繡。」據其所說，則刺史二千石乃得建麾。牧將乞郡，故有擬把一麾之語，未可云誤，表臣所論，亦非也。然表臣生當北宋之末，猶及與陳師道遊，與晁說之尤相善，故其論詩往往得元祐諸人之餘緒。在宋人詩話之中，固與惠洪《冷齋夜話》在伯仲之間矣。（冊1478，頁941）	宋張表臣撰。表臣，字正民。里貫未詳。官右承議郎、通判常州軍州事。紹興中，終於司農丞。是編名曰《珊瑚鈎》者，取杜甫詩「文采珊瑚鈎」句也。其書雖以詩話為名，而多及他文，間涉雜事，不盡論詩之語。又好自載其詩，務表所長，器量亦殊淺狹。其論杜甫〈遊龍門奉先寺〉詩，改「天闕」為「天閱」，引據支離，已為前人所駁。又如論杜牧「擬把一麾江海去」句，以為誤用顏延年語，以麾斥之麾為麾旄。然考崔豹《古今注》曰：「麾者，所以指麾也。武王執白旄以麾是也。乘輿以黃，諸公以朱，刺史二千石以繡。」據其所說，則刺史二千石乃得建麾。牧將乞郡，故有擬把一麾之語，未可云誤，表臣所論，亦非也。然表臣生當北宋之末，猶及與陳師道遊，與晁說之尤相善。故其論詩，往往得元祐諸人之餘緒。在宋人詩話之中，固與惠洪《冷齋夜話》在伯仲之間矣。（頁5-225～226）

（按：上欄第四格作「宋張表臣撰。表臣，字正民。里貫未詳。官右承議郎、通判常州軍州事。紹興中，終於司農丞。是編名曰《珊瑚鈎》者，取杜甫詩「文采珊瑚鈎」句也。……在宋人詩話之中，固與惠洪《冷齋夜話》在伯仲之間矣。（頁1783））

宋／葉夢得石林詩話	宋葉夢得撰。夢得為蔡京門客，又與章惇為姻家。本紹述之餘黨，故其持論與魏泰多同。然夢得學問文章皆出泰山，故是編所論其識亦出泰詩話上，知其黨同伐異之私，分別觀之可矣，其書則非無所取也。（頁380）	臣等謹案《石林詩話》一卷，宋葉夢得撰。夢得有《石林春秋傳》，已著錄。是編論詩，推重王安石者不一而足，而於歐陽修詩，一則摘其評河豚詩之誤、一則摘其語有不倫亦不復改、一則摭其疑夜半鐘聲之誤；於蘇軾詩，一則譏其繫瀋割愁之句為險誼、一則譏其捐三尺字及亂蛙兩部句為歇後、一則譏其失李廌、一則譏其不能聽文同、一則譏其石建牏廁之誤，皆有所抑揚於其間，蓋夢得出蔡京之門，而其婿章沖，則章惇之孫，本為紹述餘黨，故於公論大明之後，尚陰抑元祐諸人。然夢得詩文，實南北宋間之巨擘。其所評論，往往深中窾會，終非他家聽聲之見，隨人以為是非者比。略其門戶之私，而取其精核之論，分別觀之，瑕瑜固兩不相掩矣。（頁1008～1009）	石林詩話一卷，宋葉夢得撰。夢得有春秋傳諸書已別著錄。是書乃其平日論詩之語，其中推重王安石者不一而足，而於歐陽修詩一則摘其評河豚詩之誤、一則摘其語有不倫亦不復改、一則摭其疑夜半鐘聲之誤；於蘇軾，一則譏其繫瀋割愁之句為險誼、一則譏其捐三尺字及亂蛙兩部句為歇後、一則譏其失李廌一則譏其不能聽文同、一則譏其石建牏廁之誤，皆有所抑揚於其間，蓋夢得出蔡京之門，而其婿章沖，則章惇之孫，◎故于公論大明之後，尚陰抑元祐諸人。然夢得詩文，實南北宋間之巨擘。其所評論，往往深中窾會，終非他家聽聲之見，隨人以為是非者也。◎（冊1478，頁985）	宋葉夢得撰。夢得有《石林春秋傳》，已著錄。是編論詩，推重王安石者不一而足，而於歐陽修詩，一則摘其評河豚詩之誤、一則摘其語有不倫亦不復改、一則摭其疑夜半鐘聲之誤；於蘇軾詩，一則譏其繫瀋割愁之句為險誼、一則譏其捐三尺字及亂蛙兩部句為歇後、一則譏其失李廌、一則譏其不能聽文同、一則譏其石建牏廁之誤，皆有所抑揚於其間，蓋夢得出蔡京之門，而其婿章沖，則章惇之孫，本為紹述餘黨，故於公論大明之後，尚陰抑元祐諸人。然夢得詩文，實南北宋間之巨擘。其所評論，往往深中窾會，終非他家聽聲之見，隨人以為是非者比。略其門戶之私，而取其精核之論，分別觀之，瑕瑜固兩不相掩矣。（頁1783）	宋葉夢得撰。夢得有《石林春秋傳》，已著錄。是編論詩，推重王安石者不一而足，而於歐陽修詩，一則摘其評河豚詩之誤、一則摘其語有不倫亦不復改、一則摭其疑夜半鐘聲之誤；於蘇軾詩，一則譏其繫瀋割愁之句為險誼、一則譏其捐三尺字及亂蛙兩部句為歇後、一則譏其失李廌、一則譏其不能聽文同、一則譏其石建牏廁之誤，皆有所抑揚於其間，蓋夢得出蔡京之門，而其婿章沖，則章惇之孫，本為紹述餘黨，故於公論大明之後，尚陰抑元祐諸人。然夢得詩文，實南北宋間之巨擘。其所評論，往往深中窾會，終非他家聽聲之見，隨人以為是非者比。略其門戶之私，而取其精核之論，分別觀之，瑕瑜固兩不相掩矣。（頁5-226）
宋／吳可藏海詩話	宋吳可撰。原本久佚，今從《永樂大典》錄出。其論詩喜作不了之語，如禪家之機鋒，頗嫌其有心作熊。然可及見元祐舊人，學問有所授受，持論乃多有深解。（頁380）	臣等謹案《藏海詩話》載於《永樂大典》中，不著撰人名。自明以來，諸家亦不著錄。考《永樂大典》載有宋吳可《藏海居士集》，已裒輯成編，別著於錄，與此書名目相合。又集中有為王詵〈題春江圖〉詩，又多與韓駒論詩之語。所載宣和、政和年月及建炎初避兵南	《藏海詩話》載于《永樂大典》中，不著撰名氏。自明以來，諸家亦不著錄。考《永樂大典》載有宋吳可《藏海居士集》，已裒輯成編，別著於錄，與此書名目相合。又集中有為王詵〈題春江圖〉詩，又多與韓駒論詩之語。所載宣和、政和年月及建炎初避兵南竄、流轉	案《藏海詩話》載於《永樂大典》中，不著撰人名氏。自明以來，諸家亦不著錄。考《永樂大典》載宋吳可有《藏海居士集》，已裒輯成編，別著於錄，與此書名目相合。又集中有為王詵〈題春江圖〉詩，又多與韓駒論詩之語。所載宣和、政和年月及建炎初	案《藏海詩話》載於《永樂大典》中，不著撰人名氏。自明以來，諸家亦不著錄。考《永樂大典》載宋吳可有《藏海居士集》，已裒輯成編，別著於錄，與此書名目相合。又集中有為王詵〈題春江圖〉詩，又多與韓駒論詩之語。所載宣和、政和年月及建炎初

		竊、流轉楚粵，與此書卷末稱自元祐至今六十餘年者，時代亦復相合，則是書其可所作歟？其論詩每故作不了了語，似乎禪家機鋒，頗不免於習氣。他如引徐俯之說，以杜甫「天棘夢青絲」句為見柳而憶馬，頗病支離。訛「渝陰」為「陰渝」，併訛《廣雅》為《爾雅》，亦小有舛誤。然及見元祐舊人，學問有所授受，所云「詩以用意為主，而附之以華麗，寧對不工，不可使氣弱」，足以救西崑穠艷之失。又云「凡看詩須是一篇立意，乃有歸宿處。」又云：「學詩當以杜為體，以蘇、黃為用。杜之妙處藏於內，蘇、黃之妙處發於外。」又云：「絕句如小家事，句中著大家事不得。若山谷〈蟹詩〉用虎爭及支解字，此家事大，不當入詩中。」又云：「七言律詩極難做，蓋易得俗，所以山谷別為一體。」皆深有所見。所論有形之病、無形之病，尤抉摘入微。其他評論考證，亦多可取。而胡仔《苕溪漁隱叢話》、魏慶之《詩人玉屑》，網羅繁富，俱未及採錄。則在宋代已不甚顯，固宜表而出之，俾談藝者有考焉。（頁1009～1010）	楚粵，與此書卷末稱自元祐至今六十餘年者，時代亦復相合，則是書其可所作歟？其論詩每故作不了了語，似禪家機鋒，頗不免于習氣。他如引徐俯之說，以杜甫「天棘夢青絲」句為見柳而憶馬，頗病支離。訛「渝陰」，為「陰渝」併訛《廣雅》為《爾雅》，亦小有舛誤。然及見元祐舊人，學問有所授受，所云「詩以用意為主，而附之以華麗，寧對不工，不可使氣弱」，足以救西崑穠艷之失。又云「凡看詩須是一篇立意，乃有歸宿處。」又云：「學詩當以杜為體，以蘇、黃為用。杜之妙處藏于內，蘇、黃之妙處發于外。」又云：「絕句如小家事，句中著大家事不得。若山谷〈蟹詩〉用虎爭及支解字，此家事大，不當入詩中。」又云：「七言律詩極難做，蓋易得俗，所以山谷別為一體。」皆深有所見。所論有形之病、無形之病，尤抉摘入微。其他評論考證，亦多可取。而胡仔《苕溪漁隱叢話》、魏慶之《詩人玉屑》，網羅繁富，俱未及採錄。則在宋代已不甚顯，固宜表而出之，俾談藝者有考焉。（冊1479，頁1）	避兵南竄、流轉楚粵，與此書卷末稱自元祐至今六十餘年者，時代亦復相合，則是書其可所作歟？其論詩每故作不了了語，似乎禪家機鋒，頗不免於習氣。他如引徐俯之說，以杜甫「天棘夢青絲」句為見柳而憶馬，頗病支離。訛「渝陰」為「陰渝」，併訛《廣雅》為《爾雅》，亦小有舛誤。然及見元祐舊人，學問有所授受，所云「詩以用意為主，而附之以華麗，寧對不工，不可使氣弱」，足以救西崑穠豔之失。又云「凡看詩須是一篇立意，乃有歸宿處。」又云：「學詩當以杜為體，以蘇、黃為用。杜之妙處藏於內，蘇、黃之妙處發於外。」又云：「絕句如小家事，句中著大家事不得。若山谷〈蟹詩〉用虎爭及支解字，此家事大，不當入詩中。」又云：「七言律詩極難做，蓋易得俗，所以山谷別為一體。」皆深有所見。所論有形之病、無形之病，尤抉摘入微。其他評論考證，亦多可取。而胡仔《苕溪漁隱叢話》、魏慶之《詩人玉屑》，網羅繁富，俱未及採錄。則在宋代已不甚顯，固宜表而出之，俾談藝者有考焉。（頁1783～1784）	避兵南竄、流轉楚粵，與此書卷末稱自元祐至今六十餘年者，時代亦復相合，則是書其可所作歟？其論詩每故作不了了語，似乎禪家機鋒，頗不免於習氣。他如引徐俯之說，以杜甫「天棘蔓青絲」句為見柳而憶馬，頗病支離。訛「渝陰」為「陰渝」，併訛《廣雅》為《爾雅》，亦小有舛誤。然及見元祐舊人，學問有所授受，所云「詩以用意為主，而附之以華麗，寧對不工，不可使氣弱」，足以救西崑穠豔之失。又云「凡看詩須是一篇立意，乃有歸宿處。」又云：「學詩當以杜為體，以蘇、黃為用。杜之妙處藏於內，蘇、黃之妙處發於外。」又云：「絕句如小家事，句中著大家事不得。若山谷〈蟹詩〉用虎爭及支解字，此家事大，不當入詩中。」又云：「七言律詩極難做，蓋易得俗，所以山谷別為一體。」皆深有所見。所論有形之病、無形之病，尤抉摘入微。其他評論考證，亦多可取。而胡仔《苕溪漁隱叢話》、魏慶之《詩人玉屑》，網羅繁富，俱未及採錄。則在宋代已不甚顯，固宜表而出之，俾談藝者有考焉。（頁5-226～227）

宋／朱弁風月堂詩話	宋朱弁撰。蓋其使金，被留時所作，遺稿留於此地。至度宗時乃傳至江南，多述元祐諸人遺聞，緒論首尾兩條，皆發明鍾嶸「思君如流水，既是即目；明月照積雪，羌無故實」之意蓋其宗旨所在也。（頁380）	臣等謹案《風月堂詩話》二卷，宋朱弁撰。弁有《曲洧舊聞》，已著錄。是編多記元祐中歐陽修、蘇軾、黃庭堅、陳師道、梅堯臣及諸晃遺事。首尾兩條，皆發明鍾嶸「思君如流水，既是即目，明月照積雪，羌無故實」之義，蓋其宗旨所在。其論黃庭堅用崑體工夫而造老杜渾成之地，尤爲窺見深際，後來論黃詩者皆所未及。前有自序，題庚申閏月。考庚申爲紹興十年，當金熙宗天眷三年。弁以建炎元年使金，留十七年乃還，則在金時所作也。末有咸淳壬申月觀道人跋，稱得於永城人朱伯玉家，蓋北方所傳之本。意弁使金時，遺其稿於燕京，度宗時始傳至江左，故晃、陳二家書目皆不著錄。觀元好問《中州集》收錄弁詩，知其著作散落北方者多，固不得以晚出疑之矣。其序但題甲子，不著紹興紀年，殆亦金人傳寫，不用敵國之號，爲之削去歟？（頁1010）	風月堂詩話二卷，宋朱弁撰。弁有《曲洧舊聞》，已著錄。是編多記元祐中歐陽修、蘇軾、黃庭堅、陳師道、梅堯臣及諸晃遺事。首尾兩條，皆發明鍾嶸「思君如流水，既是即目，明月照積雪，羌無故實」之義，蓋其宗旨所在。其論黃庭堅用崑體工夫而造老杜渾成之地，尤爲窺見深際，後來論黃詩者皆所未及。前有自序，題庚申閏月。考庚申爲紹興十年，當金熙宗天眷三年。弁以建炎元年使金，留十七年乃還，則在金時所作也。末有咸淳壬申月觀道人跨，稱得於永城人朱伯玉家，蓋北方所傳之本。意弁使金時，遺其薰于燕京，度宗時始傳至江左，故晃、陳二家皆不著錄。觀元好問《中州集》收錄弁詩，知其著作散落北方者多，固不得以晚出疑之矣。其序但題甲子，不著紹興紀年，殆亦金人傳寫，不用敵國之號，爲之削去歟？（冊1479，頁13）	宋朱弁撰。弁有《曲洧舊聞》，已著錄。是編多記元祐中歐陽修、蘇軾、黃庭堅、陳師道、梅堯臣及諸晃遺事。首尾兩條，皆發明鍾嶸「思君如流水，既是即目，明月照積雪，羌無故實」之義，蓋其宗旨所在。其論黃庭堅用崑體工夫而造老杜渾成之地，尤爲窺見深際，後來論黃詩者皆所未及。前有自序，題庚申閏月。考庚申爲紹興十年，當金熙宗天眷三年。弁以建炎元年使金，羈留十七年乃還，則在金時所作也。末有咸淳壬申月觀道人跋，稱得於永城人朱伯玉家，蓋北方所傳之本。意弁使金時，遺其薰於燕京，度宗時始傳至江左，故晃、陳二家皆不著錄。觀元好問《中州集》收錄弁詩，知其著作散落北方者多，固不得以晚出疑之矣。其序但題甲子，不著紹興紀年，殆亦金人傳寫，不用敵國之號，爲之削去歟？（頁1784）	宋朱弁撰。弁有《曲洧舊聞》，已著錄。是編多記元祐中歐陽修、蘇軾、黃庭堅、陳師道、梅堯臣及諸晃遺事。首尾兩條，皆發明鍾嶸「思君如流水，既是即目，明月照積雪，羌無故實」之義，蓋其宗旨所在。其論黃庭堅用崑體工夫而造老杜渾成之地，尤爲窺見深際，後來論黃詩者皆所未及。前有自序，題庚申閏月。考庚申爲紹興十年，當金熙宗天眷三年。弁以建炎元年使金，羈留十七年乃還，則在金時所作也。末有咸淳壬申月觀道人跋，稱得於永城人朱伯玉家，蓋北方所傳之本。意弁使金時，遺其薰於燕京，度宗時始傳至江左，故晃、陳二家皆不著錄。觀元好問《中州集》收錄弁詩，知其著作散落北方者多，固不得以晚出疑之矣。其序但題甲子，不著紹興紀年，殆亦金人傳寫，不用敵國之號，爲之削去歟？（頁5-227）
宋／張戒歲寒堂詩話	宋張戒撰。錢曾《讀書敏求記》載有其名，然世無傳本。今從《永樂大典》錄出。其論古來詩文由蘇、黃、上溯風騷，分爲五等。大旨尊李、杜而推陶、阮。始明言志之義，而終以	臣等謹案《歲寒堂詩話》二卷，宋張戒撰。錢曾《讀書敏求記》作趙戒，傳寫誤也。考戒名附見《宋史·趙鼎傳》，不詳其始末。惟李心傳《建炎以來繫年要錄》載：「戒，正平人。	《歲寒堂詩話》宋張戒撰，錢曾《讀書敏求記》作趙戒，傳寫誤也。考戒名附見《宋史·趙鼎傳》，不詳其始末。惟李心傳《建炎以來繫年要錄》載：「戒，正平人。紹興五年	宋張戒撰。錢曾《讀書敏求記》作趙戒，傳寫誤也。考戒名附見《宋史·趙鼎傳》，不詳其始末。惟李心傳《建炎以來繫年要錄》載：「戒，正平人。紹興五年四月，以趙鼎薦，	宋張戒撰。錢曾《讀書敏求記》作趙戒，傳寫誤也。考戒名附見《宋史·趙鼎傳》，不詳其始末。惟李心傳《建炎以來繫年要錄》載：「戒，正平人。紹興五年四月，以趙鼎薦，

得召對，授國子監丞。鼎稱其登第十餘年，曾作縣令。」則嘗舉進士也。又載：「紹興八年三月，戒以兵部員外郎守監察御史。是年八月，守殿中侍御史。十一月，為司農少卿。旋坐疏留趙鼎，改外任十二年。羅汝楫劾其沮和議，黨於趙鼎、岳飛，特勒停。二十七年九月，以左宣教郎主管台州崇道觀。」不言所終，蓋即終於奉祠矣。初，戒以論事切直為高宗所知，其言當以和為表，以備為裏，以戰為不得已，頗中時勢。故淮西之戰，則力劾張浚、趙開；而秦檜欲屈己求和，則力沮，卒與趙鼎並逐，蓋亦鯁亮之士也。是書通論古今詩人，由宋蘇軾、黃庭堅，上溯漢魏風騷，分為五等。大旨尊李、杜而推陶、阮，始明言志之義，而終之以無邪之旨，可謂不詭於正者。其論唐諸臣詠楊太眞事，皆為無禮，尤足維世教而正人心。又專論杜甫詩三十餘條，亦多宋人詩話所未及。考《說郛》及《學海類編》載此書，均止寥寥三、四頁。此本為《永樂大典》所載，猶為完帙。然有二條，此本遺去，而見於《學海類編》者。今謹據以增入，庶為全璧。《讀書敏求記》本作一

得召對，授國子監丞。鼎稱其登第十餘年，曾作縣令。」則嘗舉進士也。又載：「紹興八年三月，戒以兵部員外郎守監察御史。是年八月，守殿中侍御史。十一月，為司農少卿。旋坐疏留趙鼎，改外任十二年。羅汝楫劾其沮和議，黨於趙鼎、岳飛，特勒停。二十七年九月，以佐宣教主管台州崇道觀。」不言終，蓋即終於奉祠矣。初，戒以論事切直為高宗所知，其言當以和為表，以備為裏，以戰為不得已，頗中時勢。故淮西之戰，則力劾張浚、趙開；而秦檜欲屈己求和，則又力沮，卒與趙鼎並逐，蓋亦鯁亮之士也。是書通論古今詩人，由宋蘇軾、黃庭堅，上溯漢魏風騷，分為五等。大旨尊李、杜而推陶、阮，始明言志之義，而終之以無邪之旨，可謂不詭於正者。其論唐諸臣詠楊太眞事，皆為無禮，獨杜甫立言為得體，尤足維世教而正人心。又專論杜甫詩三十餘條，亦多宋人詩話所未及。考《說郛》及《學海類編》均載此書，僅寥寥三、四頁。此本為《永樂大典》所載，猶為完帙。然有二條，此本遺去，而見於《學海類編》者。今謹據以增入，庶為全璧，

四月，以趙鼎薦，得召對，授國子監丞。鼎稱其登第十餘年，曾作縣令。」則嘗舉進士也。又載：「紹興八年三月，戒以兵部員外郎守監察御史。是年八月，守殿中侍御史。十一月，為司農少卿。旋坐疏留趙鼎，改外任十二年。羅汝楫劾其沮和議，黨於趙鼎、岳飛，特勒停。二十七年九月，以左宣教郎主管台州崇道觀。」不言所終，殆即終於奉祠矣。初，戒以論事切直為高宗所知，其言當以和為表，以備為裏，以戰為不得已，頗中時勢。故淮西之戰，則力劾張浚、趙開；而秦檜欲屈己求和，則又力沮，卒與趙鼎並逐，蓋亦鯁亮之士也。是書通論古今詩人，由宋蘇軾、黃庭堅，上遡漢魏風騷，分為五等。大旨尊李、杜而推陶、阮，始明言志之義，而終之以無邪之旨，可謂不詭於正。其論唐諸臣詠楊太眞事，皆為無禮，獨杜甫立言為得體，尤足維世教而正人心。又專論杜甫詩三十餘條，亦多宋人詩話所未及。攷《說郛》及《學海類編》均載此書，僅寥寥三、四頁。此本為《永樂大典》所載，猶屬完帙。然有二條，此本遺去，而見於《學海類編》

紹興五年四月，以趙鼎薦，得召對，授國子監丞。鼎稱其登第十餘年，曾作縣令。」則嘗舉進士也。又載：「紹興八年三月，戒以兵部員外郎守監察御史。是年八月，守殿中侍御史。十一月，為司農少卿。旋坐疏留趙鼎，改外任十二年。羅汝楫劾其沮和議，黨於趙鼎、岳飛，特勒停。二十七年九月，以左宣教郎主管台州崇道觀。」不言所終，殆即終於奉祠矣。初，戒以論事切直為高宗所知，其言當以和為表，以備為裏，以戰為不得已，頗中時勢。故淮西之戰，則力劾張浚、趙開；而秦檜欲屈己求和，則又力沮，卒與趙鼎並逐，蓋亦鯁亮之士也。是書通論古今詩人，由宋蘇軾、黃庭堅，上溯漢魏風騷，分為五等。大旨尊李、杜而推陶、阮，始明言志之義，而終之以無邪之旨，可謂不詭於正。其論唐諸臣詠楊太眞事，皆為無禮，獨杜甫立言為得體，尤足維世教而正人心。又爭論杜甫詩三十餘條，亦多宋人詩話所未及。考《說郛》及《學海類編》均載此書，僅寥寥三、四頁。此本為《永樂大典》所載，猶屬完帙。然有二條，此本遺去，而見於《學海類編》者。

無邪之訓，其論唐人詠楊貴妃事為無禮，于君尤有裨名教也。（頁380）

		今據以增入，庶爲全璧。《讀書敏求記》本作一卷，今以篇頁稍繁，釐爲上下卷云。（頁1011）	庶爲全璧。《讀書敏求記》本作一卷，今以篇頁稍繁，釐爲上下卷云。（冊1479，頁31～32）	《讀書敏求記》本作一卷，今以篇頁稍繁，釐爲上下卷云。（頁1784）	卷，今以篇頁稍繁，釐爲上下卷云。（頁5-227～228）
宋／陳巖肖庚溪詩話	宋陳巖肖撰。冠以宋代御製及前代帝王之作，次評論唐宋詩人，于元祐諸家尤多所徵引。然其論豫章詩派之流弊最爲確鑿，是亦未專主元祐也。（頁380）	臣等謹案《庚溪詩話》二卷，宋陳巖肖撰。巖肖字子象，金華人。◎紹興八年，以任子中詞科，仕至兵部侍郎。此編記其於靖康間遊京師天清寺事，猶及北宋之末。而書中稱高宗爲太上皇帝，孝宗爲今上皇帝，光宗爲當今皇太子，則當成於淳熙中，上溯靖康已六十年，蓋其晚年之筆也。卷首先載宋累朝御製，附以漢高帝、唐文皇、宣宗三條；次即歷敘唐、宋詩家，各爲評隲；而於元祐諸人徵引尤多，蓋時代相接，頗能得其緒餘，故所論皆具有矩矱。◎其山谷詩派一條，深斥當時學者未得其妙，而但使聲韻拗捩，詞語艱澀，以爲江西格，尤爲切中後來之病。至遺章佚句，綴述見聞，亦有宋人詩集所未及者。宋左圭嘗輯入《百川學海》中，但題西郊野叟述，而佚其名氏。明胡應麟◎據中間論皇太子作詩一條，自題其名，始考定爲巖肖所作云。◎（頁1012）	《庚溪詩話》二卷，宋陳巖肖撰。巖肖字子象，金華人。父德固，死靖康之難。紹興八年，以任子中詞科，仕至兵部侍郎。此編記其於靖康間遊京師天清寺事，猶及北宋之末。而書中稱高宗爲太上皇帝，孝宗爲今上皇帝，光宗爲當今皇太子，則當成於淳熙中，上溯靖康已六十年，蓋其晚年之筆也。卷首先載宋累朝御製，附以漢高帝、唐文皇、宣宗三條；次即歷敘唐、宋詩家，各爲評隲；而於元祐諸人徵引尤多，蓋時代相接，頗能得其緒餘，故所論皆具有矩矱。其中如趙與旹《賓退錄》所稱虞中琳〈送林季仲詩〉，殊嫌陳腐。又厲鶚《宋詩紀事》摘所載蔡肇〈睦州詩〉「疊嶂巧分丁字水，臘梅遲見二年花」句，實爲杜牧之詩，亦間舛誤。然大旨不詭於正。其論山谷詩派一條，深斥當時學者未得其妙，而但使聲韻拗捩，詞語艱澀，以爲江西格，尤爲切中後來之病。至遺篇佚句，綴述見聞，亦間有宋人詩集所未及者。宋末左圭嘗輯入《百川學海》中	宋陳巖肖撰。巖肖字子象，金華人。父德固，死靖康之難。紹興八年，以任子中詞科，仕至兵部侍郎。此編記其於靖康間遊京師天清寺事，猶及北宋之末。而書中稱高宗爲太上皇帝，孝宗爲今上皇帝，光宗爲當今皇太子，則當成於淳熙中，上溯靖康已六十年，蓋其晚年之筆也。卷首先載宋累朝御製，附以漢高帝、唐文皇、宣宗三條；次即歷敘唐、宋詩家，各爲評隲；而於元祐諸人徵引尤多，蓋時代相接，頗能得其緒餘，故所論皆具有矩矱。其中如趙與旹《賓退錄》所稱虞中琳〈送林季仲詩〉，殊嫌陳腐。又厲鶚《宋詩紀事》摘所載蔡肇〈睦州詩〉「疊嶂巧合丁字水，臘梅遲見二年花」句，實爲杜牧之詩，亦間舛誤。然大旨不詭於正。其論山谷詩派一條，深斥當時學者未得其妙，而但使聲韻拗捩，詞語艱澀，以爲江西格，尤爲切中後來之病。至遺篇佚句，綴述見聞，亦間有宋人詩集所未及者。宋末左圭嘗輯入《百川學海》中，但題西郊野叟述，而佚其名	宋陳巖肖撰。巖肖字子象，金華人。父德固，死靖康之難。紹興八年，以任子中詞科，仕至兵部侍郎。此編記其於靖康間遊京師天清寺事，猶及北宋之末。而書中稱高宗爲太上皇帝，孝宗爲今上皇帝，光宗爲當今皇太子，則當成於淳熙中，上溯靖康已六十年，蓋其晚年之筆也。卷首先載宋累朝御製，附以漢高帝、唐文皇、宣宗三條；次即歷敘唐、宋詩家，各爲評隲；而於元祐諸人徵引尤多，蓋時代相接，頗能得其緒餘，故所論皆具有矩矱。其中如趙與旹《賓退錄》所稱虞中琳〈送林季仲詩〉，殊嫌陳腐。又厲鶚《宋詩紀事》摘所載蔡肇〈睦州詩〉「疊嶂巧分丁字水，臘梅遲見二年花」句，實爲杜牧之詩，亦間舛誤。然大旨不詭於正。其論山谷詩派一條，深斥當時學者未得其妙，而但使聲韻拗捩，詞語艱澀，以爲江西格，尤爲切中後來之病。至遺篇佚句，綴述見聞，亦間有宋人詩集所未及者。宋末左圭嘗輯入《百川學海》中，但題西郊野叟述，而佚其名

		，但題西郊野叟述，而佚其名氏。明胡應麟《筆叢》，據中間論皇太子作詩一條，自題其名，始考定爲嚴肖所作。然吳師道《敬鄉錄》已云嚴肖著《庚溪詩話》，具有明文，不待應麟始知矣。(冊1479，頁53)	氏。明胡應麟《筆叢》，據中間論皇太子作詩一條，自題其名，始考定爲嚴肖所作。然吳師道《敬鄉錄》已云嚴肖著《庚溪詩話》，具有明文，不待應麟始知矣。(頁1784)	氏。明胡應麟《筆叢》，據中間論皇太子作詩一條，自題其名，始考定爲嚴肖所作。然吳師道《敬鄉錄》已云嚴肖著《庚溪詩話》，具有明文，不待應麟始知矣。(頁5-228)
宋／葛立方韻語陽秋	宋葛立方撰。其評論不甚論工掘，惟別辨風旨之是非，故謂之「陽秋」。真德秀文章正宗此其先路，然多推尊釋氏與德秀之旨又殊。(頁380)	臣等謹案《韻語陽秋》二十卷，宋葛立方撰之，立方字常之，自號懶真子，丹陽人，紹興戊午進士，官至吏部侍郎，是編雜評諸家之詩，不甚論句格工拙，而多論其意旨之是非，故曰「陽秋」，用晉人語也。◎其中如偏重釋氏，謂歐陽修夢見十王得知罪福，後亦信佛之類，未免虛誣。議屈原自沈爲不知命之類，則未免偏駁。論李、杜、蘇、黃皆相輕相詆未免附會；◎以江淹〈雜擬〉「赤玉隱瑤溪」句爲謝靈運之作，以蘇軾「老身倦馬河堤永，踏盡黃榆綠槐影」句爲杜甫之詩，以李白「解道澄江淨如練，令人長憶謝元暉」句爲襲鄭谷之語，亦未免小有舛誤。◎然大旨持論甚正，而不至如劉履諸人以理談詩之迂闊，在宋人詩話中猶爲善本也。(頁1012～1013)	《韻語陽秋》二十卷，宋葛立方撰，立方字常之，自號懶真子，丹陽人。紹興戊午進士，官至吏部侍郎，是編雜評諸家之詩，不甚論句格工拙，而多論意旨之是非，故曰「陽秋」，用晉人語也。然晉人以避諱之故改春爲陽，可也，宋不諱春，而立方乃襲舊文，是好奇而無理矣。其中如偏重釋氏，謂歐陽修夢見十王得知罪福，後亦信佛之類，未免虛誣。議屈原自沈爲不知命之類，未免偏駁論李、杜、蘇、黃皆相輕相詆，未免附會；◎與呰《賓退錄》嘗議其誤以鄭合敬詩爲鄭谷詩，又議其不知阮咸出處。今觀所載，如以江淹〈雜擬〉「赤玉隱瑤溪」句爲謝靈運詩，以蘇軾「老身倦馬河堤永，踏盡黃榆綠槐影」句爲杜甫之詩，以李白「解道澄江淨如練，令人長憶謝元暉」句爲襲鄭谷之語，皆未免舛誤，尚不止與呰之所糾。然大旨持論嚴正，其精確之處，亦未可盡沒也。(頁1784～1785)	宋葛立方撰，立方有《歸愚集》，已著錄。是編雜評諸家之詩，不甚論句格工拙，而多論意旨之是非，故曰「陽秋」，用晉人語也。然晉人以避諱之故改春爲陽，可也，宋不諱春，而立方乃襲舊文，是好奇而無理矣。其中如偏重釋氏，謂歐陽修夢見十王得知罪福，後亦信佛之類，則未免虛誣。議屈原自沈爲不知命之類，則未免偏駁。論李、杜、蘇、黃皆相輕相詆之類，則未免附會；趙與呰《賓退錄》嘗議其誤以鄭合敬詩爲鄭谷詩，又議其不知阮咸出處。今觀所載，如以江淹〈雜擬〉「赤玉隱瑤溪」句爲謝靈運詩，以蘇軾「老身倦馬河堤永，踏盡黃榆綠槐影」句爲杜甫詩，以李白「解道澄江淨如練，令人長憶謝元暉」句爲襲鄭谷之語，皆未免舛誤，尚不止與呰之所糾。然大旨持論嚴正，其精確之處亦未可盡沒也。(頁5-228～229)

| 宋／黃徹碧溪詩話 | 宋黃徹撰。其持論不尚彫華惟存風教，與《韻語陽秋》畧同，然徹本工詩，尚未至以有韻語錄，錮天下之性情也。（頁381） | 臣等謹案《碧溪詩話》十卷，宋黃徹撰。徹字常明。陳振孫《書錄解題》作莆田人，《八閩通志》作邵武人。意振孫時去徹未遠，當得其眞也。朱彝尊《曝書亭集》有是書跋，厲鶚《宋詩紀事》亦載徹詩。彝尊但據《八閩通志》，稱爲紹興十五年進士；鶚亦但據此書自序，言其嘗官辰州，皆不詳其始末。惟鮑氏《知不足齋藏本》前有乾道四年陳俊卿序，又有徹子廓、徹孫蕘及黃永存、畾堂四跋。蕘跋載楊邦弼所作墓誌，稱徹登宣和甲辰第，授辰州辰溪縣丞，就升令。在任五年，辟差沅州軍事判官攝倅事。繼權麻陽縣，尋辟鄂之嘉魚令，復權岳之平江，越半歲即眞。後忤權貴，棄官歸。張浚欲辟之入幕，不肯就，遂終老於家。又稱其在沅州定猺賊之亂，在麻陽擒巨寇曹成，在平江佐征楊么，運餉亦有功，而卒以不善諧俗罷。所敘徹之生平，尚可槩見。彝尊及鶚蓋均未見此本，故所言或舛或畧也。徹論詩大抵以風教爲本，不尚雕華。然徹本工詩，故能不失風人之旨，非務以語錄爲宗，使比興之義都絕者，在宋人詩話之中固不失爲善本焉。（頁1013〜1014） | 《碧溪詩話》十卷，宋黃徹撰。徹字常明。陳振孫《書錄解題》作莆田人，《八閩通志》作邵武人。意振孫時去徹未遠，當得其眞也。朱彝尊《曝書亭集》有是書跋，厲鶚《宋詩紀事》亦載徹詩。彝尊但據《八閩通志》，稱爲紹興十五年進士；鶚亦但據此書自序，言其嘗官辰州，皆不詳具始末。惟鮑氏《知不足齋藏本》前有乾道四年陳俊卿序，又有徹子廓、徹孫蕘及黃永存、畾棠四跋。蕘跋載楊邦弼所作墓誌，稱徹登宣和甲辰第，授辰州辰溪縣丞，就升令。在任五年，辟差沅州軍事判官攝倅事。繼權麻陽縣，尋辟鄂之嘉魚令，復權岳之平江，越半歲即眞。後忤權貴，棄官歸。張浚欲辟之入幕，不肯就，遂終老子家。又稱其在沅州定猺賊之亂，在麻陽擒巨寇曹成，在平江佐征楊么，運饟亦有功，而卒以不善諧俗罷。所敘徹之生平，尚可槩見。彝尊及鶚蓋均未見此本，故所言或舛或略也。徹論詩大抵以風教爲本，不尚雕華。然徹本工詩，故能不失風人之旨，非務以語錄爲宗，使比興之義都絕者，在宋人詩話之中固不失爲善本焉。（冊1479，頁215） | 宋黃徹撰。徹字常明。陳振孫《書錄解題》作莆田人，《八閩通志》作邵武人。振孫時去徹未遠，當得其眞也。朱彝尊《曝書亭集》有是書跋，厲鶚《宋詩紀事》亦載徹詩。彝尊但據《八閩通志》，知爲紹興十五年進士；鶚亦但據此書自序，言其嘗官辰州，皆不詳其始末。惟鮑氏《知不足齋藏本》前有乾道四年陳俊卿序，又有徹子廓、徹孫蕘及黃永存、畾棠四跋。蕘跋載楊邦弼所作墓誌，稱徹登宣和甲辰第，授辰州辰溪縣丞，就升令。在任五年，辟差沅州軍事判官攝倅事。繼權麻陽縣，尋辟鄂之嘉魚令，復權岳之平江，越半歲即眞。復忤權貴，棄官歸。張浚欲辟之入幕，不肯就，遂終老於家。又稱其在沅州定猺賊之亂，在麻陽擒巨寇曹成，在平江佐征楊么，運餉亦有功，而卒以不善諧俗罷。所敘徹之生平，尚可槩見。彝尊及鶚蓋均未見此本，故所言或舛或畧。其論詩大抵以風教爲本，不尚雕華。然徹本工詩，故能不失風人之旨，非務以語錄爲宗，使比興之義都絕者也。（頁1785） | 宋黃徹撰。徹字常明。陳振孫《書錄解題》作莆田人，《八閩通志》作邵武人。振孫時去徹未遠，當得其眞也。朱彝尊《曝書亭集》有是書跋，厲鶚《宋詩紀事》亦載徹詩。彝尊但據《八閩通志》，知爲紹興十五年進士；鶚亦但據此書自序，言其嘗官辰州，皆不詳其始末。惟鮑氏《知不足齋藏本》前有乾道四年陳俊卿序，又有徹子廓、徹孫蕘及黃永存、畾棠四跋。蕘跋載楊邦弼所作墓誌，稱徹登宣和甲辰第，授辰州辰溪縣丞，就升令。在任五年，辟差沅州軍事判官攝倅事。繼權麻陽縣，尋辟鄂之嘉魚令，復權岳之平江，越半歲即眞。復忤權貴，棄官歸。張浚欲辟之入幕，不肯就，遂終老於家。又稱其在沅州定猺賊之亂，在麻陽擒巨寇曹成，在平江佐征楊么，運餉亦有功，而卒以不善諧俗罷。所敘徹之生平，尚可槩見。彝尊及鶚蓋均未見此本，故所言或舛或畧。其論詩大抵以風教爲本，不尚雕華。然徹本工詩，故能不失風人之旨，非務以語錄爲宗，使比興之義都絕者也。（頁5-229） |

宋／計有功唐詩紀事	宋計有功撰。于唐一代詩或錄名篇，或著本事或記品評之語，兼載其世系爵里凡一千一百五十家。唐人詩集不傳於世者，多賴此書以存。（頁381）	臣等謹案《唐詩紀事》八十一卷，宋計有功撰。有功字敏夫，其始末未詳。李心傳建炎以來繫年要錄載，紹興五年秋七月戊子，右承議郎新知簡州計有功，提舉兩浙西路常平茶鹽公事。有功，安仁人。張浚從舅也。又考郭印《雲溪集》，有〈和計敏夫留題雲溪詩〉曰：「知君絕學謝芸編，語默行藏不礙禪，親到雲溪重說偈，天開地闢見純全。」則敏夫為南渡時意，蓋耽味禪悅之士。而是集乃留心風雅，採摭繁富，於唐一代詩人，或錄名篇，或紀本事，兼詳其世系爵里，凡一千一百五十家。唐人詩集不傳於世者，多賴是書以存。其某篇為某集所取者，如極玄集主客圖之類，亦一一詳注。今姚合之書猶存，張為之書，獨藉此篇以見梗概，猶可考其孰為主，孰為客，孰為及門，孰為升堂，孰為入室。則其輯錄之功，亦不可沒也。惟其中多委巷之談，如謂李白微時曾為縣吏，併載其牽牛之謔。溺女之篇，俳諧猥瑣，依託顯然，則是榛楛之勿翦耳。（頁1014～1015）	《唐詩紀事》八十一卷，宋計有功撰。有功字敏夫，其始末未詳。李心傳建炎以來繫年要錄載，紹興五年秋七月戊子，右承議郎新知簡州計有功，提舉兩浙西路常平茶鹽公事。有功，安仁人。張浚從舅也。又考郭印《雲溪集》，有〈和計敏夫留題雲溪詩〉曰：「知君絕學謝芸編，語默行藏不礙禪，親到雲溪重說偈，天開地闢見純全。」則敏夫為南渡時人，詳印詩意，蓋耽味禪悅之士。而是集乃留心風雅，採摭繁富，于唐一代詩人或錄名篇，或紀本事，兼詳其世系爵里，凡一千一百五十家。唐人詩集不傳於世者，多賴是書以存。其某篇為某集所取者，如極玄集主客圖之類，亦一一詳註。今姚合之書猶存，張為之書，獨藉此篇以見梗概，猶可考其孰為主，孰為客，孰為及門，孰為升堂，孰為入室。則其輯錄之功，亦不可沒也。惟其中多委巷之談，如李白微時曾為縣吏，併載其牽牛之謔。溺女之篇，俳諧猥瑣，依託顯然，則是榛楛之勿翦耳。（冊1479，頁257）	宋計有功撰。有功字敏夫，其始末未詳。李心傳建炎以來繫年要錄載，紹興五年秋七月戊子，右承議郎新知簡州計有功，提舉兩浙西路常平茶鹽公事。有功，安仁人。張浚從舅也。又考郭印《雲溪集》，有〈和計敏夫留題雲溪詩〉曰：「知君絕學謝芸編，語默行藏不礙禪，親到雲溪重說偈，天開地闢見純全。」則敏夫為南渡時人。詳印詩意，蓋耽味禪悅之士。而是集乃留心風雅，採摭繁富，於唐一代詩人或錄名篇，或紀本事，兼詳其世系爵里，凡一千一百五十家。唐人詩集不傳於世者，多賴是書以存。其某篇為某集所取者，如《極玄集主客圖之類，亦一一詳註。今姚合之書猶存，張為之書，獨藉此編以見梗概，猶可考其孰為主，孰為客，孰為及門，孰為升堂，孰為入室。則其輯錄之功，亦不可沒也。惟其中多委巷之談，如謂李白微時曾為縣吏，併載其牽牛之謔。溺女之篇，俳諧猥瑣，依託顯然，則是榛楛之勿翦耳。（頁1785）	宋計有功撰。有功字敏夫，其始末未詳。李心傳建炎以來繫年要錄載，紹興五年秋七月戊子，右承議郎新知簡州計有功，提舉兩浙西路常平茶鹽公事。有功，安仁人。張浚從舅也。又考郭印《雲溪集》，有〈和計敏夫留題雲溪詩〉曰：「知君絕學謝芸編，語默行藏不礙禪，親到雲溪重說偈，天開地闢見純全。」則敏夫為南渡時人。詳印詩意，蓋耽味禪悅之士。而是集乃留心風雅，採摭繁富，於唐一代詩人或錄名篇，或紀本事，兼詳其世系爵里，凡一千一百五十家。唐人詩集不傳於世者，多賴是書以存。其某篇為某集所取者，如《極玄集主客圖之類，亦一一詳註。今姚合之書猶存，張為之書，獨藉此編以見梗概，猶可考其孰為主，孰為客，孰為及門，孰為升堂，孰為入室。則其輯錄之功，亦不可沒也。惟其中多委巷之談，如謂李白微時曾為縣吏，併載其牽牛之謔。溺女之篇，俳諧猥瑣，依託顯然，則是榛楛之勿翦耳。（頁5-229～230）
宋／吳聿觀林詩話	宋吳聿撰。此書名見《書錄解題》，而傳本頗稀。故談藝者罕相援引其	臣等謹案《觀林詩話》一卷，宋吳聿撰。聿字子書，自署楚東人。楚東地	《觀林詩話》一卷，宋吳聿撰。聿字子書，自署楚東人。楚東地廣。莫能	宋吳聿撰。聿字子書，自署楚東人；楚東地廣，莫能知其邑里。陳振孫	宋吳聿撰。聿字子書，自署楚東人；楚東地廣，莫能知其邑里。陳振孫

學，亦宗元祐，故多稱述蘸、黃。其書作如南宋初，故所論至賀鑄、汪藻、王宣而止。凡所考證大抵典核，爲宋人詩話之佳本。（頁381）	廣，莫能知其邑里。陳振孫《書錄解題》載此書，亦云不知何人。案書中稱衣冠中有微時爲小吏者，作《三角亭詩》，有「夜欠一簷雨，春無四面花」之語。獻其所事，異之，使學，後果登第，今爲郎矣云云。案曾三異同話錄載此事，稱爲余子清之祖仁廓，則子聿蓋南宋初人，故所稱引上至蘇軾、黃庭堅、賀鑄，下至汪藻、王宣而止也。其中如辨陸厥《中山王孺子妾歌》誤用安陵君一條，李善文選註已先有此論，聿抒爲新得，蓋偶未及檢。又引《摭言》趙牧學李長吉歌詩一條，《摭言》無此文，蓋記杜牧之語而誤杜爲趙，又誤增學李長吉歌詩一句，亦爲疎舛。卷末錄謝朓事三條，不加論斷，殊無所取。核其詞意，似乎欲解王安石、歐陽脩倡和詩中「吏部文章二百年」句，而其文未畢，或傳寫有所佚脫，又誤分一則爲三則歟？◎（頁1015）	知其邑里。陳振孫《書錄解題》載此書，亦云不知何人。案書中稱衣冠中有微時爲小吏者，作《三角亭詩》，有『夜欠一簷雨，春無四面花』之語。獻其所事，異之，使學，果後登第，今爲郎矣云云。案曾三異同話錄載此事，稱爲余子清之祖仁廓，則子聿蓋南宋初人，故所稱引上至蘇軾、黃庭堅、賀鑄，下至汪藻、王宣而止也。其中如辨陸厥《中山王孺子妾歌》誤用安陵君一條，李善文選註已先有此論，聿抒爲新得，蓋偶未及檢。又引《摭言》趙牧學李長吉歌詩一條，《摭言》無此文，蓋記杜牧之語而誤杜爲趙，又誤增學李長吉歌詩一句，亦爲疎舛。卷末錄謝朓事三條，不加論斷，殊無所取。核其詞意，似乎欲解王安石、歐陽脩倡和詩中「吏部文章二百年」句，而其文未畢，或傳寫有所佚脫，又誤分一則爲三則歟？聿之詩學出於元祐，於當時佚事尤所究心。如謂黃庭堅論黃獨爲土芋，而云或以爲黃精者，乃指蘇軾「詩人空腹待黃精，生事只看長柄械」句，而不欲顯名；又陳師道所稱「但解開門留我住，主人不問是誰家」句，乃蘇軾〈藏春〉兩絕句之一，	《書錄解題》載此書，亦云不知何人。案：書中稱：「衣冠中有微時爲小吏者，作《三角亭詩》，有『夜欠一簷雨，春無四面花』之語。獻其所事，異之，使學。果後登第，今爲郎矣」云云。案：曾三異《同話錄》載此事，稱爲余子清之祖仁廓，則子聿蓋南宋初人。故所稱引，上至蘇軾、黃庭堅、賀鑄，下至汪藻、王宣而止也。其中如辨陸厥〈中山王孺子妾歌〉誤用安陵君一條，李善《文選註》已先有此論，聿抒爲新得，蓋偶未及檢。又引《摭言》趙牧學李長吉歌詩一條，《摭言》無此文，蓋記杜牧語，又誤增學李長吉歌詩一句，亦爲疎舛。卷末錄謝朓事三條，不加論斷，殊無所取。核其詞意，似乎欲解王安石、歐陽修倡和詩中「吏部文章二百年」句，而其文未畢，或傳寫有所佚脫，又誤分一則爲三則歟？聿之詩學出於元祐，於當時佚事尤所究心。如謂黃庭堅論黃獨爲土芋，而云或以爲黃精者，乃指蘇軾「詩人空腹待黃精，生事只看長柄械」句，而不欲顯名；又陳師道所稱「但解開門留我住，主人不問是誰家」句，乃蘇軾〈藏春〉兩絕句之一，託云古語；又	《書錄解題》載此書，亦云不知何人。案：書中稱：「衣冠中有微時爲小吏者，作《三角亭詩》，有『夜欠一簷雨，春無四面花』之語。獻其所事，異之，使學。果後登第，今爲郎矣」云云。案：曾三異《同話錄》載此事，稱爲余子清之祖仁廓，則子聿蓋南宋初人。故所稱引，上至蘇軾、黃庭堅、賀鑄，下至汪藻、王宣而止也。其中如辨陸厥〈中山王孺子妾歌〉誤用安陵君一條，李善《文選註》已先有此論，聿抒爲新得，蓋偶未及檢。又引《摭言》趙牧學李長吉歌詩一條，《摭言》無此文，蓋記杜牧語，又惧增學李長吉歌詩一句，亦爲疎舛。卷末錄謝朓事三條，不加論斷，殊無所取。核其詞意，似乎欲解王安石、歐陽修倡和詩中「吏部文章二百年」句，而其文未畢，或傳寫有所佚脫，又誤分一則爲三則歟？聿之詩學出於元祐，於當時佚事尤所究心。如謂黃庭堅論黃獨爲土芋，而云或以爲黃精者，乃指蘇軾「詩人空腹待黃精，生事只看長柄械」句，而不欲顯名；又陳師道所稱「但解開門留我住，主人不問是誰家」句，乃蘇軾〈藏春〉兩絕句之一，託云古語；

			託云古語；又蘇軾「不向如皋閒射雉，人間何以得卿卿」句，世譏軾誤以如皋爲地名，聿謂親見其手寫〈會獵詩〉，「不向」乃作「向不」；又軾嘗名賈耘老之妾曰雙荷葉，世不曉所謂，聿謂其事載《泉南老人集》，取雙鬟並前之義，其名出於溫庭筠詞；《澠水燕談》稱張舜民〈題蘇軾老人行役詩〉，乃蘇轍作，王闢之誤記；軾〈梅花詩〉用返魂字，乃用韓偓《金鑾密記》中語，說者誤引蘇德哥及聚窟洲返魂香事，皆查愼行補註蘇詩所未及。又如黃庭堅〈與惠洪詩〉，實用〈陳平傳〉解衣船而刺密句相謔，洪作《冷齋夜話》，乃以「欲加冠巾」自解，與庭堅自稱「從王安石得古詩句法」，及安石詞「揉藍一水縈花草」句，乃追用所見江上人家壁間絕句諸事，亦他書所未言。至於引郭義恭《廣志》證陸龜蒙詩「蕙炷」字，引尉遲樞《南楚新聞》證僧詩氈根字，引《隋書‧禮志》證古詩「長跪問故夫」句，引許愼《說文》證衣亦可名不借，不獨草屨，引《南史‧邱仲孚傳》，證唐詩半夜鐘，引《宋書》證吳融誤用虞嘯事，引《世說新語》庾亮事證著屐登	蘇軾「不向如皋閒射雉，人間何以得卿卿」句，世譏軾誤以如皋爲地名，聿謂親見其手寫〈會獵詩〉，「不向」乃作「向不」；又軾嘗名賈耘老之妾曰雙荷葉，世不曉所謂，聿謂其事載《泉南老人集》，取雙鬟並前之義，其名出於溫庭筠詞；《澠水燕談》稱張舜民〈題蘇軾老人行役詩〉，乃蘇轍作，王闢之誤記；軾〈梅花詩〉用返魂字，乃用韓偓《金鑾祕記》中語，說者誤引蘇德哥及聚窟州返魂香事，皆查愼行補註蘇詩所未及。又如黃庭堅〈與惠洪詩〉，實用〈陳平傳〉解衣贏而刺船句相謔，洪作《冷齋夜話》，乃以「欲加冠巾」自解，與庭堅自稱「從王安石得古詩句法」，及安石詞「揉藍一水縈花艸」句，乃追用所見江上人家壁間絕句諸事，亦他書所未言。至於引郭義恭《廣志》證陸龜蒙詩「蕙炷」字，引尉遲樞《南楚新聞》證僧詩氈根字，引《隋書‧禮志》證古詩「長跪問故夫」句，引許愼《說文》證衣亦可名不借，不獨草屨，引《南史‧邱仲孚傳》，證唐詩半夜鐘，引《宋書》證吳融誤用虞嘯事，引《世說新語》庾亮事證著屐登樓，引元結自序證	又蘇軾「不向如皋閒射雉，人間何以得卿卿」句，世譏軾誤以如皋爲地名，聿謂親見其手寫〈會獵詩〉，「不向」乃作「向不」；又軾嘗名賈耘老之妾曰雙荷葉，世不曉所謂，聿謂其事載《泉南老人集》，取雙鬟並前之義，其名出於溫庭筠詞；《澠水燕談》稱張舜民〈題蘇軾老人行役詩〉，乃蘇轍作，王闢之誤記；軾〈梅花詩〉用返魂字，乃用韓偓《金鑾祕記》中語，說者誤引蘇德哥及聚窟州返魂香事，皆查愼行補註蘇詩所未及。又如黃庭堅〈與惠洪詩〉，實用〈陳平傳〉解衣贏而刺船句相謔，洪作《冷齋夜話》，乃以「欲加冠巾」自解，與庭堅自稱「從王安石得古詩句法」，及安石詞「揉藍一水縈花草」句，乃追用所見江上人家壁間絕句諸事，亦他書所未言。至於引郭義恭《廣志》證陸龜蒙詩「蕙炷」字，引尉遲樞《南楚新聞》證僧詩氈根字，引《隋書‧禮志》證古詩「長跪問故夫」句，引許愼《說文》證衣亦可名不借，不獨草屨，引《南史‧邱仲孚傳》，證唐詩半夜鐘，引《宋書》證吳融誤用虞嘯事，引《世說新語》庾亮事證著屐登樓，引元結自序證

			樓，引元結自序證歐陽修、黃庭堅誤讀等箸字，引潘岳《西征賦》證晃錯之錯可讀七各切，引江淹《襍擬》詩證《東觀奏記》誤稱沈約，引顧愔《新羅圖記》證松五粒非鬣，引《歌錄》證《殷芸小說》誤解蜻蜓，引《西京襍記》駁賀鑄詞誤用玉硯生冰，以及駁蘇軾誤以白居易〈除夜詩〉爲〈寒食詩〉，以長桑君爲倉公，以《左傳》「小人之食」爲「小人之羹」諸條，皆足以資考證。在宋人詩話之中，亦可謂之佳本矣。（冊1480，頁1）	歐陽修、黃庭堅誤讀等箸字，引潘岳《西征賦》證晃錯之錯可讀七各切，引江淹《雜擬》詩證《東觀奏記》誤稱沈約，引顧愔《新羅圖記》證松五粒非鬣，引《歌錄》，證《殷芸小說》誤解蜻蜓，引《西京雜記》駁賀鑄詞誤用玉硯生冰，以及駁蘇軾誤以白居易〈除夜詩〉爲〈寒食詩〉，以長桑君爲倉公，以《左傳》「小人之食」爲「小人之羹」諸條，皆足以資考證。在宋人詩話之中，亦可謂之佳本矣。（頁1785～1786）	歐陽修、黃庭堅誤讀等箸字，引潘岳《西征賦》證晃錯之錯可讀七各切，引江淹《雜擬》詩證《東觀奏記》誤稱沈約，引顧愔《新羅圖記》證松五粒非鬣，引《歌錄》，證《殷芸小說》誤解蜻蜓，引《西京雜記》駁賀鑄詞誤用玉硯生冰，以及駁蘇軾誤以白居易〈除夜詩〉爲〈寒食詩〉，以長桑君爲倉公，以《左傳》「小人之食」爲「小人之羹」諸條，皆足以資考證。在宋人詩話之中，亦可謂之佳本矣。（頁5-230～頁231）
不著撰人 環溪詩話	不著撰人名氏。皆品評吳沆之詩。書中稱沆爲先環溪，則子孫之詞也。其詩以杜甫爲宗，而出入于李白、韓愈、黃庭堅之間，亦頗具體。其論詩謂「多用實字則健」，趙與峕賓退銀嘗駁之，蓋欲救空疏率易之弊，而主持至于太過也。（頁381）	臣等謹案《環溪詩話》一卷，不著撰人名氏。皆品評吳沆之詩，及述沆論詩之語。卷首稱沆爲先環溪，又註其下曰：「此集非門人所編，只稱先生爲環溪，蓋其後人所追記。」趙與峕《賓退錄》稱吳德遠《環溪詩話》，似乎沆所自著者誤也。沆所著有《三墳訓義》、《易璇璣》、《論語發微》、《易禮圖說》、《老子解》、《環溪集》諸書。今惟《易璇璣》僅存，已著於錄。其經術頗有足取，而詩亦戛戛自爲，不囿於當時風氣。其大旨以杜甫爲一祖，李白、韓愈爲二宗。亦間作黃庭堅體，然非所專主。其與張右丞論杜詩「旌旗日暖龍蛇	《環溪詩話》一卷，不著撰人名氏。皆品評吳沆之詩，及述沆論詩之語。卷首稱沆爲先環溪，又註其下曰：「此集非門人所編，只稱先生爲環溪，蓋其後人所追記。」趙與峕《賓退錄》稱爲吳德遠《環溪詩話》，似乎沆所自著者誤也。沆所著有《三墳訓義》、《易璇璣》、《論語發微》、《易禮圖說》、《老子解》、《環溪集》諸書。今惟《易璇璣》存，已著於錄。其經術頗有足取，而詩亦戛戛自爲，不囿於當時風氣。其大旨以杜甫爲一祖，李白、韓愈爲二宗。亦間作黃庭堅體，然非所專主。其與張右丞論杜詩「旌旗日暖蛇	不著撰人名氏。皆品評吳沆之詩及述沆論詩之語。卷首稱沆爲先環溪。又註其下曰：「此集非門人所編，只稱先生爲環溪。」蓋其後人所追記。趙與峕《賓退錄》稱爲吳德遠《環溪詩話》，似乎沆所自著者，誤也。沆所著有《三墳訓義》、《易璇璣》、《論語發微》、《易禮圖說》、《老子解》、《環溪集》諸書，今惟《易璇璣》存，已著於錄。其經術頗有足取，而詩亦戛戛自爲，不囿於當時風氣。其大旨以杜甫爲一祖，李白、韓愈爲二宗，亦間作黃庭堅體，然非所專主。其與張右丞論杜詩「旌旗日暖龍	不著撰人名氏。皆品評吳沆之詩及述沆論詩之語。卷首稱沆爲先環溪。又註其下曰：「此集非門人所編，只稱先生爲環溪。」蓋其後人所追記。趙與峕《賓退錄》稱爲吳德遠《環溪詩話》，似乎沆所自著者，誤也。沆所著有《三墳訓義》、《易璇璣》、《論語發微》、《易禮圖說》、《老子解》、《環溪集》諸書，今惟《易璇璣》存，已著於錄。其經術頗有足取，而詩亦戛戛自爲，不囿於當時風氣。其大旨以杜甫爲一祖，李白、韓愈爲二宗，亦間作黃庭堅體，然非所專主。其與張右丞論杜詩「旌旗日暖龍

旗日暖龍蛇動」句為一句能言五物，「乾坤日夜浮」句為一句能滿天下一條，◎《賓退錄》嘗駁之曰：「若以句中事物之多為工，則必皆如陳無已『椒檜枏櫨楓柞樟』之句，◎而後可以獨步，雖杜子美亦不能專美。若以『乾坤日夜浮』為滿天下句，則凡言天地字宙四海者皆足以當之矣，何謂無也。張輔喜司馬子長五十萬言紀三千年事，張右丞喜杜子美一句談五物，識趣正同」云云。其掊擊頗當。蓋宋詩多空疏率易，故沆立多用實字則健之說。而主持太過，遂至於偏。又所舉白間黃裏，殺青生白、素王黃帝、小烏大白、竹馬木牛、玉山銀海諸偶句，亦小巧細碎，頗於雅調有乖。所自為詩如「草迷花徑煩調護，水泊蓮塘欠節宣」之類，自謂摹仿豫章。實僅得其不佳處，尤不可訓。然其取法終高，宗旨終正，在宋人詩話之中，不能不存備一家也。◎（頁1017）

動」句為一句能言五物，「乾坤日夜浮」句為一句能滿天下一條，◎《賓退錄》嘗駁之曰：「若以句中事物之多為工，則必皆如陳無已『椒檜枏櫨楓柞樟』之句，◎而後可以獨步，雖杜子美亦不能專美。若以『乾坤日夜浮為滿天下』句，則凡言天地字宙四海者皆足以當之矣，何謂無也。張輔喜司馬子長五十萬言紀三千年事，張右丞喜杜子美一句談五物，識趣正同」云云。其掊擊頗當。蓋宋詩多空疏率易，故沆立多用實字，則健之說而主持太過，遂至於偏。又所舉白間黃裏，殺青生白、素王黃帝、小烏大白、竹馬木牛、玉山銀海諸偶句，亦小巧細碎，頗於雅調有乖。所自為詩如「草迷花徑煩調護，水泊蓮塘欠節宣」之類，自謂摹仿豫章。實僅得其不佳處，尤不可訓。然其取法終高，宗旨終正，在宋人詩話之中，不能不存備一家也。趙與虤《娛書堂詩話》亦稱其〈觀穫〉詩：「新月輝輝動，黃雲漸漸收」之句，為形容最工云。（冊1480，頁27）

蛇動」句為一句能言五物，「乾坤日夜浮」句為一句能滿天下一條，（案第一條孫尚書下註曰：「環溪所與人議論，只稱官職，不敢指名字。故《賓退錄》不知張右丞之名。」今亦仍其原文。）《賓退錄》嘗駁之曰：「若以句中事物之多為工，則必皆如陳無己『椒檜枏櫨楓柞樟』之句（案陳師道此句，實本之柏梁臺詩『枇杷橘栗桃李梅』，非所自創。趙與峕不引漢詩而引此句，或以漢詩僅六物與？）而後可以獨步，雖杜子美亦不能專美。若以『乾坤日夜浮』為滿天下句，則凡言天地、宇宙、四海者，皆足以當之矣。何謂無也？張輔喜司馬子長五十萬言紀三千年事，張右丞喜杜子美一句談五物，識趣正同」云云。其掊擊頗當。蓋宋詩多空疏率易，故沆立「多用實字則健」之說，而主持太過，遂至於偏。又所舉白間黃裏、殺青生白、素王黃帝、小烏大白、竹馬木牛、玉山銀海諸偶句，亦小巧細碎，頗於雅調有乖。所自為詩，如「草迷花徑煩調護，水泊蓮塘欠節宣」之類，自謂摹仿豫章，實僅得其不佳處，尤不可訓。然其取法終高，宗旨終正，在

蛇動」句為一句能言五物，「乾坤日夜浮」句為一句能滿天下一條，（案第一條孫尚書下註曰：「環溪所與人議論，只稱官職，不敢指名字。故《賓退錄》不知張右丞之名。」今亦仍其原文。）《賓退錄》嘗駁之曰：「若以句中事物之多為工，則必皆如陳無己『椒檜枏櫨楓柞樟』之句（案陳師道此句，實本之柏梁臺詩『枇杷橘栗桃李梅』，非所自創。趙與峕不引漢詩而引此句，或以漢詩僅六物歟？）而後可以獨步，雖杜子美亦不能專美。若以『乾坤日夜浮』為滿天下句，則凡言天地、宇宙、四海者，皆足以當之矣。何謂無也？張輔喜司馬子長五十萬言紀三千年事，張右丞喜杜子美一句談五物，識趣正同」云云。其掊擊頗當。蓋宋詩多空疏率易，故沆立「多用實字則健」之說，而主持太過，遂至於偏。又所舉白間黃裏、殺青生白、素王黃帝、小烏大白、竹馬木牛、玉山銀海諸偶句，亦小巧細碎，頗於雅調有乖。所自為詩，如「草迷花徑煩調護，水泊蓮塘欠節宣」之類，自謂摹仿豫章，實僅得其不佳處，尤不可訓。然其取法終高，宗旨終正

				宋人詩話之中，不能不存備一家也。趙與虤《娛書堂詩話》亦稱其〈觀穫〉詩「新月輝輝動，黃雲漸漸收」之句，爲形容最工云。（頁1786）	，在宋人詩話之中，不能不存備一家也。趙與虤《娛書堂詩話》亦稱其〈觀穫〉詩「新月輝輝動，黃雲漸漸收」之句，爲形容最工云。（頁5-232～233）
宋／胡仔苕溪漁隱叢話	宋胡仔撰。其書繼阮閱《詩話總龜》而作，自序稱所載者皆不錄，二書互相補苴。北宋以前之詩話已畧備矣，然閱書多類小說，此則論文考義者居多。閱書門目冗碎，此則以作者先後爲次，實遠在閱書上也。（頁381）	臣等謹案《漁隱叢話》前集六十卷後集四十卷，宋胡仔撰。仔字元任，續溪人。舜陟之子。以蔭受迪功郎，兩浙轉運司幹辦公事，官至奉議郎，知常州晉陵縣。後卜居湖州，自號苕溪漁隱。其書繼阮閱《詩話總龜》而作。前有自序，稱閱所載者皆不錄。二書相輔而行，北宋以前之詩話，大抵畧備矣。然閱書多錄雜事，頗近小說；此則論文考義者居多，去取較爲謹嚴。閱書分類編輯，多立門目；此則惟以作者時代爲先後，能成家者列其名，瑣聞軼句則或附錄之，或類聚之，體例亦較爲明晰。閱書惟採撫舊文，無所考正；此則多附辨證之語，尤足以資參訂。故閱書不甚見重於世，而此書則諸家援據，多所取資焉。◎（頁1018）	《漁隱叢話》前集六十卷，後集四十卷，宋胡仔撰。仔字元任，續溪人，舜陟之子，以蔭授迪功郎，兩浙轉運司幹辦公事，官至奉議郎，知常州晉陵縣。後卜居湖州，自號苕溪漁隱。其書繼阮閱《詩話總龜》而作。前有自序，稱閱所載者皆不錄。二書相輔而行，北宋以前之詩話，大抵畧備矣。然閱書多錄雜事，頗近小說；此則論文考義者居多，去取較爲謹嚴。閱書分類編輯，多立門目；此則惟以作者時代爲先後，能成家者列其名，瑣聞軼句則或附錄之，或類聚之，體例亦較爲明晰。閱書惟采撫舊文，無所考正；此則多附辨證之語，尤足以資雜訂。故閱書不甚見重于世，而此書則諸家援据，多所取資焉。《新安文獻志》引方回《漁隱叢話考》曰：「元任寓居雪上，謂阮閱閱休《詩總》成于宣和癸卯，遺落元祐諸公，乃增纂集，自《國風》、漢、魏、六朝以至南渡之初，最大家數，	宋胡仔撰。仔字元任，續溪人。舜陟之子。以蔭授迪功郎，兩浙轉運司幹辦公事，官至奉議郎，知常州晉陵縣。後卜居湖州，自號苕溪漁隱。其書繼阮閱《詩話總龜》而作。前有自序，稱閱所載者皆不錄。二書相輔而行，北宋以前之詩話，大抵畧備矣。然閱書多錄雜事，頗近小說；此則論文考義者居多，去取較爲謹嚴。閱書分類編輯，多立門目；此則惟以作者時代爲先後，能成家者列其名，瑣聞軼句則或附錄之，或類聚之，體例亦較爲明晰。閱書惟採撫舊文，無所考正；此則多附辨證之語，尤足以資參訂。故閱書不甚見重於世，而此書則諸家援據，多所取資焉。《新安文獻志》引方回《漁隱叢話考》曰：「元任寓居雪上，謂阮閱閱休《詩總》成於宣和癸卯，遺落元祐諸公，乃增纂集，自《國風》、漢、魏、六朝以至南渡之初，最大家數，特出其名，餘入雜紀；以年代爲後先。回幼好之，	宋胡仔撰。仔字元任，續溪人。舜陟之子。以蔭授迪功郎，兩浙轉運司幹辦公事，官至奉議郎，知常州晉陵縣。後卜居湖州，自號苕溪漁隱。其書繼阮閱《詩話總龜》而作。前有自序，稱閱所載者皆不錄。二書相輔而行，北宋以前之詩話，大抵畧備矣。然閱書多錄雜事，頗近小說；此則論文考義者居多，去取較爲謹嚴。閱書分類編輯，多立門目；此則惟以作者時代爲先後，能成家者列其名，瑣聞軼句則或附錄之，或類聚之，體例亦較爲明晰。閱書惟採撫舊文，無所考正；此則多附辨證之語，尤足以資參訂。故閱書不甚見重於世，而此書則諸家援據，多所取資焉。《新安文獻志》引方回《漁隱叢話考》曰：「元任寓居雪上，謂阮閱閱休《詩總》成於宣和癸卯，遺落元祐諸公，乃增纂集，自《國風》、漢、魏、六朝以至南渡之初，最大家數，特出其名，餘入雜紀；以年代爲後先。回幼好之，

		特出其名，餘入雜紀；以年代爲後先。回幼好之，學詩寔自此始。元任以閩休分門爲未然。有湯巖起者，閩休鄉人，著《詩海遺珠》，又以元任爲不然。回聞之吾州羅任臣毅卿所病者，元任紀其自作之詩不甚佳耳。其以歷代詩人爲先後，於諸家詩話有去取，間斷以己意，視《皇朝類苑》中絜而並書者，豈不爲優」云云。雖鄉曲之言，要亦不失公論也。（冊1480，頁45～46）	學詩實自此始。元任以閩休分門爲未然。有湯巖起者，閩休鄉人，著《詩海遺珠》，又以元任爲不然。回聞之吾州羅任臣毅卿所病者，元任紀其自作之詩不甚佳耳。其以歷代詩人爲先後，於諸家詩話有去取，間斷以己意，視《皇朝類苑》中概而並書者，豈不爲優」云云。雖鄉曲之言，要亦不失公論也。（頁1787）	學詩實自此始。元任以閩休分門爲不然。有湯巖起者，閩休鄉人，著《詩海遺珠》，又以元任爲不然。回聞之吾州羅任臣毅卿所病者，元任紀其自作之詩不甚佳耳。其以歷代詩人爲先後，於諸家詩話有去取，間斷以己意，視《皇朝類苑》中概而並書者，豈不爲優」云云。雖鄉曲之言，要亦不失公論也。（頁5-233）
宋／周紫芝竹坡詩話	宋周紫芝撰。紫芝以詩媚秦檜父子，人倫頗卑。然詩則不能謂之不工，故其論詩考證品評亦多可取。原本一百條，今所存者八十條，蓋已殘闕矣。（頁381）	臣等謹案《竹坡詩話》三卷，宋周紫芝撰。紫芝有《太倉稊米集》，已著錄。周必大《二老堂詩話》辨金瓂甲一條，稱《紫芝詩話》百篇，此本惟存八十條。又《山海經》詩一條，稱《竹坡詩話》第一卷，則必有第二卷矣。此本惟存一卷，蓋殘缺也。必大嘗譏其解綠沈金瓂之疎失；又譏其論陶潛「刑天舞干戚」句，剿襲曾紘之說；又譏其論《譙國集》一條，皆中其失。他如論王維襲李嘉祐詩，尙沿李肇《國史補》之誤；論柳宗元身在刀山之類，亦近於惡譚。然如辨《嘲齁睡》非韓愈作，辨留春不住詞非王安石作，辨韓愈《調張籍》詩非爲元稹作，皆有特見。其餘亦頗多	《竹坡詩話》一卷，宋周紫芝撰。紫芝有《太倉稊米集》，已別著錄。此其論詩之語集外別行者也。考周必大《二老堂詩話辨金鑰甲一條，稱《紫芝詩話》百篇，今本惟存八十條。又《山海經》詩一條，稱《竹坡詩話》第一卷，則必有第二卷矣。今本袛一卷，蓋殘缺矣。必大嘗譏其解杜詩綠沉金鑰之疎失；又譏其論陶潛「刑天舞干戚」句，剿襲曾紘之說；又譏其論張耒《譙國集》，綻字、葩字一條，皆中其失。他如論王維襲李嘉祐詩，亦沿李肇《國史補》之誤；其論柳宗元身在刀山之類，亦近于惡譚。然如辨《嘲齁睡》非韓愈作，辨留春不住詞非王安石作，辨韓	宋周紫芝撰。紫芝有《太倉稊米集》，已著錄。周必大《二老堂詩話》辨金瓂甲一條，稱《紫芝詩話》百篇，此本惟存八十條。又《山海經》詩一條，稱《竹坡詩話》第一卷，則必有第二卷矣。此本惟存一卷，蓋殘闕也。必大嘗譏其解綠沈金瓂之疎失；又譏其論陶潛「刑天舞干戚」句，剿襲曾紘之說；又譏其論《譙國集》一條，皆中其失。他如論王維襲李嘉祐詩，尙沿李肇《國史補》之誤；論柳宗元身在刀山之類，亦近於惡譚。然如辨《嘲齁睡》非韓愈作，辨留春不住詞非王安石作，辨韓愈《調張籍》詩非爲元稹作，皆有特見。其餘亦頗多可採。惟其中李白、柳	宋周紫芝撰。紫芝有《太倉稊米集》，已著錄。周必大《二老堂詩話》辨金瓂甲一條，稱《紫芝詩話》百篇，此本惟存八十條。又《山海經》詩一條，稱《竹坡詩話》第一卷，則必有第二卷矣。此本惟存一卷，蓋殘闕也。必大嘗譏其解綠沈金瓂之疎失；又譏其論陶潛「刑天舞干戚」句，剿襲曾紘之說；又譏其論《譙國集》一條，皆中其失。他如論王維襲李嘉祐詩，尙沿李肇《國史補》之誤；論柳宗元身在刀山之類，亦近於惡譚。然如辨《嘲齁睡》非韓愈作，辨留春不住詞非王安石作，辨韓愈《調張籍》詩非爲元稹作，皆有特見。其餘亦頗多可採。惟其中李白、

	可採。惟其中李白、柳公權與文宗論詩一條，時代殊不相及。此非僻人僻事，紫芝不容舛謬至此，殆傳寫者之誤歟？（頁1019）	愈《調張籍》詩非爲元稹作，皆有特見。其餘亦頗多可採，中有李白、柳公權與文宗論詩一條，時代殊不相及，◎則傳寫之誤也。（冊1480，頁665）	公權與文宗論詩一條，時代殊不相及。此非僻人僻事，紫芝不容舛謬至此，殆傳寫者之誤歟？（頁1786～1787）	柳公權與文宗論詩一條，時代殊不相及。此非僻人僻事，紫芝不容舛謬至此，殆傳寫者之誤歟？（頁5-233～234）
宋／周必大二老堂詩話	宋周必大撰。必大學問賅洽，又熟於掌故，故是編論詩考證之文爲多精核者，居十之六七。（頁381）	臣等謹案《二老堂詩話》一卷，宋周必大撰。必大所著益公大全集已別著錄，此書乃後人於集中摘出別行四十六條。必大學問博洽，又熟於掌故，故所論多主於考證。如王禹偁不知貢舉一條，劉禹錫〈淮陰行〉一條，歐陽修詩報班齊一條，又陸游說蘇軾詩一條，周紫芝論金鎖甲一條，司空山李白詩一條，杜甫詩閒殷闌韻一條，其辨論攷核皆極精審。至於奚斯作頌一條，偏主揚雄之說；梅莭墜素一條，牽合韓愈之語，則未免偏執。又辨縹眇字一條，知引蘇軾詩而不知出王延壽〈靈光殿賦〉；辨一麾江海一條，知不本顏延之詩，而不知出於崔豹《古今注》，是皆援據偶疎。然其大旨詳洽，究非學有本原者不能作也。（頁1020）	《二老堂詩話》一卷，宋周必大撰。必大所著益公大全集已別著錄，此書乃後人於集中摘出別行者凡四十六條。必大學問博洽，又熟於掌故，故所論多主於考證。如王禹偁不知貢舉一條，劉禹錫〈淮陰行〉一條，歐陽修詩報班齊一條，又陸游說蘇軾詩一條，周紫芝論金鎖甲一條，司空山李白詩一條，杜甫詩閒殷闌韻一條，其辨論考核皆極精審。至於奚斯作頌一條，偏主揚雄之說；梅莭墜素一條，牽合韓愈之語，則未免於偏執。又辨縹眇字一條，知引蘇軾詩而不知出王延壽〈靈光殿賦〉；辨一麾江海一條，知不本顏延之詩，而不知出於崔豹《古今注》，是皆援據偶疎。然其大旨詳洽，非學有本原者不能作也。（冊1480，頁709）	宋周必大撰。必大有《玉堂雜記》，已著錄。是書其論詩之語凡四十六條，原載《平園集》中，此後人鈔出別行者也。必大學問博洽，又熟於掌故，故所論多主於考證。如王禹偁不知貢舉一條，劉禹錫〈淮陰行〉一條，歐陽修詩報班齊一條，又陸游說蘇軾詩一條，周紫芝論金鎖甲一條，司空山李白詩一條，杜甫詩閒殷闌韻一條，皆極精審。至於奚斯作頌一條，偏主揚雄之說；梅莭墜素一條，牽合韓愈之語，皆未免偏執。又辨縹眇字一條，知引蘇軾詩而不知出王延壽〈靈光殿賦〉；辨一麾江海一條，知不本顏延之詩，而不知出於崔豹《古今注》，是皆援據偶疎耳。然較其大致，究非學有本源者不能作也。（頁1787） 宋周必大撰。必大有《玉堂雜記》，已著錄。是書其論詩之語凡四十六條，原載《平園集》中，此後人鈔出別行者也。必大學問博洽，又熟於掌故，故所論多主於考證。如王禹偁不知貢舉一條，劉禹錫〈淮陰行〉一條，歐陽修詩報班齊一條，又陸游說蘇軾詩一條，周紫芝論金鎖甲一條，司空山李白詩一條，杜甫詩閒殷闌韻一條，皆極精審。至於奚斯作頌一條，偏主揚雄之說；梅莭墜素一條，牽合韓愈之語，皆未免偏執。又辨縹眇字一條，知引蘇軾詩而不知出王延壽〈靈光殿賦〉；辨一麾江海一條，知不本顏延之詩，而不知出於崔豹《古今注》，而不知出於崔豹《古今注》，是皆援據偶疏。然較其大致，究非學有本源者不能作也。（頁5-234～235）
宋／楊萬里誠齋詩話	宋楊萬里撰。題曰「詩話」而論文之語乃多於詩，又頗及諧謔雜事。蓋宋人詩話，往往如是也。然其論文論詩之語中理者實多，惟好以腐語俚語	臣等謹案《楊誠齋詩話》一卷，宋楊萬里撰。萬里有《誠齋易傳》，已著錄。此編題曰「詩話」，而論文之語乃多於詩，又頗及諧謔雜事。蓋	《誠齋詩話》一卷，宋楊萬里撰。萬里有《誠齋易傳》已著錄。此編題曰「詩話」，而論文之語乃多於詩，又頗及諧謔雜事。蓋宋人所著，	宋楊萬里撰。萬里有《誠齋易傳》，已著錄。此編題曰「詩話」，而論文之語乃多於詩，又頗及諧謔雜事。蓋宋人所著，往往如斯，不但萬里也。 宋楊萬里撰。萬里有《誠齋易傳》，已著錄。此編題曰「詩話」，而論文之語乃多於詩，又頗及諧謔雜事。蓋宋人所著，往往如斯，不但萬里也。

	標爲佳句,是其一失。蓋萬里詩自有此病,故論詩亦爾也。(頁381)	宋人所著,往往如斯,不但萬里也。萬里本以詩名,故所論往往中理。而其爲詩,好用文句及俚語。故以李師中之「山如仁者壽,水似聖之清」爲善用經;以蘇軾之「避謗詩尋醫,畏病酒入務」,僧顯萬之「探支春色牆頭朵,闌入風光竹外梢」爲善用字,與自稱其「立岸風大壯,還舟燈小明」,以詩篇名對《易》卦者,均非定論。又李商隱「夜半宴歸宮漏永,薛王沉醉壽王醒」,暴揚國惡,至爲無禮,萬里以爲微婉顯晦,盡而不污,尤宋人作詩,好爲訐激之習氣矣。至於萬里,時代距南渡初不遠,乃以隆祐太后布告中外手詔爲勸進高宗手書,於考論典故,亦爲紕謬。殆所謂瑕瑜不掩、利鈍互陳者歟?全書已編入《誠齋集》中,此乃別行之本,今亦別著於錄焉。(頁1021)	往往如斯,不但萬里也。萬里本以詩名,故所論往往中理。而其爲詩好用文句及俚語。故以李師中之「山如仁者壽,水似聖之清」爲善用經;以蘇軾之「避謗詩尋醫,畏病酒入務」,僧顯萬之「探支春色牆頭朵,闌入風光竹外梢」爲善用字,與自稱其「立岸風大壯,還舟燈小明」,以詩篇名對《易》卦者,均非定論。又李商隱「夜半宴歸宮漏永,薛王沉醉壽王醒」,暴揚國惡,至爲無禮,萬里以爲微婉顯晦,盡而不污,尤宋人作詩,好爲訐激之習氣矣。至於萬里,時代距南渡初不遠,乃以隆祐太后布告中外手詔爲勸進高宗手書,於考論典故,亦爲紕謬。殆所謂瑕瑜不掩、利鈍互陳者歟?全書已編入《誠齋集》中,此乃別行之本,今亦別著於錄焉。(冊1480,頁725)	萬里本以詩名,故所論往往中理。而萬里爲詩,好用文句及俚語。故以李師中之「山如仁者壽,水似聖之清」爲善用經;以蘇軾之「避謗詩尋醫,畏病酒入務」,僧顯萬之「探支春色墙頭朵,闌入風光竹外梢」爲善用字,與自稱其「立岸風大壯,還舟鐙小明」,以詩篇名對《易》卦者,均非定論。又李商隱「夜半宴歸宮漏永,薛王沉醉壽王醒」二句,暴揚國惡,至爲無禮,萬里以爲微婉顯晦,盡而不汙,尤宋人作詩,好爲訐激之習氣矣。至於萬里,時代距南渡初不遠,乃以隆祐太后布告中外手詔爲勸進高宗手書,於考論典故,亦爲紕謬。殆所謂瑕瑜不掩、利鈍互陳者歟?全書已編入《誠齋集》中,此乃別行之本,今亦別著於錄焉。(頁1787)	萬里本以詩名,故所論往往中理。而萬里爲詩,好用文句及俚語。故以李師中之「山如仁者壽,水似聖之清」爲善用經;以蘇軾之「避謗詩尋醫,畏病酒入務」,僧顯萬之「探支春色墙頭朵,闌入風光竹外梢」爲善用字,與自稱其「立岸風大壯,還舟鐙小明」,以詩篇名對《易》卦者,均非定論。又李商隱「夜半宴歸宮漏永,薛王沉醉壽王醒」二句,暴揚國惡,至爲無禮,萬里以爲微婉顯晦,盡而不汙,尤宋人作詩,好爲訐激之習氣矣。至於萬里,時代距南渡初不遠,乃以隆祐太后布告中外手詔爲勸進高宗手書,於考論典故,亦爲紕謬。殆所謂瑕瑜不掩、利鈍互陳者歟?全書已編入《誠齋集》中,此乃別行之本,今亦別著於錄焉。(頁5-235)
宋／嚴羽滄浪詩話	宋嚴羽撰。其論詩以禪爲喻,大旨主於妙悟。胡應麟詩藪比爲達摩西來,馮班則作《嚴氏糾謬》以攻之,實則羽當詩教極壞之時講學家膚淺粗疏,江湖派彫鎪細碎,因標舉盛唐之興象,以救弊補偏,尊爲極則者固非,斥爲謬種者,亦非也。(頁382)	臣等謹案《滄浪詩話》一卷,宋嚴羽撰。羽有詩集,已著錄。此書或稱《滄浪吟卷》,蓋閩中刊本。以詩話置詩集之前,爲第一卷,故襲其詩集之名,實非其本名也。首詩辨,次詩體,次詩法,次詩評,次詩證,凡五門,末附〈與吳景仙論詩書〉。大旨取盛唐爲宗,主於	《滄浪詩話》一卷,宋嚴羽撰。羽字丹丘,一字儀卿,自號滄浪逋客,邵武人。與嚴仁、嚴參號三嚴,又與嚴粲號二嚴,戴式之《石屏集》有〈贈二嚴詩〉「所謂前年得嚴粲,今年得嚴羽,自我得二嚴,牛鐸諧鍾呂者」是也。是書一名《滄浪吟卷》,蓋閩中刊本,以詩話	宋嚴羽撰。羽有詩集,已著錄。此書或稱《滄浪吟卷》,蓋閩中刊本。以詩話置詩集之前,爲第一卷,故襲其詩集之名,實非其本名也。首詩辨,次詩體,次詩法,次詩評,次詩證,凡五門,末附〈與吳景僊論詩書〉。大旨取盛唐爲宗,主於妙悟,故以「如空中音,如象	宋嚴羽撰。羽有詩集,已著錄。此書或稱《滄浪吟卷》,蓋閩中刊本。以詩話置詩集之前,爲第一卷,故襲其詩集之名,實非其本名也。首詩辨,次詩體,次詩法,次詩評,次詩證,凡五門,末附〈與吳景僊論詩書〉。大旨取盛唐爲宗,主於妙悟,故以「如空中音,如象

		妙悟，故以「如空中音，如象中色，如鏡中花，如水中月，如羚羊挂角，無迹可尋」爲詩家之極則。明胡應麟比之達摩西來，獨闢禪宗。而馮班作《嚴氏糾謬》一卷，至詆爲囈語。要其時，宋代之詩，競涉論宗；又四靈之派方盛，世皆以晚唐相高，故爲此一家之言，以救一時之弊。後人輾轉承流，漸至於浮光掠影，初非羽之所及知，譽者太過，毀者亦太過也。錢曾《讀書敏求記》又摘其〈九章〉不如〈九歌〉、〈九歌·哀郢〉尤妙之語，以爲〈九歌〉之內無〈哀郢〉，詆羽未讀〈離騷〉。然此或一時筆誤，或傳寫有訛，均未可定。曾遽加輕詆，未免佻薄。如趙宧光於六書之學固爲弇陋，然《說文長箋》引「虎兕出於柙」句，誤稱《孟子》，其過當在鈔胥。顧炎武作《日知錄》，遽謂其未讀《論語》，豈足以服其心乎？（頁1022）	置詩集之前，爲第一卷，故襲其詩集之名耳。◎首詩辨，次詩體，次詩法，次詩評，次考證，凡五門，末附與〈吳景僊論詩書〉大旨取盛唐爲宗，主於妙悟，故以「如空中音，如相中色，如鏡中花，如水中月，如羚羊挂角，無迹可尋」爲詩家之極則。明胡應麟比之達摩西來，獨闢禪宗。而馮班作《嚴氏糾謬》一卷，至詆爲囈語。平情以論宋代之詩，喜涉理路，多未能比興深微，又當羽之時四靈之派盛行，世方以晚唐相尚，故爲此一家之言以，救一時之弊。後人輾轉承流，漸至于浮光掠影，初非羽之所及知，譽者太過，毀者亦太過矣。錢曾《讀書敏求記》又摘其〈九章〉不如〈九歌〉〈九歌·哀郢〉尤妙之語，以爲〈九歌〉之內無〈哀郢〉，詆羽未讀〈離騷〉然此或一時筆誤，或傳寫有訛，均未可定。曾遽加輕詆，未免佻薄。如趙宧光於六書之學固爲弇陋，然《說文長箋》引「虎兕出於柙」句，誤稱《孟子》，其過當在鈔胥。顧炎作《日知錄》，遽謂其未讀《論語》，豈足服其心乎？是皆吹索之見，未足定此書之是非也。（冊1480，頁809～810）	中色，如鏡中花，如水中月，如羚羊挂角，無迹可尋」爲詩家之極則。明胡應麟比之達摩西來，獨闢禪宗。而馮班作《嚴氏糾謬》一卷，至詆爲囈語。要其時，宋代之詩，競涉論宗；又四靈之派方盛，世皆以晚唐相高，故爲此一家之言，以救一時之弊。後人輾轉承流，漸至於浮光掠影，初非羽之所及知，譽者太過，毀者亦太過也。錢曾《讀書敏求記》又摘其〈九章〉不如〈九歌〉、〈九歌·哀郢〉尤妙之語，以爲〈九歌〉之內無〈哀郢〉，詆羽未讀〈離騷〉。然此或一時筆誤，或傳寫有訛，均未可定。曾遽加輕詆，未免佻薄。如趙宧光於六書之學固爲弇陋，然《說文長箋》引「虎兕出於柙」句，誤稱《孟子》，其過當在鈔胥。顧炎武作《日知錄》，遽謂其未讀《論語》，豈足以服其心乎？（頁1788）	中色，如鏡中花，如水中月，如羚羊挂角，無迹可尋」爲詩家之極則。明胡應麟比之達摩西來，獨闢禪宗。而馮班作《嚴氏糾謬》一卷，至詆爲囈語。要其時，宋代之詩，競涉論宗；又四靈之派方盛，世皆以晚唐相高，故爲此一家之言，以救一時之弊。後人輾轉承流，漸至於浮光掠影，初非羽之所及知，譽者太過，毀者亦太過也。錢曾《讀書敏求記》又摘其〈九章〉不如〈九歌〉、〈九歌·哀郢〉尤妙之語，以爲〈九歌〉之內無〈哀郢〉，詆羽未讀〈離騷〉。然此或一時筆誤，或傳寫有訛，均未可定。曾遽加輕詆，未免佻薄。如趙宧光於六書之學固爲弇陋，然《說文長箋》引「虎兕出於柙」句，誤稱《孟子》，其過當在鈔胥。顧炎武作《日知錄》，遽謂其未讀《論語》，豈足以服其心乎？（頁5-235～236）

宋／魏慶之詩人玉屑	宋魏慶之編。與《苕溪漁隱叢話》大致相仿，胡仔書作於高宗時，所載北宋人語為詳。此書作於度宗時，所載南宋人語差備合，是兩編宋人詩話畧具矣。（頁382）	臣等謹案《詩人玉屑》二十卷，宋魏慶之編。慶之字醇甫，號菊莊。建安人，是編前有淳祐甲辰黃易序，稱其有才而不屑科第，惟種菊千叢，日與騷人佚士觴咏於其間，蓋亦宋末江湖一派也。宋人喜為詩話，裒集成編者至多。傳於今者，惟阮閱《詩話總龜》、無名氏《詩林廣記》、胡仔《苕溪漁隱叢話》及慶之是編，卷帙為富。然《總龜》蕪襍，《廣記》挂漏，均不及胡、魏兩家之書。仔書作於高宗時，所錄北宋人語為多。慶之書作於度宗時，所錄南宋人語較備。二書相輔，宋人論詩之概亦略具矣。慶之書以格法分類，與仔書體例稍殊。兼採齊已《風騷旨格》偽本，詭立句律之名，頗失簡擇。又如禁體之中載蒲鞋詩之類，亦殊猥陋。論韓愈精衛銜石填海「人皆譏造次，我獨賞專精」二句，為勝錢起「曲終人不見，江上數峰青」二句之類，是非亦未平允。然採摭既繁，菁華斯寓。鍾嶸所謂「披沙揀金、往往見寶」者，亦庶幾焉，固論詩者所必資也。（頁1023）	《詩人玉屑》二十卷，宋魏慶之編。慶之字醇甫，號菊莊。建安人，是編前有淳祐甲辰黃易序，稱其有才而不屑科第，惟種菊千叢，日與騷人佚士觴咏於其間，蓋亦宋末江湖一派也。宋人喜為詩話，裒集成編者至多。傳於今者，惟阮閱《詩話總龜》、無名氏《詩林廣記》、胡仔《苕溪漁隱叢話》及慶之是編，卷帙為富。然《總龜》蕪襍，《廣記》挂漏，均不及胡、魏兩家之書。仔書作於高宗時，所錄北宋人語為多。慶之書作於度宗時，所錄南宋人語較備。二書相輔，宋人論詩之概亦略具矣，慶之書以格法分類，與仔書體例稍殊。其兼採齊已《風騷旨格》偽本，詭立句律之名，頗失簡擇。又如禁體之中載蒲鞋詩之類，亦殊猥陋。論韓愈精衛銜石填海「人皆譏造次，我獨賞專精」二句，為勝錢起「曲終人不見，江上數峰青」二句之類，是非亦未平允。然采摭既繁，菁華斯寓。鍾嶸所謂「披沙揀金、往往見寶」者，亦庶幾焉，固論詩者所必資也。（冊1481，頁1）	宋魏慶之撰。慶之字醇甫，號菊莊。建安人，是編前有淳祐甲辰黃昇序，（案昇字原本作易，蓋偶從篆體。說在昇《花菴詞》條下。）稱其有才而不屑科第，惟種菊千叢，日與騷人逸士觴咏於其間，蓋亦宋末江湖一派也。宋人喜為詩話，裒集成編者至多。傳於今者，惟阮閱《詩話總龜》、蔡正孫《詩林廣記》、胡仔《苕溪漁隱叢話》及慶之是編，卷帙為富。然《總龜》蕪襍，《廣記》挂漏，均不及胡、魏兩家之書。仔書作於高宗時，所錄北宋人語為多。慶之書作於度宗時，所錄南宋人語較備。二書相輔，宋人論詩之概亦略具矣。慶之書以格法分類，與仔書體例稍殊。其兼採齊己《風騷旨格》偽本，詭立句律之名，頗失簡擇。又如禁體之中載蒲鞋詩之類，亦殊猥陋。論韓愈精衛銜石填海「人皆譏造次，我獨賞專精」二句，為勝錢起「曲終人不見，江上數峰青」二句之類，是非亦未平允。然採摭既繁，菁華斯寓。鍾嶸所謂「披沙簡金、往往見寶」者，亦庶幾焉，固論詩者所必資也。（頁1788）	宋魏慶之撰。慶之字醇甫，號菊莊。建安人，是編前有淳祐甲辰黃昇序，（案昇字原本作易，蓋偶從篆體。說在昇《花菴詞》條下。）稱其有才而不屑科第，惟種菊千叢，日與騷人逸士觴咏於其間，蓋亦宋末江湖一派也。宋人喜為詩話，裒集成編者至多。傳於今者，惟阮閱《詩話總龜》、蔡正孫《詩林廣記》、胡仔《苕溪漁隱叢話》及慶之是編，卷帙為富。然《總龜》蕪襍，《廣記》挂漏，均不及胡、魏兩家之書。仔書作於高宗時，所錄北宋人語為多。慶之書作於度宗時，所錄南宋人語較備。二書相輔，宋人論詩之概亦略具矣。慶之書以格法分類，與仔書體例稍殊。其兼採齊己《風騷旨格》偽本，詭立句律之名，頗失簡擇。又如禁體之中載蒲鞋詩之類，亦殊猥陋。論韓愈精衛銜石填海「人皆譏造次，我獨賞專精」二句，為勝錢起「曲終人不見，江上數峰青」二句之類，是非亦未平允。然採摭既繁，菁華斯寓。鍾嶸所謂「披沙簡金、往往見寶」者，亦庶幾焉，固論詩者所必資也。（頁5-236）
宋／劉克莊	宋劉克莊撰。克莊晚節頹唐，詩亦日趨潦倒。其論詩則	臣等謹案《後村詩話》十四卷，原分後集二卷，續集四	《後村詩話》前集二卷，後集二卷，續集四卷，新集六	宋劉克莊撰。克莊有《後村集》，已著錄。所撰詩話，	宋劉克莊撰。克莊有《後村集》，已著錄。所撰詩話，

後村詩話	終多心得之言。前集、後集、續集統論歷代之詩，而論唐宋者爲多。所載宋人諸集多今所未睹，新集惟論唐詩，往往連篇備錄，與他家詩話爲例獨殊。（頁382）	卷，新集六卷，宋劉克莊撰。克莊有《後村集》，已著錄。所撰詩話，惟前集有本別行，其餘皆編入文集中。◎末有自跋，稱前後二集爲六十至七十歲時所作；續集四卷，爲八十歲時所作；新集六卷，則八十二歲時作也。克莊晚節頹唐，詩亦漸趨潦倒。如〈髮脫〉詩之「論爲城且寧非恕，度作沙彌亦自佳」；〈老吏〉詩之「只恐閻羅難抹過，鐵鞭他日鬼臀紅」，殆足資笑噱。然論詩則具有條理。眞德秀作《文章正宗》，以詩歌一門屬之克莊。克莊所取，如漢武《秋風詞》及三謝之類，德秀多刪之，克莊意不爲然。其說今載前集第一卷中。蓋克莊於詩爲專門，而德秀於詩則未能深解，宜其方枘而圓鑿也。◎所論唐人之詩，皆採摘菁華，品題優劣，往往連錄全篇，較他家詩話兼涉考證者，爲例稍殊，蓋用《唐詩紀事》之例。所載宋代諸詩，其集不傳於今者十之五六，亦皆賴是書以存，可稱善本。◎固迥在南宋諸家詩話上也。（頁1024）	卷，宋劉克莊撰。克莊有《後村集》，已著錄。所撰詩話惟前集有本別行，其餘皆編入文集中。共十四卷。末有自跋，稱前後二集爲六十至七十歲時所作；續集四卷，爲八十歲時所作。新集六卷，則八十二歲時所作克。莊晚節頹唐，詩亦漸趨潦倒。如〈髮脫〉詩之「論爲城且寧非恕，度作沙彌亦自佳」；〈老吏〉詩之「只恐閻羅難抹過，鐵鞭他日鬼臀紅」，殆足資笑噱。然論詩則具有條理。眞德秀作《文章正宗》，以詩歌一門屬之克莊。克莊所取，如漢武帝《秋風詞》及三謝之類，德秀多刪之，克莊意不謂然。其說今載前集第一卷中。蓋克莊於詩爲專門，而德秀于詩則未能深解，宜其方枘而圓鑿也。前集、後集、續集、統論漢魏以下，而唐宋人詩爲多。新集六卷，則詳論唐人之詩，皆採摘精華，品題優劣，往往連錄全篇，較他家詩話兼涉考證者，爲例稍殊，蓋用《唐詩紀事》之例。所載宋代諸詩，其集不傳於今者十之五六，亦皆賴是書以傳，可稱善本。其中如《韓詩外傳》、《西京雜記》、《朝野僉載》諸書，往往連篇抄錄，至一二十條不止。以至沈既濟駁	惟前集有本別行，其餘皆編入文集中。共十四卷。末有自跋，稱前後二集爲六十至七十歲時所作；續集四卷，爲八十歲時所作；新集六卷，則八十二歲時作也。克莊晚節頹唐，詩亦漸趨潦倒。如〈髮脫〉詩之「論爲城且寧非恕，度作沙彌亦自佳」；〈老吏〉詩之「只恐閻羅難抹過，鐵鞭他日鬼臀紅」，殆足資笑噱。然論詩則具有條理。眞德秀作《文章正宗》，以詩歌一門屬之克莊。克莊所取，如漢武《秋風詞》及三謝之類，德秀多刪之，克莊意不爲然。其說今載前集第一卷中。蓋克莊於詩爲專門，而德秀於詩則未能深解，宜其方枘而圓鑿也。前集、後集、續集、統論漢魏以下，而唐宋人詩爲多。新集六卷，則詳論唐人之詩，皆採摘菁華，品題優劣，往往連錄全篇，較他家詩話兼涉考證者，爲例稍殊，蓋用《唐詩紀事》之例。所載宋代諸詩，其集不傳於今者十之五六，亦皆賴是書以存，可稱善本。其中如《韓詩外傳》、《西京雜記》、《朝野僉載》諸書，往往連篇鈔錄，至一二十條不止。以至沈既濟駁《武后本紀》之類，泛及史事，皆與詩無涉，殊爲例	惟前集有本別行，其餘皆編入文集中。共十四卷。末有自跋，稱前後二集爲六十至七十歲時所作；續集四卷，爲八十歲時所作；新集六卷，則八十二歲時作也。克莊晚節頹唐，詩亦漸趨潦倒。如〈髮脫〉詩之「論爲城且寧非恕，度作沙彌亦自佳」；〈老吏〉詩之「只恐閻羅難抹過，鐵鞭他日鬼臀紅」，殆足資笑噱。然論詩則具有條理。眞德秀作《文章正宗》，以詩歌一門屬之克莊。克莊所取，如漢武《秋風詞》及三謝之類，德秀多刪之，克莊意不爲然。其說今載前集第一卷中。蓋克莊於詩爲專門，而德秀於詩則未能深解，宜其方枘而圓鑿也。前集、後集、續集、統論漢魏以下，而唐宋人詩爲多。新集六卷，則詳論唐人之詩，皆採摘菁華，品題優劣，往往連錄全篇，較他家詩話兼涉考證者，爲例稍殊，蓋用《唐詩紀事》之例。所載宋代諸詩，其集不傳於今者十之五六，亦皆賴是書以存，可稱善本。其中如《韓詩外傳》、《西京雜記》、《朝野僉載》諸書，往往連篇鈔錄，至一二十條不止。以至沈既濟駁《武后本紀》之類，泛及史事，皆與詩無涉，殊爲例

		《武后本紀》之類，泛及史事，皆與詩無涉，殊爲例不純。又如謂杜牧兄弟分黨牛、李以爲高義，而不知爲門戶之私。謂吳融、韓偓，國蹙主辱，絕無感時傷事之作，似但據《唐英歌詩》、《香奩集》，而於《韓內翰集》則殊未詳閱，持論亦或偶疎。至于既詆《玉臺新詠》爲淫哇，而又詳錄其續集；既稱歐陽修厭薄楊、劉，又稱推重楊、劉，尤自相矛盾也。然要其大旨，則精核者多，固迥在南宋諸家詩話上也。（冊1481，頁301～302）	不純。又如謂杜牧兄弟分黨牛、李以爲高義，而不知爲門戶之私。謂吳融、韓偓，國蹙主辱，絕無感時傷事之作，似但據《唐英歌詩》、《香奩集》，而於《韓內翰集》則殊未詳閱，持論亦或偶疏。至於既詆《玉臺新詠》爲淫哇，而又詳錄其續集；既稱歐陽修厭薄楊、劉，又稱其推重楊、劉，尤自相矛盾。然要其大旨，則精核者多，固迥在南宋諸家詩話上也。（頁1788～1789）	不純。又如謂杜牧兄弟分黨牛、李以爲高義，而不知爲門戶之私。謂吳融、韓偓，國蹙主辱，絕無感時傷事之作，似但據《唐英歌詩》、《香奩集》，而於《韓內翰集》則殊未詳閱，持論亦或偶疏。至於既詆《玉臺新詠》爲淫哇，而又詳錄其續集；既稱歐陽修厭薄楊、劉，又稱其推重楊、劉，尤自相矛盾。然要其大旨，則精核者多，固迥在南宋諸家詩話上也。（頁5-236～237）
宋／趙與虤 娛書堂詩話	宋趙與虤撰。其論詩源出江西而兼涉江湖宗派，故所取或涉於庸腐。然名章雋句，軼事遺文亦絡繹其間，亦未可以其蕪襍併棄其菁華也。（頁382）	臣等謹案《娛書堂詩話》一卷，宋趙與虤撰。虤字，《集韻》音「牛閑切」，《說文》訓爲「虎怒」，故其字爲威伯。以《宋史·宗室表》連名次第考之，蓋太祖十世孫也。書中多稱陸游、楊萬里、樓鑰晚年之作，又稱宗人紫芝，是寧宗以後人矣。其論詩源出江西，而兼涉於江湖宗派。故所稱述，如羅隱、范仲淹〈釣臺詩〉，高端叔〈雨詩〉，又「桂子梅花」一聯，毛國英投岳飛詩，羅隱〈繡詩〉，沙門遊雁巖詩，唐宣宗〈百丈山詩〉，姜夔、潘轉菴贈答詩，黃景說賀周必大致仕詩，無名氏濤亭詩，危稹送	《娛書堂詩話》一卷，宋趙與虤撰。虤字，《集韻》音「牛閑切」，《說文》訓爲「虎怒」，故其字爲威伯。以《宋史·宗室表》連名次第攷之，蓋太祖十世孫也。書中多稱陸游、楊萬里、樓鑰晚年之作，又引張淏《雲谷雜記》，是寧宗以俊人矣。觀其所論，大抵以神韻脫灑爲宗，其引楊萬里〈千巖摘稿序〉及姜堯章〈白石詩稿自序〉頗以江西宗派爲未善其宗旨，可知當宋元之交，詩派將變之時，學者方厭棄黃陳餘唾，而欲矯以清新，故其議論，如此雖未必盡合詩家正諦，而一時風氣升降之故，要	宋趙與虤撰。虤字，《集韻》音「牛閑切」，《說文》訓爲「虎怒」，故其字爲威伯。以《宋史·宗室表》連名次第考之，蓋太祖十世孫也。書中多稱陸游、楊萬里、樓鑰晚年之作，又稱宗人紫芝，是寧宗以後人矣。其論詩源出江西，而兼涉於江湖宗派。故所稱述，如羅隱、范仲淹〈釣臺詩〉，高端叔〈雨詩〉，又「桂子梅花」一聯，毛國英投岳飛詩，羅隱〈繡詩〉，沙門遊雁岩詩，唐宣宗〈百丈山詩〉，姜夔、潘轉庵贈答詩，黃景說賀周必大致仕詩，無名氏濤亭詩，危稹送柴中行致仕詩，徐得之〈明妃曲〉，

		柴中行致仕詩，徐得之〈明妃曲〉，黃居萬〈瀑布〉詩，周鎬將雨詩、壽趙倅詩，劉詠八月十四夜詩雙柏句、撲滿子句、寓興詩，楊萬里所稱劉應時詩，唐人汀河詩，陸九淵少作，石延年夷齊廟詩，無名氏天開圖畫亭詩，劉敞種栢詩，吳鎰絕句，江東客獻楊萬里詩，劉概詩，徐似道、楊萬里贈答詩，趙橫釣臺詩，白居易周公恐懼流言日一首及作詩用法語一條，大抵皆凡近之語，評品殊爲未當，蓋爾時風氣類然。然名章、俊句、軼事、逸文，亦絡繹其間，頗足以資聞見。失於蕪雜則有之，要其精華不可棄也。◎（頁1024～1025）	即可於此覘之至其他徵引，亦多詳核可據，頗有足資攷證者焉。（冊1481，頁461）	黃居萬〈瀑布〉詩，無名氏龜峰詩，周鎬將雨詩、壽趙倅詩，劉詠八月十四夜詩，雙柏句、撲滿子句、寓興詩，楊萬里所稱劉應時詩，唐人汀河詩，陸九淵少作，石延年夷齊廟詩，無名氏天開圖畫亭詩，劉敞種柏詩，吳鎰絕句，江東客獻楊萬里詩，劉概詩，徐似道、楊萬里贈答詩，趙橫釣臺詩，白居易周公恐懼流言日一首，及作詩用法語一條。大抵皆凡近之語，評品殊爲未當，蓋爾時風氣類然。然名章、俊句、軼事、逸文，亦絡繹其間，頗足以資聞見。失於蕪雜則有之，要其精華不可棄也。書中辨證僅兩條：其一解錢惟演《無題》詩「夜長惟有辟寒金」句，據《拾遺記》嗽金鳥事，謂辟字當作畏辟之辟，讀去聲；惟演誤讀入聲，以爲辟除之辟，其說頗允。其一解楊億〈無題〉詩「死諱文成食馬肝」句，不引《史記》之正文，而牽引《拾遺記》馬肝石事，則支離無理。且兩條皆惟據王嘉書，知考據非其所長，存而不論可矣。（頁1788）	黃居萬〈瀑布〉詩，無名氏龜峰詩，周鎬將雨詩、壽趙倅詩，劉詠八月十四夜詩雙柏句、撲滿子句、寓興詩，楊萬里所稱劉應時詩，唐人汀河詩，陸九淵少作，石延年夷齊廟詩，無名氏天開圖畫亭詩，劉敞種柏詩，吳鎰絕句，江東客獻楊萬里詩，劉槩詩，徐似道、楊萬里贈答詩，趙橫釣臺詩，白居易周公恐懼流言日一首及作詩用法語一條，大抵皆凡近之語，評品殊爲未當，蓋爾時風氣類然。然名章、俊句、軼事、逸文，亦絡繹其間，頗足以資聞見。失於蕪雜則有之，要其精華不可棄也。書中辨證僅兩條：其一解錢惟演《無題》詩「夜長惟有辟寒金」句，據《拾遺記》嗽金鳥事，謂辟字當作畏辟之辟，讀去聲；惟演誤讀入聲，以爲辟除之辟，其說頗允。其一解楊億〈無題〉詩「死諱文成食馬肝」句，不引《史記》之正文，而牽引《拾遺記》馬肝石事，則支離無理。且兩條皆惟據王嘉書，知考據非其所長，存而不論可矣。（頁5-237～238）
宋 / 吳子良 荊溪林下偶談	宋吳子良撰。子良爲葉適門人，學問具有端緒，故此編品評詩文多述適之餘論，大抵精確者居多。（頁382）	臣等謹案《林下偶談》四卷，不著撰人名氏；以所載文字好罵一條，知其姓吳。書中推重葉適，不一而足。姚	荊溪林下偶談四卷。不著撰人名氏；以所載文字好罵一條，知其姓吳。書中推重葉適，不一而足。姚士彝跋	不著撰人名氏；以所載文字好罵一條，知其姓吳。書中推重葉適，不一而足。姚士舜跋謂以《水心集》考之	不著撰人名氏；以所載文字好罵一條，知其姓吳。書中推重葉適，不一而足。姚士舜跋謂以《水心集》考

書名	提要				
		士燮跋謂以《水心集》考之，惟有〈即事兼謝吳氏表宣義詩〉六首及《答吳明輔》一書，不知即其人否？案元無名氏《南溪詩話》引此書一條，稱爲吳子良《荊溪林下偶談》。又陳櫟《勤有堂隨錄》曰：「陳筠窗，名耆卿，字壽老。吳荊溪，名子良，字明輔。二人皆宗水心爲文。」然則此書確爲子良作矣。子良，臨海人。寶慶二年進士。官至湖南運使、太府少卿，別著有《荊溪集》，今已佚。惟陳景沂《全芳備祖》前集載其葵花一絕句。此書皆其論詩評文之語，所見頗多精確。所記葉適作徐道暉墓志，王本叔詩序，劉潛夫詩卷跋，皆有不取晚唐之說。蓋其暮年自悔之論，獨詳錄之，其識高於當時諸人遠矣。舊本八卷，此本四卷，殆士燮所合併也。（頁1025～1026）	謂以《水心集》考之，惟有〈即事兼謝吳民表宣義詩〉六首及《答吳明輔》一書，不知即其人否？案元無名氏《南溪詩話》引此書一條，稱爲吳子良《荊溪林下偶談》。又陳櫟《勤有堂隨錄》曰：「陳筠窗，名耆卿，字壽老。吳荊溪，名子良，字明輔。二人皆宗水心爲文。」然則此書確爲子良作矣。子良，臨海人。寶慶二年進士。官至湖南運使、太府少卿。別著有《荊溪集》，今已佚。惟陳景沂《全芳備祖》前集載其葵花一絕句。此書皆其論詩評文之語，所見頗多精確。所記葉適作徐道暉墓志，王本叔詩序，劉潛夫詩卷跋，皆有不取晚唐之說。蓋其暮年自悔之論，獨詳錄之，其識高於當時諸人遠矣。舊本八卷，此本四卷，殆姚士燮所合併也。（冊1481，頁485）	，惟有〈即事兼謝吳民表宣義詩〉六首及《答吳明輔》一書，不知即其人否？案元無名氏《南溪詩話》引此書一條，稱爲吳子良《荊溪林下偶談》。又陳櫟《勤有堂隨錄》曰：「陳筠窗，名耆卿，字壽老。吳荊溪，名子良，字明輔。二人皆宗水心爲文。」然則此書確爲子良作矣。子良，臨海人。寶慶二年進士。官至湖南運使、太府少卿。別著有《荊溪集》，今已佚。惟陳景沂《全芳備祖》前集載其葵花一絕句。此書皆其論詩評文之語，所見頗多精確。所記葉適作徐道暉墓志，王本叔詩序，劉潛夫詩卷跋，皆有不取晚唐之說。蓋其暮年自悔之論，獨詳錄之，其識高於當時諸人遠矣。舊本八卷，此本四卷，殆士燮所合併也。（頁1789）	之，惟有〈即事兼謝吳民表宣義詩〉六首及《答吳明輔》一書，不知即其人否？案元無名氏《南溪詩話》引此書一條，稱爲吳子良《荊溪林下偶談》。又陳櫟《勤有堂隨錄》曰：「陳筠窗，名耆卿，字壽老。吳荊溪，名子良，字明輔。二人皆宗水心爲文。」然則此書確爲子良作矣。子良，臨海人。寶慶二年進士。官至湖南運使、太府少卿。別著有《荊溪集》，今已佚。惟陳景沂《全芳備祖》前集載其葵花一絕句。此書皆其論詩評文之語，所見頗多精確。所記葉適作徐道暉墓志，王本叔詩序，劉潛夫詩卷跋，皆有不取晚唐之說。蓋其暮年自悔之論，獨詳錄之，其識高於當時諸人遠矣。舊本八卷，此本四卷，殆士燮所合併也。（頁5-238）
宋/蔡夢弼草堂詩話	宋蔡夢弼撰。裒及宋人評論杜詩之語共爲一編，頗足以資參考。遠在方道醇正杜詩之上。（頁382）	臣等謹案《草堂詩話》二卷，宋建安、蔡夢弼撰。篇首題曰名儒嘉話凡二百餘條，蓋夢弼曾著杜工部草堂詩箋其本久佚，存者惟此而已。《宋史·藝文志》云：方道醇集諸家《老杜詩評》五卷，方銓《續老杜詩評》五卷。陳振孫《書錄解題》，則云莆田方道深集諸家	《草堂詩話》二卷，宋建安、蔡夢弼撰。篇首題曰名儒嘉話凡二百餘條，蓋夢弼曾著杜工部草堂詩箋其本久佚，存者惟此而已。《宋史·藝文志》云：方道醇集諸家《老杜詩評》五卷，方銓《續老杜詩評》五卷。陳振孫《書錄解題》，則云莆田方道深集諸家《老杜詩	宋蔡夢弼撰。夢弼，建安人。其始末未詳。嘗著《杜工部草堂詩箋》及此書。今《詩箋》久佚，惟此書僅存，皆論說杜詩之詩。曰草堂者，甫客蜀時所居也。凡二百餘條，皆採自宋人詩話、語錄、文集、說部，而所取惟《韻語陽秋》爲多。《宋史·藝文志》載方道醇集諸家	宋蔡夢弼撰。夢弼，建安人。其始未未詳。嘗著《杜工部草堂詩箋》及此書。今《詩箋》久佚，惟此書僅存，皆論說杜甫之詩。曰草堂者，甫客蜀時所居也。凡二百餘條，皆採自宋人詩話、語錄、文集、說部，而所取惟《韻語陽秋》爲多。《宋史·藝文志》載方道醇集諸家

		《老杜詩評》五卷續一卷，又載《杜詩發揮》一卷，今書皆不傳，則此為最舊矣，近代注杜詩者引夢弼詩話不過十餘則，未有能見此本者也杜詩至宋而大行，故篇中皆宋人評語而取於《韻語陽秋》者尤多云。（頁1026）	評》五卷續一卷，又載《杜詩發揮》一卷，今書皆不傳，則此為最舊矣，近代註杜詩者引夢弼詩話不過十餘則，未有能見此本者也杜詩至宋而大行，故篇中皆宋人評語，而取於《韻語陽秋》者尤多云。（冊1481，頁519）	家《老杜詩評》五卷，方銓《續老杜詩評》五卷。陳振孫《書錄解題》載莆田方道深續集諸家《老杜詩評》一卷，又載《杜詩發揮》一卷。今惟方道深書見於《永樂大典》中，餘皆不傳。然道深書瑣碎冗雜，無可採錄，不及此書之詳贍。近代註杜詩者，徵引此書，多者不過十餘則，皆似未見其全帙。此本為吳縣惠棟所藏，蓋亦希覯之笈矣。舊本與魯訔、趙子櫟所撰《杜工部年譜》合為一冊，而以魯訔一序冠於此書之前。蓋以篇中有王士禎跋語，先訔而後夢弼，故編次從之。今魯、趙二譜別入傳記類中，故仍移訔序冠於譜前，以復其舊，不更載於此書焉。（頁1789）	《老杜詩評》五卷，方銓《續老杜詩評》五卷。陳振孫《書錄解題》載莆田方道深續集諸家《老杜詩評》一卷，又載《杜詩發揮》一卷。今惟方道深書見於《永樂大典》中，餘皆不傳。然道深書瑣碎冗雜，無可採錄，不及此書之詳贍。近代註杜詩者，徵引此書，多者不過十餘則，皆似未見其全帙。此本為吳縣惠棟所藏，蓋亦希覯之笈矣。舊本與魯訔、趙子櫟所撰《杜工部年譜》合為一冊，而以魯訔一序冠於此書之前。蓋以篇中有王士禎跋語，先訔而後夢弼，故編次後之。今魯、趙二譜別入傳記類中，故仍移訔序冠於譜前，以復其舊，不更載於此書焉。（頁5-238~239）
宋／何汶 竹莊詩話	宋何谿汶撰。其例每條以前人詩話列前，以所論之詩全篇附載于後，互相勘證，頗便於參考。（頁382）	臣謹案《竹莊詩話》二十四卷，舊本不著撰人名氏。錢曾《讀書敏求記》曰：「竹莊居士，不知何時人。編蒐古今詩評雜錄，其說於前，而以全首附於後，乃詩話中之絕佳者。」考《宋史‧藝文志》有何谿汶《竹莊詩話》二十七卷，蓋即此書。惟今本二十四卷，其數少異。或傳寫佚其三卷，或後人有所合併，或《宋史》誤四為七，均未可知，然出自宋人，則無疑也。是書與蔡正孫《詩林廣	《竹莊詩話》二十四卷，舊本不著撰人名氏。錢曾《讀書敏求記》曰：「竹莊居士，不知何時人。編蒐古今詩評雜錄，其說於前，而以全首附於後，乃詩話中之絕佳者。」考《宋藝文志》有何谿汶《竹莊詩話》二十七卷，蓋即此書。惟今本二十四卷，其數少異。或傳寫佚其三卷，或後人有所合併，或《宋史》誤四為七，均未可知，然出自宋人，則無疑也。是書與蔡正孫《詩林廣	不著撰人名氏。錢曾《讀書敏求記》作「竹莊居士，不知何時人。編蒐古今詩評雜錄，列其說於前，而以全首附於後，乃詩話之中絕佳者。」考《宋史‧藝文志》有何谿汶《竹莊詩話》二十七卷，蓋即此書。惟今本二十四卷，其數少異。或傳寫佚其三卷，或後人有所合併，或《宋史》誤四為七，均未可知，然出自宋人，則無疑也。是書與蔡正孫《詩林廣記》體例畧同，皆名為詩	不著撰人名氏。錢曾《讀書敏求記》曰：「竹莊居士，不知何時人。編蒐古今詩評雜錄，列其說於前，而以全首附於後，乃詩話中之絕佳者。」考《宋史‧藝文志》有何谿汶《竹莊詩話》二十七卷，蓋即此書。惟今本二十四卷，其數少異。或傳寫佚其三卷，或後人有所合併，或《宋史》誤四為七，均未可知，然出自宋人，則無疑也。是書與蔡正孫《詩林廣記》體例畧同，皆

		蔡正孫《詩林廣記》體例畧同，皆名爲詩評，實如總集，使觀者即其所評與原詩互相考證，可以見作者之意旨，併可以見論者之是非。視他家詩話但拈一句一聯，而不睹其詩之首尾，或渾稱某人某篇，而不知其語云何者，固爲勝之。惟振孫書以評列詩後，此以評列詩前，爲小變耳。其所引證，如《王經詩事》、《歐公餘話》、《洪駒父詩話》、《潘子眞詩話》、《桐江詩話》、《筆墨閒錄》、劉次莊《樂府集》、邵公序《樂府後錄》之類，今皆未見傳本。而呂氏《童蒙訓》論詩之語，今世所行重刻本，皆削去不載。此書所錄，尚見其梗概。又此書作於宋末，所見詩集猶皆古本。如〈焦仲卿妻〉詩，時人活字板《玉臺新詠》妄增「賤妾留空房，相見嘗日稀」二句，謬傳至今，實則郭茂倩、左克明兩家《樂府》及舊本《玉臺新詠》皆無之。此本亦無此二句，足相證明。即其所載習見之詩，亦有資考校也。（頁1027）	記》體例畧同，皆名爲詩評，實如總集，使觀者即其所評與原詩互相考證，可以見作者之意旨，併可以見論者之是非。視他家詩話但拈一句一聯，而不睹其詩之首尾，或渾稱某人某篇，而不知其語云何者，固爲勝之。惟正孫書以評列詩後，此以評列詩前，爲小變耳其。所引證，如《五經詩事》、《歐公餘話》、《洪駒父詩話》、《潘子眞詩話》、《桐江詩話》、《筆墨閒錄》、劉次莊《樂府集》、邵公序《樂府後錄》之類，今皆未見傳本。而呂氏《童蒙訓》論詩之語，今世所行重刻本，皆削去不載。此書所錄，尚見其梗概。又此書作于宋末，所見詩集猶皆古本。如〈焦仲卿妻〉詩，明人活字板《玉臺新詠》妄增「賤妾留空房，相見嘗日稀」二句，謬傳至今，實則郭茂倩、左克明兩家《樂府》及舊本《玉臺新詠》皆無之。此書亦無此二句，足相證明。即其所載習見之詩，亦有資考校也。（冊1481，頁549）	評，實如總集，使觀者即其所評與原詩互相考證，可以見作者之意旨，并可以見論者之是非。視他家詩話但拈一句一聯，而不睹其詩之首尾，或渾稱某人某篇，而不知其語云何者，固爲勝之。惟正孫書以評列詩後，此以評列詩前，爲小變耳。其所引證，如《五經詩事》、《歐公餘話》、《洪駒父詩話》、《潘子眞詩話》、《桐江詩話》、《筆墨閒錄》、劉次莊《樂府集》、邵公序《樂府後錄》之類，今皆未見傳本。而呂氏《童蒙訓》論詩之語，今世所行重刊本，皆削去不載。此書所錄，尚見其梗概。又此書作於宋末，所見詩集猶皆古本。如〈焦仲卿妻〉詩，明人活字板《玉臺新詠》妄增「賤妾留空房，相見常日稀」二句，謬傳至今，實則郭茂倩、左克明兩家《樂府》及舊本《玉臺新詠》皆無之。此書亦無此二句，足相證明。即其所載習見之詩，亦有資考校也。（頁1789～1790）	名爲詩評，實如總集，使觀者即其所評與原詩互相考證，可以見作者之意旨，并可以見論者之是非。視他家詩話但拈一句一聯，而不睹其詩之首尾，或渾稱某人某篇，而不知其語云何者，固爲勝之。惟正孫書以評列詩後，此以評列詩前，爲小變耳。其所引證，如《五經詩事》、《歐公餘話》、《洪駒父詩話》、《潘子眞詩話》、《桐江詩話》、《筆墨閒錄》、劉次莊《樂府集》、邵公序《樂府後錄》之類，今皆未見傳本。而呂氏《童蒙訓》論詩之語，今世所行重刊本，皆削去不載。此書所錄，尚見其梗概。又此書作於宋末，所見詩集猶皆古本。如〈焦仲卿妻〉詩，明人活字板《玉臺新詠》妄增「賤妾留空房，相見常日稀」二句，謬傳至今，實則郭茂倩、左克明兩家《樂府》及舊本《玉臺新詠》皆無之。此書亦無此二句，足相證明。即其所載習見之詩，亦有資考校也。（頁5-239）
宋／周密浩然齋雅談	宋周密撰。原本久佚，今從《永樂大典》錄出。上卷考證經品評文章，中卷爲詩話，下卷爲詞話，其持論多精核，而遺篇斷句爲	臣等謹案《浩然齋雅談》三卷，宋周密撰。密所著書凡數種，其《癸辛雜識》、《齊東野語》皆記宋末、元初之事，《雲煙過眼錄》	《浩然齋雅談》宋周密撰，密所著書凡數種，其《癸辛雜識》、《新識》、《後識》、《續識》、《齊東野語》皆記宋末之事，《雲	宋周密撰。密所著書凡數種，其《癸辛雜識》、《齊東野語》皆記宋末、元初之事，《雲煙過眼錄》皆記書畫古器，今並有刊板。	宋周密撰。密所著書凡數種，其《癸辛雜識》、《齊東野語》皆記宋末、元初之事，《雲烟過眼錄》皆記書畫古器，今並有刊板。

他書所不載者，居十之九。（頁382）	皆記書畫古器，今並有刊板。其《澄懷錄續錄》則輯清談，《志雅堂雜鈔》則博涉瑣事。今惟鈔本僅存，皆已列著錄。《千頃堂書目》載密所著尚有《志雅耳目鈔》及此書，而藏弆之家並無傳本，惟此書散見《永樂大典》中。其書體類說部，所載實皆詩文評。今搜輯排纂，以考證經史、評論文章者爲上卷，以詩話爲中卷，以詞話爲下卷。各有類從，尚奕然成帙。密本南宋遺老，多識舊人舊事，故其所記佚篇斷簡，什九爲他書所不載。朱彝尊編《詞綜》，屬鶚編《宋詩紀事》，符曾等七人編《南宋雜事詩》，皆博采羣書，號爲繁富，而是書所載故實，亦皆未嘗引據，則希覯可知矣。其中考證經義，如解《詩》「巧笑倩兮」，疑口輔當爲笑靨，而不知《類編》面部已有此文。解《易》「井谷射鮒」，以鮒爲鯽，不知《說文》鮒字本訓烏鯽，後世乃借以名鯽，羅願《爾雅翼》辨之已明。如斯之類，於訓詁皆未免稍疎。然密本詞人，考證乃其旁涉，不足爲譏。若其評隲詩文，則固具有根柢，非如阮閱諸人，漫然蒐輯，不擇精粹者也。宋人詩話，	煙過眼錄》皆記書畫古器，今竝有刊版。其《澄懷錄續錄》則採輯清談，《志雅堂雜鈔》則博徵瑣事。今惟鈔本僅存，◎《千頃堂書目》載密所著尚有《浩然齋視聽鈔》、《浩然齋意鈔》及此書，而皆無卷數藏弆之家亦竝無傳本，惟此書散見《永樂大典》中。其書體類說部，而所載實皆詩文評。今搜輯排纂，以攷證經史、評論文章者爲上卷，以詩話爲中卷，以詞話爲下卷。各以類從，尚奕然成帙。密本南宋遺老，多識舊人舊事，故其所記佚篇臏閣，什九爲他書所不載。朱彝尊編《詞綜》屬鶚編《宋詩紀事》又與符曾等七人編《南宋雜事詩》，皆博採羣書，號爲繁富，而是書所載故實，亦皆未嘗引據，則希覯可知矣。其中攷證經義，如解《詩》「巧笑倩兮」，疑口輔當爲笑靨，而不知《類篇》面部已有此文。《易》「非谷射鮒」，以鮒爲鯽，不知《說文》鮒字本訓烏鯽，後世乃借以名鯽，羅願《爾雅翼》辨之已明。如斯之類，於訓詁皆未免稍疎。然密本詞人，攷證乃其旁涉，不足爲譏。若其品騭詩詞，則固具有深識，非如阮閱諸人，漫	其《澄懷錄續錄》則輯清談，《志雅堂雜鈔》則博涉瑣事。今惟鈔本僅存，皆已別著錄。《千頃堂書目》載密所著尚有《志雅堂耳目鈔》及此書，而藏弆之家並無傳本，惟此書散見《永樂大典》中。其書體類說部，所載實皆詩文評。今搜輯排纂，以考證經史、評論文章者爲上卷，以詩話爲中卷，以詞話爲下卷。各以類從，尚奕然成帙。密本南宋遺老，多識舊人舊事，故其所記佚篇斷閣，什九爲他書所不載。朱彝尊編《詞綜》，屬鶚編《宋詩紀事》，符曾等七人編《南宋雜事詩》，皆博采羣書，號爲繁富，而是書所載故實，亦皆未嘗引據，則希覯可知矣。其中考證經義，如解《詩》「巧笑倩兮」，疑口輔當爲笑靨，而不知《類篇》面部已有此文。解《易》「非谷射鮒」，以鮒爲鯽，不知《說文》鮒字本訓烏鯽，後世乃借以名鯽，羅願《爾雅翼》辨之已明。如斯之類，於訓詁皆未免稍疎。然密本詞人，考證乃其旁涉，不足爲譏。若其評隲詩文，則固具有根柢，非如阮閱諸人，漫然蒐輯，不擇精粹者也。宋人詩話，傳者如林，大抵陳陳相因，輾轉援引。是書	其《澄懷錄續錄》則輯清談，《志雅堂雜鈔》則博涉瑣事。今惟鈔本僅存，皆已別著錄。《千頃堂書目》載密所著尚有《志雅堂耳目鈔》及此書，而藏弆之家並無傳本，惟此書散見《永樂大典》中。其書體類說部，所載實皆詩文評。今搜輯排纂，以考證經史、評論文章者爲上卷，以詩話爲中卷，以詞話爲下卷。各以類從，尚奕然成帙。密本南宋遺老，多識舊人舊事，故其所記佚篇斷閣，什九爲他書所不載。朱彝尊編《詞綜》，屬鶚編《宋詩紀事》，符曾等七人編《南宋雜事詩》，皆博采羣書，號爲繁富，而是書所載故實，亦皆未嘗引據，則希覯可知矣。其中考證經義，如解《詩》「巧笑倩兮」，疑口輔當爲笑靨，而不知《類篇》面部已有此文。解《易》「非谷射鮒」，以鮒爲鯽，不知《說文》鮒字本訓烏鯽，後世乃借以名鯽，羅願《爾雅翼》辨之已明。如斯之類，於訓詁皆未免稍疎。然密本詞人，考證乃其旁涉，不足爲譏。若其評隲詩文，則固具有根柢，非如阮閱諸人，漫然蒐輯，不擇精粹者也。宋人詩話，傳者如林，大抵陳陳相因，輾

		傳者如林，大抵陳陳相因，輾轉援引。是書頗具鑒裁，而沉晦有年，隱而復出，足以新藝苑之耳目，是固宜亟廣其傳者矣。（頁 1028～1029）	然蒐輯，不擇精觕者也。宋人詩話，傳者如林，大抵陳陳相因，輾轉援引。是書頗具鑒裁，而沈晦有年，佚而復出，足以新藝苑之耳目，是固宜亟廣其傳者矣。（冊1481，頁813）	頗具鑒裁，而沉晦有年，隱而復出，足以新藝苑之耳目，是固宜亟廣其傳者矣。（頁1790）	轉援引。是書頗具鑒裁，而沉晦有年，隱而復出，足以新藝苑之耳目，是固宜亟廣其傳者矣。（頁 5-240～241）
宋／范晞文對床夜語	宋范晞文撰。皆論詩之語。自漢魏至宋皆有品評，雖不免瑕瑜互見。然當南宋之末能，力排四靈晚唐二派，亦可云特識矣。（頁382～383）	臣等謹案《對床夜語》五卷，宋范晞文撰。晞文字景文，號藥莊，錢塘人，太學生。咸淳丙寅，同葉李、蕭規等上書劾賈似道，似道文致其泥金飾齋扁事，竄瓊州。元世祖時，程鉅夫薦晞文及趙孟頫於朝，孟頫應詔即出，晞文迄不受職，流寓無錫以終。是編成於景定中，皆論詩之語。其間如論曹植〈七哀〉詩，但知古者未拘音韻，而不能通古韻之所以然，故轉以魏文帝詩押橫字入陽部、阮籍詩押嗟字入歌部爲疑。論杜甫律詩拗字，謂執以爲例，則盡成死法，不知唐律雙拗單拗，平仄相救，實有定規，非以意爲出入。論古人某句本某句，而於劉灣〈雲南行〉「妻求死夫，父行求死子」句，不知本漢〈華容夫人歌〉，亦或不盡得根源。至於議王安石誤以皇甫冉詩爲杜詩，其說是矣。而李端〈蕪城懷古〉詩，則誤執《才調集》刪本，指爲絕句，王維〈送丘爲	《對床夜語》五卷，宋范晞文撰。晞文字景文，號藥莊，錢塘人，太學生。咸淳丙寅，同葉、李蕭規等上書劾賈似道，似道文致其泥金飾齋扁事，竄瓊州。元世祖時，程鉅夫薦晞文及趙孟頫於朝，孟頫應詔即出，晞文迄不受職，流寓無錫以終。是編成於景定中，皆論詩之語。其間如論曹植〈七哀〉詩，但知古者未拘音韻，而不能通古韻之所以然，故轉以魏文帝詩押橫字入陽部、阮籍詩押嗟字入歌部爲疑。論杜甫律詩拗字，謂執以爲例，則盡成死法，不知唐倖雙拗單拗，平仄相救，實有定規，非以意爲出入。◎至於議王安石誤以皇甫冉詩爲杜詩，◎而李端〈蕪城懷古〉詩，則誤執《才調集》刪本，指爲絕句，王維〈送邱爲下第〉詩，則誤以爲沈佺期作，亦不能無所舛訛。其推重許渾而力排李商隱，尤非公論。然當南宋季年詩道凌夷之日，獨能排習尚之乖。如曰	宋范晞文撰。晞文字景文，號藥莊，錢塘人，太學生。咸淳丙寅，同葉李、蕭規等上書劾賈似道，似道文致其泥金飾齋區事，竄瓊州。元世祖時，程鉅夫薦晞文及趙孟頫於朝，孟頫應詔即出，晞文迄不受職，流寓無錫以終。是編成於景定中，皆論詩之語。其間如論曹植〈七哀〉詩，但知古者未拘音韻，而不能通古韻之所以然，故轉以魏文帝詩押橫字入陽部、阮籍詩押嗟字入歌部爲疑。論杜甫律詩拗字，謂執以爲例，則盡成死法，不知唐律雙拗單拗，平仄相救，實有定規，非以意爲出入。論古人某句本某句，而於劉灣〈雲南行〉「妻行求死夫，父行求死子」句，不知本漢〈華容夫人歌〉，亦或不盡得根源。至於議王安石誤以皇甫冉詩爲杜詩，其說是矣。而李端〈蕪城懷古〉詩，則誤執《才調集》刪本，指爲絕句，王維〈送邱爲下第〉詩，則誤以爲沈佺期作，亦	宋范晞文撰。晞文字景文，號藥莊，錢塘人，太學生。咸淳丙寅，同葉李、蕭規等上書劾賈似道，似道文致其泥金飾齋區事，竄瓊州。元世祖時，程鉅夫薦晞文及趙孟頫於朝，孟頫應詔即出，晞文迄不受職，流寓無錫以終。是編成於景定中，皆論詩之語。其間如論曹植〈七哀〉詩，但知古者未拘音韻，而不能通古韻之所以然，故轉以魏文帝詩押橫字入陽部、阮籍詩押嗟字入歌部爲疑。論杜甫律詩拗字，謂執以爲例，則盡成死法，不知唐律雙拗單拗，平仄相救，實有定規，非以意爲出入。論古人某句本某句，而於劉灣〈雲南行〉「妻行求死夫，父行求死子」句，不知本漢〈華容夫人歌〉，亦或不盡得根源。至於議王安石誤以皇甫冉詩爲杜詩，其說是矣。而李端〈蕪城懷古〉詩，則誤執《才調集》刪本，指爲絕句，王維〈送邱爲下第〉詩，則誤以爲沈佺期作，亦

		下第〉詩，則誤以爲沈佺期作，亦不能無所舛訛。其推重許渾而力排李商隱，尤非公論。然當南宋季年詩道凌夷之日，獨能排習尚之乖。如日：「四靈倡唐詩者也，就而求其工者趙紫芝也。然其恨猶以爲未盡者，蓋惜其立志未高，而止於姚、賈也。學者闚其閫奧，闢而廣之，猶懼其失；乃尖纖淺易，萬喙一聲，牢不可破，日此四靈體也。其植根固，其流波漫，日就衰壞，不復振起，宗之者反所以累之也。」又日：「今之以詩鳴者，不日四靈，則日晚唐。文章與時高下，晚唐爲何時耶？」其所見實在江湖諸人上，故沿波討源，頗能推衍漢、魏、六朝、唐人舊法，於詩學尚有所發明云。（頁1029～1030）	：◎「今之以詩鳴者，不日四靈則日晚唐，文章與時高下，晚唐爲何時耶？」其所見實在江湖諸人之上，故沿波討源，頗能推衍漢、魏六朝唐人舊法，於詩學有所發明云。（冊1481，頁853）	不能無所舛訛。其推重許渾而力排李商隱，尤非公論。然當南宋季年，詩道陵夷之日，獨能排習尚之乖。如日：「四靈倡唐詩者也，就而求其工者趙紫芝也。然具眼猶以爲未盡者，蓋惜其立志未高，而止於姚、賈也。學者闚其閫奧，闢而廣之，猶懼其失；乃尖纖淺易，萬喙一聲，牢不可破，日此四靈體也。其植根固，其流波漫，日就衰壞，不復振起，宗之者反所以累之也。」又日：「今之以詩鳴者，不日四靈，則日晚唐。文章與時高下，晚唐爲何時耶？」其所見實在江湖諸人上，故沿波討源，頗能探索漢、魏、六朝、唐人舊法，於詩學多所發明云。（頁1790）	不能無所舛訛。其推重許渾而力排李商隱，尤非公論。然當南宋季年詩道凌夷之日，獨能排習尚之乖。如日：「四靈倡唐詩者也，就而求其工者趙紫芝也。然具眼猶以爲未盡者，蓋惜其立志未高，而止於姚、賈也。學者闚其閫奧，闢而廣之，猶懼其失；乃尖纖淺易，萬喙一聲，牢不可破，日此四靈體也。其植根固，其流波漫，日就衰壞，不復振起，宗之者反所以累之也。」又日：「今之以詩鳴者，不日四靈，則日晚唐。文章與時高下，晚唐爲何時耶？」其所見實在江湖諸人上，故沿波討源，頗能探索漢、魏、六朝、唐人舊法，於詩學多所發明云。（頁5-241）
宋／蔡正孫詩林廣記	宋蔡正孫撰。與《竹莊詩話》體例相同，但《竹莊詩話》以詩列評後，此以評列詩後爲小異。（頁383）	臣等謹案《詩林廣記》前集十卷後集十卷，宋蔡正孫撰。正孫字粹然，自號蒙齋野逸。前有自序，題「歲在屠維赤奮若」，蓋己丑年作。考黃庭堅寄蘇轍詩條引熊禾語，則當爲元太祖至元二十六年，時宋亡十年矣。《謝枋得集》附錄〈贈行〉諸篇中，有正孫詩一首，蓋即其人也。其書前集載陶潛至元微之共二十四人，而九卷附錄薛能等	《詩林廣記》前集十卷，後集十卷，宋蔡正孫編。正孫字粹然，自號蒙齋野逸。前有自序，題「歲在屠維赤奮若」，蓋己丑年作。考黃庭堅寄蘇轍詩條引熊禾語，則當爲元世祖至元二十六年，時宋亡十年矣。故不著年號，猶書甲子意也。其書前集載陶潛至元微之共二十四人，而九卷附錄薛道衡等五人，後集載	宋蔡正孫撰。正孫字粹然，自號蒙齋野逸。前有自序，題「歲在屠維赤奮若」，蓋己丑年作。考黃庭堅寄蘇轍詩條引熊禾語，則當爲元太祖至元二十六年，時宋亡十年矣。《謝枋得集》附錄〈贈行〉諸篇中，有正孫詩一首，蓋即其人也。其書前集載陶潛至元微之共二十四人，而九卷附錄薛能等三人，十卷附錄薛道衡等五人，後集載歐陽修	宋蔡正孫撰。正孫字粹然，自號蒙齋野逸。前有自序，題「歲在屠維赤奮若」，蓋己丑年作。考黃庭堅寄蘇轍詩條引熊禾語，則當爲元太祖至元二十六年，時宋亡十年矣。《謝枋得集》附錄〈贈行〉諸篇中，有正孫詩一首，蓋即其人也。其書前集載陶潛至元微之共二十四人，而九卷附錄薛能等三人，十卷附錄薛道衡等五人，後集載歐陽修

| | | 三人，十卷附錄薛道衡等五人，後集載歐陽修至劉攽二十八人，止於北宋。其末錄之末稱編選未盡者，見於續集刊行。今續集則未見焉。兩集皆以詩隸人，而以詩話隸詩，各載其全篇於前，而所引諸說則下詩二格，條列於後，體例在總集、詩話之間。國朝厲鶚作《宋詩紀事》，實用其例。然此書凡無所評論考證者，即不具錄其詩，較鶚書之兼用《唐詩紀事》例者，又小異爾。（頁1031） | 歐陽修至劉攽二十八人，止於北宋。其目錄之末稱編選未盡者，見于續集刊行。今續集則未見焉。兩集皆以詩隸人，而以詩話隸詩各載其全篇于前，而所引諸說則下詩一格，條列於後，體例在總集、詩話之間。後元人《竹莊詩話》及國朝厲鶚之《宋詩紀事》，皆用其例。然此及《宋詩紀事》凡無所評論考證者，即不空錄其詩，較鶚書之兼用《唐詩紀事》例者，又小異爾。（冊1482，頁1～2） | 至劉攽二十八人，止於北宋。其目錄之末稱編選未盡者，見於續集刊行。今續集則未見焉。兩集皆以詩隸人，而以詩話隸詩，各載其全篇於前，而所引諸說則下詩二格，條列於後，體例在總集、詩話之間。國朝厲鶚作《宋詩紀事》，實用其例。然此書凡無所評論考證者，即不空錄其詩，較鶚書之兼用《唐詩紀事》例者，又小異爾。（頁1790） | 至劉攽二十八人，止於北宋。其目錄之末稱編選未盡者，見於續集刊行。今續集則未見焉。兩集皆以詩隸人，而以詩話隸詩，各載其全篇於前，而所引諸說則下詩二格，條列於後，體例在總集、詩話之間。國朝厲鶚作《宋詩紀事》，實用其例。然此書凡無所評論考證者，即不空錄其詩，較鶚書之兼用《唐詩紀事》例者，又小異爾。（頁5-241～242） |
| 元／王構修辭鑑衡 | 元王構編。上卷論詩，下卷論文，皆採錄舊說。然簡擇特為精審。中如《詩文發源》、《詩憲》、《蒲氏漫齊錄》之類，亦今人末見之書。（頁383） | 臣等謹案《修辭鑑衡》二卷，元王構撰。構字肯堂，東平人。官至翰林學士承旨，謚文肅。事蹟具《元史》本傳。據至順四年王理〈序〉，是編乃構官濟南總管時以授其門人劉氏，而理為刻於集慶路者。舊本殘蠹，闕其前頁。其劉氏之名，則不可考矣。上卷論詩，下卷論文，皆採宋人詩話及文集、說部為之。構所附論者，惟下卷結語一條而已。所錄雖多習見之語，而去取頗為精核。《元史》稱構弱冠以詞賦中選，至元十一年，為翰林國史院編修，草伐宋詔書，為世祖所賞。又稱構練習臺閣故事，凡祖宗謚議、冊文，皆所撰定。又稱其子士熙、士點皆 | 《修辭鑑衡》二卷，元王構編。構字肯堂，東平人。官至翰林學士承旨，謚文肅。事蹟具《元史》本傳。據至順四年王理〈序〉，是編乃構官濟南總管時以授其門人劉氏，而理為刻於集慶路者。舊本殘蠹，闕其前頁。其劉氏之名，則不可考矣。上卷論詩，下卷論文，皆採宋人詩話及文集、說部為之。構所附論者，惟下卷結語一條而已。所錄雖多習見之語，而去取頗為精核。◎其中如《詩文發源》、《詩憲》、《蒲氏漫齊錄》之類，今皆亡佚不傳，賴此書存其一二。又世傳呂氏《童蒙訓》，非其全帙，此書所錄凡三十一條，皆今本所未載，亦頗足 | 元王構編。構字肯堂，東平人。官至翰林學士承旨，謚文肅。事跡具《元史》本傳。據至順四年王理〈序〉，是編乃構官濟南總管時以授其門人劉氏，而理為刻於集慶路者。舊本殘蠹，闕其前頁。其劉氏之名，則不可考矣。上卷論詩，下卷論文，皆採宋人詩話及文集、說部為之。構所附論者，惟下卷結語一條而已。所錄雖多習見之語，而去取頗為精核。《元史》稱構弱冠以詞賦中選，至元十一年，為翰林國史院編修，草伐宋詔書，為世祖所賞。又稱構練習臺閣故事，凡祖宗謚議、冊文，皆所撰定。又稱其子士熙、士點皆能以文學世其家。則構在當 | 元王構編。構字肯堂，東平人。官至翰林學士承旨，謚文肅。事跡具《元史》本傳。據至順四年王理〈序〉，是編乃構官濟南總管時以授其門人劉氏，而理為刻於集慶路者。舊本殘蠹，闕其前頁。其劉氏之名，則不可考矣。上卷論詩，下卷論文，皆採宋人詩話及文集、說部為之。構所附論者，惟下卷結語一條而已。所錄雖多習見之語，而去取頗為精核。《元史》稱構弱冠以詞賦中選，至元十一年，為翰林國史院編修，草伐宋詔書，為世祖所賞。又稱構練習臺閣故事，凡祖宗謚議、冊文，皆所撰定。又稱其子士熙、士點皆能以文學世其家。則構在當 |

		能以文學世其家。則構在當時實以文章名世，宜是編所錄具有鑒裁矣。其中所引，如《詩文發源》、《詩憲》、《蒲氏漫齋錄》之類，今皆亡佚不傳，賴此書傳其一二。又世傳呂氏《童蒙訓》，非其全帙，此書所採凡三十一條，皆今本所未載，亦頗足以資考證。較《詩話總龜》之類浩博而傷猥雜者，實為勝之，固談藝家之指南。此書久無刊本，傳寫多訛。而卷中不著書名者凡十條，又上卷佚其第五頁，序文僅存末頁，中亦時有闕字。今檢其可考者補之，其無可考者則姑仍原本，以存其舊焉。（頁1033）	以資考証。較《詩話總龜》之類浩博而傷猥雜者，實為勝之，固談藝家之指南矣。此書久無刻本，傳寫多訛。兩卷之中不注書名者凡十條，又上卷佚其第五頁，序文僅存末頁，中亦時有缺字。今檢其可考者補之，其無可考者則姑仍原本，以存其舊焉。（冊1482，頁255～256）	時實以文章名世，宜是編所錄具有鑒裁矣。其中所引，如《詩文發源》、《詩憲》、《蒲氏漫齋錄》之類，今皆亡佚不傳，賴此書存其一二。又世傳呂氏《童蒙訓》，非其全帙，此書所採凡三十一條，皆今本所未載，亦頗足以資考證。較《詩話總龜》之類浩博而傷猥雜者，實為勝之，固談藝家之指南也。此書久無刊本，傳寫多誤。而卷中不著書名者凡十條，又上卷佚其第五頁，序文僅存末頁，中亦時有缺字。今檢其可考者補之，其無可考者則姑仍原本，以存其舊焉。（頁1791）	時實以文章名世，宜是編所錄具有鑒裁矣。其中所引，如《詩文發源》、《詩憲》、《蒲氏漫齋錄》之類，今皆亡佚不傳，賴此書存其一二。又世傳呂氏《童蒙訓》，非其全帙，此書所採凡三十一條，皆今本所未載，亦頗足以資考證。較《詩話總龜》之類浩博而傷猥雜者，實為勝之，固談藝家之指南也。此書久無刊本，傳寫多訛。而卷中不著書名者凡十條，又上卷佚其第五頁，序文僅存末頁，中亦時有缺字。今檢其可考者補之，其無可考者則姑仍原本，以存其舊焉。（頁5-244）
明／李東陽懷麓堂詩話	明李東陽撰。其論詩主於法度音調，而極論剽竊摹擬之非。至李夢陽出乃一變，其體然贗古之派，適中其詆訶，故後人多折彼伸此。惟好譽其子兆先有王福畤之癖，為其所短耳。（頁383）	臣等謹案《懷麓堂詩話》一卷，明李東陽撰。東陽有《東祀錄》，已著錄。李、何未出以前，東陽實以臺閣耆宿主持文柄。其論詩，主於法度音調，而極論剽竊摹擬之非，當時奉以為宗。至李、何既出，始變其體。然贗古之病，適中其所詆訶，故後人多抑彼而伸此。此編所論，多得古人之意。雖詩家三昧，不盡於是，要亦深知甘苦之言矣。◎林炫《戹言餘錄》曰：「成化間，姑熟夏宏集句有《聯錦集》，《懷麓堂詩話》載其『客醉已	《懷麓堂詩話》一卷，明李東陽撰。東陽有《東祀錄》，已著錄。李、何未出以前，東陽實以臺閣耆宿主持文柄。其論詩主於法度音調，而極論剽竊摹擬之非，當時奉以為宗。至李、何既出，始變其體。然贗古之病，適中其所詆訶，故後人多抑彼而伸此。此編所論，多得古人之意。雖詩家三昧，不盡於是，要亦深知甘苦之言矣。姚希孟《松瘺集》有此書跋云：「李長沙詩以勻穩為主。其為古樂府，弇州譏其類小學	明李東陽撰。東陽有《東祀錄》，已著錄。李、何未出以前，東陽實以臺閣耆宿主持文柄。其論詩，主於法度音調，而極論剽竊摹擬之非，當時奉以為宗。至李、何既出，始變其體。然贗古之病，適中其所詆訶，故後人多抑彼而伸此。此編所論，多得古人之意。雖詩家三昧，不盡於是，要亦深知甘苦之言矣。姚希孟《松瘺集》有此書跋云：「李長沙詩以勻穩為主。其為古樂府，弇州譏其類小學史斷，洒其談詩，頗津津。是時詞林	明李東陽撰。東陽有《東祀錄》，已著錄。李、何未出已前，東陽實以臺閣耆宿主持文柄。其論詩，主於法度音調，而極論剽竊摹擬之非，當時奉以為宗。至李、何既出，始變其體。然贗古之病，適中其所詆訶，故後人多抑彼而伸此。此編所論，多得古人之意。雖詩家三昧，不盡於是，要亦深知甘苦之言矣。姚希孟《松瘺集》有此書跋云：「李長沙詩以勻穩為主。其為古樂府，弇州譏其類小學史斷，洒其談詩，

無言，秋蛩自相語」爲高季迪詩，宏捏寫他人姓名。今考集中無之」云云。《聯錦集》今未見。然炫與東陽均正德間人，所見之本，不應有異，或東陽偶誤記歟？近時鮑氏知不足齋刻此編，於浦源「雲邊路遶巴山色，樹裡河流漢水聲」句下注曰：「案二句，《宋詩紀事》以爲鬼詩。」今考《宋詩紀事》所載吳簡詩，誠有此聯，惟上句稍異一二字。然屬鶚所據，乃《荊門紀畧》，其書爲康熙戊戌、己亥間胡作柄所撰，餖飣龐雜，頗無根據，似未可執以駁東陽。況浦源此事，都穆《南濠詩話》亦載之，知當時必有所據，安知非《荊門紀畧》反撧源此聯僞撰鬼詩耶？是尤不當輕信新聞，遽疑舊記矣。（頁1036～1037）

史斷，酒其談詩，頗津津。是時詞林諸公，多以詩爲事。卷中所載，如彭民望、謝方石輩，相與抨彈甚切，讀之猶想見前輩風致」云云。核其詞意，似頗不滿于東陽。然王世貞西涯樂府乃其少年盛氣之時迫其晚年作《西涯樂府·跋》，已自悔前論，希孟所引，殊不足爲憑。惟好譽其子兆先，殆有王福畤之癖。林炫《卮言餘錄》曰：「成化間，姑熟夏宏集句有《聯錦集》、《懷麓堂詩話》載其『客醉已無言，秋蛩自相語』爲高季迪詩，宏捏寫他人姓名。今考集中無之」云云。《聯錦集》今未見。然炫與東陽均正德間人，所見之本，不應有異，或東陽偶誤記歟？近時鮑氏知不足齋刻此編，於浦長源「雲邊路繞巴山色，樹裡河流漢水聲」句下注曰：「案二句，《宋詩紀事》以爲鬼詩。」今考《宋詩紀事》所載吳簡詩，誠有此聯，惟上句稍異一二字。然屬鶚所據，乃《荊門紀畧》，其書爲康熙戊戌、己亥間胡作柄所撰，餖飣龐雜，頗無根據，似未可執以駁東陽。況浦源此事，都穆《南濠詩話》亦載之，知當時必有所據，安知非《荊門紀畧》反撧

諸公，多以詩爲事。卷中所載，如彭民望、謝方石輩，相與抨彈甚切，讀之猶想見前輩風致」云云。核其詞意，似頗不滿於東陽。然王世貞《西涯樂府》，乃其少年盛氣之時；迫其晚年作《西涯樂府·跋》，已自悔前論，希孟所引，殊不足爲憑。惟好譽其子兆先，殆有王福畤之癖，是其一瑕耳。林炫《卮言餘錄》曰：「成化間，姑熟夏宏集句有《聯錦集》，《懷麓堂詩話》載其『客醉已無言，秋蛩自相語』爲高季迪詩，宏捏寫他人姓名。今考集中無之」云云。《聯錦集》今未見。然炫與東陽均正德間人，所見之本，不應有異，或東陽偶誤記歟？近時鮑氏知不足齋刻此編，於浦源「雲邊路繞巴山色，樹裏河流漢水聲」句下註曰：「案二句，《宋詩紀事》以爲鬼詩。」今考《宋詩紀事》所載吳簡詩，誠有此聯，惟上句稍異一二字。然屬鶚所據，乃《荊門紀畧》，其書爲康熙戊戌、己亥間胡作炳所撰，餖飣龐雜，頗無根據，似未可執以駁東陽。況浦源此事，都穆《南濠詩話》亦載之，知當時必有所據，安知非《荊門紀畧》反撧源此聯僞撰

頗津津。是時詞林諸公，多以詩爲事。卷中所載，如彭民望、謝方石輩，相與抨彈甚切，讀之猶想見前輩風致」云云。核其詞意，似頗不滿於東陽。然王世貞《西涯樂府》，乃其少年盛氣之時；迫其晚年作《西涯樂府·跋》，已自悔前論，希孟所引，殊不足爲憑。惟好譽其子兆先，殆有王福畤之癖，是其一瑕耳。林炫《卮言餘錄》曰：「成化間，姑熟夏宏集句有《聯錦集》，《懷麓堂詩話》載其『客醉已無言，秋蛩自相語』爲高季迪詩，宏捏寫他人姓名。今考集中無之」云云。《聯錦集》今未見。然炫與東陽均正德間人，所見之本，不應有異，或東陽偶誤記歟？近時鮑氏知不足齋刻此編，於浦源「雲邊路繞巴山色，樹裏河流漢水聲」句下註曰：「案二句，《宋詩紀事》以爲鬼詩。」今考《宋詩紀事》所載吳簡詩，誠有此聯，惟上句稍異一二字。然屬鶚所據，乃《荊門紀畧》，其書爲康熙戊戌、己亥間胡作炳所撰，餖飣龐雜，頗無根據，似未可執以駁東陽。況浦源此事，都穆《南濠詩話》亦載之，知當時必有所據，安知非《荊門紀畧》反撧源此聯僞撰

			源此聯偽撰鬼詩耶？是尤不當輕信新聞，遽疑舊記矣。（冊1482，頁435～436）	鬼詩耶？是尤不當輕信新聞，遽疑舊記矣。（頁1792）	鬼詩耶？是尤不當輕信新聞，遽疑舊記矣。（頁5-246）
明／安磐頤山詩話	明安磐撰。其論詩以嚴羽為宗，持論往往中理。惟載及俳諧未免涉於小說，然不害其宏旨也。（頁383）	臣等謹案《頤山詩話》一卷，明安磐撰。磐字公石，頤山其號也，嘉定州人。弘治乙丑進士。官至兵科給事中。嘉靖初，以爭大禮，廷杖除名。事迹具《明史》本傳。其論詩以嚴羽為宗。其中如以海棠為杜甫母名，尚沿小說之誤。又以「朝扣富兒門四」句，譏杜甫致君堯舜之妄，亦失之固。所載譏陳循詩〈嘲裁傳奉官詩〉，亦皆近乎小說，無關詩法。然其議莊昹「溪邊鳥共天機語，杖上梅挑太極行」句，論梅堯臣「歌欲論〈長恨〉，人將問少君」句，及排周紫芝論林逋梅詩，則固詩家公論也。磐亦能詩，王士禎《池北偶談》嘗載其數篇，深許其工。故其評論古人，多中窾會。蓋深知其甘苦，而後可定其是非，天下事類如是也。（頁1037）	《頤山詩話》一卷，明安磐撰。磐字公石，頤山其號也，嘉定州人。弘治乙丑進士。官至兵科給事中。嘉靖初，以爭大禮，廷杖除名。事迹具《明史》本傳。其論詩以嚴羽為宗。其中如以海棠為杜甫母名，尚沿小說之誤。又以「朝扣富兒門四」句，譏杜甫致君堯舜之妄，亦失之固。所載譏陳循詩〈嘲裁傳奉官詩〉亦皆近乎小說，無關詩法。至其議莊昹「溪邊鳥共天機語，杖上梅挑太極行」句，論梅堯臣「歌欲論〈長恨〉，人將問少君」句，及排周紫芝論林逋梅詩，則固詩家公論也。磐亦工於吟咏，王士禎《池北偶談》嘗載其數篇，頗婉約可誦，是書《明史藝文志》作二卷，此本僅一卷。而首尾完具，殆史偶誤歟。（冊1482，頁459）	明安磐撰。磐字公石，頤山其號也，嘉定州人。宏治乙丑進士。官至兵科給事中。嘉靖初，以爭大禮，廷杖除名。事蹟具《明史》本傳。其論詩以嚴羽為宗。其中如以海棠為杜甫母名，尚沿小說之誤。又以「朝扣富兒門四」句，譏杜甫致君堯舜之妄，亦失之固。所載譏陳循詩〈嘲裁傳奉官詩〉，亦皆近乎小說，無關詩法。然其議莊昹「溪邊鳥共天機語，杖上梅花太極行」句，論梅堯臣「歌欲論〈長恨〉，人將問少君」句，及排周紫芝論林逋梅詩，則固公論也。磐亦能詩，王士禎《池北偶談》嘗載其數篇，深許其工。故其評論古人，多中窾會。蓋深知其甘苦，而後可定其是非，天下事類如是也。（頁1792）	明安磐撰。磐字公石，頤山其號也，嘉定州人。宏治乙丑進士。官至兵科給事中。嘉靖初，以爭大禮，廷杖除名。事迹具《明史》本傳。其論詩以嚴羽為宗。其中如以海棠為杜甫母名，尚沿小說之誤。又以「朝扣富兒門四」句，譏杜甫致君堯舜之妄，亦失之固。所載譏陳循詩〈嘲裁傳奉官詩〉，亦皆近乎小說，無關詩法。然其議莊昹「溪邊鳥共天機語，杖上梅花太極行」句，論梅堯臣「歌欲論〈長恨〉，人將問少君」句，及排周紫芝論林逋梅詩，則固公論也。磐亦能詩，王士禎《池北偶談》嘗載其數篇，深許其工。故其評論古人，多中窾會。蓋深知其甘苦，而後可定其是非，天下事類如是也。（頁5-247）
明／楊慎詩話補遺	明楊慎撰。作於謫戍永昌之時，邊地少書惟憑記憶，故不免小有舛訛。然慎學有根柢兼富詞章，其所論說究在明人詩話之上。（頁383）	臣等謹案《詩話補遺》三卷，明楊慎撰。慎嘗作《升庵詩話》，其門人楊達之刻之此其戍雲南後所作，其門人曹命編次者也。慎在戍所，無文籍可稽，著書惟憑腹笥。中如稱宋本《杜甫集》〈麗人行〉中有「足下何	《詩話補遺》三卷，明楊慎撰。慎有《檀弓叢訓》等書，已著錄。又嘗作《升庵詩話》，其門人楊達之刻之此其戍雲南後所作，其門人曹命編次者也。慎在戍所，無文籍可稽，著書惟憑腹笥。中如稱宋本《杜甫	明楊慎撰。慎有《檀弓叢訓》，已著錄。此編乃其戍雲南後所作，其門人曹命編次者也。慎在戍所，無文籍可稽，著書惟憑腹笥。中如稱宋本《杜甫集》〈麗人行〉中有「足下何所有，紅蕖羅韈穿鐙銀」二句之類，	明楊慎撰。慎有《檀弓叢訓》，已著錄。此編乃其戍雲南後所作，其門人曹命編次者也。慎在戍所，無文籍可稽，著書惟憑腹笥。中如稱宋本《杜甫集》〈麗人行〉中有「足下何所有，紅蕖羅韈穿鐙銀」二句之類，

		所有，紅葉羅韈穿鐙銀」二句之類，已為前人之所糾。至於稱渤海北海之地，今哈密、扶餘、中國之滄州、景州名渤海者，蓋僑稱以張休盛云云。不知哈密在西，扶餘在東，絕不相及。滄、景一帶，地皆瀕海，故又有瀛州、瀛海諸名。謂曰僑置，殊非事實。又香雲、香雨並出王嘉《拾遺記》，而引李賀、元稹之詩，又以盧象「雲氣杳流水」句，誤為香字。如斯之類，亦引據疎舛。然其賅博淵通，究在明人諸家之上，去瑕存瑜，可采者固不少也。（頁1038）	集》〈麗人行〉中有「足下何所有，紅渠羅襪穿鐙銀」二句之類，已為前人之所糾。至於稱渤海北海之地，今哈密、扶餘、中國之滄州、景州名渤海者，蓋僑稱以張休盛云云。不知哈密在西，扶餘在東，絕不相及。滄、景一帶，地皆瀕海，故又有瀛州、瀛海諸名。謂曰僑置，殊非事實。又香雲、香雨並出王嘉《拾遺記》，而引李賀、元稹之詩，又以盧象「雲氣杳流水」句，誤為香字。如斯之類，亦引據疎舛。然其賅博淵通，究在明人諸家之上，去瑕存瑜，可采者固不少也。（冊1482，頁473）	已為前人之所糾。至於稱渤海北海之地，今哈密、扶餘、中國之滄州、景州名渤海者，蓋僑稱以張休盛云云。不知哈密在西，扶餘在東，絕不相及。滄、景一帶，地皆瀕海，故又有瀛州、瀛海諸名。謂曰僑置，殊非事實。又香雲、香雨並出王嘉《拾遺記》，而引李賀、元稹之詩，又以盧象「雲氣杳流水」句，誤為香字。如斯之類，亦引據疎舛。然其賅博淵通，究在明人諸家之上，去瑕存瑜，可采者固不少也。（頁1792）	已為前人之所糾。至於稱渤海北海之地，今哈密、扶餘、中國之滄州、景州名渤海者，蓋僑稱以張休盛云云。不知哈密在西，扶餘在東，絕不相及。滄、景一帶，地皆瀕海，故又有瀛州、瀛海諸名。謂曰僑置，殊非事實。又香雲、香雨並出王嘉《拾遺記》，而引李賀、元稹之詩，又以盧象「雲氣杳流水」句，誤為香字。如斯之類，亦引據疎舛。然其賅博淵通，究在明人諸家之上，去瑕存瑜，可采者固不少也。（頁5-247）
明/王世懋藝圃擷餘	明王世懋撰。襍論詩格大旨宗其兄世貞之說，然成書在《藝苑巵言》以後，已稍覺摹古之流弊。故於李攀龍頗示裁損，而於徐禎卿、高叔嗣深致推挹，則所見過於其兄矣。（頁383）	臣等謹案《藝圃擷餘》一卷，明王世懋撰。世懋有《却金撰》，已著錄。是編雜論詩格，大旨宗其兄世貞之說，而成書在《藝苑巵言》之後，已稍覺摹古之流弊。故雖盛推何、李，而一則曰：「我朝越宋繼唐，正以豪傑數輩得使事三昧。第恐數十年後，必有厭而掃除者，則其濫觴末弩為之也。」一則曰：「李于鱗七律，俊傑響亮，余兄推轂之。海內為詩者，爭事剽竊，紛紛刻鶩，至使人厭。」一則曰：「嘗謂作詩，初命一題，神	《藝圃擷餘》一卷，明王世懋撰。世懋有《閩部疏》，已著錄。是編雜論詩格，大旨宗其兄世貞之說，而成書在《藝苑巵言》之後，已稍覺摹古之流弊。故雖盛推何、李，而一則曰：「我朝越宋繼唐，正以豪傑數輩得使事三昧。第恐數十年後，必有厭而掃除者，則其濫觴末弩為之也。」一則曰：「李于鱗七律，俊傑響亮，余兄推轂之，海內為詩者，爭事剽竊，紛紛刻鶩，至使人厭。」一則曰：「嘗謂作詩，初命一題，神情不屬，便有	明王世懋撰。世懋有《却金傳》，已著錄。是編雜論詩格，大旨宗其兄世貞之說，而成書在《藝苑巵言》之後，已稍覺摹古之流弊。故雖盛推何、李，而一則曰：「我朝越宋繼唐，正以豪傑數輩得使事三昧。第恐數十年後，必有厭而掃除者，則其濫觴末弩為之也。」一則曰：「李于鱗七律，俊傑響亮，余兄推轂之。海內為詩者，爭事剽竊，紛紛刻鶩，至使人厭。」一則曰：「嘗謂作詩，初命一題，神情不屬，便有一種供給應付之	明王世懋撰。世懋有《却金傳》，已著錄。是編雜論詩格，大旨宗其兄世貞之說，而成書在《藝苑巵言》之後，已稍覺摹古之流弊。故雖盛推何、李，而一則曰：「我朝越宋繼唐，正以豪傑數輩得使事三昧。第恐數十年後，必有厭而掃除者，則其濫觴末弩為之也。」一則曰：「李于鱗七律，俊傑響亮，余兄推轂之。海內為詩者，爭事剽竊，紛紛刻鶩，至使人厭。」一則曰：「嘗謂作詩，初命一題，神情不屬，便有一種供給應付之語。畏

		情不屬，便有一種供給應付之語。畏難怯思，即以充數。能破此一關，沈思忽至，種種眞相見矣。」一則曰：「徐昌穀、高子業皆巧於用短。徐能以高韻勝，高能以深情勝。更千百年，李、何尚有廢興，二君必無絕響。」皆能不爲黨同伐異之言。其論鄭繼之，亦平允，未可以七子夸談同類而觀也。（頁1038～1039）	一種供給應付之語。畏難却思，即以充數。能破此一關，沉思忽至，種種眞相見矣。」一則曰：「徐昌穀、高子業皆巧於用短。徐能以高韻勝，高能以深情勝。更千百年，李、何尚有廢興，二君必無絕響。」皆能不爲黨同伐異之言。其論鄭繼之，亦平允，未可與七子夸談同類而觀也。（冊1482，頁509）	語。畏難怯思，即以充數。能破此一關，沈思忽至，種種眞相見矣。」一則曰：「徐昌穀、高子業皆巧於用短。徐能以高韻勝，高能以深情勝。更千百年，李、何尚有廢興，二君必無絕響。」皆能不爲黨同伐異之言。其論鄭繼之，亦平允，未可與七子夸談同類而觀也。（頁1792～1793）	難怯思，即以充數。能破此一關，沈思忽至，種種眞相見矣。」一則曰：「徐昌穀、高子業皆巧於用短。徐能以高韻勝，高能以深情勝。更千百年，李、何尚有廢興，二君必無絕響。」皆能不爲黨同伐異之言。其論鄭繼之，亦平允，未可與七子夸談同類而觀也。（頁5-247～248）
明/胡震亨唐音癸籤	明胡震亨撰。所編《唐音統籤》凡十集，以十干爲紀，此其第十集也。前九集皆錄唐詩，此集則爲錄詩話。凡分七目，雖多錄明人議論，未可據爲定評，然縷析條分元元本本，唐三百年詩派之源流已約署備具矣。（頁383～384）	臣等謹案《唐音癸籤》三十三卷，明胡震亨撰。震亨有《海鹽縣圖經》，已著錄。所撰《唐音統籤》凡十集，此其第十集也。九集皆錄唐詩，此集則錄唐詩話。舊無刊版，至國朝康熙戊戌江寧書肆乃得鈔本刻行。爲目有七：一曰體裁，凡一卷，論詩體。二曰法微，凡三卷，分二十四子目，自格律以及字句聲調，無不備論。三曰評彙，凡七卷，集諸家之評論。四曰樂通，凡四卷，論樂府。五曰詁箋，凡九卷，訓釋名物典故。六曰談叢，凡五卷，採擷逸事。七曰集錄，凡四卷，首錄唐集卷數，次唐選爲總集，次金石墨蹟。震亨蒐括唐詩，用力最劇。九籤之中，惟戊籤有刻，而所錄不出《御定全唐詩》之外，亦不甚行。獨詩話採	《唐音癸籤》三十三卷，明胡震亨撰。震亨字孝轅，海鹽人，萬曆丁丑舉人，官定州知州擢兵部員外郎，所撰《唐音統籤》凡十集。此其第十集也。九集皆錄唐詩，此集則錄唐詩話。舊無刊板，至國朝康熙戊戌江寧書肆乃得鈔本刻行。爲目有七：一曰體，凡一卷，論詩體。二曰法微，凡三卷，分二十四子目，自格律以及字句聲調，無不備論。三曰評彙，凡七卷，集諸家之評論。四曰樂通，凡四卷，論樂府。五曰詁箋，凡九卷，訓釋名物典故。六曰談叢，凡五卷，採擷逸事。七曰集錄，凡三卷，首錄唐集卷數，次唐選各總集，次金石墨蹟。震亨蒐括唐詩，用力最劇。九籤之中，惟戊籤有刻，而所錄不出《御定全唐詩》之外，亦不	明胡震亨撰。震亨有《海鹽縣圖經》，已著錄。所撰《唐音統籤》凡十集，此其第十集也。九集皆錄唐詩，此集則錄唐詩話。舊無刊版，至國朝康熙戊戌江寧書肆乃得鈔本刻行。爲目有七：一曰體裁，凡一卷，論詩體。二曰法微，凡三卷，分二十四子目，自格律以及字句聲調，無不備論。三曰評彙，凡七卷，集諸家之評論。四曰樂通，凡四卷，論樂府。五曰詁箋，凡九卷，訓釋名物典故。六曰談叢，凡五卷，採擷逸事。七曰集錄，凡三卷，首錄唐集卷數，次唐選各總集，次金石墨蹟。震亨蒐括唐詩，用力最劇。九籤之中，惟戊籤有刻，而所錄不出《御定全唐詩》之外，亦不甚行。獨詩話採擷大備，爲《全唐詩》所未收。雖多錄明	明胡震亨撰。震亨有《海鹽縣圖經》，已著錄。所撰《唐音統籤》凡十集，此其第十集也。九集皆錄唐詩，此集則錄唐詩話。舊無刊版，至國朝康熙戊戌江寧書肆乃得鈔本刻行。爲目有七：一曰體裁，凡一卷，論詩體。二曰法微，凡三卷，分二十四子目，自格律以及字句聲調，無不備論。三曰評彙，凡七卷，集諸家之評論。四曰樂通，凡四卷，論樂府。五曰詁箋，凡九卷，訓釋名物典故。六曰談叢，凡五卷，採擷逸事。七曰集錄，凡三卷，首錄唐集卷數，次唐選各總集，次金石墨蹟。震亨蒐括唐詩，用力最劇。九籤之中，惟戊籤有刻，而所錄不出《御定全唐詩》之外，亦不甚行。獨詩話採擷大備，爲《全唐詩》所未收。雖多錄明

		擷大備，爲《全唐詩》所未收。雖多錄明人議論，未可盡爲定評，而三百年之源流正變，犁然可按，實於談藝有裨。特錄存之，庶不沒其蒐輯之勤焉。（頁1039～1040）	甚行。獨詩話採擷大備，爲《全唐詩》所未收。雖多錄明人議論，未可盡爲定評，而三百年之源流正變，犁然可按，實于談藝有裨。特錄存之，庶不沒其蒐輯之勤焉。（冊1482，頁519）	人議論，未可盡爲定評，而三百年之源流正變，犁然可按，實於談藝有裨。特錄存之，庶不沒其蒐輯之勤焉。（頁1793）	人議論，未可盡爲定評，而三百年之源流正變，犁然可按，實於談藝有裨。特錄存之，庶不沒其蒐輯之勤焉。（頁5-248）
清/吳景旭歷代詩話	國朝吳景旭撰。統論歷代之詩，上起三百篇，下迄明季分爲十集，皆仿《學林就正》之例，先列舊說于前，而襍引諸書以互相考證，其舊說所無而景旭自立論者，則列本詩於前，而附已意于其後。雖嗜奇愛博不免有蔓衍之失，然取材宏富亦《苕溪漁隱叢話》之亞也。（頁384）	臣等謹案歷代詩話八十卷，國朝吳景旭撰。景旭字旦生，歸安人。是書前後無序跋，而中有塗乙之處，蓋猶初定之稿。分爲十卷，以十干爲目：甲集六卷，皆論《三百篇》；乙集六卷，皆論《楚詞》；丙集九卷，皆論賦；丁集六卷，皆論《古樂府》；戊集六卷、皆論漢、魏、六朝詩；己集十二卷，前九卷論杜詩，後三卷爲杜陵譜系；庚集九卷，皆論唐詩；辛集七卷，皆論宋詩；壬集十卷，前三卷論金詩，後七卷論元詩；癸集九卷，皆論明詩。其體例仿陳耀文《學林就正》。每條各立標題，先引舊說於前，後襍采諸書，以相考證，或辨其是非，或參其異同，或引伸其未竟，或補綴其所遺，皆下一格書之。有舊說所無而景旭自立論者，則惟列本詩於前，而以己意發揮之。雖皆採自詩話、說部，不盡根柢於原書，又嗜博貪多，往往借題曼衍，失於芟薙。然取材繁富，能以	歷代詩話八十卷，國朝吳景旭撰。景旭字旦生，歸安人。是書前後無序跋，而中有塗乙之處，蓋猶初定之藳。分爲十集，以十干爲目：甲集六卷，皆論《三百篇》；乙集六卷，皆論《楚詞》；丙集九卷，皆論賦；丁集六卷，皆論《古樂府》；戊集六卷、皆論漢、魏六朝詩；已集十二卷，前九卷論杜詩，後三卷爲杜陵譜系；庚集九卷，皆論唐詩；辛集七卷，皆論宋詩；壬集十卷，前三卷論金詩，後七卷論元詩；癸集九卷，皆論明詩。其體例仿陳耀文《學林就正》。每條各立標題，先引舊說于前，後襍采諸書，以相考證，或辨其是非，或參其異同，或引伸其未竟，或補綴其所遺，皆下一格書之。有舊說所無而景旭自立論者，則惟列本詩于前，而以己意發揮之。雖皆採自詩話、說部，不盡根柢於原書，又嗜博貪多，往往借題曼衍，失于芟薙。然取材繁富，能以眾說互相鈎	國朝吳景旭撰。景旭字旦生，歸安人。是書前後無序跋，而中有塗乙之處，蓋猶初定之藳。分爲十集，以十干爲目：甲集六卷，皆論《三百篇》；乙集六卷，皆論《楚詞》；丙集九卷，皆論賦；丁集六卷，皆論《古樂府》；戊集六卷、皆論漢、魏、六朝詩；己集十二卷，前九卷論杜詩，後三卷爲杜陵譜系；庚集九卷，皆論唐詩；辛集七卷，皆論宋詩；壬集十卷，前三卷論金詩，後七卷論元詩；癸集九卷，皆論明詩。其體例仿陳耀文《學林就正》。每條各立標題，先引舊說於前，後襍采諸書，以相考證，或辨其是非，或參其異同，或引伸其未竟，或補綴其所遺，皆下一格書之。有舊說所無而景旭自立論者，則惟列本詩於前，而以己意發揮之。雖皆採自詩話、說部，不盡根柢於原書，又嗜博貪多，往往借題曼衍，失於芟薙。然取材繁富，能以眾說互相鈎貫，以參考其得失	國朝吳景旭撰。景旭字旦生，歸安人。是書前後無序跋，而中有塗乙之處，蓋猶初定之藳。分爲十集，以十干爲目：甲集六卷，皆論《三百篇》；乙集六卷，皆論《楚詞》；丙集九卷，皆論《古樂府》；丁集六卷，皆論《古樂府》；戊集六卷、皆論漢、魏、六朝詩；己集十二卷，前九卷論杜詩，後三卷爲杜陵譜系；庚集九卷，皆論唐詩；辛集七卷，皆論宋詩；壬集十卷，前三卷論金詩，後七卷論元詩；癸集九卷，皆論明詩。其體例仿陳耀文《學林就正》。每條各立標題，先引舊說於前，後襍采諸書，以相考證，或辨其是非，或參其異同，或引伸其未竟，或補綴其所遺，皆下一格書之。有舊說所無而景旭自立論者，則惟列本詩於前，而以己意發揮之。雖皆採自詩話、說部，不盡根柢於原書，又嗜博貪多，往往借題曼衍，失於芟薙。然取材繁富，能以眾說互相鈎貫，以參考其得失

		眾說互相鈎貫,以參考其得失,於雜家之言,亦可謂淹貫者矣。校以古人,固不失《苕溪漁隱叢話》之亞也。(頁1040)	貫,以叅考其得失,于雜家之言,亦可謂淹貫者矣。較以古人,固不失《苕溪漁隱叢話》之亞也。(冊1483,頁)	,於雜家之言,亦可謂淹貫者矣。較以古人,固不失《苕溪漁隱叢話》之亞也。(頁1793)	,於雜家之言,亦可謂淹貫者矣。較以古人,固不失《苕溪漁隱叢話》之亞也。(頁5-248～249)
清/王士禎漁洋詩話	國朝王士禎撰。士禎論詩之語,祼見所著說部中,未有專書。康熙乙酉乃應吳陳琰之請著,爲此編其所標舉,不離乎神韻之說,然搜羅名雋宏獎風流,在近人詩話之中固無能出其右也。(頁384)	臣等謹案漁洋詩話三卷,國朝王士禎撰。◎士禎論詩之語散見於所著《池北偶談》諸書中未有專帙。張潮輯《昭代叢書》,載《漁洋詩話》一卷,實所選古詩凡例,非士禎意也。是編乃康熙乙酉士禎歸田後所作,應吳陳琰之求者。初止六十條,戊子又續一百六十餘條,裒爲一集,付其門人蔣景祁刻之。士禎論詩,主於神韻,故所標舉,多流連山水、點染風景之詞,蓋其宗旨如是。其中多自譽之辭,未免露才揚己。又名爲詩話,實兼說部之體,如記其弟士祐論焦竑字,徐潮論蟹價,汪琬跋其兄弟尺牘,冶源馮氏別業,天竺二僧詬誶,劉體仁倩人代畫,諸事皆與詩渺不相關。◎至如石谿橋壁書絕句,乃晚唐儲嗣宗詩,點易數字,士禎不辨,而盛稱之,亦疎於考證。然其中清詞佳句,採掇頗精,亦足資後學之觸發,故於近人詩話之中,終爲翹楚焉。(頁1041～1042)	漁洋詩話三卷,國朝王士禎撰。◎士禎論詩之語散見於所著《池北偶談》諸書中,未有專帙。張潮輯《昭代叢書》,載《漁洋詩話》一卷,實所選古詩凡例,非士禎意也。是編乃康熙乙酉士禎歸田後所作,應吳陳琰之求者。初止六十條,戊子又續入一百六十餘,條裒爲一集,付其門人蔣景祁刻之。士禎論詩,主於神韻,故所標舉,多流連山、水點染風景之詞,蓋其宗旨如是。其中多自譽之辭,未免露才揚己。又名爲詩話,實兼說部之體,如記其弟士祐論焦竑字,徐潮論蟹價,汪琬跋其兄弟尺牘,冶源馮氏別業,天竺二僧詬誶,劉體仁倩人代畫,諸事皆與詩渺不相關。◎至如石谿橋壁書絕句,乃晚唐儲嗣宗詩,點易數字,士禎不辨,而盛稱之,亦疎於考證。其中清詞佳句,採掇頗精,亦足資後學之觸發,故於近人詩話之中,終爲翹楚焉。(冊1483,頁831～832)	國朝王士禎撰。士禎有《古懽錄》,已著錄。其論詩之語,散見於所著《池北偶談》諸書中,未有專帙。張潮輯《昭代叢書》,載《漁洋詩話》一卷,實所選古詩凡例,非士禎意也。是編乃康熙乙酉士禎歸田後所作,應吳陳琰之求者。初止六十條,戊子又續一百六十餘條,裒爲一集,付其門人蔣景祁刻之。士禎論詩,主於神韻,故所標舉,多流連山水、點染風景之詞,蓋其宗旨如是也。其中多自譽之辭,未免露才揚己。又名爲詩話,實兼說部之體,如記其兄士祐論焦竑字,徐潮論蟹價,汪琬跋其兄弟尺牘,冶源馮氏別業,天竺二僧詬誶,劉體仁倩人代畫,諸事皆與詩渺不相關。雖宋人詩話往往如是,終爲曼衍旁支,有乖體例。至如石谿橋壁書絕句,乃晚唐儲嗣宗詩,點易數字,士禎不辨,而盛稱之,亦疎於考證。然其中清詞佳句,採掇頗精,亦足資後學之觸發,故於近人詩話之中,終爲翹楚焉。(頁1793)	國朝王士禎撰。士禎有《古懽錄》,已著錄。其論詩之語,散見於所著《池北偶談》諸書中,未有專帙。張潮輯《昭代叢書》,載《漁洋詩話》一卷,實所選古詩凡例,非士禎意也。是編乃康熙乙酉士禎歸田後所作,應吳陳琰之求者。初止六十條,戊子又續一百六十餘條,裒爲一集,付其門人蔣景祁刻之。士禎論詩,主於神韻,故所標舉,多流連山水、點染風景之詞,蓋其宗旨如是也。其中多自譽之辭,未免露才揚己。又名爲詩話,實兼說部之體,如記其兄士祐論焦竑字,徐潮論蟹價,汪琬跋其兄弟尺牘,冶源馮氏別業,天竺二僧詬誶,劉體仁倩人代畫,諸事皆與詩渺不相關。雖宋人詩話往往如是,終爲曼衍旁文,有乖體例。至如石谿橋壁書絕句,乃晚唐儲嗣宗詩,點易數字,士禎不辨,而盛稱之,亦疎於考證。然其中清詞佳句,採掇頗精,亦足資後學之觸發,故於近人詩話之中,終爲翹楚焉。(頁5-249)

| 清／郎庭槐師友詩傳錄 | 《師友詩傳錄》國朝郎庭槐編。《續錄》劉大勤編。二人皆學詩于王士禎，各述其師說以成書。郎錄雖以士禎爲主，而兼質于平原張篤慶、鄒平張實居，故每以必有三答。然宗旨則一耳。（頁384） | 臣等謹案《師友詩傳錄》一卷，國朝郎廷槐編《續錄》一卷，國朝劉大勤編二人皆學詩於新城，王士禎各述其師說以成書。以郎錄在前，故劉錄稱續焉。郎錄雖以士禎爲主，而亦兼質於平原張篤慶、鄒平張實居，故每一問而三答。其稱歷友者，篤慶之號；稱蕭亭者，實居之號也。篤慶於士禎爲中表，所著有《崑崙山房集》。篤慶於士禎爲婦兄，所著有《蕭亭詩集》。士禎皆嘗論次之。故三人所答，或共明一義，或各明一義，大旨皆不甚相遠。◎新城詩派，以盛唐爲宗，而不甚考究漢、魏、六朝；以神韻爲主，而不甚考究體製。故持論出入，往往不免。然其談詩宗旨，具見於斯，較諸家詩話所見，終爲親切，固不以一眚掩全璧也。郎錄中士禎之語，或鈔出別行，名《漁洋定論》；劉錄亦有本別行，名《古夫于亭詩問》，實皆一書，今附存其名，不別著錄焉。（頁1042） | 《師友詩傳錄》一卷，國朝郎廷槐編；《續錄》一卷國朝劉大勤編。二人皆學詩於新城王士禎，各述其師說以成書。以郎錄在前，故劉錄稱續焉。郎錄雖以士禎爲主，而亦兼質於平原張篤慶、鄒平張實居，故每一問而三答。其稱歷友者，篤慶之號；稱蕭亭者，實居之號也。篤慶於士禎爲中表，所著有《崑崙山房集》。實居於士禎爲婦兄，所著有《蕭亭詩集》。士禎皆嘗論次之。故三人所答，或共明一義，或各明一義，大旨皆不甚相遠。◎郎錄中士禎之語或抄出別行名《漁洋定論》，劉錄亦有本別行名《古夫于亭詩問》實皆一書，今附存其名，不別著錄焉。（冊1483，頁881～882） | 《師友詩傳錄》，國朝郎廷槐編；《續錄》，國朝劉大勤編。二人皆學詩於新城王士禎，各述其師說以成其書。以郎錄在前，故劉錄稱續焉。郎錄雖以士禎爲主，而亦兼質於平原張篤慶、鄒平張實居，故每一問而三答。其稱歷友者，篤慶之號；稱蕭亭者，實居之號也。篤慶於士禎爲中表，所著有《崑崙山房集》。實居於士禎爲婦兄，所著有《蕭亭詩集》。士禎皆嘗論次之。故三人所答，或共明一義，或各明一義，然大旨皆不甚相遠。中間如篤慶答《古詩十九首》一條，歷引《玉臺新詠》、《文心雕龍》證爲枚乘所作，而力駁遊戲宛洛、詞兼東京之說。然考鍾嶸《詩品》稱：「〈去者日以疏〉四十五首，舊疑是建安中曹、王所製。〈客從遠方來〉、〈橘柚垂華實〉，亦爲驚絕矣。」嶸與劉勰同時，而稍在徐陵前，其說必有所受，似未可盡懸斷爲西京之作。篤慶又稱《文選》以十九首爲二十，蓋分「燕趙多佳人」以下自爲一章。不知此明張鳳翼之《文選纂註》，李善及五臣舊本均不若是，（注：嚴羽《詩話》稱《玉臺新詠》以「越鳥巢南枝」以下另爲一首，則析一爲二 | 《師友詩傳錄》，國朝郎廷槐編；《續錄》，國朝劉大勤編。二人皆學詩於新城王士禎，各述其師說以成其書。以郎錄在前，故劉錄稱續焉。郎錄雖以士禎爲主，而亦兼質於平原張篤慶、鄒平張實居，故每一問而三答。其稱歷友者，篤慶之號；稱蕭亭者，實居之號也。篤慶於士禎爲中表，所著有《崑崙山房集》。實居於士禎爲婦兄，所著有《蕭亭詩集》。士禎皆嘗論次之。故三人所答，或共明一義，或各明一義，然大旨皆不甚相遠。中間如篤慶答《古詩十九首》一條，歷引《玉臺新詠》、《文心雕龍》證爲枚乘所作，而力駁遊戲宛洛、詞兼東京之說。然考鍾嶸《詩品》稱：「〈去者日以疏〉四十五首，舊疑是建安中曹、王所製。〈客從遠方來〉、〈橘柚垂華實〉，亦爲驚絕矣。」嶸與劉勰同時，而稍在徐陵前，其說必有所受，似未可盡懸斷爲西京之作。篤慶又稱《文選》以十九首爲二十，蓋分「燕趙多佳人」以下自爲一章。不知此明張鳳翼之《文選纂註》，李善及五臣舊本均不若是（嚴羽《詩話》稱《玉臺新詠》以「越鳥巢南枝」以下另爲一首，則析一爲二 |

					一爲二，乃徐陵，非蕭統。然宋本《玉臺新詠》實不另爲一首，未審羽何以云然。謹附識於此。）篤慶誤也。士禎答樂府一條，稱樂府之名始於漢初，引高祖〈三侯之歌〉、唐山夫人〈安世房中歌〉爲證。然樂府始漢武帝，史有明文，漢初實無是名。篤慶又樂府主紀功，古詩主言情；實居又稱樂府之異於古詩者，往往敘事。古詩貴溫裕純雅，樂府貴遒深勁絕，又其不同也。不知郊祀、鐃歌之類，倚聲製詞之樂府也，與詩稍別。清商、平調之類，採詩入律之樂府也，其初本皆古詩。故〈孔雀東南飛〉，樂府雜曲歌詞也，而本題曰〈古詩爲焦仲卿妻作〉。其序曰：「時人傷之，爲詩云爾。」〈紫騮馬樂府〉，橫吹曲詞也，而吳均《樂府解題》曰：「〈十五從軍征〉以下，古詩也。」其說甚明，不必以後世之法遽區分其本始。至〈君子行〉爲言理之作，〈怨歌行〉乃緣情之什，亦何嘗專敘事乎？又士禎答稱：「七言換韻，始於陳、隋。」案吳均、費昶之〈行路難〉，蕭子顯之〈燕歌行〉，皆已排偶換韻，啓初唐四傑之體，安得云始於陳、隋耶？劉錄所載	，乃徐陵，非蕭統。然宋本《玉臺新詠》實不另爲一首，未審羽何以云然。謹附識於此），篤慶誤也。士禎答樂府一條，稱樂府之名始於漢初，引高祖〈三侯之歌〉、唐山夫人〈安世房中歌〉爲證。然樂府始漢武帝，史有明文，漢初實無是名。篤慶又樂府主紀功，古詩主言情；實居又稱樂府之異於古詩者，往往敘事。古詩貴溫裕純雅，樂府貴遒深勁絕，又其不同也。不知郊祀、鐃歌之類，倚聲製詞之樂府也，與詩稍別。清商、平調之類，採詩入律之樂府也，其初本皆古詩。故〈孔雀東南飛〉，樂府雜曲歌詞也，而本題曰〈古詩爲焦仲卿妻作〉。其序曰：「時人傷之，爲詩云爾。」〈紫騮馬樂府〉，橫吹曲詞也，而吳均《樂府解題》曰：「〈十五從軍征〉以下，古詩也。」其說甚明，不必以後世之法遽區分其本始。至〈君子行〉爲言理之作，〈怨歌行〉乃緣情之什，亦何嘗專敘事乎？又士禎答稱：「七言換韻，始於陳、隋。」案吳均、費昶之〈行路難〉，蕭子顯之〈燕歌行〉，皆已排偶換韻，啓初唐四傑之體，安得云始於陳、隋耶？劉錄所載，皆士禎語。如所

答大勤問截句一條，稱：「截句或截律詩前四句，如後二句對偶是也，或截律詩後四句，如起二句對偶是也，非一句一截之謂。」又稱：「此等迂拘之說，總無足從是矣。」然何不云漢人已有絕句，在律詩之前，非先有律詩，截為絕句，不尤明白乎？（古絕句四章，載《玉臺新詠》第十卷之首），又答唐人省試排律，本止六韻而止，不知〈元元皇帝應見詩〉未嘗不至八韻，〈詠青詩〉未嘗不四韻，《文苑英華》可以覆案。又稱至杜始為長律，元、白又蔓延至百韻，不知杜甫〈秋日夔府詠懷奉寄鄭監李賓客〉詩，正一百韻，《杜集》亦可覆案也。至「辨桃無綠葉，認杏有青枝」，乃石延年詩，而云晚唐作；《詩苑類格》之李淑，乃宋仁宗時人，而云唐李淑；（案：以李淑為唐人，乃沿《詩家禁臠》之誤），引證偶誤，又其小焉者矣。蓋新城詩派，以盛唐為宗，而不甚考究漢、魏、六朝；以神韻為主，而不甚考究體製。故持論出入，往往不免。然其談詩宗旨，具見於斯，較諸家詩話所見，終為親切，固不以一眚掩全璧也。郎錄中士禎之語，或鈔出別行，名

，皆士禎語。如所答大勤問截句一條，稱：「截句或截律詩前四句，如後二句對偶是也，或截律詩後四句，如起二句對偶是也，非一句一截之謂。」又稱：「此等迂拘之說，總無足從是矣。」然何不云漢人已有絕句，在律詩之前，非先有律詩，截為絕句，不尤明白乎？（注：古絕句四章，載《玉臺新詠》第十卷之首。）又答唐人省試排律，本止六韻而止，不知〈元元皇帝應見詩〉未嘗不至八韻，〈詠青詩〉未嘗不四韻，《文苑英華》可以覆案。又稱至杜始為長律，元、白又蔓延至百韻，不知杜甫〈秋日夔府詠懷奉寄鄭監李賓客〉詩，正一百韻，《杜集》亦可覆案也。至「辨桃無綠葉，認杏有青枝」，乃石延年詩，而云晚唐作；《詩苑類格》之李淑，乃宋仁宗時人，而云唐李淑；（注：案以李淑為唐人，乃沿《詩家禁臠》之誤。引證偶誤，又其小焉者矣。蓋新城詩派，以盛唐為宗，而不甚考究漢、魏、六朝；以神韻為主，而不甚考究體製。故持論出入，往往不免。然其談詩宗旨，具見於斯，較諸家詩話所見，終為親切，固不以一眚掩全璧也。郎錄中士禎之

				語，或鈔出別行，名《漁洋定論》；劉錄亦有本別行，名《古夫于亭詩問》，實皆一書，今附存其名，不別著錄焉。（頁 1793～1794）	《漁洋定論》；劉錄亦有本別行，名《古夫于亭詩問》，實皆一書，今附存其名，不別著錄焉。（頁 5-249～5-251）
清／趙執信聲調譜	國朝趙執信撰。古詩不拘平仄拗體，律詩亦不拘平仄。而別有一定之平仄不可更移。執信嘗求其法於王士禎，士禎密不肯語，乃以古詩唐詩互相鉤稽而得之，因著為此書，其法律至為精密。（頁384）	臣等謹案聲調譜一卷，國朝趙執信撰。執信有《因園集》，已著錄。執信嘗問聲調於王士禎，士禎靳不肯言，執信乃發唐人諸集，排比鉤稽，竟得其法，因著為此書。其例，古體詩五言重第三字，七言重第五字，而以上下二字消息之。大抵以三平為正格。其四平切腳，如李商隱之「咏神聖功書之碑」，兩平切腳，如蘇軾之「白魚紫蟹不論錢」者，謂之落調。柏梁體及四句轉韻之體，則不在此限焉。律詩以本句平仄相救為單拗，出句如杜甫之「清新庾開府」，對句如王維之「暮禽相與還」是也。兩句平仄相救，為雙拗，如許渾之「溪雲初起日沉閣，山雨欲來風滿樓」是也。其他變例數條，皆本此而推。而起句、結句不相對偶者，則不在此限。其說頗為精密。惟所列李賀〈十二月樂府〉所標平仄不可解，卷末附以古韻通轉，其說尤謬。或曰古韻通轉，其說尤謬或曰古韻一篇乃其門人妄增也。（頁1043）	聲調譜三卷，國朝趙執信撰。執信字仲符，號秋谷，晚號飴山老人，益都人。康熙己未進士，官右春坊右贊善。執信嘗問聲調於王士禎，士禎靳不肯言，執信乃發唐人諸集，排比鉤稽，竟得其法，因著為此書。其例，古體詩五言重第三字，七言重第五字，而以上下二字消息之。大抵以三平為正格。其四平切腳，如李商隱之「咏神聖功書之碑」，兩平切腳，如蘇軾之「白魚紫蟹不論錢」者，謂之落調。柏梁體及四句轉韻之體，則不在此限焉。律詩以本句平仄相救為單拗，出句如杜甫之「清新庾開府」，對句如王維之「暮禽相與還」是也。兩句平仄相救，為雙拗，如許渾之「溪雲初起日沉閣，山雨欲來風滿樓」是也。其他變例數條，皆本此而推之。而起句、結句不相對偶者，則不在此限焉。其說頗為精密。惟所列李賀〈十二月樂府〉所標平仄不可解，卷末附以古韻通轉，其說尤謬。蓋出門人所妄增者，今特加刊削焉。（冊 1483，頁 903～904）	國朝趙執信撰。執信有《因園集》，已著錄。執信嘗問聲調於王士禎，士禎靳不肯言，執信乃發唐人諸集，排比鉤稽，竟得其法，因著為此書。其例，古體詩五言重第三字，七言重第五字，而以上下二字消息之。大抵以三平為正格。其四平切腳，如李商隱之「咏神聖功書之碑」，兩平切腳，如蘇軾之「白魚紫蟹不論錢」者，謂之落調。柏梁體及四句轉韻之體，則不在此限焉。律詩以本句平仄相救為單拗，出句如杜甫之「清新庾開府」，對句如王維之「暮禽相與還」是也。兩句平仄相救，為雙拗，如許渾之「溪雲初起日沉閣，山雨欲來風滿樓」是也。其他變例數條，皆本此而推之。而起句、結句不相對偶者，則不在此限焉。其說頗為精密。惟所列李賀〈十二月樂府〉所標平仄不可解，卷末附以古韻通轉，其說尤謬。或曰古韻一篇，乃其門人所妄增也。（頁 1794）	國朝趙執信撰。執信有《因園集》，已著錄。執信嘗問聲調於王士禎，士禎靳不肯言，執信乃發唐人諸集，排比鉤稽，竟得其法，因著為此書。其例，古體詩五言重第三字，七言重第五字，而以上下二字消息之。大抵以三平為正格。其四平切腳，如李商隱之「咏神聖功書之碑」，兩平切腳，如蘇軾之「白魚紫蟹不論錢」者，謂之落調。柏梁體及四句轉韻之體，則不在此限焉。律詩以本句平仄相救為單拗，出句如杜甫之「清新庾開府」，對句如王維之「暮禽相與還」是也。兩句平仄相救，為雙拗，如許渾之「溪雲初起日沉閣，山雨欲來風滿樓」是也。其他變例數條，皆本此而推之。而起句、結句不相對偶者，則不在此限焉。其說頗為精密。惟所列李賀〈十二月樂府〉所標平仄不可解，卷末附以古韻通轉，其說尤謬。或曰古韻一篇，乃其門人所妄增也。（頁 5-251）

清/趙執信談龍錄	國朝趙執信撰。王士禎與門人論詩,謂當如雲中之龍,時露一鱗一爪,執信因作此書以排之。大旨主於詩中有人,不當爲縹緲無著之語,使人人可用,處處可移。其說足救新城末派之弊,似相反而實相成。(頁384)	臣等謹案談龍錄一卷,國朝趙執信撰。執信字伸符號秋谷,益都人,康熙己未進士,官至左春坊左贊善,執信爲王士禎甥婿,初甚相得,後以求作〈觀海集序〉不得,遂至相失。因士禎與門人論詩,謂當如雲中之龍,時露一鱗一爪,遂著此書以排之。大旨謂詩之中當有人在。其謂士禎〈祭告南海都門留別詩〉「盧溝橋上望,落日風塵昏,萬里自茲始,孤懷誰與論」四句,爲類羈臣遷客之詞。又述吳修齡語,謂士禎爲清秀李于鱗,雖忿悁著書,持論不無過激;然神韻之說,不善學者往往易流於浮響。施閏章華嚴樓閣之喻,汪琬西川錦匠之戒,士禎亦嘗自記之,則執信此書,未必非預防流弊之道也。◎(頁1043~1044)	談龍錄一卷,國朝趙執信撰。執信爲王士禎甥婿,初甚相得,後以求作〈觀海集序〉不得,遂至相失。因士禎與門人論詩,謂當如雲中之龍,時露一鱗一爪,遂著此書以排之。大旨謂詩之中當有人在。其謂士禎〈祭告南海都門留別詩〉「盧溝河上望,落日風塵昏,萬里自茲始,孤懷誰與論」四句,爲類羈臣遷客之詞。又述吳修齡語,謂士禎爲清秀李于鱗,雖忿悁著書,持論不無過激;然神韻之說,不善學者往往易流於浮響。施閏章華嚴樓閣之喻,汪琬西川錦匠之戒,士禎亦嘗自記之,則執信此書,亦未始非預防流弊之切論也。近時揚州刻此書,欲調停二家之說,遂舉錄中攻駁士禎之語,概爲刪汰,於執信著書之意,全相乖忤,殊失其眞。今仍其原本著錄,而附論其紕繆如右。(冊1483,頁93)	國朝趙執信撰。執信爲王士禎甥婿,初甚相得,後以求作〈觀海集序〉不得,遂至相失。因士禎與門人論詩,謂當作雲中之龍,時露一鱗一爪,遂著此書以排之。大旨謂詩中當有人在。其謂士禎〈祭告南海都門留別詩〉「盧溝河上望,落日風塵昏,萬里自茲始,孤懷誰與論」四句,爲類羈臣遷客之詞。又述吳修齡語,謂士禎爲清秀李于鱗,雖忿悁著書,持論不無過激;然神韻之說,不善學者往往易流於浮響。施閏章華嚴樓閣之喻,汪琬西川錦匠之戒,士禎亦嘗自記之,則執信此書,亦未始非預防流弊之切論也。近時揚州刻此書,欲調停二家之說,遂舉錄中攻駁士禎之語,概爲刪汰,於執信著書之意,全相乖忤,殊失其眞。今仍以原本著錄,而附論其紕繆如右。(頁1794)	國朝趙執信撰。執信爲王士禎甥婿,初甚相得,後以求作〈觀海集序〉不得,遂至相失。因士禎與門人論詩,謂當作雲中之龍,時露一鱗一爪,遂著此書以排之。大旨謂詩中當有人在。其謂士禎〈祭告南海都門留別詩〉「盧溝河上望,落日風塵昏,萬里自茲始,孤懷誰與論」四句,爲類羈臣遷客之詞。又述吳修齡語,謂士禎爲清秀李于鱗,雖忿悁著書,持論不無過激;然神韻之說,不善學者往往易流於浮響。施閏章華嚴樓閣之喻,汪琬西川錦匠之戒,士禎亦嘗自記之,則執信此書,亦未始非預防流弊之切論也。近時揚州刻此書,欲調停二家之說,遂舉錄中攻駁士禎之語,概爲刪汰,於執信著書之意,全相乖忤,殊失其眞。今仍以原本著錄,而附論其紕繆如右。(頁 5-251~252)
清/屬鶚宋詩紀事	國朝屬鶚撰。孟棨《本事詩》所錄篇章,咸有故實。劉攽詩話之類或偶存軼事,而不必有詩。計有功《唐詩紀事》之類或但錄其詩,而不必有事。鶚作此書乃兼三例而用之,雖蒐羅太博牴牾所不能無,然南北宋逸篇軼事此其淵藪也。	臣等謹案宋詩紀事一百卷,國朝屬鶚撰。鶚有《遼史拾遺》,已著錄。昔唐孟棨作《本事詩》,所錄篇章,咸有故實。後劉攽、呂居仁等諸詩話,或僅載佚事,而不必皆詩。計敏夫《唐詩紀事》,或附錄佚詩,而不必有事。揆以體例,	《宋詩紀事》一百卷,國朝屬鶚撰。鶚有《遼史拾遺》,已著錄。昔唐孟棨作《本事詩》,所錄篇章,咸有故實。後劉攽、呂居仁等諸詩話,或僅載軼事,而不必皆詩。計敏夫《唐詩紀事》,或附錄供詩,而不必有事。揆以體例,均嫌名	國朝屬鶚撰。鶚有《遼史拾遺》,已著錄。昔唐孟棨作《本事詩》,所錄篇章,咸有故實。後劉攽、呂居仁等諸詩話,或僅載佚事,而不必皆詩。計敏夫《唐詩紀事》,或附錄佚詩,而不必有事。揆以體例,均嫌名實相乖。然猶偶爾泛	國朝屬鶚撰。鶚有《遼史拾遺》,已著錄。昔唐孟棨作《本事詩》,所錄篇章,咸有故實。後劉攽、呂居仁等諸詩話,或僅載佚事,而不必皆詩。計敏夫《唐詩紀事》,或附錄佚詩,而不必有事。揆以體例,均嫌名實相乖。然猶偶爾泛

（頁384）			
	均嫌名實相乖。然猶偶爾泛登，不為定式。鶫此書裒輯詩話，亦以紀事為名，而多收無事之詩，全如總集；旁涉無詩之事，竟類說家，未免失於斷限。又采摭既繁，牴牾不免：如四卷趙復〈送晏集賢南歸〉詩，隔三卷而重出；七十二卷李珏〈題湖山類稿〉絕句，隔兩卷而重出；九十一卷僧惠洪〈送王山人歸隱〉詩，隔一卷而重出；四十五卷尤袤〈淮民謠〉，隔一頁而重出；二卷楊徽之〈寒食〉詩二句，至隔半頁而重出。他如西崑體、江西派既已別編，而月泉吟社乃分析於各卷，而不改其前題字，以致八十一卷之姚潼翔於周暾〈送僧歸蜀〉詩後標前題字；八十五卷之趙必范於趙必象〈避地惠陽〉詩後標前題字，皆不免於粗疏。又三十三卷載陳師道，而三十四卷又出一潁州教授陳復常，竟未一檢《後山集》及《東坡集》訂復字為履字之訛。四十七卷載鄭伯熊，三十一卷已先出一鄭景望，竟未一檢《止齋集》證景望即伯熊之字。五十九卷據《齊東野語》載曹馘竿伎詩，作刺趙南仲，九十六卷又載作無名子刺賈似道。八十四卷花蕊夫人〈奉詔〉詩，不以勾延慶	實相乖。然猶偶爾泛登，不為定式。鶫此書裒輯詩話，亦以紀事為名，而多收無事之詩，全如總集；旁涉無詩之事，竟類說家，未免失于斷限。又采摭既繁，牴牾不免。如四卷趙復〈送晏集賢南歸〉詩，隔三卷而重出；七十二卷李珏〈題湖山類稿〉絕句，隔兩卷而重出；九十一卷僧惠洪〈送王山人歸隱〉詩，隔一卷而重出；◎二卷楊徽之〈寒食〉詩二句至隔半頁而重出。他如西崑體、江西派既已別編，而月泉吟社乃分析於各卷，而不改其前題字，以致八十一卷之姚潼翔於周暾〈送僧歸蜀〉詩後標前題字；八十五卷之趙必范於趙必象〈避地惠陽〉詩後標前題字，皆不免于粗疏。又三十三卷載陳師道，而三十四卷又出一潁州教授陳復常，竟未一檢《後山集》及《東坡集》訂復字為履字之訛。四十七卷載鄭伯熊，三十一卷已先出一鄭景望，竟未一檢《止齋集》證景望即伯熊之字。五十九卷據《齊東野語》載曹馘竿伎詩，作刺趙南仲，九十六卷又載作無名子刺賈似道。八十四卷花蕊夫人〈奉詔〉詩，不以勾延慶《錦里耆舊傳》互勘。八十六卷李煜	登，不為定式。鶫此書裒輯詩話，亦以紀事為名，而多收無事之詩，全如總集；旁涉無詩之事，竟類說家，未免失於斷限。又采摭既繁，牴牾不免：如四卷趙復〈送晏集賢南歸〉詩，隔三卷而重出；七十二卷李珏〈題湖山類稿〉絕句，隔兩卷而重出；九十一卷僧惠洪〈送王山人歸隱〉詩，隔一卷而重出；四十五卷尤袤〈淮民謠〉，隔一頁而重出；二卷楊徽之〈寒食〉詩二句，至隔半頁而重出。他如西崑體、江西派既已別編，而月泉吟社乃分析於各卷，而不改其前題字，以致八十一卷之姚潼翔於周暾〈送僧歸蜀〉詩後標前題字；八十五卷之趙必范於趙必象〈避地惠陽〉詩後標前題字，皆不免於粗疏。又三十三卷載陳師道，而三十四卷又出一潁州教授陳復常，竟未一檢《後山集》及《東坡集》訂復字為履字之訛。四十七卷載鄭伯熊，三十一卷已先出一鄭景望，竟未一檢《止齋集》證景望即伯熊之字。五十九卷據《齊東野語》載曹馘竿伎詩，作刺趙南仲，九十六卷又載作無名子刺賈似道。八十四卷花蕊夫人〈奉詔〉詩，不以勾延慶《錦里耆舊傳》互	登，不為定式。鶫此書裒輯詩話，亦以紀事為名，而多收無事之詩，全如總集；旁涉無詩之事，竟類說家，未免失於斷限。又采摭既繁，牴牾不免：如四卷趙復〈送晏集賢南歸〉詩，隔三卷而重出；七十二卷李珏〈題湖山類稿〉絕句，隔兩卷而重出；九十一卷僧惠洪〈送王山人歸隱〉詩，隔一卷而重出；四十五卷尤袤〈淮民謠〉，隔一頁而重出；二卷楊徽之〈寒食〉詩二句，至隔半頁而重出。他如西崑體、江西派既已別編，而月泉吟社乃分析於各卷，而不改其前題字，以致八十一卷之姚潼翔於周暾〈送僧歸蜀〉詩後標前題字；八十五卷之趙必范於趙必象〈避地惠陽〉詩後標前題字，皆不免於粗疏。又三十三卷載陳師道，而三十四卷又出一潁州教授陳復常，竟未一檢《後山集》及《東坡集》訂復字為履字之訛。四十七卷載鄭伯熊，三十一卷已先出一鄭景望，竟未一檢《止齋集》證景望即伯熊之字。五十九卷據《齊東野語》載曹馘竿伎詩，作刺趙南仲，九十六卷又載作無名子刺賈似道。八十四卷花蕊夫人〈奉詔〉詩，不以勾延慶《錦里耆舊傳》互

		《錦里耆舊傳》互勘。八十六卷李煜〈歸宋渡江〉詩，不以馬令《南唐書》參證。八十七卷〈永安驛題柱〉詩，不引《後山集》本序，而稱《名媛璣囊》。又華春娘〈寄外〉詩，不知爲唐薛濤《十離》之一。陸放翁妾詩，不知爲《劍南集》七律之半。英州司寇女詩，不知爲錄其父作。皆失於考證。然全書網羅賅備，自序稱閱書三千八百十二家。今江南、浙江所採遺書中，經其籤題自某處鈔至某處，以及經其點勘題識者，往往而是，則其用力亦云勤矣。考有宋一代之詩話者，終以是書爲淵海，非胡仔諸家所能比長短也。（頁1044～1045）	〈歸宋渡江〉，詩不以馬令《南唐書》參証。八十七卷〈永安驛題柱〉詩，不引《後山集》本序，而稱《名媛璣囊》。又華春娘〈寄外〉詩，不知爲唐薛濤《十離》之一。陸放翁妾詩，不知爲《劍南集》七律之半。◎皆失於考證。然全書網羅賅備，自序稱閱書三千八百一十二家。今江南、浙江所採遺書中，經其籤題自某處鈔至某處，以及其點勘題識者，往往而是，則其用力亦云勤矣。考有宋一代之詩話者，終以是書爲淵海，非胡仔諸家所能比較短長也。（冊1484，頁61～63）	勘。八十六卷李煜〈歸宋渡江〉詩，不以馬令《南唐書》參証。八十七卷〈永安驛題柱〉詩，不引《後山集》本序，而稱《名媛璣囊》。又華春娘〈寄外〉詩，不知爲唐薛濤《十離》之一。陸放翁妾詩，不知爲《劍南集》七律之半。英州司寇女詩，不知爲錄其父作。皆失於考證。然全書網羅賅備，自序稱閱書三千八百一十二家。今江南、浙江所採遺書中，經其籤題自某處鈔至某處，以及經其點勘題識者，往往而是，則其用力亦云勤矣。考有宋一代之詩話者，終以是書爲淵海，非胡仔諸家所能比較長短也。（頁1794～1795）	勘。八十六卷李煜〈歸宋渡江〉詩，不以馬令《南唐書》參証。八十七卷〈永安驛題柱〉詩，不引《後山集》本序，而稱《名媛璣囊》。又華春娘〈寄外〉詩，不知爲唐薛濤《十離》之一。陸放翁妾詩，不知爲《劍南集》七律之半。英州司寇女詩，不知爲錄其父作。皆失於考證。然全書網羅賅備，自序稱閱書三千八百一十二家。今江南、浙江所採遺書中，經其籤題自某處鈔至某處，以及經其點勘題識者，往往而是，則其用力亦云勤矣。考有宋一代之詩話者，終以是書爲淵海，非胡仔諸家所能比較長短也。（頁5-252～253）
清／鄭方坤全閩詩話	國朝鄭方坤編。是編所載詩話皆閩人所作之詩。與詩之爲閩而作者。雖網羅既廣，細大不捐，而體例分明辨証有據，在郭子章《豫章詩話》之上。（頁384）	臣等謹案全閩詩話十二卷，國朝鄭方坤編。方坤有《經稗》，已著錄。是編皆薈萃閩人詩話及他詩之有關於閩者。閩士著名，始於唐初薛令之，盛於歐陽詹。故六朝以上，惟載郭璞、謝朓、到溉、江淹四人，而郭璞地讖尙以其全作七言律體，辨其出於依託，頗爲謹嚴。唐以後則彬彬矣。凡六朝、唐、五代一卷，宋、元五卷，明三卷，國朝一卷，附無名氏及宮閨一卷，方外一卷，神仙鬼怪雜綴一卷。所採諸書，計四百三十八	《全閩詩話》十二卷，國朝鄭方坤撰。方坤字則厚，號荔鄉侯官人，寄籍建安雍正癸卯進士，官至兗州府知府，平生銳意著述，著有《經稗》。歷代文抄、本朝文抄、本朝詩抄、嶺海文編、嶺海叢編、讀書箚記、杜箋評本、五代詩話、四六談柄、詩話醖醹、古今詞選、蔗尾集、却掃齋唱和集諸書，而尤邃于詩，是編皆薈萃閩人詩話及他詩之有關于閩者。閩士著名，始于唐初薛令之，盛于歐陽詹，故六朝以上惟載郭璞、謝朓到溉	國朝鄭方坤編。方坤有《經稗》，已著錄。是編皆薈萃閩人詩話及他詩之有關於閩者。閩士著名，始於唐初薛令之，盛於歐陽詹。故六朝以上，惟載郭璞、謝朓、到溉、江淹四人，而郭璞地讖尙以其全作七言律體，辨其出於依託，頗爲謹嚴。唐以後則彬彬矣。凡六朝、唐、五代一卷，宋、元五卷，明三卷，國朝一卷，附無名氏及宮閨一卷，方外一卷，神仙鬼怪雜綴一卷。所採諸書，計四百三十八種。採摭繁富，未免細大不捐。而	國朝鄭方坤編。方坤有《經稗》，已著錄。是編皆薈萃閩人詩話及他詩之有關於閩者。閩士著名，始於唐初薛令之，盛於歐陽詹。故六朝以上，惟載郭璞、謝朓、到溉、江淹四人，而郭璞地讖尙以其全作七言律體，辨其出於依託，頗爲謹嚴。唐以後則彬彬矣。凡六朝、唐、五代一卷，宋、元五卷，明三卷，國朝一卷，附無名氏及宮閨一卷，方外一卷，神仙鬼怪雜綴一卷。所採諸書，計四百三十八種。採摭繁富，未免細大不捐。而

	種。採摭繁富，未免細大不捐。而上下千餘年間，一方文獻，犁然有徵。舊事遺文，多資考證，固亦談藝之淵藪矣。（頁1045～1046）	、江淹四人，而郭璞地志尚引周亮工書影之說，辨其出于依托，頗爲謹嚴。唐以後則彬彬矣。凡六朝、唐五代一卷，宋、元四卷，明三卷，國朝一卷，附無名氏及宮閨一卷，方外一卷神仙鬼怪襍綴一卷。所採諸書計四百三十八種。摭拾繁富，未免細大不捐，而上下千餘年間，一方文獻，犁然有徵。舊事遺文，多資考証，固亦談蓻之淵藪矣。（冊1486，頁1～2）		上下千餘年間，一方文獻，犁然有徵。舊事遺文，多資考證，固亦談藝之淵藪矣。（頁1795）	上下千餘年間，一方文獻，犁然有徵。舊事遺文，多資考證，固亦談藝之淵藪矣。（頁5-253）
清／鄭方坤 五代詩話	國朝鄭方坤撰。初王士禎輯《五代詩話》而未成，其鄉人臆爲補綴舛漏殊多，方坤得士禎原稿六百四十二條，爲刪二百一十六條，補七百八十九條，定爲此編較山東所刻之本，實爲賅備。（頁384）	臣等謹案五代詩話十卷，國朝鄭方坤撰。初，王士禎欲作《五代詩話》，僅草創而未成。其門人務尊師說，遂以未成之本傳鈔，闕陋實甚，體例尤疏。宋弼嘗補其闕遺而刊之，仍多未備。方坤得士禎傳稿於歷城朱氏，乃採摭諸書，重爲補正。◎凡所增入，仿宋庠《國語補音》、吳師道補正《戰國策》之例，各以一「補」字冠之，使不相混。◎其中有尤效之者，如原本載羅隱〈謝表〉、殷文圭〈啓事〉本爲四六駢詞，無關吟詠。他若李氏藏書、太原草檄、和凝之《詣癡符》、桑維翰之《鑄鉒硯》、徐寅之獻〈過大梁賦〉，直成雜事，無預於詩，一概從刪，殊有廓清	《五代詩話》十卷，國朝鄭方坤撰。方坤有《全閩詩話》別著錄。初，王士禎欲作《五代詩話》僅草創而未成。其門人務尊師說，遂以未成之本傳鈔，闕漏實甚，體例尤疏。宋弼嘗補其缺遺而刊之，然弼平生篤信士禎，非所著之書不讀，故于舊籍遺文仍多未睹。後方坤得士禎殘稿於歷城朱氏，病其未備乃採摭諸書，重爲補正。原本六百四十二條之中，刪其二百一十六條，增入七百八十九條，共成一千二百十五條，凡所增入，仿宋庠《國語補音》、吳師道補正《戰國策》之例，各以類相從次於本條之下。凡國主宗室一卷，中朝一卷，南唐一卷，前蜀、後蜀一卷，吳	國朝鄭方坤撰。初，王士禎欲作《五代詩話》，僅草創而未成。其門人務尊師說，遂以未成之本傳鈔，闕陋實甚，體例尤疏。宋弼嘗補其闕遺而刊之，仍多未備。方坤得士禎殘藁於歷城朱氏，乃採摭諸書，重爲補正。原本六百四十二條之中，刪其二百一十六條，增入七百八十九條，共成一千二百一十五條，凡所增入，仿宋庠《國語補音》、吳師道補正《戰國策》之例，各以一「補」字冠之，使不相混。凡國主宗室一卷，中朝一卷，南唐一卷，前蜀、後蜀一卷，吳越、南唐一卷，閩一卷，楚荊南一卷，宮閨、仙鬼、緇流一卷，羽士、鬼怪一卷，雜綴一卷。其中有尤而效	國朝鄭方坤撰。初，王士禎欲作《五代詩話》，僅草創而未成。其門人務尊師說，遂以未成之本傳鈔，闕陋實甚，體例尤疏。宋弼嘗補其闕遺而刊之，仍多未備。方坤得士禎殘藁於歷城朱氏，乃採摭諸書，重爲補正。原本六百四十二條之中，刪其二百一十六條，增入七百八十九條，共成一千二百一十五條，凡所增入，仿宋庠《國語補音》、吳師道補正《戰國策》之例，各以一「補」字冠之，使不相混。凡國主宗室一卷，中朝一卷，南唐一卷，前蜀、後蜀一卷，吳越、南唐一卷，閩一卷，楚荊南一卷，宮閨、仙鬼、緇流一卷，羽士、鬼怪一卷，雜綴一卷。其中有尤

而效之者，如原本載羅隱〈謝表〉、殷文圭〈啓事〉本為四六駢詞，無關吟詠。他若李氏藏書、太原草檄、和凝之《訴癡符》、桑維翰之《鑄銕硯》、徐寅之獻〈過大梁賦〉，直成雜事，無預於詩，一概從刪，殊有廓清之功。而李後主跋懷素書，亦無關詩事，乃錄之不遺。原本方干、鄭谷、唐球諸人，上連唐代，方坤既已刊削，而司空圖之不受梁官，韓偓之未食閩祿，例以陶潛稱晉，仍是唐人，列之五代，亦乖斷限。至潘慎修獻宋太宗詩，劉兼〈長春節〉詩，宋事宋人，一併闌入，尤泛濫矣。又如蘇軾演〈陌上花〉，晁補之撰〈芳儀曲〉，李淑題周恭帝陵，宋徽宗書白居易句，雖詠五代之事，實非五代之人，一概增入，則詠明妃者當列之漢詩，賦雀臺者應入之魏集。自古以來，無斯體例。貪多務得，方坤亦自言之矣。至於「江南江北舊家鄉」一首，《江表志》以為楊溥，馬令《南唐書》以為李煜。嘲宋齊邱喪子一詩，《夢溪筆談》以為老瞽樂工，《漁隱叢話》以為李家明。如此之類，不一而足。前後並載，既不互註，又不考定，亦屬疏舛。然採掇繁富，五代軼聞瑣事

之者，如原本載羅隱〈謝表〉、殷文圭〈啓事〉本為四六駢詞，無關吟詠。他若李氏藏書、太原草檄、和凝之《訴癡符》、桑維翰之《鑄鐵硯》、徐寅之獻〈過大梁賦〉，直成雜事，無預於詩，一概從刪，殊有廓清之功。而李後主跋懷素書，亦無關詩事，乃錄之不遺。原本方干、鄭谷、唐球諸人，上連唐代，方坤既已刊削，而司空圖之不受梁官，韓偓之未食閩祿，例以陶潛稱晉，仍是唐人，列之五代，亦乖斷限。至潘慎修獻宋太宗詩，劉兼〈長春節〉詩，宋事宋人，一併闌入，尤泛濫矣。又如蘇軾演〈陌上花〉，晁補之撰〈芳儀曲〉，李淑題周恭帝陵，宋徽宗書白居易句，雖詠五代之事，實非五代之人，一概增入，則詠明妃者皆當列之漢詩，賦雀臺者悉應入之魏集。自古以來，無斯體例。貪多務得，方坤亦自言之矣。至於「江南江北舊家鄉」一首，《江表志》以為楊溥，馬令《南唐書》以為李煜。嘲宋齊邱喪子一詩，《夢溪筆談》以為老瞽樂工，

越、南漢一卷，閩一卷，楚荊南一卷，宮閨、仙鬼、緇流一卷，羽士、鬼怪一卷，雜綴一卷。其中有尤而效之者，如原本載羅隱〈謝表〉、殷文圭〈啓事〉本為四六駢詞，無關吟咏。他若李氏藏書、太原草檄、和凝之《訴癡符》、桑維翰之《鑄鐵硯》、徐寅之獻〈過大梁賦〉，直成雜事，無預於詩，一概從刪，殊有廓清之力。而李後主跋懷素書，亦無關詩事，乃錄之不遺。原本方干、鄭谷、唐球諸人，上連唐代，方坤既已刊削，而司空圖之不受梁官，韓偓之未食閩祿，例以陶潛稱晉，仍是唐人，列之五代，亦乖斷限。至潘慎修獻宋太宗詩，劉兼〈長春節〉詩，宋事宋人，一併闌入，尤泛濫矣。又如蘇軾演〈陌上花〉，晁補之撰〈芳儀曲〉，李淑題周恭帝陵，宋徽宗書白居易句，雖詠五代之事，實非五代之人，一概增入，則詠明妃者當列之漢詩，賦雀臺者應入之魏集。自古以來，無斯體例。貪多務得，方坤亦自言之矣。

之功。而李後主跋懷素書，亦無關詩事，乃錄之不遺。原本方干、鄭谷、唐球諸人，上連唐代，方坤既已刊削，而司空圖之不受梁官，韓偓之未食閩祿，例以陶潛稱晉，仍是唐人，列之五代，亦乖斷限。至潘慎修獻宋太宗詩，劉兼〈長春節〉詩，宋事宋人，一併闌入，尤泛濫矣。又如蘇軾演〈陌上花〉，晁補之撰〈芳儀曲〉，李淑題周恭帝陵，宋徽宗書白居易句，雖詠五代之事，實非五代之人，一概增入，則詠明妃者當列之漢詩，賦雀臺者應入之魏集。自古以來，無斯體例。貪多務得，方坤亦自言之矣。◎（頁1046～1047）

			《漁隱叢話》以爲李家明。如此之類，不一而足。前後並載，既不互註，又不考定，亦屬疎舛。然採摭繁富，五代軼聞瑣事，幾於搜括無餘，較之士禎原書，則賅備多矣，固詩家之所取資也。（冊 1486，頁 453～454）	事，幾於搜括無餘，較之士禎原書，則賅備多矣。（頁 1795）	，幾於搜括無餘，較之士禎原書，則賅備多矣。（頁 5-253～254）

附錄二　浙本存目與武英殿本存目比較表

作者／書名	浙本存目	武英殿本存目
唐／釋皎然詩式	舊本題唐釋皎然撰。皎然有《杼山集》，已著錄。此本即附載集末。考陳振孫《書錄解題》載《詩式》五卷，《詩議》一卷，唐僧皎然撰，以十九字括詩之體。此本既非五卷，又一十九體乃末一條，陳氏不應舉以概全書。陳氏又載正字王元擬皎然十九字一卷，使僅如今本一條，則不能擬爲一卷矣，殊參差可疑。又皎然與顏眞卿同時，乃天寶、大歷間人。而所引諸詩舉以爲例者，有賀知章、李白、王昌齡，相去甚近，亦不應遽與古人並推。疑原書散佚，而好事者掇拾補之也。何文煥《詩話考索》議其湎沒條，稱夏姬當壚，似蕩而貞，謂夏姬無當壚事，當作文君。不知此用辛延年《羽林郎》「胡姬年十五，春日獨當壚」事，特夏字誤，姬字不誤，不必改作文君。且延年詩稱：「貽我青銅鏡，結我紅羅襦。不惜紅羅裂，何論輕賤軀。」所謂似蕩也。又稱「男兒愛後婦，女子重前夫。人生各有分，貴賤不相逾。多謝金吾子，私愛徒區區。」所謂貞也。若文君越禮，安得曰「似蕩而貞」乎？（頁 1796）	舊本題唐釋皎然撰。皎然有《杼山集》，已著錄。此本即附載集末。考陳振孫《書錄解題》載《詩式》五卷，《詩議》一卷，唐僧皎然撰，以十九字括詩之體。此本既非五卷，又一十九體乃末一條，陳氏不應舉以概全書。陳氏又載正字王元擬皎然十九字一卷，使僅如今本一條，則不能擬爲一卷矣，殊參差可疑。又皎然與顏眞卿同時，乃天寶、大歷間人。而所引諸詩舉以爲例者，有賀知章、李白、王昌齡，相去甚近，亦不應遽與古人並推。疑原書散佚，而好事者掇拾補之也。何文煥《詩話考索》議其湎沒條，稱夏姬當壚，似蕩而貞，謂夏姬無當壚事，當作文君。不知此用辛延年《羽林郎》「胡姬年十五，春日獨當壚」事，特夏字誤，姬字不誤，不必改作文君。且延年詩稱：「貽我青銅鏡，結我紅羅襦。不惜紅羅裂，何論輕賤軀。」所謂似蕩也。又稱「男兒愛後婦，女子重前夫。人生各有分，貴賤不相逾。多謝金吾子，私愛徒區區。」所謂貞也。若文君越禮，安得曰「似蕩而貞」乎？（頁 5-255）
唐／王用章詩法源流	不著撰人名氏。末有至治壬戌楊載舊序一篇，稱少年遊浣花草堂，見杜甫九世孫杜舉，問所藏詩律。舉言甫之詩法不傳諸子，而傳其門人吳成、鄒遂、王恭。舉得之於三子，因以授載。其說極爲荒	不著撰人名氏。末有至治壬戌楊載舊序一篇，稱少年遊浣花草堂，見杜甫九世孫杜舉，問所藏詩律。舉言甫之詩法不傳諸子，而傳其門人吳成、鄒遂、王恭。舉得之於三子，因以授載。其說極爲荒誕。所

	誕。所載凡五言律詩九首，七言律詩四十三首，各有吳成等註釋。標立結上生下格、拗句格、牙鎮格、節節生意格、抑揚格、接頂格、交股格、纖腰格、雙蹄格、續腰格、首尾互換格、首尾相同格、單蹄格、應句格、開合格、開合變格、疊字格、句應句格、敘事格、歸題格、續意格、前多後少格、前開後合格、興兼比格、興兼賦格、比興格、連珠格、一意格、變字格、前實後虛格、藏頭格、先體後用格、雙字起結格、凡三十三格。其謬陋殆不足辨。楊載序俚拙萬狀，亦必出偽託。然其書乃作第三卷，前二卷則一為元人論詩之語，分標傳若金等姓名：一為選錄漢、魏、晉詩，題傳若川次舟編；卷末又有嘉靖癸未邱道隆後序，稱憲伯荊南王公用章，取《詩法源流》，增入古人論述與詩足法者，釐為三卷云云。然則此書為王用章所輯。諸家著錄，有作傳若金撰者，當以開卷第一篇題若金名，因而致誤耳。(頁1796)	載凡五言律詩九首，七言律詩四十三首，各有吳成等註釋。標立結上生下格、拗句格、牙鎮格、節節生意格、抑揚格、接頂格、交股格、纖腰格、雙蹄格、續腰格、首尾互換格、首尾相同格、單蹄格、應名格、開合格、開合變格、疊字格、句應句格、敘事格、歸題格、續意格、前多後少格、前開後合格、興兼比格、興兼賦格、比興格、連珠格、一意格、變字格、前實後虛格、藏頭格、先體後用格、雙字起結格、凡三十三格。其謬陋殆不足辨。楊載序俚拙萬狀，亦必出偽託。然其書乃作第三卷，前二卷則一為元人論詩之語，分標傳若金等姓名：一為選錄漢、魏、晉詩，題傳若川次舟編；卷末又有嘉靖癸未邱道隆後序，稱憲伯荊南王公用章，取《詩法源流》，增入古人論述與詩足法者，釐為三卷云云。然則此書為王用章所輯。諸家著錄，有作傳若金撰者，當以開卷第一篇題若金名，因而致誤耳。(頁5-255～256)
唐／賈島二南密旨	舊本題唐賈島撰。案：陳振孫《書錄解題》曰：「《二南密旨》一卷，唐賈島撰。凡十五門。恐亦依託。」此本端緒紛繁，綱目混淆。卷末忽總題一條云：「以上十五門，不可妄傳。」卷中又總題一條云：「以上四十七門，略舉大綱。」是於陳氏所云十五門外，增立四十七門，已與《書錄解題》互異。且所謂四十七門，一十五門者，輾轉推尋，數皆不合，亦不解其何故。而議論荒謬，詞意拙俚，殆不可以名狀。如以盧綸「月照何年樹，花逢幾度春」句為大雅，以錢起「好風能自至，明月不須期」句為小雅，以《衛風》「日居月諸，胡迭而微」句為變大雅，以「綠衣黃裳」句為變小雅。以《召南》「林有樸遬，野有死鹿」句及鮑照「申黜褒女進，班去趙姬昇」句，錢起「竹憐新雨後，山愛夕陽時」句為南宗。以《衛風》「我心匪石，不可轉也」句，左思「吾愛段干水，偃息藩魏君」句，盧綸詩「誰知樵子徑，得到葛洪家」句為北宗。皆有如囈語。其論總例物象一門，尤一字不通。島為唐代名人，何至於此，此殆又偽本之重僞矣。(頁1796～1797)	舊本題唐賈島撰。案：陳振孫《書錄解題》曰：「《二南密旨》一卷，唐賈島撰。凡十五門。恐亦依託。」此本端緒紛繁，綱目混淆。卷末忽總題一條云：「以上十五門，不可妄傳。」卷中又總題一條云：「以上四十七門，略舉大綱。」是於陳氏所云十五門外，增立四十七門，已與《書錄解題》互異。且所謂四十七門，一十五門者，輾轉推尋，數皆不合，亦不解其何故。而議論荒謬，詞意拙俚，殆不可以名狀。如以盧綸「月照何年樹，花逢幾度春」句為大雅，以錢起「好風能自至，明月不須期」句為小雅，以《衛風》「日居月諸，胡迭而微」句為變大雅，以「綠衣黃裳」句為變小雅。以《召南》「林有樸遬，野有死鹿」句及鮑照「申黜褒女進，班去趙姬昇」句，錢起「竹憐新雨後，山愛夕陽時」句為南宗。以《衛風》「我心匪石，不可轉也」句，左思「吾愛段干水，偃息藩魏君」句，盧綸詩「誰知樵子徑，得到葛洪家」句為北宗。皆有如囈語。其論總例物象一門，尤一字不通。島為唐代名人，何至於此，此殆又偽本之重僞矣。(頁5-256)

宋 / 釋文瑩 玉壺詩話	舊本題宋釋文瑩撰。考《宋史・藝文志》載《玉壺清話》十卷。今其書猶存，已著於錄。或題曰《玉壺野史》，無所謂《玉壺詩話》者。此本爲《學海類編》所載，僅寥寥數頁。以《玉壺清話》校之，蓋書賈摘錄其有涉於詩者，裒爲一卷，詭立此名，曹溶不及辨也。（頁1797）	舊本題宋釋文瑩撰。考《宋史・藝文志》載《玉壺清話》十卷。今其書猶存，已著於錄。或題曰《玉壺野史》，無所謂《玉壺詩話》者。此本爲《學海類編》所載，僅寥寥數頁。以《玉壺清話》校之，蓋書賈摘錄其有涉於詩者，裒爲一卷，詭立此名，曹溶不及辨也。（頁5-256～257）
宋 / 釋惠洪 天廚禁臠	宋釋惠洪撰。惠洪有《冷齋夜話》，已著錄。是編皆標舉詩格，而舉唐、宋舊作爲式。然所論多強立名目，旁生支節。如首列杜甫〈寒食對月詩〉，爲偷春格；而謂黃庭堅〈茶詞〉疊押四山字，爲用此法，則風馬牛不相及。又如蘇軾「芳草池塘惠連夢，上林鴻雁子卿歸」句，黃庭堅「平生幾兩屐，身後五車書」句，謂射鴈得蘇武書無鴻字，故改謝靈運「春草池塘」爲「芳草」。「五車書」無「身後」字，故改阮孚「人生幾兩屐」爲「平生」。謂之用事補綴法，亦自生妄見。所謂古詩押韻換韻之類，尤茫然不知古法。嚴羽《滄浪詩話》稱《天廚禁臠》最害事，非虛語也。（頁1797）	宋釋惠洪撰。惠洪有《冷齋夜話》，已著錄。是編皆標舉詩格，而舉唐、宋舊作爲式。然所論多強立名目，旁生支節。如首列杜甫〈寒食對月詩〉，爲偷春格；而謂黃庭堅〈茶詞〉疊押四山字，爲用此法，則風馬牛不相及。又如蘇軾「芳草池塘惠連夢，上林鴻雁子卿歸」句，黃庭堅「平生幾兩屐，身後五車書」句，謂射鴈得蘇武書無鴻字，故改謝靈運「春草池塘」爲「芳草五車書」無「身後」字，故改阮孚「人生幾兩屐」爲「平生」，謂之用事補綴法，亦自生妄見。所謂古詩押韻換韻之類，尤茫然不知古法。嚴羽《滄浪詩話》稱《天廚禁臠》最害事，非虛語也。（頁5-257）
宋 / 洪邁 容齋詩話	舊本題宋洪邁撰。邁有《史記法語》，已著錄。此編諸家書目皆不載，其名惟《文淵閣書目》有之。《永樂大典》亦於詩字韻下全部收入。則自宋、元以來，已有此編。今核其文，蓋於邁《容齋五筆》之內，各掇其論詩之語，裒爲一編。猶於《玉壺清話》之中，別鈔爲《玉壺詩話》耳。以流傳已久，姑存其目於此，以備參考焉。（頁1797）	舊本題宋洪邁撰。邁有《史記法語》，已著錄。此編諸家書目皆不載，其名惟《文淵閣書目》有之。《永樂大典》亦於詩字韻下全部收入。則自宋、元以來，已有此編。今核其文，蓋於邁《容齋五筆》之內，各掇其論詩之語，裒爲一編。猶於《玉壺清話》之中，別鈔爲《玉壺詩話》耳。以流傳已久，姑存其目於此，以備參考焉。（頁5-257）
宋 / 林越 少陵詩格	宋林越撰。越有《漢雋》，已著錄。是篇發明杜詩篇法，穿鑿殊甚。如《秋興》八首，第一首爲接項格，謂「江間波浪兼天湧」爲巫峽之蕭森，「塞上風雲接地陰」爲巫山之蕭森，已牽合無理。第二首爲交股格，三首曰開合格，四首曰雙蹄格，五首曰續後格，六首曰首尾互換格，七首曰首尾相同格，八首曰單蹄格，隨意支配，皆莫知其所自來。後又有《詠懷古蹟》、《諸將》諸詩，亦閒及他家。每首皆標立格名，種種杜撰，此眞強作解事者也。（頁1797）	宋林越撰。越有《漢雋》，已著錄。是篇發明杜詩篇法，穿鑿殊甚。如《秋興》八首，第一首爲接項格，謂「江間波浪兼天湧」爲巫峽之蕭森，「塞上風雲接地陰」爲巫山之蕭森，已牽合無理。第二首爲交股格，三首曰開合格，四首曰雙蹄格，五首曰續後格，六首曰首尾互換格，七首曰首尾相同格，八首曰單蹄格，隨意支配，皆莫知其所自來。後又有《詠懷古蹟》、《諸將》諸詩，亦閒及他家。每首皆標立格名，種種杜撰，此眞強作解事者也。（頁5-257～258）
宋 / 蔡傳 歷代吟譜	宋蔡傳撰。傳，莆田人。襄之孫也。此編始前漢以迄唐、宋，凡能詩之人，皆紀其姓字。末載厲鶚跋云，此書嘗有麻	宋蔡傳撰。傳，莆田人。襄之孫也。此編始前漢以迄唐、宋，凡能詩之人，皆紀其姓字。末載厲鶚跋，云此書嘗有麻沙刻

	沙刻本，節略不全。其敘次當以漢迄唐為第一卷，宋為第二卷，名僧為第三卷，閨秀為第四卷，武人為第五卷。今本序次悉與跋同，蓋近人因鷤跋更定也。（頁1797）	本，節略不全。其敘次，當以漢迄唐為第一卷，宋為第二卷，名僧為第三卷，閨秀為第四卷，武人為第五卷。今本序次悉與跋同，蓋近人因鷤跋更定也。（頁5-258）
宋／ 嚴有翼 藝苑雌黃	舊本題宋嚴有翼撰。案：有翼，建安人，嘗為泉、荊二郡教官。其所著《藝苑雌黃》見於《宋史‧藝文志》者二十卷，入集部文史類。陳振孫《書錄解題》則入於子部雜家類，稱其書大抵辨正譌謬。其目，子史、傳註、詩詞、時序、名數、聲畫、器用、地理、動植、神怪、雜事，卷為二十，條凡四百。硯岡居士唐稷序之。洪邁《容齋隨筆》又記其中有辨坡一篇，皆詆諆蘇軾之語。今考此本止有十卷，而無序及標目，與宋人所言俱不合。又宋時說部諸家，如胡仔《苕溪漁隱叢話》、蔡夢弼《草堂詩話》、魏慶之《詩人玉屑》之類，多有徵引《藝苑雌黃》之文。今以此本參互檢勘，前三卷內雖大概符合，而如《漁隱叢話》所錄盧橘、朝雲、鞦韆、瓊花等十餘條，《草堂詩話》所錄古人用韻重複一條，此本皆不載。又如中興條末東坡詩云云，牽牛織女條末《文選》註云云，俱胡仔駁辨之語，而亦概行闌入，舛錯特甚。至其第四卷以後，則全錄葛立方《韻語陽秋》，而顛倒其次序。其中如東坡在儋耳一條，立方原文有三從兄諱延之云云，此本改作葛延之，以隱其迹，而其所稱先文康公者，乃立方父勝仲之諡，則又沿用其文，不知刊削。蓋有翼原書已亡，好事者摭拾《漁隱叢話》所引，以偽託舊本，而不能取足卷數，則別攘《韻語陽秋》以附益之；又故變亂篇第，以欺一時之耳目，頗足疑誤後學。今特為糾正，以祛後來之惑焉。（頁1797～1798）	舊本題宋嚴有翼撰。案：有翼，建安人，嘗為泉、荊二郡教官。其所著《藝苑雌黃》見於《宋史‧藝文志》者二十卷，入集部文史類。陳振孫《書錄解題》則入於子部雜家類，稱其書大抵辨正譌謬。其目，子史、傳註、詩詞、時序、名數、聲畫、器用、地理、動植、神怪、雜事，卷為二十，條凡四百。硯岡居士唐稷序之。洪邁《容齋隨筆》又記其中有辨坡一篇，皆詆諆蘇軾之語。今考此本止有十卷，而無序及標目，與宋人所言俱不合。又宋時說部諸家，如胡仔《苕溪漁隱叢話》、蔡夢弼《草堂詩話》、魏慶之《詩人玉屑》之類，多有徵引《藝苑雌黃》之文。今以此本參互檢勘，前三卷內雖大概符合，而如《漁隱叢話》所錄盧橘、朝雲、鞦韆、瓊花等十餘條，《草堂詩話》所錄古人用韻重複一條，此本皆不載。又如中興條末東坡詩云云，牽牛織女條末《文選》註云云，俱胡仔駁辨之語，而亦概行闌入，舛錯特甚。至其第四卷以後，則全錄葛立方《韻語陽秋》，而顛倒其次序。其中如東坡在儋耳一條，立方原文有三從兄諱延之云云，此本改作葛延之，以隱其迹，而其所稱先文康公者，乃立方父勝仲之諡，則又沿用其文，不知刊削。蓋有翼原書已亡，好事者摭拾《漁隱叢話》所引，以偽託舊本，而不能取足卷數，則別攘《韻語陽秋》以附益之；又故變亂篇第，以欺一時之耳目，頗足疑誤後學。今特為糾正，以祛後來之惑焉。（頁5-258～259）
宋／ 陳應行 吟窗雜錄	舊本題狀元陳應行編。前有紹興五年重陽後一日浩然子序，序末有「嘉靖戊申孟夏崇文書堂家藏宋本刊」字，蓋偽書也。前列諸家詩話，惟鍾嶸《詩品》為有據，而刪削失真。其餘如李嶠、王昌齡、皎然、賈島、齊巳、白居易、李商隱諸家之書，率出依託，鄙倍如出一手。而開卷《魏文帝詩格》一卷，乃盛論律詩，所引皆六朝以後之句，尤不足排斥，可謂心勞日拙者矣。（頁1798）	舊本題狀元陳應行編。前有紹興五年重陽後一日浩然子序，序末有「嘉靖戊申孟夏崇文書堂家藏宋本刊」字，蓋偽書也。前列諸家詩話，惟鍾嶸《詩品》為有據，而刪削失真。其餘如李嶠、王昌齡、皎然、賈島、齊巳、白居易、李商隱諸家之書，率出依託，鄙倍如出一手。而開卷《魏文帝詩格》一卷，乃盛論律詩，所引皆六朝以後之句，尤不足排斥，可謂心勞日拙者矣。（頁5-259）

宋/ 元表 全唐詩話	原本題宋尤表撰。表有《梁谿遺稿》，已著錄。考表爲紹興二十一年進士，以光宗時卒，而自序年月乃題咸淳，時代殊不相及。校驗其文，皆與計有功《唐詩紀事》相同。《紀事》之例，凡詩爲唐人採入總集者，皆云右某取爲某集。此本張籍條下尚未及刪此一句，則其爲後人刺取影撰，更無疑義。考周密《齊東野語》載賈似道所著諸書，此居其一。蓋似道假手廖瑩中，而瑩中又剽竊舊文，塗飾塞責。後人惡似道之姦，改題表名，以便行世，遂致僞書之中，又增一僞撰人耳。毛晉不爲考核，刻之《津逮祕書》中，疎亦甚矣！（頁1798）	原本題宋尤表撰。表有《梁谿遺稿》，已著錄。考表爲紹興二十一年進士，以光宗時卒，而自序年月乃題咸淳，時代殊不相及。校驗其文，皆與計有功《唐詩紀事》相同。《紀事》之例，凡詩爲唐人採入總集者，皆云右某取爲某集。此本張籍條下尚未及刪此一句，則其爲後人刺取影撰，更無疑義。考周密《齊東野語》載賈似道所著諸書，此居其一。蓋似道假手廖瑩中，而瑩中又剽竊舊文，塗飾塞責。後人惡似道之姦，改題表名，以便行世，遂致僞書之中，又增一僞撰人耳。毛晉不爲考核，刻之《津逮祕書》中，疎亦甚矣！（頁5-259～260）
宋/ 方嶽 深雪偶談	宋方嶽撰。嶽字元善，寧海人。書中記淳祐初年事，云：「縷指二十霜，余已就老。」又載丙寅三月喪子事。丙寅乃度宗咸淳二年，則嶽至宋末尚在也。書凡十有四條，皆評詩詞。又自載其《感舊》、《題畫》二詩，俱不甚佳。至其言梅花二字入詩，尤爲難工，獨引賈似道「梅花見處多留句」之語，以爲絕唱，更未免近於諂矣。（頁1798）	宋方嶽撰。嶽字元善，寧海人。書中記淳祐初年事，云：「縷指二十霜，余已就老。」又載丙寅三月喪子事。丙寅乃度宗咸淳二年，則嶽至宋末尚在也。書凡十有四條，皆評詩詞。又自載其《感舊》、《題畫》二詩，俱不甚佳。至其言梅花二字入詩，尤爲難工，獨引賈似道「梅花見處多留句」之語，以爲絕唱，更未免近於諂矣。（頁5-260）
宋/ 吳子良 吳氏詩話	此書載曹溶《學海類編》中，題曰宋吳氏撰。名與字未詳。今核其文，即吳子良《林下偶談》中摘其論詩之語，非別一書也。（頁1798）	此書載曹溶《學海類編》，題曰宋吳氏撰。名與字未詳。今核其文，即吳子良《林下偶談》中摘其論詩之語，非別一書也。（頁5-260）
宋/ 陳日華 詩話	舊本題陳日華撰。日華有《談諧》，已著錄。是編所記多猥鄙詼諧之作，頗乖大雅。惟所記黃庭堅教人學詩先讀經，不識經旨，則不識是非，不知輕重，何以爲詩。又記宋祁語云：「詩人必自成一家，然後傳不朽。若體規畫圓，準方作矩，終爲人之臣僕。」則皆確論也。（頁1798）	舊本題陳日華撰。日華有《談諧》，已著錄。是編所記多猥鄙詼諧之作，頗乖大雅。惟所記黃庭堅教人學詩先讀經，不識經旨，則不識是非，不知輕重，何以爲詩。又記宋祁語云：「詩人必自成一家，然後傳不朽。若體規畫圓，準方作矩，終爲人之臣僕。」則皆確論也。（頁5-260）
宋/ 方深道 老杜詩評	元方深道撰。深道，晉江人。官奉議郎，知泉州。舊本題曰元人。案是編見陳振孫《書錄解題》，確爲宋人，題元人者誤也。其書皆彙輯諸家評論杜詩之語，別無新義。（頁1798）	宋方深道撰。深道，晉江人。官奉議郎，知泉州。舊本題曰元人。案是編見陳振孫《書錄解題》，確爲宋人，題元人者誤也。其書皆彙輯諸家評論杜詩之語，別無新義。（頁5-260）
宋/ 囂囂子 竹窗詩文 辨正叢說	舊本題囂囂子編。以書中所稱引觀之，蓋南宋人。凡作《詩辨正》二卷，《文辨正》二卷，皆摘鈔前人詩話、語錄而成。詞皆習見，惟李希聲《詩話》、蒲氏《漫齋錄》、《世韻語》三書，爲稍僻爾。（頁1798）	舊本題囂囂子編。以書中所稱引觀之，蓋南宋人。凡作《詩辨正》二卷，《文辨正》二卷，皆摘鈔前人詩話、語錄而成。詞皆習見，惟李希聲《詩話》、蒲氏《漫齋錄》、《世韻語》三書，爲稍僻爾。（頁5-260）

元 / 楊載 詩法家數	舊本題元楊載撰。載有《楊仲宏集》，已著錄。是編論多庸膚，例尤猥雜。如開卷即云：「夫詩之爲法也，有其說焉。賦、比、興者，皆詩製作之法。然有賦起，有比起，有興起」云云。殆似略通字義之人，強作文語，已爲可笑；乃甫隔一頁，忽另標一題曰：「詩學正源」，題下標一綱曰「風、雅、頌、賦、比、興」。綱下之目又曰：「詩之六義，而實則三體：風、雅、頌者，詩之體；賦、比、興者，詩之法。故興、比、賦者，又所以製作乎風、雅、頌者也。凡詩中有賦起，有比起，有興起。然風之中有賦、比、興，雅、頌之中亦有賦、比、興」云云。載在於元，號爲作手，其陋何至於是？必坊賈依託也。（頁1799）	舊本題元楊載撰。載有《楊仲宏集》，已著錄。是編論多庸膚，例尤猥雜。如開卷即云：「夫詩之爲法也，有其說焉。賦、比、興者，皆詩製作之法。然有賦起，有比起，有興起」云云。殆似略通字義之人，強作文語，已爲可笑；乃甫隔一頁，忽另標一題曰：「詩學正源」，題下標一綱曰「風、雅、頌、賦、比、興」。綱下之目又曰：「詩之六義，而實則三體：風、雅、頌者，詩之體；賦、比、興者，詩之法。故興、比、賦者，又所以製作乎風、雅、頌者也。凡詩中有賦起，有比起，有興起。然風之中有賦、比、興，雅、頌之中亦有賦、比、興」云云。載在於元，號爲作手，其陋何至於是？必坊賈依託也。（頁5-261）
元 / 范梈 木天禁語	舊本題元范德機撰。德機，范梈字也。梈有詩集，已著錄。是編開卷標「內篇」二字，然別無外篇，不知何故獨名爲內。其體例叢脞冗雜，殆難枚舉。其大綱，以篇法、句法、字法、氣象、家數、音節，謂之六關；每關又系子目，各引唐人一詩以實之。其七言律詩一條稱：「唐人李淑有《詩苑》一書，今世罕傳。所述篇法止有六格，今廣爲十三格。」考晁公武《讀書志》，《詩苑類格》三卷，李淑撰。寶元三年豫王出閣，淑爲皇子傅，因纂成此書之上。然則淑爲宋仁宗時人，安得稱唐？明華陽王宣墡作《詩心珠會》，全引此條，亦作唐字。知原本實誤以爲唐人，非刊本有誤。其荒陋已可想見。又云：「十三格猶六十四卦之動，不出八卦，八卦之生不離奇偶，可謂神矣。目曰屠龍絕藝，此法一洩，大道顯然」云云。殆類道經授法之語。蓋與楊載《詩法家數》出一手僞撰。考二書所論，多見趙撝謙《學范》中，知庸妄書賈，剽取《學范》爲之耳。（頁1799）	舊本題元范德機撰。德機，范梈字也。梈有詩集，已著錄。是編開卷標「內篇」二字，然別無外篇，不知何故獨名爲內。其體例叢脞冗雜，殆難枚舉。其大綱，以篇法、句法、字法、氣象、家數、音節，謂之六關；每關又系子目，各引唐人一詩以實之。其七言律詩一條稱：「唐人李淑有《詩苑》一書，今世罕傳。所述篇法止有六格，今廣爲十三格。」考晁公武《讀書志》，《詩苑類格》三卷，李淑撰。寶元三年豫王出閣，淑爲皇子傅，因纂成此書之上。然則淑爲宋仁宗時人，安得稱唐？明華陽王宣墡作《詩心珠會》，全引此條，亦作唐字。知原本實誤以爲唐人，非刊本有誤。其荒陋已可想見。又云：「十三格猶六十四卦之動，不出八卦，八卦之生不離奇偶，可謂神矣。目曰屠龍絕藝，此法一洩，大道顯然」云云。殆類道經授法之語。蓋與楊載《詩法家數》出一手僞撰。考二書所論，多見趙撝謙《學范》中，知庸妄書賈，剽取《學范》爲之耳。（頁5-261〜262）
元 / 范梈 詩學禁臠	舊本題元范德機撰。凡分十五格，每格選唐詩一篇爲式，而逐句解釋。其淺陋尤甚，亦必非眞本。（頁1799）	舊本題元范德機撰。凡分十五格，每格選唐詩一篇爲式，而逐句解釋。其淺陋尤甚，亦必非眞本。（頁5-262）
元 / 陳秀民 東坡詩話	元陳秀民編。秀民既作《東坡文談錄》，復雜採諸家論蘇詩者，裒爲此書。其排纂後先，既不以本詩之事類爲次第，又不以原書之年代爲次第，殊無體例。又如記仇池石數詩，直書原詩，前後並無引述，如此則全部蘇詩皆可入錄矣。至	元陳秀民編。秀民既作《東坡文談錄》，復雜採諸家論蘇詩者，裒爲此書。其排纂後先，既不以本詩之事類爲次第，又不以原書之年代爲次第，殊無體例。又如記仇池石數詩，直書原詩，前後並無引述，如此則全部蘇詩皆可入錄矣。至記《芙蓉城》

	記《芙蓉城》詩，於題上加一「遊」字，舛誤尤甚。胡仔《苕溪漁隱叢話》所採歷代詩話，蘇詩僅其中之一家，而核其條目，較此尚多大半，則此錄之挂漏可知矣。所引諸書，惟《燕石齋續》一書，世罕傳本。然持論頗淺陋，如證「春事闌刪芳草歇」句，引唐劉琮及傳奇女郎王眞詩，而不知爲謝靈運語，則其書亦不足重也。又秀民既元人，而書中乃引《西湖遊覽志》一條。是書爲明田汝成作，秀民何自見之？曹溶《學海類編》喜造僞書，此類亦可疑者也。（頁 1799）	詩，於題上加一「遊」字，舛誤尤甚。胡仔《苕溪漁隱叢話》所採歷代詩話，蘇詩僅其中之一家，而核其條目，較此尚多大半，則此錄之掛漏可知矣。所引諸書，惟《燕石齋續》一書，世罕傳本。然持論頗淺陋，如證「春事闌刪芳草歇」句，引唐劉琮及傳奇女郎王眞詩，而不知爲謝靈運語，則其書亦不足重也。又秀民既元人，而書中乃引《西湖遊覽志》一條。是書爲明田汝成作，秀民何自見之？曹溶《學海類編》喜造僞書，此類亦可疑者也。（頁 5-262～263）
元／？ 南溪詩話	不著撰人名氏。其本出明三原王恕家。前有恕子承裕序，稱南溪爲錄詩話者之別號，逸其姓名，當爲勝國時人。今觀書中所引，已有白珽、劉履諸名，則元末人所作無疑也。其書雜鈔諸家詩話，而不置議論，略如阮閱《總龜》之例，但不分門類耳。所引詩話，雖習見者多，然如所引呂氏《童蒙訓》，今本皆不載。惟好標立名目，往往非其本書。如祖孝徵論沈約「崖傾護石髓」句，即題曰「祖孝徵詩話」之類，不一而足，亦殊舛陋也。（頁 1799～1800）	不著撰人名氏。其本出明三原王恕家。前有恕子承裕序，稱南溪爲錄詩話者之別號，逸其姓名，當爲勝國時人。今觀書中所引，已有白珽、劉履諸名，則元末人所作無疑也。其書雜鈔諸家詩話，而不置議論，略如阮閱《總龜》之例，但不分門類耳。所引詩話，雖習見者多，然如所引呂氏《童蒙訓》，今本皆不載。惟好標立名目，往往非其本書。如祖孝徵論沈約「崖傾獲石髓」句，即題曰「祖孝徵詩話」之類，不一而足，亦殊舛陋也。（頁 5-263）
明／ 瞿佑 歸田詩話	明瞿佑撰。佑有《四時宜忌》，已著錄。佑永樂中以作詩事繫獄，戍保安，至洪熙乙巳，始赦歸。據所自序，援歐陽修《歸田錄》爲例，則似成於放還後。而末一條敘塞垣事，稱尚留滯於此，未得解脫，又似戍所之語。殆創稿於保安，歸乃成帙歟？後宏治中，盧陵陳敍刻之，以佑別號存齋，易名曰《存齋詩話》，無所取義。今仍題《歸田詩話》，從佑所自名也。此書所見頗淺，其以「搥碎黃鶴樓」作李白語，以王建望夫石詩爲陳克，譏張耒中興碑「玉環妖血無人掃」句，謂楊妃縊死，未嘗濺血，是忘《哀江頭》「血污遊魂」句也。於考證亦疏，而猶及見楊維楨、丁鶴年諸人，故所記前輩遺文，時有可採焉。（頁 1800）	明瞿佑撰。佑有《四時宜忌》，已著錄。佑永樂中以作詩事繫獄，戍保安，至洪熙乙巳，始赦歸。據所自序，援歐陽修《歸田錄》爲例，則似成於放還後。而末一條敘塞垣事，稱尚留滯於此，未得解脫，又似戍所之語。殆創稿於保安，歸乃成帙歟？後宏治中，盧陵陳敍刻之，以佑別號存齋，易名曰《存齋詩話》，無所取義。今仍題《歸田詩話》，從佑所自名也。此書所見頗淺，其以「搥碎黃鶴樓」作李白語，以王建望夫石詩爲陳克，譏張耒中興碑「玉環妖血無人掃」句，謂楊妃縊死，未嘗濺血，是忘《哀江頭》「血污遊魂」句也。於考證亦疏，而猶及見楊維楨、丁鶴年諸人，故所記前輩遺文，時有可採焉。（頁 5-263）
明／ 蔣冕 瓊臺詩話	明蔣冕編。冕有《湘皋集》，已著錄。冕爲邱濬之門人，因裒輯濬生平吟咏，各詳其本事。蓋即吳沆門人輯《環溪詩話》之例。凡七十五條，詞多溢美。蓋濬以博洽著，詩非其所長，冕以端謹不阿著，論詩亦非其所長也。（頁 1800）	明蔣冕編。冕有《湘皋集》，已著錄。冕爲邱濬之門人，因裒輯濬生平吟咏，各詳其本事。蓋即吳沆門人輯《環溪詩話》之例。凡七十五條，詞多溢美。蓋濬以博洽著，詩非其所長，冕以端謹不阿著，論詩亦非其所長也。（頁 5-264）

明／ 楊玉成 詩話	明楊成玉編。成玉，始末未詳。其彙輯此書時，官揚州府知府。重刊於宏治庚戌，則繼任知府馬忠也。所列宋人詩話，凡劉攽、歐陽修、司馬光、陳師道、呂居仁、周紫芝、許顗、張表臣、葉夢得、陳巖肖十家，在近時皆爲通行之本，在當時則皆祕笈。故十書雖已各著錄，而仍存此書之目，以不沒其蒐輯之勞焉。（頁1800）	明楊成玉編。成玉，始末未詳。其彙輯此書時，官揚州府知府。重刊於宏治庚戌，則繼任知府馬忠也。所列宋人詩話，凡劉攽、歐陽修、司馬光、陳師道、呂居仁、周紫芝、許顗、張表臣、葉夢得、陳巖肖十家，在近時皆爲通行之本，在當時則皆祕笈。故十書雖已各著錄，而仍存此書之目，以不沒其蒐輯之勞焉。（頁5-264）
明／ 何孟春 餘冬詩話	舊本題明何孟春撰。孟春有《何文簡奏疏》，已著錄。是書載《學海類編》中。今檢其文，實於孟春《餘冬序錄》中摘其論詩者，詭題此名也。所論多作理語。如謂蘇氏之文，無見於道，枉讀書耳；又謂「故教乞食歌姬院」，用韓熙載事，非君子所宜；皆所謂膠柱而鼓瑟。謂杜詩呈吳郎、題桃樹二律甚費解說，與他律不同，亦殊不解古人用意之處。其他持論多類此。夫以講學之見論文，已不能得文外之致；至以講學之見論詩，益去之千里矣。則何如不作詩文，更爲務本也。（頁1800）	舊本題明何孟春撰。孟春有《何文簡奏疏》，已著錄。是書載《學海類編》中。今檢其文，實於孟春《餘冬序錄》中摘其論詩者，詭題此名也。所論多作理語。如謂蘇氏之文，無見於道，枉讀書耳；又謂「故教乞食歌姬院」，用韓熙載事，非君子所宜；皆所謂膠柱而鼓瑟。謂杜詩呈吳郎、題桃樹二律甚費解說，與他律不同，亦殊不解古人用意之處。其他持論多類此。夫以講學之見論文，已不能得文外之致；至以講學之見論詩，益去之千里矣。則何如不作詩文，更爲務本也。（頁5-264）
明／ 都穆 南濠居士 詩話	明都穆撰。穆有《壬午功臣爵賞錄》，已著錄。此編刻意論詩，而見地頗淺。如《許彥周詩話》解《錦瑟》詩，以適怨清和配中四句，附會無理，而摭爲異聞。楊載詩之「六朝舊恨斜陽外，南浦新愁細雨中」，格律殊卑；「柳色嫩於鵝破殼，蘚痕斑似鹿辭胎」，尤屬鄙俚，而指爲佳句。至載入元景文「去年先生麞恃己，今年先生罔談彼」之謔，更傷蕪雜矣。其書世有二本：一爲黃桓所刻，凡七十二則，一爲文璧所刻，凡四十二則，較黃本少三十則，而其中三則爲黃本所無。近鮑廷博始以兩本參較，合爲七十五則，即此本也。（頁1800）	明都穆撰。穆有《壬午功臣爵賞錄》，已著錄。此編刻意論詩，而見地頗淺。如《許彥周詩話》解《錦瑟》詩，以適怨清和配中四句，附會無理，而摭爲異聞。楊載詩之「六朝舊恨斜陽外，南浦新愁細雨中」，格律殊卑；「柳色嫩於鵝破殼，蘚痕斑似鹿辭胎」，尤屬鄙俚，而指爲佳句。至載入元景文「去年先生麞恃己，今年先生罔談彼」之謔，更傷蕪雜矣。其書世有二本：一爲黃桓所刻，凡七十二則，一爲文璧所刻，凡四十二則，較黃本少三十則，而其中三則爲黃本所無　近鮑廷博始以兩本參較，合爲七十五則，即此本也。（頁5-265）
明／ 游潛 夢蕉詩話	明游潛撰。潛有《博物志補》，已著錄。此書中論蔡確一條，謂因自稱「不肖」，而人誤以爲「不笑」，既而誤以「不笑」爲「哭」，既而又誤以「哭」爲「酷」，遂爲部使者所斥。潛殆以酷罷官歟？所論諸詩，明人居其大半，率無深解。或借以自擴不平，尤爲褊淺。如河源襲都實之說，嫦娥祖史繩祖、白珽之論，未免剿劉陳言。論《洪武正韻》一條，謂沈約在宋、齊、梁、陳時，並居鈞要，譜韻以詞賦取士，積習久矣。及唐有天	明游潛撰。潛有《博物志補》，已著錄。此書中論蔡確一條，謂因自稱「不肖」，而人誤以爲「不笑」，既而誤以「不笑」爲「哭」，既而又誤以「哭」爲「酷」，遂爲部使者所斥。潛殆以酷罷官歟？所論諸詩，明人居其大半，率無深解。或借以自擴不平，尤爲褊淺。如河源襲都實之說，嫦娥祖史繩祖、白珽之論，未免剿劉陳言。論《洪武正韻》一條，謂沈約在宋、齊、梁、陳時，並居鈞要，譜韻以詞賦取士，積習久矣。及唐有天下，亦竟因之云

	下，亦竟因之云云。考沈約卒於梁代，實未入陳。以詩賦試進士，始於唐高宗調露二年，梁代安有是制，更爲杜撰。惟駁《許彥周詩話》論杜牧詩一條，特有深解，非他家之所及耳。（頁1800）	云。考沈約卒於梁代，實未入陳。以詩賦試進士，始於唐高宗調露二年，梁代安有是制，更爲杜撰。惟駁《許彥周詩話》論杜牧詩一條，特有深解，非他家之所及耳。（頁5-260）
明／陳霆渚山堂詩話	明陳霆撰。陳霆有《唐餘紀傳》，已著錄。是書雜論唐、宋以來詩句工拙，而明詩爲多。又喜自載其詩，如《冷齋夜話》、《珊瑚鉤詩話》之例。如論古人作詩，用事當如水中著鹽、寓意當如空中散花。因舉所自作「獨背小闌無一語，門前吹進落花風」句，謂爲空中散花；「風月多情自進樓」句，謂爲水中著鹽，殊皆未確。其引據古人，亦頗疎舛。如李商隱殺風景語，本出所作《雜纂》，雖世無完本，然刪本尙載《說郛》中。霆乃指爲《義山詩品》，世無此書也。又《復齋漫錄》謂張耒「新月已生飛鳥外，落霞更在夕陽西」句，本之郎士元「河源飛鳥外，雪嶺大荒西」一聯，摘其知上句本士元詩，不知下句本薛能「好山多在夕陽西」句可也，霆乃謂其不知本九僧「春生桂嶺外，月在海門西」句，是與耒詩何涉乎？（頁1800～1801）	明陳霆撰。陳霆有《唐餘紀傳》，已著錄。是書雜論唐、宋以來詩句工拙，而明詩爲多。又喜自載其詩，如《冷齋夜話》、《珊瑚鉤詩話》之例。如論古人作詩，用事當如水中著鹽、寓意當如空中散花。因舉所自作「獨背小闌無一語，門前吹進落花風」句，謂爲空中散花；「風月多情自進樓」句，謂爲水中著鹽，殊皆未確。其引據古人，亦頗疎舛。如李商隱殺風景語，本出所作《雜纂》，雖世無完本，然刪本尙載《說郛》中。霆乃指爲《義山詩品》，世無此書也。又《復齋漫錄》謂張耒「新月已生飛鳥外，落霞更在夕陽西」句，本之郎士元「河源飛鳥外，雪嶺大荒西」一聯，摘其知上句本士元詩，不知下句本薛能「好山多在夕陽西」句可也，霆乃謂其不知本九僧「春生桂嶺外，月在海門西」句，是與耒詩何涉乎？（頁5-265～266）
明／徐泰詩談	明徐泰撰。泰字子元，海鹽人。宏治甲子舉人，官光澤縣知縣。是編皆論明代之詩。自劉基、高啓以下，至黃省曾，附以女子朱靜菴、道士盧大雅、僧來復、宗泐、守仁、梵琦，各爲品目。大抵宗旨不出七子門庭。其造語多用四言二句，務摹敖陶孫《詩評》，亦頗嫌學步。（頁1801）	明徐泰撰。泰字子元，海鹽人。宏治甲子舉人，官光澤縣知縣。是編皆論明代之詩。自劉基、高啓以下，至黃省曾，附以女子朱靜菴、道士盧大雅、僧來復、宗泐、守仁、梵琦，各爲品目。大抵宗旨不出七子門庭。其造語多用四言二句，務摹敖陶孫《詩評》，亦頗嫌學步。（頁5-266）
明／朱承爵存餘堂詩話	明朱承爵撰。承爵有《灼薪劇談》，已著錄。是編凡論詩二十六條，離合參半。如論《天廚禁臠》假借格之謬，辨《漁隱叢話》論琴阮琵琶詩之非，其說皆確。他論映雪收螢一聯，及蘇軾少年詩一條，歐陽修學溫庭筠一條，亦皆有理。惟所稱明人諸詩，多涉蕪雜，論樂府必合本題篇名一條，似確而固。至於不知寒山子爲何人，則失之眉睫之前矣。（頁1801）	明朱承爵撰。承爵有《灼薪劇談》，已著錄。是編凡論詩二十六條，離合參半。如論《天廚禁臠》假借格之謬，辨《漁隱叢話》論琴阮琵琶詩之非，其說皆確。他論映雪收螢一聯及蘇軾少年詩一條，歐陽修學溫庭筠一條，亦皆有理。惟所稱明人諸詩，多涉蕪雜，論樂府必合本題篇名一條，似確而固。至於不知寒山子爲何人，則失之眉睫之前矣。（頁5-266）
明／王世貞全唐詩說	舊本題明王世貞撰。世貞有《弇山堂別集》，已著錄。是二書載曹溶《學海類編》中，實則割剝世貞《藝苑卮言》，鈔爲兩卷。世貞著作，初無此二名也。（頁1801）	舊本題明王世貞撰。世貞有《弇山堂別集》，已著錄。是二書載曹溶《學海類編》中，實則割剝世貞《藝苑卮言》，鈔爲兩卷。世貞著作，初無此二名也。（頁5-266）

明/ 謝榛 詩家直說	明謝榛撰。榛有《四溟集》，已著錄。榛詩本足自傳，而急於求名，乃作是書以自譽，持論多夸而無當。又多指摘唐人詩病，而改定其字句。甚至稱夢見杜甫、李白，登堂過訪，勉以努力齊名。今觀其書，大旨主於超悟。每以作無米粥為言，猶嚴羽才不關學、趣不關理之說也。又以練字為主，亦方回句眼之說也。如謂杜牧《開元寺水閣》詩「深秋簾幕千家雨，落日樓臺一笛風」句不工，改為「深秋簾幕千家月，靜夜樓臺一笛風」。不知前四句為「六朝文物草連空，天澹雲閒今古同。鳥去鳥來山色裏，人歌人哭水聲中。」末二句為「惆悵無因見范蠡，參差煙樹五湖東。」皆登高晚眺之景。如改雨為月，改落日為靜夜，則「鳥去鳥來山色裏」，非夜中之景，「參差煙樹五湖東」，亦非月下所能見。而就句改句，不顧全詩，古來有是詩法乎？王士禎論詩絕句：「何因點竄澄江練，笑殺談詩謝茂秦。」固非好輕詆矣。至所謂詩以一句為主，落於某韻，意隨字生，豈必先立意云何，其語似高實謬，尤足誤人。是但為流連山水、摹寫風月、閒適小詩言耳，不知發乎情，止乎禮義、感天地而動鬼神，固以言志為本也。（頁1801）	明謝榛撰。榛有《四溟集》，已著錄。榛詩本足自傳，而急於求名，乃作是書以自譽，增廣多夸而無當。又多指摘唐人詩病，而改定其字句。甚至稱夢見杜甫、李白，登堂過訪，勉以努力齊名。今觀其書，大旨主於超悟。每以作無米粥為言，猶嚴羽才不關學、趣不關理之說也。又以練字為主，亦方回句眼之說也。如謂杜牧《開元寺水閣》詩「深秋簾幕千家雨，落日樓臺一笛風」句不工，改為「深秋簾幕千家月，靜夜樓臺一笛風」。不知前四句為「六朝文物草連空，天澹雲閒今古同。鳥去鳥來山色裏，人歌人哭水聲中。」末二句為「惆悵無因見范蠡，參差煙樹五湖東。」皆登高晚眺之景。如改雨為月，改落日為靜夜，則「鳥去鳥來山色裏」，非夜中之景，「參差煙樹五湖東」，亦非月下所能見。而就句改句，不顧全詩，古來有是詩法乎？王士禎論詩絕句：「何因點竄澄江練，笑殺談詩謝茂秦。」固非好輕詆矣。至所謂詩以一句為主，落於某韻，意隨字生，豈必先立意云何，其語似高實謬，尤足誤人。是但為流連山水、摹寫風月、閒適小詩言耳，不知發乎情，止乎禮義、感天地而動鬼神，固以言志為本也。（頁5-266～267）
明/ 李攀龍 詩文原始	舊本題明李攀龍撰。攀龍有《詩學事類》，已著錄。此書則自明以來，不聞為攀龍所作，其持論亦不類攀龍語。疑亦曹溶掇拾割裂之書，偽題攀龍名也。（頁1801）	舊本題明李攀龍撰。攀龍有《詩學事類》，已著錄。此書則自明以來，不聞為攀龍所作，其持論亦不類攀龍語。疑亦曹溶掇拾割裂之書，偽題攀龍名也。（頁5-267）
明/ 劉世偉 過庭詩話	明劉世偉撰。世偉有《厭次瑣談》，已著錄。是書卷首有嘉靖丁巳閻新恩序，稱世偉之父為寧國君冷菴翁，故所著詩話，名曰「過庭」。然書中無一字及其家學，殆不可曉。其大旨謂後學看詩話，當以嚴滄浪為準。最可惡者，惠洪《冷齋夜話》於漢、魏、唐人好詩，不會理會得一句，其所論皆蘇、黃之惡詩，大抵宋詩遠不逮唐，亦由蘇、黃共壞之云云。然據其全書，則皆拾七子之緒餘，實於漢、魏、盛唐，了無所解，於宋詩亦無所解也。觀其論絕句，有絕前四句、後四句、中四句諸體，是併不知先有絕句，後有律詩矣。其詆唐詩稱僧為「公」為「師」，尤為迂闊。古人稱謂，例皆相	明劉世偉撰。世偉有《厭次瑣談》，已著錄。是書卷首有嘉靖丁巳閻新恩序，稱世偉之父為寧國君冷菴翁，故所著詩話，名曰「過庭」。然書中無一字及其家學，殆不可曉。其大旨謂後學看詩話，當以嚴滄浪為準。最可惡者，惠洪《冷齋夜話》於漢、魏、唐人好詩，不會理會得一句，其所論皆蘇、黃之惡詩，大抵宋詩遠不逮唐，亦由蘇、黃共壞之云云。然據其全書，則皆拾七子之緒餘，實於漢、魏、盛唐，了無所解，於宋詩亦無所解也。觀其論絕句，有絕前四句、後四句、中四句諸體，是併不知先有絕句，後有律詩矣。其詆唐詩稱僧為「公」為「師」，尤為迂闊。古人稱謂，例皆相尊。林公、遠公，晉時已

	尊。林公、遠公，晉時已爾，何獨深責於唐人？且子者，男子之美稱，而異端莫甚於楊、墨，孟子稱楊子、墨子，其亦崇獎異端乎？至論古樂府一條，稱山上復有山，爲字謎之祖。元人正宮樂府云：「拈起這紙來呵，好教我目邊點水言難盡。拈起筆來呵，好教我門裏挑心寫不成。」庶幾善學此者云云，益爲夐陋矣。（頁1801～1802）	爾，何獨深責於唐人？且子者，男子之美稱，而異端莫甚於楊、墨，孟子稱楊子、墨子，其亦崇獎異端乎？至論古樂府一條，稱山上復有山，爲字謎之祖。元人正宮樂府云：「拈起這紙來呵，好教我目邊點水言難盡。拈起筆來呵，好教我門裏挑心寫不成。」庶幾善學此者云云，益爲夐陋矣。（頁5-267～268）
明／皇甫汸解頤新語	明皇甫汸撰。汸有《百泉子緒論》，已著錄。是編乃其說詩之語。凡分八門：曰敘論，曰述事，曰考證，曰詮藻，曰矜賞，曰遺誤，曰譏評，曰雜記。自稱：「匡鼎說詩，人爲解頤；陸賈造語，帝每稱善。故竊比於二子。」然汸詩有名於當時，而此書乃多謬陋。大抵皆襲舊文，了無精識；好大言，而實皆膚詞。如云「《詩》首關雎，《易》始龍德，《逍遙》大鵬，其意一也。」此十六字爲一條，竟不知作何語。又引證不確，搖筆即舛。如鍾嶸《詩品》，家弦戶誦，乃云：「《鍾品》已煙，僅存嚴氏、李商隱等三十六體。」《唐書》本傳明云以表啓而名，乃指爲詩派。杜甫已有七言長律，乃云：「元、白餘思不盡，加爲六韻，此七言排之始。」選楊徽之詩十聯寫御屏，本宋太宗事，見《澠水燕談》；張爲《主客圖》作於唐時，其書雖佚，尚散見計有功《唐詩紀事》，乃云：「唐太宗聞楊徽之詩名，盡索所著，選十聯寫御屏，遂有句對句圖及《主客圖》。」他如「黃金費盡教歌舞，留與他人樂少年」，司空圖詩也，而云顧況。「王莽弄來曾半破，曹公將去便平沈」，李山甫詩也，而云李商隱。又所稱商隱「棹裏自成歌，歌竟乘流去」之句，今義山集中亦無之，不知所據爲何本。如此之類，指不勝屈。世以汸名重傳之耳。（頁1802）	明皇甫汸撰。汸有《百泉子緒論》，已著錄。是編乃其說詩之語。凡分八門：曰敘論，曰述事，曰考證，曰詮藻，曰矜賞，曰遺誤，曰譏評，曰雜記。自稱：「匡鼎說詩，人爲解頤；陸賈造語，帝每稱善。故竊比於二子。」然汸詩有名於當時，而此書乃多謬陋。大抵皆襲舊文，了無精識；好大言，而實皆膚詞。如云「《詩》首關雎，《易》始龍德，《逍遙》大鵬，其意一也。」此十六字爲一條，竟不知作何語。又引證不確，搖筆即舛。如鍾嶸《詩品》，家弦戶誦，乃云：「《鍾品》已煙，僅存嚴氏、李商隱等三十六體。」《唐書》本傳明云以表啓而名，乃指爲詩派。杜甫已有七言長律，乃云：「元、白餘思不盡，加爲六韻，此七言排之始。」選楊徽之詩十聯寫御屏，本宋太宗事，見《澠水燕談》；張爲《主客圖》作於唐時，其書雖佚，尚散見計有功《唐詩紀事》，乃云：「唐太宗聞楊徽之詩名，盡索所著，選十聯寫御屏，遂有句對句圖及《主客圖》。」他如「黃金費盡教歌舞，留與他人樂少年」，司空圖詩也，而云顧況。「王莽弄來曾半破，曹公將去便平沈」，李山甫詩也，而云李商隱。又所稱商隱「棹裏自成歌，歌竟乘流去」之句，今義山集中亦無之，不知所據爲何本。如此之類，指不勝屈。世以汸名重傳之耳。（頁5-268）
明／梁橋冰川詩式	明梁橋撰。橋字公濟，號冰川子，眞定人。由選貢生授四川布政司經歷。是書成於嘉靖己巳。分定體、練句、貞韻、審聲、研幾、綜賾六門。雜錄舊說，不著所出。又參以臆見，橫生名目，兼增以杜撰之體。蓋於詩之源流、正變，皆未有所解也。（頁1802）	明梁橋撰。橋字公濟，號冰川子，眞定人。由選貢生授四川布政司經歷。是書成於嘉靖己巳。分定體、練句、貞韻、審聲、研幾、綜賾六門。雜錄舊說，不著所出。又參以臆見，橫生名目，兼增以杜撰之體。蓋於詩之源流、正變，皆未有所解也。（頁5-268）

明／ 郭子章 豫章詩話	明郭子章撰。子章有《蟬衣生易解》，已著錄。是編論其鄉人之詩與詩之作於其鄉者。上起古初，下迄於明。然多據郡縣志書，所採未免蕪雜。如惠遠七言絕句，子章能辨其偽。然尋真觀玉簡天篆，決非秦代語；嚴下老人武帝問答，決非漢人語；乃以爲四言之祖，何耶？又如房璘妻高氏碑刻之類，無與於詩話；而盧全、韓愈用龍鍾、躘踵字之類，亦無與豫章，均有愛奇嗜博之失。（頁1802）	明郭子章撰。子章有《蟬衣生易解》，已著錄。是編論其鄉人之詩與詩之作於其鄉者。上起古初，下迄於明。然多據郡縣志書，所採未免蕪雜。如惠遠七言絕句，子章能辨其偽。然尋真觀玉簡天篆，決非秦代語；嚴下老人武帝問答，決非漢人語；乃以爲四言之祖，何耶？又如房璘妻高氏碑刻之類，無與於詩話；而盧全、韓愈用龍鍾、躘踵字之類，亦無與豫章，均有愛奇嗜博之失。（頁 5-268～269）
明／ 朱孟震 玉笥詩話	明朱孟震撰。孟震有《河上楮談》，已著錄。此其所爲詩話。皆載明代之事，而涉於江西者尤多，蓋據其見聞所及也。其論詩大旨，則惟以王世貞爲宗。（頁1802）	明朱孟震撰。孟震有《河上楮談》，已著錄。此其所爲詩話。皆載明代之事，而涉於江西者尤多，蓋據其見聞所及也。其論詩大旨，則惟以王世貞爲宗。（頁 5-269）
明／ 朱宣 詩心珠會	明華陽王朱宣壋編。宣壋字白厚，自號味一道人。蜀獻王椿八世孫。考《明史·宗室表》，其襲封在萬歷十三年。是編前有自序，題嘉靖庚申，蓋作於未襲封時。故其私印一曰「蜀國分藩」，一曰「華陽王長子」也。是編取前人詩話分類編次。凡體格二卷，法則二卷，評論二卷，辯正一卷，雜拾一卷。其所徵引皆不著所出，龐雜無緒。閒有附註，以「味一曰」別之，亦皆膚淺。（頁1802）	明華陽王朱宣壋編。宣壋字白厚，自號味一道人。蜀獻王椿八世孫。考《明史·宗室表》，其襲封在萬歷十三年。是編前有自序，題嘉靖庚申，蓋作於未襲封時。故其私印一曰「蜀國分藩」，一曰「華陽王長子」也。是編取前人詩話分類編次。凡體格二卷，法則二卷，評論二卷，辯正一卷，雜拾一卷。其所徵引，皆不著所出，龐雜無緒。閒有附註，以「味一曰」別之，亦皆膚淺。（頁 5-269）
明／ 鄧雲霄 冷邸小言	明鄧雲霄撰。雲霄有《百花洲集》，已著錄。此書前有自序，稱論詩什九，品古什一。大旨以嚴羽爲宗，尊陶、謝而祧蘇、李，左王、孟而右杜、韓。司空圖所謂「不著一字、盡得風流」者，亦詩家之一派，不可廢也。然以爲極則，則狹矣。（頁1802）	明鄧雲霄撰。雲霄有《百花洲集》，已著錄。此書前有自序，稱論詩什九，品古什一。大旨以嚴羽爲宗，尊陶、謝而祧蘇、李，左王、孟而右杜、韓。司空圖所謂「不著一字、盡得風流」者，亦詩家之一派，不可廢也。然以爲極則，則狹矣。（頁 5-269）
明／ 周子文 藝藪談宗	明周子文編。子文字岐陽，無錫人。萬歷癸未進士。是編輯明人論詩之語爲一編，凡宋濂、高棅、何景明、李東陽、徐禎卿、王廷相、楊愼、都穆、皇甫汸、王世貞、何良俊、謝榛、王世懋、胡應麟、王穉登、屠隆、焦竑、李維楨、朱長春十九家，或採錄其文集，或刪節其詩話，大致以王世貞爲圭臬。蓋萬歷中葉，七子之餘焰猶未盡熸，故子文據《藝苑卮言》一書，遽欲衡量千古也。（頁1802）	明周子文編。子文字岐陽，無錫人。萬歷癸未進士。是編輯明人論詩之語爲一編，凡宋濂、高棅、何景明、李東陽、徐禎卿、王廷相、楊愼、都穆、皇甫汸、王世貞、何良俊、謝榛、王世懋、胡應麟、王穉登、屠隆、焦竑、李維楨、朱長春十九家，或採錄其文集，或刪節其詩話，大致以王世貞爲圭臬。蓋萬歷中葉，七子之餘焰猶未盡熸，故子文據《藝苑卮言》一書，遽欲衡量千古也。（頁 5-269～270）

明／ 李日華 恬志堂詩話	明李日華撰。日華有《梅墟先生別錄》，已著錄。此編載曹溶《學海類編》中，乃摘其諸雜著中論詩之語，湊合成編。如：「武伯英獨翦一聯，其文甚繁，今刪其上文，但云燭翦句。余改曰『吐殘月魄蠶頤動，蹴落春紅燕尾忙』。」此改字竟從何來？是直不通書賈所摘矣。至日華堂名「恬致」，其集即名《恬致堂集》，而改曰「恬志」，尤耳食之誤也。（頁 1803）	明李日華撰。日華有《梅墟先生別錄》，已著錄。此編載曹溶《學海類編》中，乃摘其諸雜著中論詩之語，湊合成編。如：「武伯英獨翦一聯，其文甚繁，今刪其上文，但云燭翦句。余改曰『吐殘月魄蠶頤動，蹴落春紅燕尾忙』。」此改字竟從何來？是直不通書賈所摘矣。至日華堂名「恬致」，其集即名《恬致堂集》，而改曰「恬志」，尤耳食之誤也。（頁 5-270）
明／ 胡應麟 詩藪	明胡應麟撰。應麟有《筆叢》，已著錄。是書凡內編六卷，分古今體各三卷；外編六卷，自周至元以時代為次；雜編六卷，分遺逸、閏餘各三卷，皆其評論之語。《明史‧文苑傳》曰：「胡應麟幼能詩，萬曆四年舉於鄉，久不第。築室山中，購書四萬餘卷，手自編次，多所撰著。攜詩謁王世貞，世貞喜而激賞之，歸益自負。所著《詩藪》十八卷，大抵奉世貞《卮言》為律令，而敷衍其說。謂詩家之有世貞，集大成之尼父也。其貢諛如此」云云。是應麟著此書時，世貞固尚在。乃內編又自紀其作哭王長公詩二百四十韻事，豈應麟又續有所增益歟？（頁 1803）	明胡應麟撰。應麟有《筆叢》，已著錄。是書凡內編六卷，分古今體各三卷；外編六卷，自周至元以時代為次；雜編六卷，分遺逸、閏餘各三卷，皆其評論之語。《明史‧文苑傳》曰：「胡應麟幼能詩，萬曆四年舉於鄉，久不第。築室山中，購書四萬餘卷，手自編次，多所撰著。攜詩謁王世貞，世貞喜而激賞之，歸益自負。所著《詩藪》十八卷，大抵奉世貞《卮言》為律令，而敷衍其說。謂詩家之有世貞，集大成之尼父也。其貢諛如此」云云。是應麟著此書時，世貞固尚在。乃內編又自紀其作哭王長公詩二百四十韻事，豈應麟又續有所增益歟？（頁 5-270）
明／ 顧元慶 夷白齋詩話	明顧元慶撰。元慶有《雲林遺事》，已著錄。是編論詩，多隔膜之語。如秦韜玉詩「地衣鎮角香獅子，簾額侵鉤繡辟邪」，可謂寒酸窮眼，元慶乃稱其狀富貴之象於目前，品題殊誤。所錄明詩多猥瑣。至議蔡邕《飲馬長城窟行》，謂魚腹中安得有書，尤高叟之為詩矣？（頁 1803）	明顧元慶撰。元慶有《雲林遺事》，已著錄。是編論詩，多隔膜之語。如秦韜玉詩「地衣鎮角香獅子，簾額侵鉤繡辟邪」，可謂寒酸窮眼，元慶乃稱其狀富貴之象於目前，品題殊誤。所錄明詩多猥瑣。至議蔡邕《飲馬長城窟行》，謂魚腹中安得有書，尤高叟之為詩矣？（頁 5-270～271）
明／ 葉挺秀 詩譚	明葉廷秀撰。廷秀有《西曹秋思》，已著錄。是集所輯詩話，半錄舊文，半出己論。前有廷秀自序，稱：「以為譚詩也可，譚道也可。」然其病正坐於此。第一條即曰心學，第二條曰行得始為難。蓋以講學為詩家正脈，始於《文章正宗》，白沙、定山諸集又加甚焉。至廷秀等，而風雅掃地矣。此所謂言之有故，執之成理，而斷斷不可行於天下者也。故其人雖風裁嶽嶽，而論詩不可訓焉。（頁 1803）	明葉廷秀撰。廷秀有《西曹秋思》，已著錄。是集所輯詩話，半錄舊文，半出己論。前有廷秀自序，稱：「以為譚詩也可，譚道也可。」然其病正坐於此。第一條即曰心學，第二條曰行得始為難。蓋以講學為詩家正脈，始於《文章正宗》，白沙、定山諸集又加甚焉。至廷秀等，而風雅掃地矣。此所謂言之有故，執之成理，而斷斷不可行於天下者也。故其人雖風裁嶽嶽，而論詩不可訓焉。（頁 5-271）
明／ 陳繼儒 佘山詩話	舊本題明陳繼儒撰。繼儒有《邵康節外紀》，已著錄。此書別無傳本，惟《學海類編》載之。然其文皆撦拾繼儒他說部而成，殆非其本書。其中如以展子虔為大李將軍之師。大李將軍為唐開元中李思訓，展子虔為北齊人也。疏謬如是，即真出繼儒手，正亦無足取耳。（頁 1803）	舊本題明陳繼儒撰。繼儒有《邵康節外紀》，已著錄。此書別無傳本，惟《學海類編》載之。然其文皆撦拾繼儒他說部而成，殆非其本書。其中如以展子虔為大李將軍之師。大李將軍為唐開元中李思訓，展子虔為北齊人也。疏謬如是，即真出繼儒手，正亦無足取耳。（頁 5-271）

明／ 陳懋仁 藕居士詩話	明陳懋仁撰。懋仁有《年號韻編》，已著錄。是書卷末論盧照鄰詩「玉帛委奄尹，鈇質嬰縉紳」句，以為此熹宗朝十字史，則作於崇禎時矣。懋仁及與袁宏道、鍾惺、譚元春游，故其論詩，大旨以公安、竟陵為宗。自序謂考證多而評騭少。今觀其書，如元王烈婦、明鐵鉉女諸條，亦稍能辨析，而舛漏之處甚多。如徐禎卿觀射歌「突如流星中如樹」，此自用《詩》「四鍭如樹」語，而引《儀禮》之皮樹，以為獸名，則如字定作何解？杜甫《杜鵑》詩證以三絕句之疊用刺史，明鵑字為韻是已。又引《白頭吟》之「郭東亦有樵」二句，則不知此乃晉樂所加以諧律，非本詞也。《詩》「新臺有泚」，《說文》作玼，自是當時別本，而以為泚誤作玼，是未勘《說文》所引五經不同者。不止於此，謂《蜀道難》始梁張惊，不始李白，不知郭茂倩《樂府詩集》所載，乃以梁元帝為首。謂楊慎《趙州館喜晴》七言律詩，以明字押入東韻，為合古法，是誤以古韻論律韻。謂傅元以稍押貊為無韻之詩，不知稍在覺部，江之入聲；貊在陌部，庚之入聲；正穿鼻七聲之相通。又誤以律韻議古韻，至引《尸子》死人為歸人句，證邱為詩之「萬里一歸人」，更與本義相左矣。所註杜詩諸故實，亦茫無根據，無一字之可信也。（頁1803）	明陳懋仁撰。懋仁有《年號韻編》，已著錄。是書卷末論盧照鄰詩「玉帛委奄尹，鈇質嬰縉紳」句，以為此熹宗朝十字史，則作於崇禎時矣。懋仁及與袁宏道、鍾惺、譚元春游，故其論詩，大旨以公安、竟陵為宗。自序謂考證多而評騭少。今觀其書，如元王烈婦、明鐵鉉女諸條，亦稍能辨析，而舛漏之處甚多。如徐禎卿觀射歌「突如流星中如樹」，此自用《詩》「四鍭如樹」語，而引《儀禮》之皮樹，以為獸名，則如字定作何解？杜甫《杜鵑》詩證以三絕句之疊用刺史，明鵑字為韻是已。又引《白頭吟》之「郭東亦有樵」二句，則不知此乃晉樂所加以諧律，非本詞也。《詩》「新臺有泚」，《說文》作玼，自是當時別本，而以為泚誤作玼，是未勘《說文》所引五經不同者。不止於此，謂《蜀道難》始梁張惊，不始李白，不知郭茂倩《樂府詩集》所載，乃以梁元帝為首。謂楊慎《趙州館喜晴》七言律詩，以明字押入東韻，為合古法，是誤以古韻論律韻。謂傅玄以 押貊為無韻之詩，不知 在覺部，江之入聲；貊在陌部，庚之入聲；正穿鼻七聲之相通。又誤以律韻議古韻，至引《尸子》死人為歸人句，證邱為詩之「萬里一歸人」，更與本義相左矣。所註杜詩諸故實，亦茫無根據，無一字之可信也。（頁5-271～272）
明／ 茅元儀 藝活甲編	明茅元儀撰。元儀有《嘉靖大政類編》已著錄。此編皆評詩論文之語。當嘉靖中，元儀祖坤與王世貞爭名相軋。坤作《史記鈔》，世貞未見其書，即先斷其必不解。又世貞題《歸有光集》，詆坤《八家文鈔》右永叔而左昌黎。元儀修先世之憾，故此書大旨主於排斥世貞。然世貞摹擬之弊，雖可議者多。而元儀評論古人，又往往大言無當，所見實粗。其任意雌黃，亦皆不為定論也。（頁1803）	明茅元儀撰。元儀有《嘉靖大政類編》已著錄。此編皆評詩論文之語。當嘉靖中，元儀祖坤與王世貞爭名相軋。坤作《史記鈔》，世貞未見其書，即先斷其必不解。又世貞題《歸有光集》，詆坤《八家文鈔》右永叔而左昌黎。元儀修先世之憾，故此書大旨主於排斥世貞。然世貞摹擬之弊雖可議者多，而元儀評論古人，又往往大言無當，所見實粗。其任意雌黃，亦皆不為定論也。（頁5-272）
明／ 王昌會 詩話類編	明王昌會撰。昌會字嘉侯，上海人。參議圻之孫也。是編捃拾諸詩話，參以小說，裒合成書。議論則不著其姓名，事實則不著其時代，又並不著出自何書。糅雜割裂，茫無體例，亦博而不精之學也。（頁1804）	明王昌會撰。昌會字嘉侯，上海人。參議圻之孫也。是編捃拾諸詩話，參以小說，裒合成書。議論則不著其姓名，事實則不著其時代，又並不著出自何書。糅雜割裂，茫無體例，亦博而不精之學也。（頁5-272）

明／胡震亨唐詩談叢	舊本題明胡震亨撰。震亨有《海鹽縣圖經》，已著錄。是書載曹溶《學海類編》中，實即《唐音癸籤》之文。《癸籤》凡分體、發微、評彙、樂通、詁箋、談叢、集錄七門。此摘其談叢一部，別立名目耳。（頁1804）	舊本題明胡震亨撰。震亨有《海鹽縣圖經》，已著錄。是書載曹溶《學海類編》中，實即《唐音癸籤》之文。《癸籤》凡分體、發微、評彙、樂通、詁箋、談叢、集錄七門。此摘其談叢一部，別立名目耳。（頁5-272）
明／陳雲式詩膾	明陳雲式撰，雲式，字定之，錢塘人，是書凡分二十四類，皆雜採諸家詩話為之，而諱其出處，漫無持擇，亦無所考證。（頁1804）	明陳雲式撰，雲式，字定之，錢塘人，是書凡分二十四類，皆雜採諸家詩話為之，而諱其出處，漫無持擇，亦無所考證。（頁5-272～273）
明／？綠天耕舍燕鈔	不著撰人名氏。但署曰雪疇子輯，不知何許人也。其書雜取明人論詩之語，綴合成編，無所發明考證。大旨排王、李而主鍾、譚。殆當萬曆、天啓之閒《詩歸》盛行之後歟？（頁1804）	不著撰人名氏。但署曰雪疇子輯，不知何許人也。其書雜取明人論詩之語，綴合成編，無所發明考證。大旨排王、李而主鍾、譚。殆當萬曆、天啓之閒《詩歸》盛行之後歟？（頁5-273）
明／費經虞雅倫	明費經虞撰。其子密又增補之。經虞字仲若，新繁人。密有《燕峰文鈔》，已著錄。是書詳論歷代之詩，分源本、體調、格式、製作、合論、工力、時代、鍼砭、品衡、盛事、題引、瑣語、音韻十三門。自序稱以詩餘附後為十四，而目錄及書中皆無之，蓋欲為之而未成也。經虞著作不概見。密則「以大江流漢水，孤艇接殘春」一聯，為王士禎所稱，有「十字須千古」之目。而編次此書，乃未為精密。如源本類中論詩句所始一條，乃摯虞《文章流別》之文，今尚載《太平御覽》中，而引為孔穎達《詩》疏。葛天八闋一條，乃劉勰《文心雕龍》之文，乃引為梅鼎祚《古樂苑》。《左傳》載：「渾良夫被髮而譟。」乃呼譟之譟，而以譟為詩之一體，謂始於渾良夫。楊慎雖有五言律祖，然齊、梁但有永明體、宮體之名，無律之名，而以五言律詩始見齊、梁。排律之名始於楊士宏之《唐音》，古無是稱，而以為始見於唐。體調類中西崑詶唱，乃楊億、劉子儀諸人，億序可證，而以為西崑乃唐李義山、溫飛卿，又併韓偓入之，而段成式乃別立一體。王素有效阮公體詩，李商隱、杜牧均有擬沈下賢體詩，以及宋末四靈、江湖諸體，明末竟陵、公安諸體，皆漏不載，而別撰一才調體。格式類中每一體選錄數篇，既非該舉其源流，又非簡擇其精粹，殊為挂漏。又因齊己《風騷旨格》，益為推衍，多立名目，而漫無根據。製作類中所選名句，率摭拾詩話。然如何	明費經虞撰。其子密又增補之。經虞字仲若，新繁人。密有《燕峰文鈔》，已著錄。是書詳論歷代之詩，分源本、體調、格式、製作、合論、工力、時代、鍼砭、品衡、盛事、題引、瑣語、音韻十三門。自序稱以詩餘附後，為十四，而目錄及書中皆無之，蓋欲為之而未成也。經虞著作不概見。密則「以大江流漢水，孤艇接殘春」一聯，為王士禎所稱，有「十字須千古」之目。而編次此書，乃未為精密。如源本類中論詩句所始一條，乃摯虞《文章流別》之文，今尚載《太平御覽》中，而引為孔穎達《詩》疏。葛天八闋一條，乃劉勰《文心雕龍》之文，乃引為梅鼎祚《古樂苑》。《左傳》載：「渾良夫被髮而譟。」乃呼譟之譟，而以譟為詩之一體，謂始於渾良夫。楊慎雖有五言律祖，然齊、梁但有永明體、宮體之名，無律之名，而以五言律詩始見齊、梁。排律之名始於楊士宏之《唐音》，古無是稱，而以為始見於唐。體調類中西崑詶唱，乃楊億、劉子儀諸人，億序可證，而以為西崑乃唐李義山、溫飛卿，又併韓偓入之，而段成式乃別立一體。王素有效阮公體詩，李商隱、杜牧均有擬沈下賢體詩，以及宋末四靈、江湖諸體，明末竟陵、公安諸體，皆漏不載，而別撰一才調體。格式類中每一體選錄數篇，既非該舉其源流，又非簡擇其精粹，殊為掛漏。又因齊己《風騷旨格》，益為推衍，多立名目，而漫無根據。製作類中所選名句，率摭拾詩話。然如何遜「金粟裹搔頭」句，見黃伯思《東觀餘論》，乃

	遜「金粟裏搔頭」句，見黃伯思《東觀餘論》，乃引作考證，非謂此句之工。一概列之，殊未深考。所列對偶之法，尤繁碎。合論、工力、時代、鍼砭四類，亦皆雜取陳言。品衡類中分十六格，各選古詩以實之，而皆不愜當。盛事類中多卦漏，亦多泛濫。題引類中論近人製題不雅，頗中其病，然所引諸式，分類標目，實以古題，則多未愜當。瑣語類中皆經虞之筆記，間有可取之語。大致於古宗滄浪，於近人宗弇州也。音韻類中冗瑣與格式門同。且即格式中之一，別出一門，亦無體例。其《禮部韻略》一卷，但有字而無註。「題曰雅論禮部韻略，殆不成文」觀其附記，蓋經虞有此言，而其孫錫璜補入者。經虞又言吳棫補叶，楊慎轉注，亦當收採，而此本無之，則又不知何意也。大抵意欲求多而昧於持擇。如游藝《詩法入門》所載，律詩平仄一三五不論、二四六分明之類，亦均收入，宜其勞而鮮功矣。（頁1804）	引作考證，非謂此句之工。一概列之，殊未深考。所列對偶之法，尤繁碎。合論、工力、時代、鍼砭四類，亦皆雜取陳言。品衡類中分十六格，各選古詩以實之，而皆不愜當。盛事類中多掛漏，亦多泛濫。題引類中論近人製題不雅，頗中其病，然所引諸式，分類標目，實以古題，則多未愜當。瑣語類中皆經虞之筆記，間有可取之語，大致於古宗滄浪，於近人宗弇州也。音韻類中冗瑣，與格式門同。且即格式中之一，別出一門，亦無體例。其《禮部韻略》一卷，但有字而無註。「題曰雅論禮部韻略，殆不成文」觀其附記，蓋經虞有此言，而其孫錫璜補入者。經虞又言吳棫補叶，楊慎轉注，亦當收採，而此本無之，則又不知何意也。大抵意欲求多而昧於持擇。如游藝《詩法入門》所載，律詩平仄一三五不論、二四六分明之類，亦均收入，宜其勞而鮮功矣。（頁5-273～274）
明／？ 豔雪齋詩評、詞曲評	不著撰人名氏。《詩評》有崇禎己巳自序，《詞曲評》有崇禎戊辰自序，皆自署曰「石公」。其私印則名曰「亨臾」，字曰「以召」，其姓則不可考，不知何許人也。是編雜採明人詩話、詞話，手錄成帙，非所自撰。大致以王世貞為圭臬，不出當時習氣也。（頁1804）	不著撰人名氏。《詩評》有崇禎己巳自序，《詞曲評》有崇禎戊辰自序，皆自署曰「石公」。其私印則名曰「亨臾」，字曰「以召」，其姓則不可考，不知何許人也。是編雜採明人詩話、詞話，手錄成帙，非所自撰。大致以王世貞為圭臬，不出當時習氣也。（頁5-274）
清／ 施閏章 蠖齋詩話	國朝施閏章撰。閏章有《矩齋雜記》，已著錄。是編乃所著詩話也。閏章詩深婉蘊藉，世推作手，而詩話乃多可議。如顏真卿判楊志堅妻，李翱嫁章應物女，李紳題放生池，胡釘鉸感夢能詩，廖有方葬胡秀珀，韓愈、孟郊友善，韓愈等獎進後輩，淳化中老妓詩，老叟改薩天錫詩，石介慶歷盛德頌，艮岳詩讖，李後主題金樓子，劉長卿題詩不署姓，凡一十三條，皆直錄舊文，以為己語，殊不可解。至《劉貢父詩話》稱李商隱所詠《錦瑟》乃令狐楚青衣之名，說至無稽。而閏章取之。「松際露微月，清光猶為君」，乃常建《宿王昌齡隱居》詩，而誤作王維《灞橋》。無名氏法帖二詩，下題「閒閒」二字，其為金趙秉文作無疑，而以為唐人，亦多失考。殆偶然箚記，不甚經意之作耶？（頁1805）	國朝施閏章撰。閏章有《矩齋雜記》，已著錄。是編乃所著詩話也。閏章詩深婉蘊藉，世推作手，而詩話乃多可議。如顏真卿判楊志堅妻，全翱嫁章應物女，李紳題放生池，胡釘鉸感夢能詩，廖有方葬胡秀珀，韓愈、孟郊友善，韓愈等獎進後輩，淳化中老妓詩，老叟改薩天錫詩，石介慶歷盛德頌，艮岳詩讖，李後主題金樓子，劉長卿題詩不署姓，凡一十三條，皆直錄舊文，以為己語，殊不可解。至《劉貢父詩話》稱李商隱所詠《錦瑟》乃令狐楚青衣之名，說至無稽，而閏章取之。「松際露微月，清光猶為君」，乃常建《宿王昌齡隱居》詩，而誤作王維《灞橋》。無名氏法帖二詩，下題「閒閒」二字，其為金趙秉文作無疑，而以為唐人，亦多失考。殆偶然箚記，不甚經意之作耶？（頁5-274～275）

清／ 毛奇齡 詩話	國朝毛奇齡撰。奇齡有《仲氏易》，已著錄。是編多記其所自作及同時諸人倡和，亦閒及唐詩。奇齡以考據爲長，詩文直以才鋒用事，而於詩尤淺。其尊唐抑宋，未爲不合。而所論宋詩，皆未見宋人得失，漫肆譏彈。即所論唐詩，亦未造唐代藩籬，而妄相標榜。如詆李白，詆李商隱，詆宗元，詆蘇軾，皆務爲高論，實茫然不得要領。第八卷中記姜仲子、姚季方謂奇齡貌似蘇軾像，又記乩仙以奇齡爲軾後身，而奇齡皆以爲辱，反覆詆軾數百言，併有「莫將今日扶乩畫，又認他人著屐圖」句，已爲誕妄，至謂軾不能實見理學之是非，於先聖授受之間有所取正，尤屬大言。百載以來，日久論定，有以理學宗傳屈指於奇齡者乎？（頁1805）	國朝毛奇齡撰。奇齡有《仲氏易》，已著錄。是編多記其所自作及同時諸人倡和，亦閒及唐詩。奇齡以考據爲長，詩文直以才鋒用事，而於詩尤淺。其尊唐抑宋，未爲不合。而所論宋詩，皆未見宋人得失，漫肆譏彈。即所論唐詩，亦未造唐代藩籬，而妄相標榜。如詆李白，詆李商隱，詆宗元，詆蘇軾，皆務爲高論，實茫然不得要領。第八卷中記姜仲子、姚季方謂奇齡貌似蘇軾像，又記乩仙以奇齡爲軾後身，而奇齡皆以爲辱，反覆詆軾數百言，併有「莫將今日扶乩畫，又認他人著屐圖」句，已爲誕妄，至謂軾不能實見理學之是非，於先聖授受之間有所取正，尤屬大言。百載以來，日久論定，有以理學宗傳屈指於奇齡者乎？（頁5-275）
清／ 談遷 棗林藝簣	國朝談遷撰。遷有《海昌外志》，已著錄。是編載曹溶所輯《學海類編》中，實遷《棗林雜俎》之一卷也。所談詩文，皆不出明人門徑。其載張弼推尊《洪武正韻》一條，尤爲紕繆。（頁1805）	國朝談遷撰。遷有《海昌外志》，已著錄。是編載曹溶所輯《學海類編》中，實遷《棗林雜俎》之一卷也。所談詩文，皆不出明人門徑。其載張弼推尊《洪武正韻》一條，尤爲紕繆。（頁5-275）
清／ 毛先舒 詩辨坻	國朝毛先舒撰。先舒有《聲韻叢說》，已著錄。是編評歷代之詩。首爲總論，次爲經，次爲逸，次爲漢至唐，次爲雜論，次爲學詩經錄，次爲竟陵詩解駁議，而終以詞曲。其曰「坻」者，揚雄稱所作《方言》如鼠坻之與牛場，用則實五稼，飽邦民，不用遂爲糞壤，坻之於道。先舒取是義也。然先舒詩源出太倉、歷下，故宋元皆置不論，而尤好爲高論。如謂常建「深入強千里」句爲不知句法。謂杜甫《詠懷古蹟》第五首，通章草草，伯仲二語，殊傷淵雅。謂元結《欸乃曲》儓父之狀，使人欲嘔。謂李白《清平調》「雲想衣裳花想容」句，落塡詞纖境：「若非」、「會向」，居然滑調。「一枝穠豔」、「君王帶笑」，了無高趣。又謂胡應麟性鶩多，故於宋、元詩俱評。然眼中能容如許塵物，即胸次可知，而上下千古所鑄金呼佛者，則惟一李攀龍焉。（頁1805）	國朝毛先舒撰。先舒有《聲韻叢說》，已著錄。是編評歷代之詩，首爲總論，次爲經，次爲逸，次爲漢至唐，次爲雜論，次爲學詩經錄，次爲竟陵詩解駁議，而終以詞曲。其曰「坻」者，揚雄稱所作《方言》如鼠坻之與牛場，用則實五稼，飽邦民，不用遂爲糞壤，坻之於道。先舒取是義也。然先舒詩源出太倉、歷下，故宋元皆置不論。而尤好爲高論，如謂常建「深入強千里」句爲不知句法。謂杜甫《詠懷古蹟》第五首，通章草草，伯仲二語殊傷淵雅。謂元結《欸乃曲》儓父之狀，使人欲嘔。謂李白《清平調》「雲想衣裳花想容」句，落塡詞纖境：「若非」、「會向」，居然滑調：「一枝穠豔」、「君王帶笑」，了無高趣。又謂胡應麟性鶩多，故於宋、元詩俱評。然眼中能容如許塵物，即胸次可知，而上下千古所鑄金呼佛者，則惟一李攀龍焉。（頁5-275～276）
清／ 王士禎 五代詩話	國朝王士禎撰，宋弼等補緝。士禎有《古懽錄》，弼有《山左明詩鈔》，均已著錄。是書士禎原稿，本草創未竟之本。弼所續入，務求其博，體例遂傷冗雜，殊失士禎之初意，而掛漏者仍復不免。後鄭方坤重爲補正，乃斐然可觀。是編精華	國朝王士禎撰，宋弼等補緝。士禎有《古懽錄》，弼有《山左明詩鈔》，均已著錄。是書士禎原稿，本草創未竟之本。弼所續入，務求其博，體例遂傷冗雜，殊失士禎之初意，而掛漏者仍復不免。後鄭方坤重爲補正，乃斐然可觀。是編精華已盡爲方

	已盡爲方坤所採，方坤所不採者，皆精粗矣。今錄方坤之本，而此本附存其目。蓋二本皆非士禎之舊，而方坤學問賅洽，不由餖飣而來，其凡例指摘此本之失，皆一一切中，故錄彼而置此焉。（頁1805）	坤所採，方坤所不採者，皆糟粕矣。今錄方坤之本，而此本附存其目。蓋二本皆非士禎之舊，而方坤學問賅洽，不由餖飣而來，其凡例指摘此本之失，皆一一切中，故錄彼而置此焉。（頁5-276）
清／ 王士祿 然脂集	國朝王士祿撰。士祿有《讀史蒙拾》，已著錄。士祿嘗欲輯古今閨閣之文爲一書，取徐陵《玉臺新吟序》「然脂暝寫」之語爲名。然陵所選，乃豔歌，非女子詩，士祿蓋誤引也。其弟士禎書其年譜後曰：「先生著書，惟《然脂集》二百三十餘卷，條目初就。」蓋爲之而未成，僅存此例十條而已。《隋志》有《婦人集》，其書不傳。明以來選本至夥，猥雜殊甚。士祿此例，差有條理。附存其名於詩文評中，俾來有考焉。（頁1805）	國朝王士祿撰。士祿有《讀史蒙拾》，已著錄。士祿嘗欲輯古今閨閣之文爲一書，取徐陵《玉臺新吟序》「然脂暝寫」之語爲名。然陵所選，乃豔歌，非女子詩，士祿蓋誤引也。其弟士禎書其年譜後曰：「先生著書，惟《然脂集》二百三十餘卷，條目初就。」蓋爲之而未成，僅存此例十條而已。《隋志》有《婦人集》，其書不傳。明以來選本至夥，猥雜殊甚。士祿此例，差有條理。附存其名於詩文評中，俾來有考焉。（頁5-276）
清／ 吳喬 圍爐詩話	國朝吳喬撰。喬字修齡。崑山人。是書所論，如「意」，喻之米；「文」，則炊而爲飯；「詩」，則釀而爲酒。飯不變米形，酒則變盡。如《小弁》、《凱風》諸篇，斷不能以文章之道平直出之。又謂詩之中須有人在。趙執信作《談龍錄》，皆深取其說。然統核全書，則偏駁特甚。大旨初尊長沙而排慶陽，又祖晚唐而擠兩宋，氣質囂浮，欲以毒詈狂談劫伏俗耳，遂以王、李爲牛听驢鳴，而比陳子龍於王錫爵之僕夫。七子摹擬盛唐，誠不免於流弊，然亦各有根據。必斥之不比於人類，殊未得其平。至於賦、比、興三體並行，源於《三百》，緣情觸景，各有所宜，未嘗聞興、比則必優，賦則必劣。況唐人非無賦體，宋人亦非盡無比興。遺詩具在，吾將誰欺。乃劃界分疆，誣宋人以比、興都絕，而所謂唐人之比興者，實皆穿鑿附會，大半難通。即所最推之李商隱、韓偓二家，李則字字爲令狐而吟，韓則句句爲朱溫而發。平心而論，果盡如是哉？閻若璩《潛邱箚記》載喬自譽之言曰：「賀黃公《載酒園詩話》，馮定遠《鈍吟雜錄》及某《圍爐詩話》，可稱談詩之三絕。」是何言歟！（頁1805～1806）	國朝吳喬撰。喬字修齡。崑山人。是書所論，如「意」，喻之米；「文」，則炊而爲飯；「詩」，則釀而爲酒。飯不變米形，酒則變盡。如《小弁》、《凱風》諸篇，斷不能以文章之道平直出之。又謂詩之中須有人在。趙執信作《談龍錄》，皆深取其說。然統核全書，則偏駁特甚。大旨初尊長沙而排慶陽，又祖晚唐而擠兩宋，氣質囂浮，欲以毒詈狂談劫伏俗耳，遂以王、李爲牛听驢鳴，而比陳子龍於王錫爵之僕夫。七子摹擬盛唐，誠不免於流弊，然亦各有根據，必斥之不比於人類，殊未得其平。至於賦、比、興三體並行，源於《三百》，緣情觸景，各有所宜，未嘗聞興、比則必優，賦則必劣。況唐人非無賦體，宋人亦非盡無比興。遺詩具在，吾將誰欺。乃劃界分疆，誣宋人以比、興都絕，而所謂唐人之比興者，實皆穿鑿附會，大半難通。即所最推之李商隱、韓偓二家，李則字字爲令狐而吟，韓則句句爲朱溫而發。平心而論，果盡如是哉？閻若璩《潛邱箚記》載喬自譽之言曰：「賀黃公《載酒園詩話》，馮定遠《鈍吟雜錄》及某《圍爐詩話》，可稱談詩之三絕。」是何言歟！（頁5-276～277）
清／ 宋犖 漫堂說詩	國朝宋犖撰。犖有《滄浪小志》，已著錄。此書乃其說詩之語，載《學海類編》中。較曹溶所收僞妄詩話，猶爲眞本。然犖已編入《西陂類稿》中矣。（頁1806）	國朝宋犖撰。犖有《滄浪小志》，已著錄。此書乃其說詩之語，載《學海類編》中。較曹溶所收僞妄詩話，猶爲眞本。然犖已編入《西陂類稿》中矣。（頁5-270）

清／ 伍涵芬 說詩樂趣附偶咏草續集	國朝伍涵芬撰。涵芬有《讀書樂趣》，已著錄。此書皆採摭前人詩話，《偶詠草續集》則所自作。以所撰《讀書樂趣》末有《偶詠草》，故此曰續集也。其書龐雜無緒，去取失倫。卷端所列引用書目，乖舛不一而足，則其於詩可知矣。涵芬《偶咏草》中有「僑居白下三山市，亂賣柴溪伍氏書」句，蓋貧士刊鬻以自給，原不爲著述計也。（頁 1806）	國朝伍涵芬撰。涵芬有《讀書樂趣》，已著錄。此書皆採摭前人詩話，《偶詠草續集》則所自作。以所撰《讀書樂趣》末有《偶詠草》，故此曰續集也。其書龐雜無緒，去取失倫。卷端所列引用書目，乖舛不一而足，則其於詩可知矣。涵芬《偶咏草》中有「僑居白下三山市，亂賣柴溪伍氏書」句，蓋貧士刊鬻以自給，原不爲著述計也。（頁 5-277）
清／ 宋長白 柳亭詩話	國朝宋長白撰。長白，原名俊，以字行，山陰人。是編成於康熙乙酉。自三代以迄近人，凡涉於詩者，多所記錄，時以己意品題。而議論考據，多無根柢，猶明季山人之餘緒也。（頁 1806）	國朝宋長白撰。長白，原名俊，以字行，山陰人。是編成於康熙乙酉。自三代以迄近人，凡涉於詩者，多所記錄，時以己意品題。而議論考據，多無根柢，猶明季山人之餘緒也。（頁 5-277）
清／ 葉燮 原詩	國朝葉燮撰。燮有《江南星野辨》，已著錄。是編乃其論詩之語。分內篇、外篇，又各分上、下。其大旨在排斥有明七子之摹擬，及糾彈近人之剽竊。其言皆深中癥結。而詞勝於意，雖極縱橫博辨之致，是作論之體，非評詩之體也。亦多英雄欺人之語。如曰「宋詩在工拙之外，其工處固有意求工，拙處亦有意爲拙。若以工拙上下之，宋人不受也。」此論，蘇、黃數家猶可，概曰宋人，豈其然乎？至謂謝靈運勝曹植，亦故爲高論耳。（頁 1806）	國朝葉燮撰。燮有《江南星野辨》，已著錄。是編乃其論詩之語。分內篇、外篇，又各分上、下。其大旨在排斥有明七子之摹擬，及糾彈近人之剽竊。其言皆深中癥結。而詞勝於意，雖極縱橫博辨之致，是作論之體，非評詩之體也。亦多英雄欺人之語。如曰「宋詩在工拙之外，其工處固有意求工，拙處亦有意爲拙。若以工拙上下之，宋人不受也。」此論，蘇、黃數家猶可，概曰宋人，豈其然乎？至謂謝靈運勝曹植，亦故爲高論耳。（頁 5-277～278）
清／ 勞孝輿 春秋詩話	國朝勞孝輿撰。孝輿字巨峰，一字阮齋。南海人。以貢生官鎮遠縣知縣。其書專取《春秋左氏傳》之言詩者，集爲五卷：一曰賦詩，如重耳賦《河水》、秦穆賦《六月》之類；二曰解詩，如卻至解《兔罝》、穆叔解《三夏》及《文王》、《鹿鳴》之類；三曰引詩，如鄭太子忽辭昏，引「自求多福」，陳敬仲辭卿，引「翹翹車乘」之類；四曰拾詩，乃古詩軼句，左氏拾而出之者，分賦誦、謳歌、謠、箴、銘、投壺詞、繇詞、諺隱各名；五曰評詩，則爲吳公子觀樂一篇。每條後各以所見附著之，既不同詮釋傳文，又非盡沿討詩義。編葺雖勤，殊無所取也。（頁 1806）	國朝勞孝輿撰。孝輿字巨峰，一字阮齋。南海人。以貢生官鎮遠縣知縣。其書專取《春秋左氏傳》之言詩者，集爲五卷：一曰賦詩，如重耳賦《河水》、秦穆賦《六月》之類；二曰解詩，如卻至解《兔罝》、穆叔解《三夏》及《文王》、《鹿鳴》之類；三曰引詩，如鄭太子忽辭昏，引「自求多福」，陳敬仲辭卿，引「翹翹車乘」之類；四曰拾詩，乃古詩軼句，左氏拾而出之者，分賦誦、謳歌、謠、箴、銘、投壺詞、繇詞、諺隱各名；五曰評詩，則爲吳公子觀樂一篇。每條後各以所見附著之，既不同詮釋傳文，又非盡沿討詩義。編葺雖勤，殊無所取也。（頁 5-278）
清／？ 學稼餘譚	不著撰人名氏；前題云「櫟社老人輯」。上卷曰詩鵠，中卷曰詩考，下卷曰詩話。其下卷又分一子卷。詩考、詩話，皆採輯諸書而成，冗瑣特甚。詩鵠謂：「詩有南北宗。《國風》『林有樸樕』，南宗語也。『我心匪石』二句，北宗語也。」勒僞本賈島《二南密旨》之語，尤少持擇。又謂「七言古，爲唐歌行之未成者」，則更異矣。（頁 1806）	不著撰人名氏；前題云「櫟社老人輯」。上卷曰詩鵠，中卷曰詩考，下卷曰詩話。其下卷又分一子卷。詩考、詩話，皆採輯諸書而成，冗瑣特甚。詩鵠謂：「詩有南北宗。《國風》『林有樸樕』，南宗語也。『我心匪石』二句，北宗語也。」勒僞本賈島《二南密旨》之語，尤少持擇。又謂「七言古，爲唐歌行之未成者」，則更異矣。（頁 5-278）

| 清／
杭世駿
榕城詩話 | 國朝杭世駿撰。世駿有《續方言》，已著錄。是書乃雍正壬子世駿以舉人充福建同考官所作，故以「榕城」爲名。（案雍正壬子、乙卯二科，皆以鄰省舉人充鄉試同考官；故世駿以甲辰舉人膺是任。謹附識於此。）其論詩，以王士禎爲宗。故如馮舒、馮班、趙執信、龐塏、何焯諸人不附士禎者，皆深致不滿。於同時諸人，無不極意標榜，欲以仿士禎諸雜著。然士禎善於選擇，每一集節取一二聯，往往可觀，世駿則未之能也。（頁1806） | 國朝杭世駿撰。世駿有《續方言》，已著錄。是書乃雍正壬子世駿以舉人充福建同考官所作，故以「榕城」爲名。（案雍正壬子、乙卯二科，皆以鄰省舉人充鄉試同考官；故世駿以甲辰舉人膺是任。謹附識於此。）其論詩以王士禎爲宗。故如馮舒、馮班、趙執信、龐塏、何焯諸人不附士禎者，皆深致不滿。於同時諸人，無不極意標榜，欲以仿士禎諸雜著。然士禎善於選擇，每一集節取一二聯，往往可觀，世駿則未之能也。（頁5-278） |